Gazing Up at History:
New Perspectiveson Studies of
Republican Era

仰望歷史

民國視野的新探索

主 編 / 楊善堯
作 者 / 余以澄、吳宇凡、林威杰、范育誠、許峰源、陳世局
　　　　陳頌閔、彭思齊、曾冠傑、楊善堯、蕭李居、羅國儲

喆閎人文

CONTENTS

序言

楊善堯 / 致 我們敬愛的授業恩師 　　　　　　　　　　　　　　　　　　05

黨務情報

余以澄 / 從容共到剿共：中國國民黨江西省黨務的發展（1925-1935）　　09

林威杰 / 「中統」裡的中共轉變者：顧順章與國民黨調查統計工作的發展　41

范育誠 / 軍事委員會調查統計局人員培訓制度的發展（1932-1938）　　　81

國際外交

彭思齊 / 屬民與外交──從國籍問題重探民初間島爭議　　　　　　　　105

蕭李居 / 中國對日軍進駐法印的觀察與因應（1939-1941）　　　　　　137

軍事動員

陳世局 / 王宗山與國民二軍岳維峻的北伐（1927-1928）   169

羅國儲 / 中文二戰史的先驅：唐子長及其《二次世界大戰歐洲戰史》   199

楊善堯 / 抗戰時期動員概念下的後方輸送動員   221

許峰源 / 大陳島撤退：臺灣外島軍事防禦的危機   241

陳頌閔 / 冷戰時期臺美空軍合作——以虎安計畫為中心   261

史料分析

吳宇凡 / 美術館中的民國影像展——從臺北市立美術館「布列松在中國：1948-1949｜1958」看展覽策劃下的檔案徵集、組織與脈絡重構   281

曾冠傑 / 口述歷史的整稿技巧：以臺灣經驗為主的思考   309

指導學生給恩師的祝賀詞   337

序言

致
我們敬愛的授業恩師

　　《仰望歷史：民國視野的新探索》這本有關民國史研究學術專書的誕生，緣起自書中十二位作者的共同恩師，國立政治大學歷史學系退休教授劉維開教授。今年（114）是劉維開教授的七秩華誕，每年我們師門共同的固定活動，就是教師節的時候一定會與老師、師母餐敘，一方面在教師節的日子感謝老師過去以來的教導，二來也是師門之間的同儕相聚，大家彼此聊著互相的近況，也會把在工作與研究上所遇到的問題，跟老師、同儕們一起相互討論，這樣的活動已經是我們每年的慣例。就在去年的教師節餐敘後，大家留了下來，討論明年要如何為老師慶祝他的七秩華誕時，這本民國史研究學術專書的雛形也就悄然而生。而目前身處業界與學界兩端工作的我，承蒙各位師門同儕的「盛情」，也就當仁不讓地接下這份十分具有重大意義的任務。大夥歷經了數個月的努力，現在也到了換我這位主編來寫序言的時候了。

　　按照教育部重編國語辭典的解釋，「仰望」一詞為：「俯看、俯瞰、俯視」之意。而「歷史」，並非只有字面上之意，對於這本書的十二位作者乃至於劉維開教授的門下弟子而言，浩瀚的歷史就等同於我們心中博學多聞且有「史學界 GOOGLE」稱號的劉維開教授。因此，我與蕭李居學長在討論書名的時候，就決定以此為意，在浩瀚歷史的面前，我們是以謙卑的態度在仰望著我們的研究領域，另一方面，我們也是在仰望著我們的歷史授業恩師。按照老師的個性，大張旗鼓不是他老人家的風格，身為弟子，當然還是要追隨老師的腳步，所以這本所謂的「祝壽專書」，方以《仰望歷史：民國視野的新探索》為名。

本書主要以民國史為斷限，收錄了十二篇維開老師直接指導的學生以及深受其學術影響而感召的學生們之研究作品。回想起以前就讀研究所時，維開老師總是跟我們說：「民國史研究跟其他領域不太相同，要多看檔案史料，當資料累積到一定程度時就趕快書寫成文，然後第一時間發表出去，這樣才能在研究領域上有所立足。」也就是說，豐富的史料會造就多元的研究主題，這個精神當也反映在這本書當中。十二篇的民國史專題論文，依其類別分為了：「黨務情報、國際外交、軍事動員、史料分析」四個主題，每個主題下則有數篇的專題討論，每位作者的研究主題也與老師息息相關。

　　這本主題多元的民國史研究學術專書，能夠順利趕在老師七十華誕前印製完成，書中的十二位作者當居首功，沒有大家的貢獻則無此書的誕生，在此由我代表出版單位喆閎人文致謝。其次，這次有幾位師門同儕，因為工作或生涯規劃緣故，時間上無法配合產出學術論文，不過仍撥冗提供了祝賀老師的賀詞，亦表感謝之意。另外肩負設計工作的泰有藝術有限公司曾泰翔先生與負責編排本書的吳姿穎小姐，能在如此緊張的時間內一起完成這項工作，亦要對兩位專業人士表示由衷的謝意。

　　作為劉維開教授弟子的我們，很高興能以自己的所學所長，將老師過往所傳授的治史方法、所見所聞、研究精神，至今仍延續在各自的研究與工作之中，我想，這就是一種「史學的傳承」。傳承不一定是有形的事物，無形精神的影響也是一種永續發展的目標。作為弟子的我們，從老師六十五歲榮退時，同樣是弟子們共同努力而出版的《薪傳：劉維開教授榮退論文集》，到五年後再次集結成冊的這本《仰望歷史：民國視野的新探索》，何嘗不是一種傳承與永續呢！

　　謹以此書祝賀我們敬愛的恩師七秩華誕，也希望「人生七十才開始」的老師，能如子曰：「七十而從心所欲」，在往後的人生都可以隨著自己的心意而為，並持續發揮與傳承超過一甲子的民國史治史功力，影響著各位徒子徒孫們。也希望再過五年後，大家仍能繼續貢獻所學，集結成冊，讓我們的維開老師繼續敲起鍵盤，打上追蹤修訂，逐字逐句的指導與驗收各位弟子們不同階段的研究成果。

楊善堯

民國 114 年 4 月 28 日深夜筆

01
黨務情報

黨務情報

從容共到剿共：
中國國民黨江西省黨務的發展
(1925-1935)*

余以澄

國立政治大學歷史學系博士生

一、前言

　　中國國民黨自 1924 年改組後便積極開展地方黨務，然而各省發展情況差異甚大，與地方政治格局息息相關。1920 至 1930 年代的江西省，政治發展跌宕起伏，既有國共問題，也有黨政紛爭與派系互動的複雜局面，彼此間又與中央政局環環相扣，形成特殊的歷史脈絡。在這段歷程中，國民黨地方黨務如何發展？組織、人事與權力的變遷如何牽動地方政治？值得詳細探究。

　　學界早期對於國民黨黨務的研究著重在中央層級，而近年來得力於史料開放及視角的向下延伸，針對地方黨務的考察如雨後春筍般出現。不過，目前針

---

* 本文初稿曾發表於 2022 年「清華政大歷史學研究生聯合發表會」，感謝國立臺北大學歷史學系王超然教授評論。

對江西省黨務的研究甚少，缺乏完整脈絡的探討。[01] 與此相反，學界對於中共在江西的研究相當豐富，因為該省是中共發跡及轉型的重要基地，亦為當今中國大陸「革命史」研究的核心區域之一。在學術成果比例差別極大的情況下，實在難以完整理解現代江西的政治發展，更無法客觀評估國共關係在江西所呈現出的面貌。

本文以國民黨檔案、江西黨務文書、報刊與回憶錄等史料，考察國民黨江西省的黨務發展，從 1925 年省黨部的成立至 1935 年江西剿共軍事結束。論述上聚焦在省級黨部的組織、人事變遷及政治參與，並適時述及地方縣份的情況。期望透過江西的經驗，探討國民黨地方黨務運作的幾個論題，一併思考國共關係如何影響地方政治發展。

二、授人以柄：江西黨務的初建

江西地處多省之交，為水陸交通要衝，數百年來匯集不同籍貫的居民，地緣與環境深刻影響地方社會。清末，在江西活動的革命黨人主要是同盟會及共進會。民國肇建後，雙方共同組成江西國民黨支部，參與地方議會事務。至二次革命爆發，江西省議會被解散，國民黨人四散，其中以赴日本者較多。隨後，孫中山成立中華革命黨，江西支部亦於東京成立，由徐蘇中（1886-?）擔任支部長，並於 1916 年遷移至上海。[02]

在上海期間，江西支部所屬人員達七百餘人，並曾組織同志回江西發起軍事行動，然而在軍閥壓制下收效甚微。在政治方面，江西省議會重啟後，原江西國民黨議員組織「合群社」，試圖發揮影響力，但仍遭遇諸多限制。1917 年

---

01 學者蔣永敬及李雲漢研究北伐期間的中央與地方政局，曾述及江西省的黨務紛爭。見：蔣永敬，《鮑羅廷與武漢政權》（臺北：傳記文學，1972）、李雲漢，《從容共到清黨》（臺北：中國學術著作獎助委員會，1966）。何友良的江西通史研究中，有論述北伐與抗戰期間的國民黨江西黨務，但未著墨整體黨務發展的脈絡。何友良編著，《江西通史：民國卷》（桃園：昌明文化，2018）。

02 徐蘇中，江西臨江人，曾任國民黨江西機關報《晨鐘報》主筆，1916 年起擔任中華革命黨江西支部長，1923 年增補為國民黨候補中央委員。劉國銘主編，《中國國民黨百年人物全書》（北京：團結出版社，2005），頁 1967。

護法軍興，江西國民黨人多有參與宣傳及群眾運動，並廣收志同道合的學生與工人。至國民黨改組前，江西省的黨員人數約在二千人以上。[03]

談到江西的國民黨黨務，必須同時注意共產黨的發展。1920 年代，社會主義思潮蔓延至江西，一些知識青年成為馬克思主義者，先後加入中國社會主義青年團及中國共產黨，期望改造地方社會。當時江西境內最早的中共組織在萍鄉的安源，透過工人運動而發展，隸屬於湖南黨組織，與後來的江西共產運動關係較小。[04] 正式受中共中央之命在江西發展組織者，為趙醒儂（1899-1926）與方志敏（1899-1935），兩人皆為江西青年，故首先在江西建立中國社會主義青年團的分支。[05] 1923 年 1 月，他們在南昌成立江西地方團，同年 10 月該團設立地方執行委員會，以趙醒儂為委員長，持續擴大在江西各地的據點。[06] 隨後，中共中央有意擴大江西的地方組織，並利用國民黨「聯俄容共」的形勢，擴大自身影響力。

1924 年 1 月中國國民黨改組，召開第一次全國代表大會，出席大會的江西省代表包含徐蘇中與趙醒儂等共九位。[07] 緊接著，在國民黨第一屆中央執行委員會第一次全體會議上（下文一律簡稱為「某屆某中全會」），決議設置北京、

---

03 「第一次全國代表大會前之組織工作（民國十三年前）」，收入林養志編，《中國國民黨黨務發展史料：組織工作》，上冊（臺北：中國國民黨中央委員會黨史委員會，1993），頁 1-69。（以下註腳將本書簡稱為《組織工作》）。

04 關於安源路礦工人運動，可參考：Elizabeth J. Perry. *Anyuan: Mining China's Revolutionary Tradition* (Berkeley and Los Angeles: University of California Press, 2012).

05 趙醒儂，江西南豐人，曾化名趙幹、心農、趙興隆等，1920 年代初加入中國共產黨，1922 年受中共中央派遣至江西展開共黨活動，其後成為國共兩黨在江西組織的主要創辦人。方志敏，江西弋陽人，1922 年加入中國社會主義青年團，1924 年加入中國共產黨，曾主導江西農民運動。兩人簡歷見：黎明中主編，《中國共產黨江西省地方組織志》（出版地不詳：中國共產黨江西省地方組織志編纂委員會，2005），頁 797、811-812。方志敏生平亦可見：鄭學稼，〈方志敏的一生〉，《中國共產主義運動史》，第 15 冊（臺北：政大出版社，2019），頁 427-437。

06 〈江西地方團臨時書記給團中央的報告〉、〈團南昌地委報告書（第一號）〉，收入中央檔案館、江西省檔案館編，《江西革命歷史文件匯集（1923-1926）》（南昌：編者，1986），頁 9-10、20-21。

07 羅家倫主編，《革命文獻》，第 8 輯（臺北：中國國民黨中央委員會黨史史料編纂委員會，1955），頁 92-95。

上海、漢口、四川、哈爾濱等五個執行部,而江西省黨務歸上海執行部管轄。[08] 基本規劃確定後,國民黨中執會於2月決議「各省黨務進行計劃」,派遣籌備員至各省成立臨時省執行委員會。[09] 在聯俄容共政策的背景下,中央組織部部長由中共幹部譚平山擔任,他有意派遣趙醒儂與鄧鶴鳴(1895-1980)兩位江西籍共產青年,以跨黨黨員身分作為國民黨江西黨務的籌備員。[10] 由此可見,國民黨改組後的江西省黨務,是由跨黨人士人所主持建立。

事實上,趙醒儂與鄧鶴鳴除了受國民黨中央組織部之命,也同時受中共中央指示,要在江西建立中共組織。大約在1924年5月,他們成立了中共南昌支部並擔任主要負責人。隔年4月,該支部升為中共江西地方執行委員會,經常策動工潮、學潮等群眾運動。[11] 而在國民黨黨務方面,兩人因較無社會基礎,故除了召集幾位中共黨、團員(中國社會主義青年團於1925年改名為共產主義青年團)外,也邀請王鎮寰、姜伯彰兩位較資深的江西國民黨人,共同於南昌成立臨時省黨部。其後,他們陸續在十七個縣市組織正式的國民黨黨部,至第一次全省代表大會之前,江西的國民黨員有近兩千七百人。[12]

1925年7月5日至9日,中國國民黨江西省第一次全省代表大會在南昌秘密召開,並於閉幕前選舉執行委員、監察委員及其候補,宣告江西省黨部成立。執監委名單如表一。

從該名單來看,總數十七人中有十三人為跨黨人士,佔比很重。而從正式執監委來看,所有執行委員都是跨黨,他們同時身兼江西中共組織與共青團的重要幹部,而監察委員中有一位跨黨。正式執監委也負責擔任省黨部所屬各部

---

08 「中央執行委員會及各地執行部直接管轄區域問題決議案」,秦孝儀主編,《革命文獻》,第79輯(臺北:中國國民黨中央委員會黨史委員會,1979),頁2-3。

09 「第二次會議」(1924年2月1日)、「第三次會議」(1924年2月6日),收入民國歷史文化學社編輯部編,《中國國民黨第一屆中央執行委員會會議紀錄》,第一冊(臺北:民國歷史文化學社,2021),頁8-12、13-22。

10 鄧鶴鳴,江西高安人,1921年加入中國共產黨,並於1924年起參與國民黨江西黨務的籌建。黎明中主編,《中國共產黨江西省地方組織志》,頁827-828。

11 中共江西省委黨史研究室,《中國共產黨江西歷史.第一卷,1921-1949》(北京:中共黨史出版社,2021),頁46-48。

12 劉治乾主編,《江西年鑑》(南昌:江西省政府統計室,1936),頁111。

表一、國民黨江西省第一屆執監委名單表 *

委員名單	姓名	省黨部職位（1926 年 5 月時）	身分背景
執行委員	趙醒儂	組織部部長	中共南昌支部書記
	朱大貞	青年部部長兼秘書	共產主義青年團南昌地委代理書記
	鄧鶴鳴	宣傳部部長	中共南昌支部幹事
	張朝燮	工人部部長	中共永修小組組長
	陳灼華	婦女部部長	中共黨員
	劉承休		共產主義青年團吉安特別支部成員
	許鴻		中共南昌支部幹事
常務委員	趙醒儂、朱大貞、張朝燮		
監察委員	李松風		國民黨員
	曾國香		共產主義青年團團員
	王鎮寰		國民黨員
候補執行委員	方志敏	省執行委員會文書幹事	中共黨員
	涂振農	農民部部長	中共黨員
	袁覺蒼		中共黨員
	曾振五	商人部部長	國民黨員
	傅惠忠	省執行委員會秘書	共產主義青年團吉安特別支部成員
候補監察委員	姜伯彰		國民黨員
	王立生	農民部秘書	共產主義青年團南昌地委成員

① 目前未知省黨部職位的最初分配情形，故本表以 1926 年 5 月的情形為主。（根據檔案〈江西省黨務報告〉（1926 年 5 月 17 日），《五部檔案》，黨史館藏，典藏號：部 11297。）

② 人物背景分析資料，參考：傅伯言主編，《中國國民黨江西省地方組織志》（北京：團結出版社，2006）。黎明中主編，《中國共產黨江西省地方組織志》。中共江西省委組織部等編，《中國共產黨江西省組織史資料》（北京：中共黨史出版社，1999）。江西省青少年組織志編纂組編，《江西省青少年組織志》（北京：方志出版社，2004）。中共江西省吉安縣委組織部等編，《中國共產黨江西省吉安縣組織史資料》（北京：中共黨史資料出版社，1990）。

* 委員名單來自：〈江西第一次全省代表大會主席團李松風等上中央呈〉（1925 年 7 月 10 日），《環龍路檔案》，中國國民黨文化傳播委員會黨史館藏，典藏號：環 00033。（以下註腳將該館簡稱為「黨史館」）另外，李松風旋赴法國考察教育，由姜伯彰遞補監察委員。而關於常務委員，江西省黨部剛成立時的常務委員為趙醒儂、朱大貞、張朝燮三人。（根據檔案〈江西省黨部趙幹等致上海執行部函〉（1925 年 8 月 7 日），《環龍路檔案》，黨史館藏，典藏號：環 00187。）其後亦歷經更動。

部長，指揮各項群眾運動。由此可見，在國民黨改組後的江西省黨務，牢牢掌握在跨黨人士手中，由他們主導黨務運作及組織發展。

此時的江西在軍閥統治之下，國民黨省黨部無法公開，主要活動皆秘密進行。這段期間省黨部籌辦的活動諸如：「總理逝世週年紀念」，聯合南昌各團體舉行，到會群眾萬餘，各級黨部亦有文宣響應；「聲援北京三一八慘案」，由省黨部通告各地發起市民大會，南昌、九江、星子、都昌等地隨之響應。此外還有「五四紀念會」、「五九紀念會」、反對吳佩孚勢力入侵江西等等民眾集會活動。因為省黨部主要幹部就是中共幹部，故上述各種活動中大多有當地共產黨人的身影。[13] 參與過江西中共組織的邵式平回憶：「當時是第一次國共合作，共產黨員都參加了國民黨。在黨的領導和指示下，學生黨員在寒暑假回家，都要做群眾工作，主要是發動農民群眾，開展農民運動。這在許多地方的群眾中，散播了革命的影響。」[14]

儘管跨黨人士是以國民黨名義舉辦活動，表面上有聲有色，但他們對江西黨務機關的高度掌控以及逐漸左傾的作風，造成省內其他國民黨人的顧慮。例如，1926 年前後九江市黨部中有支持西山會議派者，其言論可能含有反對中共跨黨的主張，被省黨部視為反動派。隨後省黨部著手改組該市黨部，從新登記黨員，至 1926 年 5 月，省黨部自認九江的「反動右傾思想業已洗刷大半」。另外，在同年 3 月中山艦事件爆發時，省黨部以鮮明的左傾立場致電廣州，指責「帝國主義及反動右派危害革命根據地之陰謀」。[15] 在省黨部左傾又強硬的氛圍下，江西內部反對跨黨人士的空氣逐漸增加，地方上也出現一些摩擦，埋下日後爆發嚴重政治糾紛的種子。曾參與江西黨政的程天放（1899-1967）回憶：

---

13 〈江西省黨務報告〉（1926 年 5 月 17 日），《五部檔案》，黨史館藏，典藏號：部 11297。從中共江西地方支部與中共中央往來信件中，可以看到中共人士在江西發起的諸多運動，如中山紀念日週年紀念大會、北京三一八慘案大會及示威遊行、非基督教運動、反對畢業考試委員會運動等，以及大小規模的學生、工人、婦女運動。詳見：中央檔案館、江西省檔案館編，《江西革命歷史文件匯集（1923-1926）》。

14 邵式平，〈中國工農紅軍第十軍團誕生前贛東北初期農民運動的概況〉，收入江西人民出版社編，《中國共產黨在江西地區領導革命鬥爭的歷史資料（第一輯）》（出版地不詳：編者，1958），頁 242-255。

15 〈團九江地委關於組織情況致曾延信〉（1926 年 3 月 30 日），收入中央檔案館、江西省檔案館編，《江西革命歷史文件匯集（1923-1926）》，頁 368-369。〈江西省黨務報告〉（1926 年 5 月 17 日），《五部檔案》，黨史館藏，典藏號：部 11297。

> 在北伐以前，江西本來有一個祕密的臨時省黨部，完全為共黨分子方志敏、鄧鶴鳴、劉一峯、劉九峯等所把持。南昌克復後，共黨分子公開活動，成立各縣市黨部和民眾團體，主持人也是共黨分子，如南昌市黨部的傅某（名字我已記不起來），全省學生聯合會的鄒努、姜鐵英等。國民黨忠實同志反而被壓迫得抬不起頭來。[16]

國民黨人在江西社會的積極活動，也引起軍閥當局疑忌。1925年12月中旬，趙醒儂、劉承休、陳灼華三人代表江西省黨部出席國民黨第二次全國代表大會，但卻在南昌牛行車站被地方軍警扣留。當時掌控江西軍政的方本仁在南昌展開對國民黨人的搜查，一時間滿城風雨。同月底，國民黨黨務主要據點之一的「明星書社」被查封，省黨部面臨解散危機，農民部秘書王立生亦被捕。[17] 雖然趙醒儂等人在各方交涉下獲得保釋，但黨務已陷入停頓，至隔年3月才回歸常軌。[18]

1926年3月，國民黨江西省第二次全省代表大會於南昌召開，該次大會僅報告中央二全代會的決議案以及黨務進行方針，並未改選執監委。同年7月，國民革命軍誓師北伐，以勢如破竹之勢向北方省份推進，而江西國民黨員亦積極響應。省黨部委員們在不同學校擔任教職，以此為掩護推動各地黨務。而繼方本仁之後掌管省政的鄧如琢，亦將國民黨人的活動視為眼中釘。1926年7月中旬，江西當局派遣武裝軍警查抄省黨部秘書處、農民部、宣傳部以及南昌市黨部，抓捕黨務人員、追查省黨部幹部行蹤。省黨部乃電請中央設法救援，並

---

16 程天放，《程天放早年回憶錄》（臺北：傳記文學，1968），頁71-72。程天放，江西新建人，五四運動時任上海學生聯合會會長，1920年起赴美加留學，並在美國加入國民黨，1923年任國民黨加東分部部長，1926年回中國，參與江西省政事務。〈程天放先生事略〉，收入國史館編，《國史館現藏民國人物傳記史料彙編 第一輯》（臺北縣：國史館，1988），頁512-516。文中傅某應是指南昌市黨部執行委員傅惠忠。

17 〈團南昌地委關於民校赴粵代表途中被捕事件向中央的報告〉（1925年12月）、〈南昌地委報告〉（1926年1月13日），收入中央檔案館、江西省檔案館編，《江西革命歷史文件彙集（1923-1926）》，頁277、326-327。

18 〈江西省黨務報告〉（1926年5月17日），《五部檔案》，黨史館藏，典藏號：部11297。

通知各級黨部注重秘密工作。[19]

同年 8 月間，北伐軍一度攻入南昌，省黨部隨之公開活動，並出版《南昌民國日報》，主要黨務人員姓名亦公開。不料才過幾日，北伐軍因孤立無援而撤離南昌，重新掌權的鄧如琢於是展開大規模搜捕，再次對江西黨務帶來重大打擊。省黨部組織部部長趙醒儂亦被抓捕，遭關押一個月後，於 9 月中旬被處決。[20]

三、南昌克復後的政治糾紛

1926 年 11 月，國民革命軍克復南昌，總司令蔣介石亦進駐省城，江西局勢迎來轉變。省政方面，「江西省政府臨時政治委員會」成立，作為省政府設立前的政治指導機關，主席為朱培德，委員包括程潛、魯滌平、白崇禧、李宗仁、熊式輝、張國燾等人。該機構下設政務委員會及財政委員會，委員長分別為陳公博及俞飛鵬。[21] 至此，來自南方的軍政要員紛紛進入江西政壇。

而在中央方面，國民黨中央執行委員會政治會議（以下簡稱為中政會）於 11 月下旬決議將國民政府遷至武漢，相關人士乃分批北上。12 月 31 日，中常會代理主席張靜江、國府代理主席譚延闓與中央黨部、國民政府共同抵達南昌。1927 年 1 月 3 日，中政會決定中央黨部及國府暫駐南昌，此項決議使掌控武漢政治權力的鮑羅廷深感不滿，與南昌方面產生齟齬。[22] 黨政要人雲集南昌，他們與江西政治產生連結，使該省的國共關係越趨複雜。

---

19 〈鄧如琢查封江西省黨部經過報告〉（1926 年 7 月 21 日），《一般檔案》，黨史館藏，典藏號：一般 439.2/7。
20 劉治乾主編，《江西年鑑》，頁 112。袁玉冰，〈悼趙醒儂同志〉，收入中共江西省委黨史資料徵集委員會編，《江西黨史資料》，第 30 輯（北京：中央文獻出版社，1994），頁 76-77。
21 〈北伐時期各軍政機關職員錄〉，《一般檔案》，黨史館藏，典藏號：一般 465/81。
22 鮑羅廷到武漢後，成立「中國國民黨中央執行委員暨國民政府委員臨時聯席會議」，以正統中央自居。蔣永敬，《鮑羅廷與武漢政權》，頁 32-40。

（一）第三次全省代表大會與 AB 團的形成

　　1927 年 1 月，中國國民黨江西省第三次全省代表大會召開，選舉新任省執監委，然而卻開啟往後一系列的政治紛爭，而其背景還要從中央政局變化說起。早在 1926 年 5 月，國民黨二屆二中全會便通過整理黨務的四個決議案，禁止他黨黨員擔任國民黨中央機關部長，目的是防止中共人士把持中央黨務。於是，原中央組織部部長譚平山辭職，中常會任命蔣介石為新任部長。蔣氏接任後，派陳果夫（1892-1951）擔任組織部秘書，整頓該部人事，並且在 7 月間讓陳接任部長職位。[23] 新官上任的陳果夫，為了整頓受到中共勢力影響的各地黨部，決定從視察與指導入手，派遣組織部同志前往各省指導黨務。同年 9 月，陳派段錫朋（1897-1948）、洪軌（1907-?）等人先後前往江西，辦理省黨部登記並考察各級黨部情形。[24] 段錫朋為江西永新人，五四運動時因擔任全國學生聯合會會長而名噪一時，1926 年赴國民黨中央組織部擔任秘書，成為陳果夫的部屬。[25] 抵達江西後，段氏開始與程天放等幾位具有較強反共意識的國民黨人接觸，集結人脈。

　　1926 年 12 月，抵達南昌的陳果夫、丁惟汾等中央要人對江西黨務被跨黨人士把持的情況感到憂心，決定透過省黨部改選來轉變局面。陳果夫回憶，1926 年底廣州政治分會曾通過一種圈定委員的辦法，使中央組織部得以掌握廣東省及廣州市的黨部執委人選。於是，他也在江西採取相似辦法，目標是落實二屆二中全會「整理黨務案」的規定，即他黨黨員任職高級黨部（中央黨部、省黨部、特別市黨部）的執委人數，不得超過總數的三分之一。[26] 在當時，許多地方黨部受到跨黨人士控制，若採取一般投票勢必難以改變局面，無法實現「整理黨務案」的精神，故乃有此策略。

23　李雲漢，《中國國民黨史述》，第二編（臺北：國民黨黨史會，1994），頁 732-744。

24　陳果夫，〈十五年至十七年間從事黨務工作的回憶〉，收入蔣永敬編，《北伐時期的政治史料——一九二七年的中國》（臺北：正中書局，1981），頁 84-99。〈中央組織部致中執會函〉（1926 年 9 月 13 日），《漢口檔案》，黨史館藏，典藏號：漢 4332。

25　〈民國人物小傳〉，《傳記文學》，第 28 卷第 1 期（1976.1），頁 99-104。

26　陳果夫，〈十五年至十七年間從事黨務工作的回憶〉。李雲漢，《中國國民黨史述》，第二編，頁 741。

於是，中政會議定江西省第三次全省代表大會的選舉辦法。[27] 1927 年 1 月初召開大會，最終通過投票與圈定的名單如下（方框者為跨黨黨員），其中跨黨人士僅有四人，且在執行委員內佔比不到三分之一，符合「整理黨務案」之精神。[28]

執行委員：段錫朋、周利生、劉一峰、洪軌、劉伯倫、王鎮寰、程天放、王禮錫、鄧鶴鳴。

監察委員：熊育錫、姜伯彰、楊賡笙。

候補執行委員：賀其桑、朱由鏗、王枕心。

補監察委員：黃介民、孔紹堯。

省黨部的改選只是第一步。段錫朋、程天放等人深知中共組織嚴密、善於滲透，反觀國民黨如一盤散沙，於是有意建立組織與中共對抗。一些中央要員認同他們的想法，於 1 月底指示他們以總章內的黨團條例為依據，建立組織，為期不逾三個月。[29] 根據負責起草組織章程的洪軌回憶，指示他們行動的中央要員包含陳果夫、丁惟汾、顧孟餘。在組織形式上，洪軌規劃省級與縣市級兩種組織，並參考旁人提議，將省級稱為 A 團、縣市級稱為 B 團，於是乃有「AB 團」之名。[30] 中共黨史學者王健民曾在幾十年後訪問程天放，得到與洪軌相近

---

27 其流程為：先由中央介紹執委候選人十八名、監委候選人六名，省代表大會亦推舉同樣人數。接著，大會對所有候選人投票，開票後將執委名單票數前二十七名、監委名單票數前九名呈報中央，再由中政會依核定數量圈定執監委及其候補。〈江西大三次全省代表大會日刊〉，《漢口檔案》，黨史館藏，典藏號：漢 17313。

28 〈中政會之決議案〉（1927 年 1 月 13 日），《漢口檔案》，黨史館藏，典藏號：漢 5608。〈赤匪禍贛實況〉，羅家倫主編，《革命文獻》，第 25 輯（臺北：中國國民黨中央委員會黨史史料編纂委員會，1970），頁 90-155。

29 〈請取消江西各界反 AB 團案〉（1928 年 5 月），《會議紀錄》，黨史館藏，典藏號：會 2.3/98.38。

30 洪軌指出，他在起草章程前曾向丁惟汾請示組織原則，丁交給他一份某組織的油印資料作為參考。洪氏閱過才知道，當時中央早有對付共產份子的秘密組織存在，但該組織名稱被丁氏裁去而不詳。洪軌，〈民國十六年江西四二事變回憶〉，《江西文獻》，第 13 期（1967 年 4 月），頁 7-15。

的憶述。³¹

　　關於 AB 團的組織形式，曾經的成員賀其燊則有另一種說法，他解釋 AB 團為兩種組織：A 團為核心，B 團為外圍（即同路人的組織）³²。不論具體形式為何，可知 1927 年初江西的反共國民黨員在中央人士的授意下，祕密成立組織。其核心成員包含：段錫朋、洪軌、程天放、周利生、賀揚靈、王禮錫、賀其燊等，他們也是接下來一系列黨務糾紛的要角。

　　那麼為何到了後來，AB 團名稱有「Anti-Bolshevik」的解釋呢？洪軌指出，這一解釋源自中共，用以概括江西的反共人士，到後來的「富田事變」時亦被拿來使用。他認為：「AB 團命名時，本無特殊意義，共黨巧合的解釋，倒正中下懷，因 AB 團的組織就是為反共，所以我們從未否認，既不必否認，也不能否認。」³³ 如此一來，也可以理解為何段錫朋在 1931 年 6 月剿共戰爭正熾時，公開解釋當年的 AB 團名稱是「取英文反布爾扎維克之義」，應只是順時勢而為。³⁴ 然而段氏這番宣告，也讓外界普遍相信 AB 的原意是「Anti-Bolshevik」。

　　根據洪軌的回憶，AB 團發展迅速，一個月內就已在南昌有數千人之眾，外縣市則未統計，且加入者多為教育界人士及青年學生。他們曾在南昌心遠中學集會三次，每次均邀請丁惟汾、顧孟餘及陳果夫出席指導。³⁵ 該組織的迅速壯大，代表當時江西境內早已累積一定程度的反共情緒。同年 2 月，江西省政

31　王健民，《中國共產黨史稿》（臺北：王健民，1965），頁 528。姜伯彰也在相關回憶文章中提到，陳果夫、丁惟汾迭次召集江西省黨部內的忠貞份子，集議防堵策略，開會地點就在程天放的寓所。姜伯彰，〈寫在專輯前面〉，收入程天放先生紀念集編輯委員會編，《程天放先生紀念集》（臺北：編者，1967）。

32　賀其燊在其回憶中提及江西反共黨員曾有一次集會，到會者有七十多人，出席講話的中央黨務人員包含陳公博、鄧演達、陳果夫和顧孟餘。鄭學稼，《中國共產主義運動史》，第 11 冊，頁 1-3。

33　洪軌，〈民國十六年江西四二事變回憶〉。需要強調的是，AB 團在 1927 年江西的「四二事變」中便消散，僅存在三個月。而 1930 年毛澤東發動的「富田事變」，以肅清 AB 團的名義進行黨內清洗，只是用來形塑鬥爭對象的藉口，與原本的 AB 團無關。詳見：鄭學稼，《中共富田事變真相》（臺北：國際共黨問題研究社，1976）；高華，〈肅「AB 團」事件的歷史考察〉，《二十一世紀》，1999 年 8 月號（1999.8），頁 60-70。

34　〈勤赤之意義和方略　段錫朋先生在省黨部紀念週演講〉，《江西民國日報》，1931 年 6 月 16 日，第五版。

35　洪軌，〈民國十六年江西四二事變回憶〉。

府正式成立，以民國初年擔任江西都督的李烈鈞（1882-1946）為省府主席，省政府部分廳處的主管亦由省黨部執監委周利生、王鎮寰、程天放等人兼任，黨政合作之勢形成。江西政治權力布局發生如此巨大的變化，自然使失勢的跨黨人士感到不滿，劉一峰、鄧鶴鳴及王枕心三人便在3月宣告退出江西省黨部。[36] 雖然江西反共國民黨人取得省級政治的掌控權，但當時江西多數地方黨部仍掌控在跨黨人士手中，農工運動亦同，故雙方攻防才正要開始。

（二）層層交鋒的國共衝突

反共國民黨人開始到各地瞭解情況，嘗試改變局面，而他們的動作也被跨黨人士所針對，雙方關係緊張。在農民運動方面，根據方志敏（曾任江西省黨部農民部部長兼江西農民協會秘書長）的回憶，AB團人士曾積極爭取農民協會的主導權，派了兩個委員到該會任職，結果每次開會雙方意見都相左，最後不歡而散。農協召開第一次全省代表大會時，AB團人士想要圈定委員人選，但在方志敏的干預下並未成功。[37]

在工人運動方面，較著名的事件是發生在贛州的「陳贊賢案」。贛州總工會領導人為共產黨員陳贊賢，其領導下的贛州工運經常有過火的現象。1926年末，贛州工人滋事，騷擾女校，導致工會與婦女團體發生衝突。事件越演越烈，相關機關欲開會解決，但陳贊賢以強硬的態度指揮工人發起騷亂，甚至驚動中央。1927年初，駐紮贛州的新編第一師介入，賀其燊等省黨部特派員也來到贛南辦理此案，然而陳贊賢並未合作。事件延燒至3月初，陳氏召集工人，計畫在總理逝世二週年紀念會上製造暴亂。新編第一師黨代表倪弼與賀其燊等人決定予以制裁，將陳拘捕。陳被捕後仍欲頑抗，最終被倪弼處死。[38] 該事件造成

---

36 〈前江西省執委劉一峰等上中執會呈〉，《漢口檔案》，黨史館藏，典藏號：漢12225。

37 方志敏，〈我從事革命鬥爭的略述〉，收入氏著，《方志敏文集》（南昌：江西人民出版社，1999），頁5-98。

38 李雲漢，《從容共到清黨》，頁565-568。鄭建生，〈國民革命中的農民運動——以武漢政權為中心的探討〉（臺北：國立政治大學歷史學系博士論文，2007），頁129-133。陳贊賢案在中共黨史論述中，被視為國民黨反動派對工人運動壓制的案例。不過當時，中共內部確實注意到陳贊賢與贛南工運「過左」的問題，決定調陳離開贛州。然而陳固執己見，不肯聽從上級決定，最終適得其反。陳奇涵，〈贛南黨的歷史〉，收入陳毅等著，《回憶中央蘇區》（南昌：江西人民出版社，1981），頁1-4。

很大的風波,不但使江西國共關係進一步惡化,亦成為中央政治紛爭的一部分。

隨著各省反共勢力逐漸抬頭,武漢政權決定展開反擊。1927 年 3 月中旬,武漢召開國民黨二屆三中全會,決議取消江西、廣州與廣東的選舉結果,理由是選舉過程違反黨章。陳果夫得知此事後,於隔日出席會議提出異議,指出日前中政會已有決議,政治分會得以干涉省選。然而,與會的顧孟餘卻堅持原決議,辯駁稱政治分會對地方選舉的干涉僅能有一次,且全體會議對於總章之解釋,可以改正政治會議的錯誤。[39] 該案遂維持原議,陳果夫乃退席以示抗議。

AB 團掌控的江西省黨部曾著手改組部分縣黨部,然而遇到的阻礙很大。二屆三中全會期間,江西省南昌市、九江市、永修縣、靜安縣、臨川縣、貴溪縣、萍鄉縣等多個縣市黨部及農工團體,開始鼓動輿論,宣稱江西第三次全省代表大會選出的執監委不合法,並致函武漢方面要求將其解散。而在中全會決議改選江西省黨部後,亦有數封來自江西各縣的電函擁護此項決議。[40] 由此可見跨黨人士在江西地方的佈局已經相當廣泛,才能有如此一致之行動。地方黨部中的國共衝突,以南昌市與九江較為嚴重。

九江方面,國共矛盾醞釀已久,3 月 2 日九江縣黨部被共黨人士策動的不法分子搗毀,縣黨部反共黨員乃號召群眾向各機關請願。17 日,這些群眾與九江市黨部(由跨黨人士掌控)發生衝突,市黨部召集流氓持械攻擊,第六軍政治部九江留守處主任雷榮璞(共產黨員)亦指使衛隊向民眾開槍,並逮捕多人,於總工會內對之嚴刑拷打。[41]

南昌方面,由跨黨人士掌控的市黨部曾公開詆毀省黨部,使該市部分黨員感到不滿。3 月 16 日,後者發起大會,要求省黨部嚴懲南昌市的叛黨分子。省黨部於是將該市黨部執監委停權,準備改組。然而兩日後,在當地舉行的

---

39 〈二屆三中全會第四日會議錄〉,《會議記錄》,黨史館藏,典藏號:會 2.4/8.4。〈二屆三中全會第五日速記錄〉,《會議記錄》,黨史館藏,典藏號:會 2.4/8.5。陳果夫,〈十五年至十七年間從事黨務工作的回憶〉。前述洪軌與賀其燊的回憶中,都提到 1927 年初顧孟餘支持江西反共人士,然而二屆三中全會時他卻反而支持武漢方面,其態度變化耐人尋味。

40 相關函電見:黨史館典藏之《漢口檔案》。

41 〈九江三一七慘案各界後援會上中執會呈〉,《漢口檔案》,黨史館藏,典藏號:漢 10282。

「三一八慘案遊行」過後，南昌市黨部執行委員傅惠忠等人買通流氓暴徒，手持刀棍衝入省黨部，搗毀門窗器具，扯毀總理遺像遺囑及黨旗、國旗，甚至在門口高呼「打倒國民黨」、「打倒三民主義」。於是省黨部乃決定開除這些人的黨籍，並請省政府嚴辦。[42]

江西國共關係已到全面決裂的臨界點，並且與中央政治紛爭糾纏在一起。發生上述事件後，鄧鶴鳴及一些江西左傾人士向武漢中常會擴大會議告狀，以江西代表身分宣稱江西混亂背後是蔣介石的指令，並要求改選江西省黨部。[43] 3月26日，武漢中常會第三次擴大會議依照鄧鶴鳴等人的要求，決議否認段錫朋等江西第三屆省執監委的資格，另派鄧鶴鳴、方志敏等八人（六位共產黨員，兩位國民黨左派）為江西省黨部改組委員，取代省黨部職權，負責查辦「反動派」。[44] 共產黨及武漢當局開始對江西反共勢力展開反撲。

（三）從四二事變到南昌暴動

除了省黨部，江西省政府也成為被武漢政權打擊的對象。3月28日，共產黨員吳玉章在武漢的中政會上抨擊李烈鈞，稱其不顧省政、招納土匪。第六軍黨代表林祖涵亦在九江致電武漢，要求改組江西省政府。於是，武漢中政會於30日決議改組江西省政府，派朱培德為主席，並以張國燾、劉一峰、李尚庸等共黨黨人及國民黨左派為省政府委員。[45]

朱培德（1889-1937）是駐守江西的國民革命軍第三軍軍長，善於審時度勢，立場搖擺。當時中共已經滲透第三軍，該軍政治部主任為共產黨員朱克靖，教導團團長為朱德。江西克復之初，朱培德擔任江西省臨時政治委員會主席，

---

42 〈江西省黨部為反革命搗毀黨部宣言〉，《漢口檔案》，黨史館藏，典藏號：漢13362。為何要呼喊「打倒國民黨」的口號？很可能是為了讓外人將其視為真正的暴徒或是反革命分子（軍閥或帝國主義同路人），而不會聯想到是共產黨人的策動，畢竟當時國共表面上沒有決裂。
43 〈二屆中央第1-10次常務擴大會議速記錄〉，《會議紀錄》，黨史館藏，典藏號：會2.4/13。
44 李雲漢，《從容共到清黨》，頁596。
45 李雲漢，《從容共到清黨》，頁596-597。

然而其後正式成立的省府主席卻是李烈鈞，令他心有不甘。其屬下王均擔任南昌衛戍司令，因曾私占軍餉導致部隊鬧餉荒，受蔣介石責備而心生怨懟。因此，朱王二人對於共黨人士在江西反省黨部、反政府的活動都不聞不問，使後者更加有恃無恐。[46]

　　自陳贊賢案後，南昌充滿國共對峙的緊張空氣，到處有人張貼標語要槍斃洪軌等反共人士，而省黨部附近就是中共人士把持的江西省總工會，以及武裝糾察隊。[47] 4月2日，改組江西省政府的消息傳到南昌，傅惠忠、朱德等共黨人士乃策劃對省黨部與省政府發起總攻，於是便發生了「四二事變」。當天上午，共黨學生以減免學費運動的名義包圍並搗毀省教育廳，廳長程天放剛好在省政府而未受波及，但下午程氏出門時仍被這群學生押至總工會拘禁。[48] 同日午後，中共策動上百人闖入省黨部肆意搗毀，其中包括南昌市黨部跨黨黨員鄒努、姜鐵英等人所率領的工人糾察隊。他們毆捕工作人員，並擊斃一位省黨部職員，且與半個月前一樣，撕毀總理遺像及黨旗、國旗，並高喊打倒三民主義之口號。[49] 這次暴動，省黨部幹部羅時實、曾華英、王冠英、許鴻等人都先後被抓，與程天放一同拘禁在省總工會。而段錫朋、周利生、洪軌等人雖成功脫身，但是AB團也在該次事件中消散，其後的政治形勢也無法讓該組織重新集結。

　　事變隔日，中共策動民眾大會，將程天放等人用麻繩綑綁、戴上高帽公開批判，帽上寫了他們的姓名及罪狀。[50] 相關消息傳到上海後，蔣介石立刻致電朱培德，要求保護程天放等人，並督促其不可與共黨勾結。於是朱培德將程等人移押到南昌衛戍司令部，但他也不想得罪共黨，因此繼續限制這些人的自由。5月初，中共人士成立民眾法庭，欲將這些人判處死刑，朱培德及時出面制止。

46　程天放，《程天放早年回憶錄》，頁73。

47　洪軌，〈民國十六年江西四二事變回憶〉。

48　程天放，《程天放早年回憶錄》，頁74-75。袁玉冰，〈南昌市民暴動〉，收入中共江西省委黨史資料徵集委員會編，《江西黨史資料》，第30輯，頁90-101。

49　〈李烈鈞等報告江西省黨部被共產黨徒搗毀電〉（1927年4月3日），《江西文獻》，第5期（1966年8月），頁5。〈赤匪禍贛實況〉，羅家倫主編，《革命文獻》，第25輯，頁90-155。

50　袁玉冰，〈南昌市民暴動〉。

直到該月底,朱培德遣送共黨分子離開江西後,程天放等人才獲得自由。[51]

事變後三日,方志敏、鄧鶴鳴等人抵達南昌,接收省黨部。4月初,省黨部、南昌市黨部、省總工會、農民協會、學生總會等七個單位,組織「江西省清查反革命委員會」,欲徹底清查反共人士,使其不能再起。[52] 至 5 月 20 日,共黨人士與國民黨左派重新召開江西省第三次全省代表大會,選出新的省執監委,包括方志敏、鄧鶴鳴、王枕心、邵式平等,其中共黨人士占絕大多數。而受到打擊的段錫朋、洪軌等人則前往南京,組織江西省黨部暨各縣市黨部聯合辦事處,隨後中央實施清黨,他們也成立「江西省清黨委員會」,一面救濟受難同志,一面派員回贛從事反共工作。[53]

四二事變的發生,使得江西大部分地區陷入赤色恐怖。曾被共黨人士關押的吉安中學校委員龍叔篤,在南京向中政會報告指出:在九江,共產黨人未經司法機關審訊便殺害六位國民黨黨員;在永新縣,多位縣黨部常委被逮捕並遭拷打;在吉安縣,與程天放有關的學校教職員被施以禁閉與遊街示眾……。[54] 在新任省黨部及共黨人士的運作下,江西各縣市黨部除了贛東與贛南部分地區外,多數被共黨人士所掌控,江西左派取得了空前的勢力。[55]

然而就在此時,朱培德主持的軍政當局與中共的嫌隙日益增加,朱氏尤其厭惡那些擔任軍隊政工人員的共產黨人。5月中旬長沙「馬日事變」發生後,第三軍第九師官兵有響應反共之意圖,朱培德迫於情勢,在 5 月底將第三軍內部一百四十二名政工人員遣送出贛。6月5日,朱又「婉勸」共產黨及左傾分子離開江西,遣送劉一峰、方志敏、傅惠忠等二十二位共黨幹部離境。[56] 與此

---

51 程天放,《程天放早年回憶錄》,頁 76-80。
52 〈李尙庸等上中執會電〉(1927 年 4 月 5 日),《漢口檔案》,黨史館藏,典藏號:漢 15764。〈江西全省清查反革命委會第一次會議錄〉,《漢口檔案》,黨史館藏,典藏號:漢 6504。
53 劉治乾主編,《江西年鑑》,頁 113。
54 龍叔篤,〈江西最近情形報告書〉,收入蔣永敬編,《北伐時期的政治史料——一九二七年的中國》,頁 355-360。
55 劉治乾主編,《江西年鑑》,頁 112-113。
56 蔣永敬,《鮑羅廷與武漢政權》,頁 354-363。〈陳其瑗致汪精衛等電〉,《漢口檔案》,黨史館藏,典藏號:漢 15607。

同時，省政府下令停止農工運動。

江西境內反共人士眼見時局變化，紛紛在各地發起行動，反擊共產黨農工幹部，亦造成不少傷亡。而朱培德一面壓制這些反共行動，一面要求武漢中央派員至江西指導黨務。武漢方面對於朱搖擺不定的態度並不滿意，但也擔心其倒向南京，於是派陳公博赴贛指導黨務。6月中旬，陳公博率領一批共產黨人前往江西，安排他們的位置，並與朱培德達成共識，恢復農工運動。[57]

局勢變化迅速，7月中旬武漢決定清共，明令所有共產黨員退出黨部和軍隊。當時中共中央尚處在混亂中，未有一致之行動計畫。後來，中共要人李立三、譚平山、瞿秋白等人於九江集會，決定在南昌發起暴動。他們聯絡在南昌附近駐軍的第二十軍軍長賀龍、十一軍二十四師師長葉挺等，組織共計三萬人的軍隊，於8月1日發起暴動。在占領南昌後，他們以國民黨的名義在南昌召開中央委員及各省、特別市、海外黨部等代表聯席會議，其中可以看到江西共產黨人鄧鶴鳴等人的參與。[58] 不過僅三天，南昌便被奪回，中共人士遂離開江西，而涉入該次暴動的多位江西省黨部委員也跟著離贛。[59] 於是，中共人士就此在江西省黨政領域失去影響力，轉而在地方上祕密活動，等待時機。

四、黨政紛爭：江西省的黨務整理

經過南昌暴動的混亂後，已經分共但仍與南京方面有芥蒂的武漢中央，於1927年9月派遣黃實、李尚庸、蕭淑宇等人為江西省黨部改組委員，10月中旬成立「江西省黨部改組委員會」，而南昌市、九江市、景德鎮、贛州市及臨川縣亦成立改組委員會，辦理黨員登記、設置黨務訓練班。至11月，中央政局又有變化，寧滬漢三方領袖在南京成立中央特別委員會，對江西省黨務人事

---

57 李雲漢，《從容共到清黨》，頁711-715。
58 鄭學稼，《中國共產主義運動史》，第7冊，頁157-180。〈中共南昌暴動紀要〉，羅家倫主編，《革命文獻》，第25輯，頁1-34。
59 劉治乾主編，《江西年鑑》，頁113。

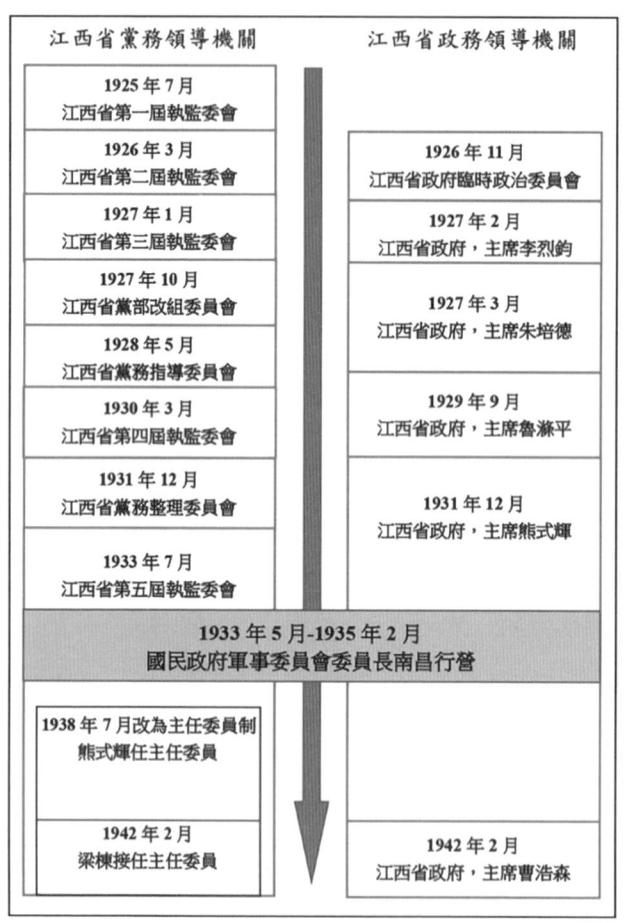

圖一：江西省黨政領導機關變遷圖（1925-1945）

資料來源：林養志編，《中國國民黨黨務發展史料：組織工作》（臺北：中國國民黨中央委員會黨史委員會，1993年）。傅伯言主編，《中國國民黨江西省地方組織志》（北京：團結出版社，2006年）。

有新的安排，以黃實、王禮錫、姜伯彰等十三人為江西省臨時執行委員，同時亦任命臨時監察委員七人，組織「江西臨時省黨部」。[60]

---

60 劉治乾主編，《江西年鑑》，頁113。

然而，南京方面新派任的臨時執監委抵達九江時，在南昌的改組委員會如臨大敵，視之為反動派，一面宣傳反對，一面請軍政當局嚴厲防範。此情形使南京來的委員只能暫時離開江西，改組委員會繼續主掌江西黨務。[61] 兩批人馬之間的衝突，亦可視為武漢方面的國民黨左派以江西為舞臺，對抗南京中央的一個例子。直到1928年2月初，國民黨四屆二中全會通過「整理各地黨務決議案」，強制命令各省各級黨部一律暫停活動，各地黨員重新登記。[62] 於是，江西省黨部改組委員會於該月結束，聽候中央派人接收。[63]

　　3月，中央通過「江西省黨務指導委員」名單，包含：周利生、王禮錫、賀揚靈、洪軌、王鎮寰、蕭贛等。[64] 這些人物多為1927年1月選出的江西省第三屆省執監委，也是曾經的AB團核心幹部。AB團領袖人物段錫朋在江西「四二事變」後赴南京參與該市黨務，與陳果夫保持良好關係，並致力於重掌江西黨務。中央這次的人事布局，背後明顯有陳果夫與段錫朋的安排。值得一提的是，AB團的組織雖已消散，但主要的核心人物仍在往後的江西政壇中形成派系，以另一種形式發揮著影響力。故下文雖繼續稱其為AB團，但僅將之視為一種政治人脈關係。

　　南京方面沒有料到的是，這次以黨務整理為名義的人事安排，將造成複雜的黨政紛爭。1928年5月，江西省黨務指導委員召集第一次常會，選舉王禮錫、王鎮寰、蕭贛為常務委員，準備正式成立指導委員會。然而，他們很快遭遇江西省政府的阻礙，導致無法展開工作，多數委員先後離贛返京。[65] 這一次的黨政紛爭，省政府想干涉指導委員會的人事，甚至出動警力，而主要策動者是省

---

61 〈贛省黨務糾紛未已〉，《大公報》，天津版，1927年12月23日，第六版。據悉，後來仍有一些南京方面派來的委員秘密潛到南昌，見：〈江西一年來的黨務〉，《中央日報》，1928年2月2日，第二張第三面。

62 中央制定的整理方針為：省黨部方面，由中央派黨務指導委員至各省組織「黨務指導委員會」，辦理該省黨務整理及登記，期限為三個月；縣黨部方面，縣黨部指導委員由省黨務指導委員考核並公布。「整理各地黨務決議案」，秦孝儀主編，《革命文獻》，第79輯，頁74-75。

63 〈江西黨務停止活動〉，《中央日報》，1928年2月15日，第二張第四面。

64 李雲漢，《中國國民黨史述》，第二編，頁861。

65 中國國民黨江西省黨務指導委員會編，《中國國民黨江西省黨務指導委員會工作總報告》（出版地不詳：編者，1929），頁2。〈黨務不好政治是不會有進步的　于右任對江西省政府干涉黨務的憤慨〉，《中央日報》，1928年6月13日，第二張第三面。

府委員李尚庸與彭程萬。儘管 AB 團人士曾私下與代理省主席楊賡笙溝通，但仍無法平息紛爭，只好多次向中央控訴。[66] 當時省內還有一些人組織「江西各界反 AB 團委員會」，拿過去中共人士批評 AB 團的宣傳內容來抨擊中央所派的指委，影響省政府視聽。[67] 中央介入後，考察李尚庸與彭程萬兩人的越矩行為，並參酌李氏過去附共的經歷，決定將兩人撤職。而江西省指導委員方面，中央將幾位引起爭議的 AB 團人士調離或撤職，另派江西元老級黨政人士熊育錫、姜伯彰等人補充。[68]

同年 7 月，成員更動後的江西省黨務指導委員會召開第二次常會，重新安排工作。儘管該會已經改組，江西省內反 AB 團的政治紛爭依然不減，指導委員自身亦互有爭執，出現被迫辭職或無法就職等情形。於是，中央又再次改組江西指委會，派遣王廷瑞與陳泮藻進入該會。[69] 這兩人皆與段錫朋有關係，並且有陳果夫的信任，得以壓制其他派系。

1929 年 1 月初，新的黨務指導指委員會成立。原本中央預計各省僅需三個月便能完成的黨務整理，在江西已經延宕近一年，才得以較穩定的展開。至 1929 年 10 月底，黨務指導委員會統計合格之黨員，共計兩萬六千六百餘名，其中於該會特設登記處登記合格者七百七十五名，南昌市一千九百二十四名、九江市四百六十二名。而若將江西分為東南西北四區，贛東區二十三縣共有六千一百八十七名黨員，為四區之冠。[70]

黨務整理的最終目的，在於使地方縣市陸續成立黨部，待一定數量之地方黨部成立後，即可召開全省代表大會，成立正式省黨部。而江西省黨務指導委

---

66 〈周利生等控贛省委李尚庸彭萬里〉（1928 年 7 月 4 日），《政治檔案》，黨史館藏，典藏號：政/14.4。陳貽琛，〈AB 團與改組派在江西活動的見聞〉，收入政協江西省委員會文史資料研究委員會編，《江西文史資料選輯》，總第 9 輯（南昌：編者，1982），頁 130-141。
67 〈請取消江西各界反 AB 團案〉（1928 年 5 月），《會議紀錄》，黨史館藏，典藏號：會 2.3/98.38。
68 中國國民黨中央執行委員會黨史史料編纂委員會編，《中國國民黨年鑑：民國十八年》（出版地不詳：編者，1929），頁 656-657。
69 中國國民黨中央執行委員會黨史史料編纂委員會編，《中國國民黨年鑑：民國十八年》，頁 656-657。陳貽琛，〈AB 團與改組派在江西活動的見聞〉。
70 〈黨務報告：贛省總登記合格黨員數統計〉，《中央週報》，第 73 期（1929.10），頁 3-4。

圖二、江西省黨務指導委員會全體合影

圖片來源：〈江西省黨務指導委員會全體攝影〉，《華北畫刊》，第 5 期（1929.2），第二版。

員會因為地方黨部成立數量遲遲未達標準，不斷推延代表大會的舉辦日期。直到 1929 年 12 月底，終於決議在隔年 1 月召開第四次全省代表大會。[71]

綜觀花費一年半實施黨務整理的江西省，經歷的紛爭可謂相當巨大。就連黨中央在 1929 年編製的《中國國民黨年鑑》中都直言：「江西黨務，在過去一年中，可謂一篇糾紛歷史，其情形之複雜，較之任何一省皆遠過之。」[72] 也曾有學者指出，1928 年前後多數省份的國民黨黨務皆出現混亂，與中央政治紛爭息息相關。[73] 在江西方面，可視為國民黨左派集團與南京之間的齟齬投射在地方的結果，即原本由武漢授予權力的江西省政當局，有意對抗南京中央透過「黨務整理」所實施的權力重整。而從訓政體制的角度來看，省政府想要干涉省黨務人事所爆發的紛爭，呈現出訓政初期地方黨政關係的不穩定性。

---

71 中國國民黨江西省黨務指導委員會編，《中國國民黨江西省黨務指導委員會工作總報告》，頁 4。
72 中國國民黨中央執行委員會黨史史料編纂委員會編，《中國國民黨年鑑：民國十八年》，頁 656-657。
73 王克文，《汪精衛・國民黨・南京政權》（臺北縣：國史館，2001），頁 155-183。

五、剿共戰爭體制下的江西黨務

（一）地方動盪與剿共軍興

江西黨務從第三屆以來經歷許多震盪，終於在三年後塵埃落定。1930 年 1 月 10 日，江西省第四次全省代表大會召開，選出一定數量之執監委名單後，再由中央圈定。已掌握該省黨務的王廷瑞及陳泮藻積極布局人選，最後出爐的執監委及其候補中，AB 團約佔總人數一半，並且掌握省黨部重要部門。透過這次選舉，AB 團東山再起，而其餘執監委各自有派系，較無法團結形成另一股勢力。[74] 原本被期望能夠穩定運作的第四屆黨務，卻因江西境內中共勢力的發展而遭受阻礙，不得不面對艱鉅挑戰。

1927 年 8 月之後，部分江西籍中共幹部回到鄉村，策劃武裝暴動，並利用自身社會紐帶召集群眾建立割據地。根據紀錄，中共在江西（持續到 1930 年代）大小規模的武裝暴動至少有六十四次。[75] 到了 1930 年前後，中共勢力已在江西境內廣泛紮根，其中方志敏、邵式平等在贛東與贛北，毛澤東、朱德等在贛西與贛南，其掌控區域之國民黨黨務乃陷於停頓。

根據江西省黨政機關的調查，1927 至 1929 年間國民黨江西各縣市黨部被中共（含紅軍）殺害的幹部達六十位，其中絕大多數是黨部領導，即執行委員或監察委員。[76] 另一項報告指出，1931 年間，陷共縣份的國民黨黨務主管因參與剿共而犧牲者達四十餘人，而區級以下幹部犧牲者則超過此數。如此惡劣的政治環境，導致江西地方黨務癱瘓、黨員視黨務為畏途，加之地方經濟敗壞、財源枯竭，各縣黨務經費嚴重積欠，下級黨部人員難以維生。這些情形皆造成

---

74 陳貽琛，〈AB 團與改組派在江西活動的見聞〉。陳貽琛指出，中央派來監督江西第四次全省代表大會的特派員黃宇人，是王廷瑞在中央組織部的同事，因此在人事安排上傾向於王的意見。然而黃宇人自己的回憶是，他並未對江西內部派系有任何偏袒，省代表大會雖略有暗潮，但各同志之間仍顧大體，大會圓滿結束。黃宇人，《我的小故事》（香港：吳興記書報社，1982），頁 196-198。

75 黃琨，《從暴動到鄉村割據：1927～1929——中國共產黨革命根據地是怎樣建立起來的》（上海：上海社會科學院出版社，2006）。各次武裝暴動詳見：中國人民解放軍歷史資料叢書編審委員會編，《土地革命戰爭時期各地武裝起義：江西地區》（北京：解放軍出版社，1997）。

76 〈赤匪禍贛實況〉，收入羅家倫主編，《革命文獻》，第 25 輯，頁 90-155。

下層幹部日亦缺乏,黨務工作難以推進。在政治與社會疲弱的情形下,許多批評集中在黨務人員身上。[77]

中共勢力影響江西最劇的 1928 年至 1934 年 7 月間,根據能提供資料的六十七個縣,其「匪災」情況如下:共有 27 萬棟房屋被毀,56 萬 7 千餘人被殺,財產損失達 5 億 8 千萬(該統計尚不包含中共蘇區最核心的興國、瑞金、贛縣等十三個縣)。[78] 另一方面,作為訓政時期地方自治基礎的「縣」,根據學者從報章及縣志蒐集的資料,1928 至 1933 年間受到匪禍影響的縣份,其縣長因共軍侵逼而殉職、被擄、遇害、逃跑、失蹤者所在多有。[79] 在地方社會動盪、人口遞減、行政運作困難的情況下,江西地方黨務幹部自然無法一肩扛起訓政時期訓育民眾的職責。

根據國民黨江西省黨部的資料,江西黨員總數在 1929 年有兩萬零八百餘人,1930 年有一萬八千六百餘人,1931 年有一萬七千六百餘人,1932 年有一萬六千一百餘人,1933 年有一萬四千八百餘人,1934 年有一萬四千七百餘人。[80] 造成這六年間黨員人數下降的最大主因,恐怕就是「共禍」。一般來說,實施黨務整理與黨員重新登記也會造成人數的較大波動,然而這六年間江西國民黨員數量呈現持續下滑的現象,正好是中共江西蘇區逐年擴張的時期,其關聯不言而喻。曾有學者觀察江西國民黨員數量稀少、黨員工作不力的現象,用以對比中共在江西徵集黨員的積極性。[81] 也有學者考察國民黨清黨後的地方組織與黨員數量,指出普遍呈現停滯或發展緩慢,主要原因是黨組織軟弱渙散以

---

77 〈四全代會江西省黨務報告〉,《會議紀錄》,黨史館藏,典藏號:會 4.1/47。

78 劉治乾主編,《江西年鑑》,頁 1268-1270。

79 呂芳上,〈對訓政時期江西縣長的一些觀察(一九二六〜一九四〇)〉,《民國史論》,中冊(臺北:臺灣商務印書館,2013),頁 1034-1101。

80 中國國民黨江西省執行委員會統計室編,《中國國民黨江西省黨務統計報告》(南昌:中國國民黨江西省執行委員會,1934),頁 3。另外,國民黨中央組織部也會在歷次中全會上報告各地黨員數據,其中江西在 1929 至 1934 年間的黨員人數與前項資料有部分落差,可能是地方黨部向上匯報時間點的差異導致,不過此數據也基本呈現減少趨勢,江西黨員人數自 1934 年才開始緩慢增加。詳見:《組織工作》,上冊,頁 255-565。

81 黃道炫,《張力與限界:中央蘇區的革命(1933-1934)》(北京:社會科學文獻出版社,2011),頁 90-94。

及與民眾疏離。[82] 然而上述研究並沒有將 1930 年代中共發展造成的地方社會動盪納入討論。在當時普遍的中共幹部眼中，國民黨是敵人、地方政府是必須顛覆的對象，否則無法建立蘇維埃政權。因此，當吾人討論國民黨地方組織癱瘓、黨員辦事能力不佳等問題時，尤其在湘鄂閩贛等共產勢力較強的省份，必須思考這些國民黨人面對的是什麼樣的社會與政治環境。

自 1930 年底，國軍針對湘鄂贛等省份的中共根據地展開圍剿，並於南昌成立陸海空軍總司令行營（以下簡稱為「總司令行營」），統一指揮剿共軍務。在軍事狀態下的江西，黨政軍關係也跟著發生變化。[83] 總司令行營首位主任為江西省政府主席魯滌平（1887-1935），而在第一次剿共失敗後，由軍政部部長何應欽於隔年 2 月接任，著手改組內部組織。[84] 何氏在行營內成立「江西地方整理委員會」，統一整理江西黨務與軍事，為期三個月。該機構職權為：(1) 擬定剿匪區內黨政軍事務之計畫方案，交各有關機關執行。(2) 先行審核剿匪區域之黨政人員，交各有關機關任用。(3) 審查辦理黨政事務不利之人員，交各主管機關處分。[85] 這是剿共期間，作為軍事機構的「行營」首次對地方黨政人事與業務實施干預。

江西地方整理委員會以何應欽為委員長、魯滌平為副委員長，委員則囊括江西省政府主席及各廳廳長、省黨部常委與各部部長。[86] 何應欽指出，此機構的定位是建議、指導、監察和督促，不是執行機關，且黨部和政府在用人方面仍有其固定職責。「從前黨政軍意見不一致的地方，現在可以一致；步驟不整齊的地方，現在可以整齊；精神有散漫的地方，現在要它緊張起來，這就是成

---

82 王奇生，《黨員、黨權與黨爭：1924〜1949 年中國國民黨的組織型態》（北京：社會科學文獻出版社，2018），頁 317-346。

83 1930 年 11 月，國民黨三屆四中全會決議剿匪之特殊政治辦法，即剿匪區內政務接受陸海空軍總司令部指揮，而黨務應接受該地行營之處理辦法。趙和介，〈行政督察專員制度述評〉（武漢：國立武漢大學畢業論文，1944）。

84 熊式輝著，洪朝輝編校，《海桑集──熊式輝回憶錄（1907-1949）》，第二版（香港：明鏡出版社，2008），頁 111-112。

85 〈江西地方整理委員會條例〉，《江西省政府公報》，第 85 期（1931.4），頁 2-3。

86 〈江西地方整理委員會組織成立〉，《江西省政府公報》，第 85 期（1931.4），頁 19。

立整理委員會的目的」。[87]

由此可見，何應欽的目標是有效整合黨政軍意見，以便支援剿共軍事。在這一精神下，地方整理委員會要求黨政機關派員前往剿匪區，協助地方事務。1931年3月下旬，省政府民政廳、建設廳、教育廳的廳長分別前往吉安與南豐等縣，協助辦理剿匪及地方善後。省黨部亦派三位執委分赴匪區督促黨務。[88]至同年底，江西省黨部報告指出，儘管省黨部已三次派員隨軍隊到匪區策勵黨員、力圖善後，但因中共勢力扎根甚深，導致成效甚微。[89]1931年6月，地方整理委員會結束。雖然僅存在三個月，但是它開啟了剿共背景下以軍事機關統一協調地方黨政事務的先例。

在地方整理委員會撤銷的同時，中央黨部再派程天放、張道藩、曾養甫為剿匪區域黨務指導委員，並派段錫朋、仇鰲兩人協同辦理。[90]而蔣介石也在此時來到江西督師剿匪，相關機構隨之調整。1931年7月，總司令行營內成立「黨政委員會」（全名「陸海空軍總司令行營黨政委員會」），作為統一指揮剿匪區內黨政事務的機關。該委員會以蔣介石為委員長，曹浩森、程天放、魯滌平三人為委員，並設秘書、黨務指導、地方自衛、地方賑濟、考核等五個處。此外，還成立「黨務」與「政治」兩個設計委員會，分別由程天放與魯滌平兼任主任，其中黨務設計委員包含多位贛省黨務主管。[91]

在這一新機構的人事安排中，程天放及其「心遠系」開始與AB團爭取權力。程天放原為AB團創始人之一，後來與段錫朋等人分道揚鑣，成為江西既

---

87 〈何應欽在行營總理紀念週之講話〉，收入中共江西省委黨史資料徵集委員會、中共江西省委黨史研究室編，《江西黨史資料》，第17輯（南昌：編者，1991），頁199。

88 〈魯主席歡宴出巡委員〉，《江西民國日報》，1931年3月21日，第五版；〈贛省黨政委 分赴匪區工作〉，《中央日報》，1931年3月20日，第四版。

89 〈四全代會江西省黨務報告〉（1931年11月），《會議紀錄》，黨史館藏，典藏號：會4.1/47。

90 〈程天放等3委員指導處理江西各處剿匪區域之黨務案〉，《會議紀錄》，黨史館藏，典藏號：會3.3/171.4。

91 錢端升等著，《民國政制史（下）》（上海：上海書店，1989），頁143。劉治乾主編，《江西年鑑》，頁113。

有派系「心遠系」的領袖,在江西政治上與 AB 團爭權。[92] 儘管段錫朋擔任黨政委員會黨務指導處處長,但程天放在黨政委員會內的位階在他之上,所以有更多運籌帷幄的空間。程氏不但直接任命自己的親信進入黨務指導處擔任職員,還主導了黨政委員會所轄縣份的人事布局。段錫朋無法忍受,不久後便辭去黨務指導處處長,離開南昌。[93]

在行營黨政委員會的新制度下,將江西省內四十三縣劃為「剿共區」,統一由該委員會管轄區內政治與黨務。剿共區內再劃分為個九區,各區設立黨政委員會分會,就近處理所轄各縣之黨政事務。[94] 簡而言之,這四十三縣便不歸江西省政府與省黨部管理。黨政委員會分會在地方上的職掌為:(1)督察轄區內各黨政機關及其職員,將工作成績呈報黨政委員會來實施獎懲。(2)指揮區內保安團隊及保衛團。(3)各級黨部或縣政府呈報省黨部或省政府之事項,應同時呈報所在地之分會查核。[95] 此外,各分會委員長可兼任駐在縣的縣長,分會職員得兼任政府職員。

上述規定中,可以顯見總司令行營進一步掌握剿匪區域的黨政事務,其權限及制度完備程度超過原本的地方整理委員會。雖然黨政委員會在 1931 年底即因剿共軍事暫時結束而撤銷,影響力僅止於半年,但這種在地方成立「分會」的制度,也被認為是後來行政督察專員制的濫觴之一。[96] 不過,這些制度上的變動,似乎曾使江西省黨部頗有微詞,因其原本管有的縣份超過半數被分割了出去。[97]

除了剿匪區外,江西省其餘的三十八縣及一市黨部、一直屬區黨部仍由省黨部管轄。根據相關報告,在 1931 年底之前,有十六個縣份曾發生黨務糾紛

---

92 心遠系在江西教育界擁有相當基礎,主要的代表人物是熊育錫,其曾任南昌心遠中學校長,並且長年參與江西黨政活動。1930 年代江西政壇上活躍的幾位心遠系後起之秀,為程天放、李中襄及陳際唐,他們也與中央的 CC 系關係甚深。隨著時局的發展,心遠系可大體視為 CC 系在江西的勢力延伸。
93 陳貽琛,〈AB 團與改組派在江西活動的見聞〉。
94 〈總司令行營設立黨政委員會劃江西為九個勦匪區〉,《會議紀錄》,黨史館藏,典藏號:會 3.3/175.11。
95 錢端升等著,《民國政制史(下)》,頁 144。
96 趙和介,〈行政督察專員制度述評〉。錢端升等著,《民國政制史(下)》,頁 149。
97 〈報告江西黨務情形〉,《會議紀錄》,黨史館藏,典藏號:會 3.3/178.33。

或工作成績不佳，於是省黨部組織部派人視察，予以懲處或重行整理黨部。此外，九江、景德鎮、贛州三市黨部因與縣黨部職權有所牴觸，於是省黨部取消該三市市黨部。至年底，省黨部管轄的地方黨部有南昌市及二十二個縣，而九江等十六縣則暫時處於「整理委員會」階段。[98]

（二）南昌行營與江西第五屆省黨務

　　1931 年 12 月，國民黨中央將 6 月間派出的剿匪區域黨務指導委員程天放等人撤回，並撤銷總司令行營黨政委員會。取而代之的，是派熊式輝、王冠英、陳劍脩、李中襄、范爭波、劉家樹、羅時實等七人為江西省黨務整理委員。[99]從這份名單來看，除了熊式輝外，CC 系背景的人物（包含江西心遠系）占多數，一夕之間便讓原本掌握省黨部的 AB 團居於劣勢。同時，省政權力重組，熊式輝於 12 月中旬被任命為江西省政府主席。

　　「江西省黨務整理委員會」取代省黨部職權，確定全省黨務方案後，派整理委員至地方整理黨務，改組各縣市黨部。至 1932 年底，江西省經整理已正式成立黨部的縣市有五十餘處，獲中央核准召開第五次全省代表大會。[100] 有回憶文獻指出，此次黨務整理的細節，是透過黨員總登記，排斥地方上有 AB 團背景的黨員，將基層黨務權力洗牌。[101] 於是，江西省的黨務權力移轉到 CC 系手中。而熊式輝雖然參與了黨務整理，但未能在黨務方面建立自己的系統，他比較在意的是如何避免黨部對省政的干涉。[102]

　　1933 年 5 月，國民黨江西省第五次全省代表大會召開，經過投票與考選後

---

98 〈四全代會江西省黨務報告〉（1931 年 11 月），《會議紀錄》，黨史館藏，典藏號：會 4.1/47。
99 〈關於江西省黨務整理案〉（1931 年 12 月），《會議紀錄》，黨史館藏，典藏號：會 4.3/21.6。
100 「三中全會中央組織委員會工作報告（民國二十年十一月～二十一年十二月）」，收入《組織工作》，上冊，頁 379-457。
101 陳貽琛，〈AB 團與改組派在江西活動的見聞〉。
102 余以澄，〈贛政十年——熊式輝在江西的權力建構與核心幹部探析〉，《國史館館刊》，第 79 期（2024.3），頁 1-48。

出爐之執行委員為：王冠英、李中襄、劉家樹、蘇邨圃、俞百慶、黃強、譚之瀾。監察委員為：熊式輝、熊育錫、熊在渭、甘家馨、孔紹堯。[103] 這一屆省黨部主要由 CC 系人士掌控，如王冠英、李中襄等皆為該系大將。而被視為政學系的省政府主席熊式輝，則派心腹胡運鴻擔任省黨部書記長，以確保對黨務情況的掌握，防止黨部干涉省政。[104]

1933 年 7 月，江西第五屆省執監委會開始運作。然而，於同年 5 月成立的「軍事委員會委員長南昌行營」（以下簡稱為「南昌行營」）發出訓令，要求江西依照日前公布之〈豫鄂皖剿匪區內暫行黨務整理綱要〉改制地方黨務。改制內容如下：各縣市黨部原任人員撤銷，一律改派幹事、助理幹事負責各縣黨務工作；經費方面，自 8 月起停止各縣市黨部經費，一律改由南昌行營於每月發給事務費。而江西省黨部經費亦自 1934 年起不再由省庫支付。[105]

此次南昌行營以剿共的名義介入江西黨政，直接掌控所有縣份，並從人事與經費兩方面加強對地方的控制。這是國民黨地方黨務發展史上的一次特殊權力模式。主其事者為南昌行營辦公廳主任熊式輝及秘書長楊永泰，故此舉也被視為是熊式輝壓制江西 CC 系的一個策略。[106] 如此重大的變化令省黨部感到錯愕，於是致電中央執行委員會，指出剿匪期間人力吃緊，若各縣黨部若只派幹事與助理幹事，恐無法應付地方動員任務，且如此改制並不符合國民黨總章。中央執行委員會的回函則稱，援用豫鄂皖綱要及停縮經費是為了整飭黨務、便利剿匪，且為委員長之指令，業已由中常會核准備案，應即遵辦。[107]

雖然江西黨務的最高指揮權被掌握在行營手中，不過在實際運作上，省黨部絕非毫無用武之地，畢竟剿共與社會復興是江西第一要務，同舟共濟方能有

---

103 中國國民黨中央執行委員會黨史史料編纂委員會編，《中國國民黨年鑑：民國二十三年》（出版地不詳：編者，1934），頁 157。
104 胡靜如，《爐餘掇拾（上）》（臺北：龍文出版社，1994），頁 33。
105 〈採用豫鄂皖剿匪區內暫行黨務整理綱要整理贛省縣市黨務案〉，《會議紀錄》，黨史館藏，典藏號：會 4.3/98.18。劉治乾主編，《江西年鑑》，頁 114。
106 余以澄，〈贛政十年——熊式輝在江西的權力建構與核心幹部探析〉。
107 〈江西省執監委會上中執會電〉，《會議紀錄》，黨史館藏，典藏號：會 4.3/99.18。

成績。故在第五屆省黨部與省政府相關單位的合作下，成功推動六十餘縣保甲的設置、組織剿共義勇隊、建築碉堡、發起築路運動，部分縣黨部也領導民眾組織協助剿匪委員會，地方動員頗有成效。至 1934 年 5 月，行營已經派遣南昌市及七十三縣、一直屬鐵路區黨部的幹事與助理幹事，另有兩縣尚為黨務整理委員會。[108]

為了進一步推進地方黨務，中央組織部推行「黨務分區工作」，在江蘇與江西兩省率先實驗，因前者政治較安定，而後者黨務亟待改進。所謂分區工作，就是由中央派遣中執委駐省指導，而省執行委員則下到各縣分區指導。國民黨中央認為，這種分級整頓的模式對地方黨務有所助益。在江西方面，中央將該省分為七個區，由七位省執委每人前往一區加以指導。[109] 待省黨部各委員出發至各地指導黨務後，中央於 1934 年 2 月特派丁超五（1883-1967）為江西黨務指導專員，主持省黨務工作。[110] 丁超五主持下的江西省黨務，在一年之內推行諸多工作，如：（1）舉辦社會教育，在地方各縣成立民眾學校，以及針對工人與兒童的訓練班。（2）推行新生活運動、提倡國貨運動。（3）動員民眾修築公路、建碉堡。（4）訓練工作，調動各縣黨務人員赴省會訓練，此外亦有保甲長訓練、公民訓練、剿共義勇團訓練等。[111]

1934 年底，第五次圍剿結束，而江西省黨務仍持續整頓。隔年 1 月，丁超五離贛，江西省第五屆執監委重新主持省黨部職務，並且持續實施分區指導。執行委員赴各地指導期間，省黨部日常事務由常務委員每月輪值辦理，執行委員會議則每兩月召開一次。[112] 於是，江西省黨務經過上述調整後回歸原軌，黨

---

108 中國國民黨中央執行委員會黨史史料編纂委員會編，《中國國民黨年鑑：民國二十三年》，頁 157-159。

109 「四中全會中央組織委員會工作報告（民國二十一年十二月～二十三年一月）」、「五中全會中央組織委員會工作報告（民國二十三年一月～二十三年十二月）」，收入《組織工作》，上冊，頁 458-533、534-565。

110 丁超五，福建邵武人，早年加入同盟會，1927 年任福建省政府委員兼建設廳廳長，1931 年當選立法委員、國民黨第四屆中央執行委員。劉國銘主編，《中國國民黨百年人物全書》，頁 11。

111 丁超五，〈贛省黨政軍方面苦幹的精神與事實〉，《中央黨務月刊》，第 77 期（1934.12），頁 1041-1043。

112 〈擬訂改進江西省黨務辦法案〉（1935 年 2 月 13 日），《會議紀錄》，黨史館藏，典藏號：會 4.3/178.13。

務工作也逐漸脫離剿共軍事的影響。而在省內黨政關係方面，因為省府主席熊式輝屬於強勢政治人物，故黨部對行政機關的影響較有限，主要扮演配合者的角色。[113]

六、結論

中國國民黨在江西省的黨務發展，既曲折又複雜，其不安的種子早在最初便已埋下，即 1924 年中央組織部派跨黨人士主持江西省黨務。在北伐時期的黨務衝突中，種種事例可謂中央政治紛爭的縮影。由此可見，國民黨的「聯俄容共」不僅影響上層政治，亦在地方省份掀起巨大波瀾，值得學界從地方視角進一步評估這項政策。

北伐完成後，江西黨務仍不平靜，主要在於省政府與南京中央的權力紛爭：中央黨部欲透過「黨務整理」掌控各省權力，然而卻在江西引發了將近一年的黨政衝突。此種現象，反映出訓政初期地方黨政雙軌制度運作的不穩定性，同時也牽動不同派系之間的角力。江西的政治舞臺上，AB 團、與武漢政權有淵源的左派、心遠系、CC 系、政學系等不同政治群體間的關係頗為複雜，其權力升降的背後可以看到中央組織部的政治權衡。

如果問，國民黨從改組到抗戰前夕，哪一省的黨務到受中共的影響最大，答案非江西莫屬。除了北伐期間嚴重的政治紛爭外，中共在江西的蘇維埃運動所引起的社會動盪與基層破壞，使國民黨江西黨務承受重大打擊。部分研究認為，國民黨下級黨部在清黨之後普遍面臨組織渙散、黨員素質不佳等問題，其原因是內聚力與組織力不足。然而，當我們真正將視角放入地方，會發現每個地區有自己的政治與社會脈絡，江西國民黨人所面對的社會環境，正是因為有中共勢力的存在而變得相當艱難，這是評估其政治表現之前所不可忽視的因素。是故，具體考察各地政治發展脈絡，可以使吾人對國民黨地方黨務的理解更加深刻。

---

113 余以澄，〈贛政十年──熊式輝在江西的權力建構與核心幹部探析〉。

另一方面，在剿共的軍事狀態下，江西政治體制與權力關係不斷發生變化。做為軍事機構的行營先後實施了三種黨政制度，步步加強對地方黨務的掌控，最終在南昌行營時期形成黨政軍一元化領導。思考其意義，首先是最高軍事領導人蔣介石得以透過行營掌控地方政治，並且培養一批黨政班底。其次，熊式輝、楊永泰等政學系要角得以利用行營將影響力擴及數個省份，其政治張力值得評估。其三，1930年代諸多行政制度改革與動員得以在江西等省份展開，亦與南昌行營密切相關。而在這些特殊狀態下的江西黨務經驗，對國民黨黨務發展史來說，頗具特殊性。

本文透過對1925年至1935年間國民黨江西黨務的考察，呈現一幅多彩的地方政治圖景。在國共關係、黨政關係、派系互動、中央與地方關係等多重因素交織下的地方政治，其發展既曲折又不失主線、既獨特又不失共通性，值得學界持續耕耘。

黨務情報

「中統」裡的中共轉變者：
顧順章與國民黨
調查統計工作的發展 *

林威杰
上海大學歷史學系講師

一、前言

　　顧順章（1904-1935）是中國近代史中的傳奇人物，他身為中國共產黨（以下簡稱中共）特科負責人，讓不少中國國民黨（以下簡稱國民黨）人命喪黃泉。但他為何最終選擇「叛變」，轉而投靠這個往日的「階級敵人」呢？討論顧順章案發生的前後因素，除了他本人性格原因外，此時中共黨內的忠誠問題也值得注意。1931 年是中共發展的關鍵年份，在這一年召開了六屆四中全會，陳紹

---

* 本文已發表於《國史館館刊》，第 68 期（2021 年 6 月），頁 95-139。

禹[01]（1904-1974）等留蘇學生上臺。也是在這一年，何孟雄（1898-1931）、顧順章、牛蘭（Hilaire Noulens，本名 Рудник Яков Матвеевич、英譯名 Yakov Rudnik、中譯名雅各布‧馬特耶維奇‧魯德尼克，1894-1963）、向忠發（1880-1931）等共產黨人被捕，使得共產國際在遠東機構遭到嚴重的破壞，以及羅章龍（1896-1995）所領導的「中國共產黨非常委員會」帶來黨內分裂的危機。除了內憂之外，中共還得面臨國民政府的軍事圍剿。相較於中共所面臨的困境，中國國民黨中央組織部調查科（「中統」[02]前身，以下簡稱調查科）發展倒是順風順水。正是有了顧順章的加入，「幾使共黨各地之地下組織全部瓦解」。[03]顧順章更被調查科譽為「共黨陰謀之樞紐，對其黨內一切秘密，靡不知之詳盡」。[04]

「中統」創建目的是為了鞏固蔣中正（1887-1975）的領導權威，對內負責偵查黨內一切反對派，如改組派、地方實力派等；對外任務是消除一切威脅國民黨政權的潛在因素，其中以打擊共產黨更是工作的核心。「中統」身為國民黨的反共組織，卻在發展上與這些中共轉變者相輔相成，「中統的作風和內部生活，無形中也受了中共的感染」。[05]為此，要系統地瞭解國民黨調查統計工作的發展及其歷史脈絡，就繞不開這些中共「叛徒」，亦或者稱「自首自新」的轉變者。礙於特務屬於情報組織而講求隱蔽性，導致在相關材料的蒐集上有一定的難度。現階段學界針對國民黨特務研究，主要著重在「軍統」，而「中統」則相對薄弱。這其中原因與檔案開放程度有限，以及取得相對困難有關。對此，中國大陸學者張憲文也感慨地提到：「坊間流行的大量關於民國時期特務活動的『紀實』、『演義』、『揭秘』類書籍，充斥書刊市場，內容混雜，虛實難

---

01 又名王明。

02 「中統」全稱為「中國國民黨中央執行委員會調查統計局」，係由1938年國民政府軍事委員會調查統計局第一處改制而來。該局的第二處則繼承「國民政府軍事委員會調查統計局」名義並進行改組擴充，簡稱「軍統」。兩個組織在發展過程中名稱屢有變更，本文為行文方便，部分論述以「中統」、「軍統」來概括。

03 陳立夫，「參加抗戰準備工作之回憶」（1977年7月29日），〈任總統時：函（六十六）（一）〉，《嚴家淦總統文物》，國史館藏，典藏號：006-010806-00006-012。

04 中國國民黨中央組織部調查科編，《中國共產黨之透視1935年》（臺北：文海出版社，1982年影印本），頁316。

05 萬亞剛，《國共鬥爭的見聞》（臺北：李敖出版社，1990年），頁305。

辨，不僅搞亂了史實，混淆了視聽，而且給嚴肅的史學研究帶來了不必要的麻煩。」[06]

中共「叛徒」在中國大陸屬於敏感議題，研究有其禁區存在。再者，基於意識形態的立場，很難對這些中共「叛徒」有較為客觀的評價。如馬振犢的《國民黨特務活動史》[07]，雖將國民黨的「中統」、「軍統」特務組織作系統的介紹，但在論及顧順章案上或中共轉變者議題上多半以批判為主。由於國民黨特務組織和中共特科等材料蒐集難度較大，特別是在1949年後這些核心檔案被帶往臺灣，限制作者的史料運用。

過往曾參與顧順章案，以及經歷過中共這股「自首自新」的「轉變」風潮的人不在少數。這些人的回憶就頗為重要。例如，在處理顧順章案過程中，徐恩曾（1896-1985）、蔡孟堅（1905-2001）、王思誠、萬亞剛、張國棟[08]等人皆曾參與。這些人是當時調查科負責人、幹員，因此在他們的回憶文章裡對顧順章有不少著墨。但仔細比對後，彼此內容又有不少出入。如徐恩曾和蔡孟堅在錢壯飛（1896-1935）議題上選擇避重就輕；又如張國棟，他於1949年後滯留中國大陸，因此在回憶中有不少隱晦之處。人物的回憶材料或是文史資料等，雖存在當事者隱惡揚善的缺點，如陳永發也提到：「我認為敵對方的資料很難排除造假污衊的可能。」[09] 不過這不能說回憶材料就無法使用，相信只要細心琢磨，必然可以發現珍貴之處，如何剔除「石頭」與「沙子」而挑出「美玉」，則成為研究者所必須思考的課題。

目前「中統」檔案藏於其後身法務部調查局（以下簡稱調查局），因調閱資料有其程序，造成材料取得相對不便，但仍有部分學者利用調查局檔案完成不少成果。例如，郭華倫（1909-1984）的《中共史論》[10]、王健民所撰《中國

---

06 馬振犢，《國民黨特務活動史》，上冊（北京：九州出版社，2011年修訂本），扉頁。
07 馬振犢，《國民黨特務活動史》，上、下冊。
08 1949年政權更迭後，張國棟因滯留中國大陸，遭中共當局逮捕，改名張文，以下仍稱「張國棟」。
09 陳永發，〈延安的「革命鴉片」：毛澤東的秘密武器〉，《二十一世紀》，2018年8月號（總第168期），頁44。
10 郭華倫，《中共史論》，第1-4冊（臺北：國立政治大學國際關係研究中心，1973年）。

共產黨史》（原名《中國共產黨史稿》）[11]與陳永發所著《中國共產革命七十年》[12]。這三部著作是參考調查局檔案完成的代表，但因為是屬於通史類型，內容對這些中共「叛徒」在「轉變」後，於國民黨特務組織發展的貢獻討論有限。調查局藏有顧順章案的卷宗，以及中共「叛徒」的自白與宣言等材料，這就顯得十分珍貴。

拙文〈特務、叛變與轉變：國共鬥爭下的顧順章案〉[13]，內容曾對國共特務工作有初步的介紹，並對顧順章「叛變」、「轉變」及其影響做了研究，還探討了他遭南京當局處決的前因後果。但對顧順章「叛變」原因的分析較少，也未論及中共黨人「自首自新」的背景與影響。因此，本文嘗試以顧順章為核心切入，利用調查局典藏的相關文件，配合當事者的回憶性文章等，來探討這段歷史的發展，希望跳脫以往對中共「叛徒」的既定印象。同時釐清這些中共轉變者對國民黨特務組織發展的功與過。

二、顧順章的「叛變」與「轉變」

所謂的「叛變」與「轉變」，是指不同意識形態政黨對主義的信仰，以及對黨員在忠誠問題上的要求而產生的差異。國共兩黨皆屬於列寧式政黨，三民主義與馬克思主義分別代表彼此的信仰，這種信仰又有別於西方民主政黨，它更強調黨員的忠誠與黨領導的權威。舉例來說，顧順章在中共眼中被視為「叛徒」，然而在國民黨看來卻是「自首自新」的轉變者。基於這樣的立場，為何在國共鬥爭期間黨員在思想上發生轉變？僅僅是因為生命遭受威脅？或是黨內路線衝突？派系鬥爭？想必其中有更複雜的因素存在。

這些「叛變」或轉變者，每個人在路線抉擇上都有不同際遇與立場，以顧

---

11 王健民，《中國共產黨史》，第 1-3 冊（臺北縣：漢京文化公司，1988 年）。
12 陳永發，《中國共產革命七十年（修訂版）》，上、下冊（臺北：聯經出版公司，2011 年）。
13 林威杰，〈特務、叛變與轉變：國共鬥爭下的顧順章案〉，《政大史粹》，第 32 期（2017 年 9 月），頁 57-108。

順章來說，他被稱為自中共成立以來最危險的「叛徒」，造成中共中央安全「從未有過的極大威脅的事件」。[14] 為此，中共中央在上海處境困難，甚至一度陷入停擺狀態。[15] 顧順章領導中共特科站在第一線與國民黨做生死搏鬥，他所率領的「紅隊」[16] 是中共用來懲戒「叛徒」，打擊國民黨的利刃。那麼，顧順章為何最終會由懲戒「叛徒」，轉變成為中共「叛徒」？這可以從當時中共黨內路線衝突與顧順章個人性格兩方面去探討。

（一）中共黨內路線衝突

中共的創建是世界共產革命中的一環。由於中國共產黨是共產國際的一個支部，因此莫斯科在中共黨內便有舉足輕重的話語權，而十月革命的經驗是中國黨人效仿的對象。中共自成立那一刻起，國際路線便是革命成功唯一的道路，是代表「正確的」不容質疑的革命路線。然而這樣的準則卻在 1930 年時被李立三（1899-1967）給打破。

立三路線不僅挑戰了共產國際的權威，也引起黨內同志的不滿。有鑑於當時世界經濟大恐慌，加上中原大戰的爆發，讓實際掌握中共中央權力的李立三斷定「革命高潮已到了」，「在全國革命高潮之下，革命可以在一省或幾省重要省區首先勝利」。[17] 在他的號令之下，全國共產黨組織都動員起來，由彭德懷率領的紅軍甚至一度攻陷長沙。[18] 面對這樣的勝利，李立三志得意滿，「認

---

14 金沖及主編，《周恩來傳》，第 1 卷（北京：中央文獻出版社，2020 年），頁 260。

15 中共中央文獻研究室，《周恩來年譜（1898-1949）（修訂本）》（北京：中央文獻出版社，2020 年），頁 207。

16 紅隊又稱「打狗隊」，全稱為「紅色恐怖隊」。主要工作是用來懲戒「叛徒」與對付「奸細」，以保衛黨組織的安全，必要時也從事綁架工作，以勒索贖金來籌措黨的經費。顧順章，《特務工作之理論與實際》（1933 年 7 月 20 日），法務部調查局藏，檔號：257.3/692/087044，頁 189-190。

17 「柏山在中央政治局會議關於政治任務決議案草案內容的報告」（1930 年 6 月 9 日）、「新的革命高潮與一省或幾省首先勝利」（1930 年 6 月 11 日），收入中央檔案館編，《中共中央文件選集》，第 6 冊（北京：中共中央黨校出版社，1991 年），頁 98、121-122。

18 「共產國際執行委員會遠東局給中共中央的信」（1930 年 8 月 1 日），收入中共中央黨史研究室第一研究部編譯，《聯共（布）、共產國際與中國蘇維埃運動：1927-1931》，第 9 卷（北京：中共黨史出版社，2002 年），頁 249。

為自己是中國的列寧」，他批評蘇聯人「對城市估量不足，對革命形勢估量不足」。李立三要求共產國際改變路線，立即發動世界革命，否則就是背叛革命。[19] 不僅如此，「李立三動員所有的負責同志和全黨來反對共產國際。他公開把黨和共產國際對立起來。他拒絕執行共產國際的決議，而政治局不顧並反對共產國際的堅定不移的指示」。[20]

李立三這樣的舉動在共產國際的眼裡「是荒誕和危險的」。史達林（Иосиф Виссарионович Сталин, 1873-1953）批評立三路線的執行「簡直是胡鬧」，「中國人急於攻佔長沙，已經幹了蠢事。現在他們想在全中國幹蠢事。絕不能容許這樣做」。[21] 為了不讓「蠢事」繼續下去，為了奪回中國黨的控制權，共產國際將人在莫斯科的周恩來（1898-1976）與瞿秋白（1899-1935）派遣回國。由他們主持召開的六屆三中全會，就是將中國共產黨引導回「正確」國際路線的一次嘗試，但這卻引來了「調和主義」的紛爭。黨內工運領袖何孟雄不滿黨中央在立三路線上的曖昧態度，加上江蘇省委書記一職被資歷、經歷都尚淺的陳紹禹奪走。要知道，江蘇省委是中共黨內經費最多，資源最豐富的機構，誰掌握這個職缺，誰就能在黨內有發言權。這讓本該志在必得的何孟雄感到憤怒。陳紹禹等人也不滿三中全會僅是「公開地或半公開地捍衛和粉飾」立三路線，於是他希望得到莫斯科的幫助，因為「來自上面的壓力具有重大影響」，而此刻中共內部正在「爆發的一場極其嚴重的鬥爭」。陳紹禹認為如果再不對原有領導機關進行認真的改組，「貫徹執委路線是不可想像的」。[22] 為了澈底解決立三路線所帶來的政治風波，陳紹禹最終盼到自己老師米夫（Павел

---

19 「斯托利亞爾給洛佐夫斯基的信」（1930年8月5日），收入中共中央黨史研究室第一研究部編譯，《聯共（布）、共產國際與中國蘇維埃運動：1927-1931》，第9卷，頁260；「柏山在中央政治局會議關於政治任務決議案草案內容的報告」（1930年6月9日），收入中央檔案館編，《中共中央文件選集》，第6冊，頁101。

20 「斯托利亞爾給洛佐夫斯基的信」（1930年8月5日），收入中共中央黨史研究室第一研究部編譯，《聯共（布）、共產國際與中國蘇維埃運動：1927-1931》，第9卷，頁257-258。

21 「斯大林給莫洛托夫的電報」（1930年8月13日），收入中共中央黨史研究室第一研究部編譯，《聯共（布）、共產國際與中國蘇維埃運動：1927-1931》，第9卷，頁300。

22 「陳紹禹給薩發羅夫、米夫、馬季亞爾、馬耶爾的信」（1930年12月17日），收入中共中央黨史研究室第一研究部編譯，《聯共（布）、共產國際與中國蘇維埃運動：1927-1931》，第9卷，頁540-541。

Александрович Миф, 1901-1938）的來華。

共產國際代表米夫主持召開的六屆四中全會，由血統「最純正」的留蘇學生取得黨內控制權。那麼這次會議應該是代表「最正確」，「最無庸置疑」的革命路線。但事實卻並非如此，這場會議被中共官方定義為「沒有任何積極的建設的作用」。[23] 六屆四中全會是一次「以王明為主要代表的『左』傾教條主義錯誤在中共中央佔據統治地位的開端」，而這場會議在一片爭議聲中拉開帷幕。[24]

1931 年 1 月 7 日，中共六屆四中全會在「事先連鬼也不知道」的情況下召開，「王克全（1906-1939）、何孟雄、羅章龍、王鳳飛、徐錫根（1903-?）這班搗蛋鬼，到了會場聽到國際代表——米夫報告開會意義後，才明白是開四中擴大會議」。這樣的舉動讓與會代表們感到不受尊重，而且異常憤怒。但此時顧順章率領荷槍實彈的特務隊和武裝「在那裡鎮壓」，才讓會議得以順利進行。[25]

值得注意的是，六屆四中全會是由顧順章率領的特務隊維持秩序才得以順利召開。由此推斷顧順章理應支持這次會議，無論他是出自於上級長官的命令，或是懾於共產國際權威，亦或者是個人意願。因為顧順章這樣的舉動已經得罪黨內不滿四中全會合法性的反對派，這就導致他成為黨內的眾矢之的。

再者，1 月 17 日，反對陳紹禹最劇烈的何孟雄等人在上海東方旅社開會，因為「叛徒」的告密而遭到國民政府捕獲，最終在 2 月 7 日被處決，是為「龍華二十四烈士」。至於這個「叛徒」即為唐虞，亦稱王掘夫，是中共特科的成員。中共特科主要任務是「保護黨的組織的安全，和黨的政治路線的發展」，[26]

23　毛澤東，〈附錄：關於若干歷史問題的決議〉（1945 年 4 月 20 日），《毛澤東選集》，第 3 卷（北京：人民出版社，2009 年），頁 963。

24　中共中央黨史研究室，《中國共產黨歷史 1921~1949（第 1 卷）》，上冊（北京：中共黨史出版社，2011 年），頁 310。

25　小林，《四中全會前後共黨分離情形》（1931 年 3 月），法務部調查局藏，檔號：260.07/815/12322；我聞，〈現代史料：傳共黨非常委員會〉，《社會新聞》，第 2 卷第 4 期（1933 年 1 月），頁 40。

26　顧順章，《特務工作之理論與實際》（1933 年 7 月 20 日），檔號：257.3/692/087044，頁 187。

照理說身為負責人的周恩來與顧順章,在何孟雄等人的事情上理應作出交代,但問題的矛頭卻指向了陳紹禹。

陳紹禹一開始不僅開除了何孟雄的黨籍,且稱這些被捕被殺的人是「咎由自取」。[27] 當時中共特科由周恩來、向忠發與顧順章三人組成的特務會議領導。[28] 周恩來是主要的負責人,顧順章是實際執行者。也只有周恩來能指揮得動顧順章。六屆四中全會的召開,與後來陳紹禹等留蘇學生能順利在黨內掌權,周恩來是關鍵人物。何孟雄等人的被捕,一直有傳言是陳紹禹派人向國民黨當局告密或是知情不報,用國民黨的手來「借刀殺人」,如此不僅能剷除黨內的反對派,又能宣傳國民黨迫害黨內同志。[29]

調查科曾經將這些被捕者的口供、自白或宣言編撰成《轉變》一書,統計時間從 1931 年春至 1933 年夏,總共搜羅 300 位中共轉變者。有趣的是這些宣言中有很大一部分是批判六屆四中全會,攻擊陳紹禹的領導。這些轉變者被捕時間前後不一,彼此在黨內路線也不同,但他們卻統一口徑地反對陳紹禹,這說明六屆四中全會的確給中共帶來不小影響,也表示留蘇學生在黨內權力的合法性是遭到質疑的。[30]

周恩來「作為一個最聰明和最講究實際的人」,當李立三倒臺後,局勢逐漸對陳紹禹有利,共產國際代表米夫的來華。[31] 善於掌握政治風向的周恩來,自然明白召開六屆四中全會所代表的意義,所以他選擇支持陳紹禹。再者,何

---

27 陳修良,〈我所經歷的立三路線的失敗——回憶錄《我走過的道路》(五)〉,《世紀》,2020 年第 2 期(2020 年 2 月),頁 36;劉曉,〈黨的六屆三、四中全會前後白區黨內鬥爭的一些情況〉,《中共黨史資料》,第 14 輯(1985 年 5 月),頁 105。

28 顧順章,《特務工作之理論與實際》(1933 年 7 月 20 日),檔號:257.3/692/087044,頁 186-187。

29 關於陳紹禹在六屆四中全會前後的角色可參閱林威杰,〈中共六屆四中全會前後的黨內派系衝突〉,《展望與探索》,第 17 卷第 9 期(2019 年 9 月),頁 36-63。另根據郭德宏編撰的《王明年譜》表示,學界對陳紹禹在何孟雄等人被捕告密一事,目前尚無定論,但多方證據皆顯示陳紹禹很難撇清責任。郭德宏,《王明年譜》(北京:社會科學文獻出版社,2018 年),頁 189-196。

30 中央組織部調查科編,《轉變》(1933 年 12 月),法務部調查局藏,檔號:245.3/841/14824。

31 「共產國際執行委員會遠東局給共產國際執行委員會的信」(1930 年 10 月 20 日),收入中共中央黨史研究室第一研究部編譯,《聯共(布)、共產國際與中國蘇維埃運動:1927-1931》,第 9 卷,頁 393。

孟雄等反對派有分裂黨內團結的疑慮，這也讓周恩來在處理「龍華二十四烈士」的問題上顯得相當謹慎。他既要維繫黨內和諧，又必須鞏固黨中央權威。鑑於周恩來在黨內的地位，他成為留蘇學生與反對派之間溝通的橋樑。[32]這一點可以從這些轉變者的自白或宣言中看出，裡面很少批評或攻擊周恩來。[33]由此可見周恩來的政治手腕之高明。

至於顧順章呢？他在六屆四中全會的政治清算中，仍順利當選中央政治局候補委員，並沒有受到立三路線後黨內衝突過多的波及。[34]「國際派因得顧的幫助，雖在極度的紛亂中，但仍能成一小朝廷」。[35]此外，從顧順章在1933年發表的〈前共黨中委顧順章告中共青年書〉來看，他顯然與向忠發有一定程度的嫌隙。顧順章不滿周恩來與李立三縱容向忠發利用黨內資源亂搞男女關係，還提到中共領導層彼此間的「爭權奪利」，「不顧中國的環境，只任性的瞎幹，把整千整萬的工人和農民，供其盲目的犧牲，結果弄得個個妻離子散，家破人亡，使全國民眾痛恨共黨，仇視共黨，這豈是革命的本旨麼？」正是由於這樣的原因，才讓顧順章「為要解放我精神上的痛苦，為要貫澈我參加革命的初衷，所以經過長期的考慮以後，便毅然決然的離開你們而轉變了」。[36]

通常自白書或宣言等的宣示意義大於實際意涵。因此，上述顧順章談的內容不可全信，即便他自稱「共黨中我自認的確是最忠實的一個」，相信這樣的說法很難說服人。顧順章於1931年4月被捕「叛變」，在此之前中共剛經歷立三路線以及四中全會後的政治危機，黨內人心渙散，「開始出現消極情緒，走投無路，絕望，各種各樣的人逃離」。[37]正是如此，才讓顧順章稱：「簡單

---

32 金冲及主編，《周恩來傳》，第1卷，頁255-256。

33 請參閱中央組織部調查科編，《轉變》（1933年12月），檔號：245.3/841/14824。

34 王健英編，《中國共產黨組織史資料匯編——領導機構沿革和成員名錄》（北京：紅旗出版社，1983年），頁146。

35 未明，〈現代史料：顧順章被捕前後之匪黨〉，《社會新聞》，第5卷第3期（1933年10月），頁37。

36 「前共黨中委顧順章告中共青年書」，中央組織部調查科編，《轉變》（1933年12月），檔號：245.3/841/14824，頁60-65。

37 「陳紹禹給薩發羅夫、米夫、馬季亞爾、馬耶爾的信」（1930年12月17日），收入中共中央黨史研究室第一研究部編譯，《聯共（布）、共產國際與中國蘇維埃運動：1927-1931》，第9卷，頁540。

的說，就是對共產黨一切的一切，都使我失望，使我灰心！」[38]因為失望而出走，似乎就顯得有所依據。

（二）顧順章個人性格

要瞭解顧順章性格，首先得從他的背景探討。顧順章是上海吳淞人，機械工人出身，1923年加入中共擔任職工任務，曾赴蘇聯接受「克格勃」[39]訓練。聯俄容共期間擔任共產國際駐廣州代表鮑羅廷（Михаил Маркович Бородин, 1884-1951）的秘密侍衛，因而受到賞識。1926年北伐開始，他奉派返回上海主持工人糾察隊。1927年任上海第三次暴動總指揮。清黨後，到武漢任中共中央軍委會委員，不久返回上海主持特務工作。[40] 1928年中共六大後當選中央委員兼特務工作負責人。[41]

一開始國民黨稱顧順章是上海工人中最有力量的共產黨員，「他的手段非常毒辣，殘忍，死在他手中的人，真不知多少。清黨以後，他轉入地下工作，一直沒有消息，但是他已成為中共首腦部的特務頭子，僅僅受周恩來（當時中共在上海總負責人）的直接指揮」。[42]此時中共特科人數不算多，但在顧順章的領導之下，「不但保障共黨工作進行，還給政府方面人員幾次重大損害，顧氏聲名，遂侍播海上」。[43]這樣棘手的人物給國民政府造成不小的困擾。

1931年3月，顧順章在周恩來的指示下，負責護送張國燾（1897-1979）

---

38 「前共黨中委顧順章告中共青年書」，中央組織部調查科編，《轉變》（1933年12月），檔號：245.3/841/14824，頁62。

39 蘇聯情治機構，Объединённое государственное политическое управление при СНК СССР，中譯為「蘇聯人民委員會國家政治保衛總局」。

40 「中共特務部部長顧順章之自首及其與中共之打擊」，中央調查統計局編，《有關顧順章等破案經過》，法務部調查局藏，檔號：276/7435/59400；「顧順章簡歷」，中央組織部調查科編，《轉變》（1933年12月），檔號：245.3/841/14824，頁60。

41 王健英編，《中國共產黨組織史資料匯編——領導機構沿革和成員名錄》，頁98。

42 「中共特務部部長顧順章之自首及其與中共之打擊」，中央調查統計局編，《有關顧順章等破案經過》，檔號：276/7435/59400。

43 無悔，〈顧順章軼史〉，《中外問題》，第15卷第3期（1936年4月），頁139。

與陳昌浩（1906-1967）前往鄂豫皖蘇區。當時中共中央在上海，各地蘇區則分散於全國各地。這些蘇區與中共中央之間建有完整的交通網絡，而顧順章是實際主持交通網的負責人。根據張國燾的回憶：「我還是在五卅運動時與顧順章認識的，那時我就很欣賞他的能幹，這次重逢，已相隔五年多了，他的才華更是令人佩服。不過他的儀表談吐，多少有些海派氣味，也許這點是他為人美中不足之處。」[44]

在送走張國燾與陳昌浩後，顧順章利用「化廣奇」、「李明」等化名在漢口登臺表演魔術。顧順章以魔術師的形象走紅漢口，「他魔術高超，頗獲社會方面的好評，他是一個中等身材，肥胖結實的二十八九歲的上海人，他口齒伶俐、手法巧妙。他每次登臺總是化妝成一個西洋人有高鼻子及小鬍子」，這讓不少達官顯要都曾拜他為師。由於顧順章行事過於高調，引起了調查科駐派武漢人員注意，「他來往的頗多是武漢方面過去有重大共黨嫌疑的人物，而他對於國民黨的軍政及黨務社會又無所不談，因此確定這個人可能是共黨的重要份子〔分子〕，但是李明與當時武漢上層份子〔分子〕亦頗有往來，還頗受他們的庇護」。[45]

1931 年 4 月下旬，在中共轉變者尤崇新（?-1931）的指認下，顧順章遭到調查科逮捕。他在被捕過程中倒也沒有反抗，而是表現的從容不迫。由於中共對國民黨有一定程度的滲透，顧順章瞭解蔡孟堅係調查科在武漢地區的負責人，第一時間便要求見他。據蔡孟堅回憶稱：「我即傳顧來，見顧只說：『我有對付共產黨大計劃，請你速安排本人晉見總司令蔣公，我將當面陳情。』他態度冷靜，不願再言其他。」但蔡孟堅急於邀功，將顧順章被捕一事匯報武漢行營主任何成濬（1882-1961），隨後又電告南京本部，導致消息遭中共潛伏在調查科人員錢壯飛所截獲，而有了應付時間。[46]

---

44 張國燾，《我的回憶》，第 3 冊（北京：東方出版社，1998 年），頁 3。

45 「中共特務部部長顧順章之自首及其與中共之打擊」，中央調查統計局編，《有關顧順章等破案經過》，檔號：276/7435/59400；張國燾，《我的回憶》，第 3 冊，頁 5。

46 蔡孟堅，〈兩個可能改寫中國近代歷史的故事〉，《傳記文學》，第 37 卷第 5 期（1980 年 11 月），頁 43-44。

顧順章在被捕瞬間並沒有表現緊張慌亂，反倒是冷靜沉穩，且在思想上快速轉變。再者，他明白此時唯有見到蔣中正才能確保自己的人身安全，如果再獻計協助國民黨來剿滅共產黨，那麼身價勢必水漲船高。「顧氏是很聰敏的，被捕之後，立刻決議自新。並願暴露共黨的秘密，他想用別人的血，贖他自己的罪。」[47] 但一切如意算盤卻毀在蔡孟堅立功心切上，否則中共勢必得面臨更為嚴重的危機。蔡孟堅在多年後回憶與張國燾及陳獨秀（1879-1942）二人一起談論過顧順章，「他們一致認為顧是共黨中優異份子〔分子〕，手腕之靈，手段之辣，較周恩來有過之無不及」。[48]

當調查科負責人徐恩曾接到顧順章被捕消息時「興奮得跳起來」，同時下令將人帶回南京。據徐恩曾稱：「在見他以前，我已確定計劃要爭取這個人。」在經過徐恩曾「懇切」的談話後，顧順章不到兩小時便答應了「轉變」。顧順章給徐恩曾第一印象是：「他對共產黨的『主義』並無深切的瞭解，因而也並不怎樣熱烈的愛好；他在特務技術方面雖有驚人的造詣，但對政治認識卻極簡單幼稚。」[49] 確實如徐恩曾所言，無論是共產黨亦或者國民黨都對顧順章在特務技術上的才能感到欽佩。徐恩曾在後來的回憶錄中，曾這樣形容他在特務方面的能力：

> 他在這一方面的天才，聰明，機警和技巧都是高人一等，因此造成他特務工作的卓越才能，他精於射擊，能設計在房內開槍而使聲音不達於戶外。他可以用兩手輕巧地捏死一個人而不顯露絲毫痕跡。他對各種機器的性能都很熟悉，對爆破技術有獨到的研究。這一切，使顧順章成為赤色特務中空前絕後的人物。[50]

又，調查局所藏顧順章案卷是這樣記載：

> 顧順章是一個具有特務天才的人物，他聰明，機警，技巧都是高

---

47 無悔，〈顧順章軼史〉，《中外問題》，第 15 卷第 3 期，頁 139。
48 蔡孟堅，〈兩個可能改寫中國近代歷史的故事〉，《傳記文學》，第 37 卷第 5 期，頁 43。
49 徐恩曾，《我和共黨鬥爭底回憶》（臺北：編著者發行，1953 年），頁 19。
50 徐恩曾，《我和共黨鬥爭底回憶》，頁 20。

人一等，精於射擊，他能設計在房間內射擊而使音響不達戶外，對於各種機器的性能，亦頗瞭解，何者是重要部門，如何爆破損壞，俱有深切之研究，對於人事調查，他是主張不擇手段專講目的的。倫理，道德等等觀念，在他特務工作的理論上是認為落伍不切實際的，他陰險兇惡猜忌腐敗無所不為，絕無顧忌，在他鷹隼的鼻尖與凶光四射的兩目上以及在他日常的生活上，完全可以看出來，他是不馴服的人，對於中國固有的文化及道德的修養是沒有的，他是十足具有支配慾，領袖慾，享受慾，殺人狂，貪得權勢享受無饜的唯物主義者，我們道德修養及主義方面對他的薰陶實在不合他的脾胃。[51]

調查局這份檔案沒有註明報告撰寫者是何人，但根據內容基本可以推論應該為徐恩曾所寫，亦或者是他參考此檔案寫了後來的回憶錄。徐恩曾對顧順章描述內容雖略有誇張，但不能否認的是顧順章在特務工作上確實有其卓越能力。否則貴為國民黨特務組織領導人之一的徐恩曾，也不會給一位中共「投誠」分子如此高的評價。

在性格方面，顧順章「擅於交際，說話很風趣，處世經驗豐富到和他的年齡不相稱的程度，人情味很濃厚，善於揣摩人的心理，對人的態度永遠是那麼和藹，誠懇，而使人樂於和他親近」，「懂得社會上各種組織門檻」，「三教九流無所不包」。但另外一面的顧順章，徐恩曾是這樣形容：「為人陰狠毒辣，死在他手下的同志不知凡幾，同黨的人將他比作餓了要吃人，飽了要打架的豺狼，人人都畏懼他。當我和他相處較久以後，發現他有強烈的領導慾，享受慾和殺人狂也是他的特性之一。」[52]

「轉變」後的顧順章，非但沒有陷入人生的低潮，反倒為他事業帶來新的高峰。調查科幹員黃凱對顧順章有這樣的描述：「1、他對特務工作確有精明

---

51 「中共特務部部長顧順章之自首及其與中共之打擊」，中央調查統計局編，《有關顧順章等破案經過》，檔號：276/7435/59400。

52 「中共特務部部長顧順章之自首及其與中共之打擊」，中央調查統計局編，《有關顧順章等破案經過》，檔號：276/7435/59400；徐恩曾，《我和共黨鬥爭底回憶》，頁 20。

之處，如經他所繪圖監製的各種假髮、假鬚、假牙等化妝用品，用起來唯妙唯肖；2、培養特工人員，有一套辦法，成效快；3、鼓其如簧之舌，堅決表示以後終身反共。」[53] 顧順章保鑣林金生也回憶說：「他除了會變魔術戲法外，還有一個本領我很佩服，那就是他的化妝技巧非常高明。一個人經他稍許化妝，你就很難再認出來。我記得他曾用一種假牙往嘴上一套，人的模樣就全變了。」[54] 關於這一點，顧順章第二任妻子張永琴也曾描述：「有時外出，他就要化妝，戴一副眼鏡，在門牙上套上一副假牙，整個臉型就變了。」[55]

憑藉著這樣的本領，顧順章頓時成為「中統」與「軍統」炙手可熱的人物。在「轉變」初期，「戴笠（1897-1946）常常偷偷摸摸去找他，後來戴笠請求老蔣條諭中統負責人，有一段時間由顧襄助軍統工作」。[56] 顧順章為三民主義力行社（軍統前身之一，簡稱力行社）訓練處便衣隊的新進隊員講述偵探技巧，這讓日後「軍統」工作得到極大的成長。[57]

「中統」成立時間要早於「軍統」，但在後來卻漸漸被「軍統」迎頭趕上。領導人戴笠從一開始被臨時交辦一兩件事，到後來逐漸形成一定規模，這就與徐恩曾主持的調查科，在職權上難免疊床架屋。為了整合兩個部門，在1932年初，蔣中正成立軍事委員會調查統計局，由陳立夫（1900-2001）任局長，下轄三處：一處由徐恩曾主持，負責中共黨政與社會活動之調查；二處由戴笠負責，主要任務針對中共軍事活動之情報；三處由丁默邨（1901-1947）主持，負責掌管總務事宜。新成立的單位屬於半公開性質，對外對內不行文，工作重點著重在一、二處，遇到需要協調之處，由局內舉行工作會報加以溝通，陳立夫將其稱為「調統會報」。[58]

---

53 黃凱，〈我的特工生涯和所見所聞〉，《江蘇文史資料》，第45輯（1991年9月），頁6。
54 林金生，〈顧順章被殺真相〉，《江蘇文史資料》，第45輯（1991年9月），頁63。
55 孫曙，〈顧順章後妻張永琴訪談錄〉，《文史精華》，第5期（2003年5月），頁25。
56 黃凱，〈我的特工生涯和所見所聞〉，《江蘇文史資料》，第45輯，頁6。
57 工農紅軍方面軍政治部印，〈洵口戰役俘擄敵軍藍衣社便衣隊之自供〉，《兵運材料》，第15期（1933年10月31日），無頁碼。
58 陳立夫，《成敗之鑑 —— 陳立夫回憶錄》（臺北：正中書局，1994年），頁106-107；王思誠，《瞻園憶舊》（臺北縣：展望與探索雜誌社，2003年），頁36-37。

但實際上戴笠僅向蔣中正直接負責。因此陳立夫「曾存有併吞戴笠領導的特務系統的企圖」，為此他去尋找蔣中正，但卻得到「如果戴笠有什麼不當的行為，你隨時可以向我報告」的回答。在無法一家獨大下，陳立夫只能向「中統」幹員們自嘲的說：「我們的工作，可謂之曰黨的耳目，你們看人身上耳與目都是成雙的。所以黨的耳目，亦不妨有兩個，互相查對，是有益無損的。」[59]

　　不過徐恩曾與戴笠兩人彼此不合，「中統」與「軍統」又有競爭關係。加上徐恩曾對下屬相當嚴苛，「既要馬兒好，又要馬兒不吃草，表面上很關心，很拉攏，事實上是殘酷無情地耗盡下屬精神體力，毫不顧及他們健康」，這就與戴笠為人海派大方形成強烈對比。[60]顧順章出身於上海青幫，而戴笠這樣性格就與顧順章很對口味。再者，顧順章曾撰寫一本《特務工作之理論與實際》，「經戴笠處長看見，如獲至寶，甚表讚揚，向顧購買一千冊，使顧名利雙收，喜不自勝」。[61]因此經顧順章辦理的案子，就有「大案歸軍統，小案歸中統」的說法。[62]

三、國民黨中央組織部調查科的初創與完善

　　特務，本指特別任務。今多半比喻受過特殊訓練，擔任特種工作的人。在中國，特務工作歷史由來已久。以明朝來說，在朱元璋（1328-1398）廢止宰相那一刻起，便注定這個王朝的與眾不同。丁易（1913-1954）在他的代表作《明代特務政治》一書中，以明代政治的特殊性，來反諷「蔣幫特務的鎮壓、逮捕、屠殺」。誠如書中開頭所言：「這本書是1945年春天動手寫的，1948年寫成，經過整整四年時間。」[63]也就是說《明代特務政治》成稿的時代背景，是一個

59　陳立夫著，張緒心、馬若孟編述，卜大中譯，《撥雲霧而見青天：陳立夫英文回憶錄》（臺北：近代中國出版社，2005年），頁135；張國棟（文），〈細說中統局（上）〉，《傳記文學》，第55卷第2期（1989年8月），頁73。
60　祝韵雅，〈中統頭目徐恩曾〉，《文史資料選輯》，第11輯（1987年7月），頁162-163。
61　王思誠，《瞻園憶舊》，頁34。
62　黃凱，〈我的特工生涯和所見所聞〉，《江蘇文史資料》，第45輯，頁6。
63　丁易，《明代特務政治》（南昌：江西人民出版社，2012年），頁1。

國共相爭天下的年代。但從這樣的表述，也不難看出特務工作是民國史的重要組成部分，是國民黨維繫政權的依託之一。

1923 年 8 月，蔣中正代表孫中山（1866-1925）訪問蘇聯時，得到了這樣的感想：「布爾什維克黨組織之嚴密，紅軍軍事之健全，固為成功的主要原因，但是其情報工作的完善，因此發揮特殊的能力，實為其成功最重要的條件。」中國自晚清以來面臨種種民族恥辱，國家存亡命懸一線，這讓蔣中正意識到「情報工作便是我們目前救亡圖存的一種必要的武器！」情報工作在國民政府主政時期，「由政治的附庸地位，而成為整個的革命工作中的主要部份，尤其為政治鬥爭中的主要武器」。蔣中正認為：「要建立中國的革命基礎，又必以建立完善的情報事業為前提」。[64]

1927 年蔣中正清黨後，便指示陳立夫成立調查科，「其主要任務對付共產黨的活動而制裁之」，也就是說國民黨特務最初成立的動機，是為了應對來自中共的挑戰。當陳立夫接到命令時，「感到我的個性對此頗不適宜，並且對這項工作絲毫沒有知識和經驗」，據他回憶稱：「我所知道的人，多半是美國留學生，學工程與自然科學或社會科學的，所以調查科開始組織，就是請這些人幫忙參加。」[65] 陳立夫當初在美國是主修採礦工程，所延攬的人有「徐恩曾、吳大鈞、趙隸華和楊丹英。還有在哈爾濱工學院研究俄文的張冲（1904-1941）、在德國留學的卜孟秋。他們各有專精：楊丹英學政治，趙隸華學經濟，吳大鈞學統計」。這些人有一個共同的特點，「他們的家庭背景好、教養好，都是很有修養的人。不過都沒有受過諜報和調查訓練」。陳立夫所找的對象基本上都是與他有淵源的人，或者是透過別人所介紹。一開始調查科分為兩組：調查組由徐恩曾主持，楊丹英副之；統計組由趙隸華主持，吳大鈞副之。「開始時，每組有六、七人，兩組合計不超過二十人」。調查科便是這樣一步步學習摸索而逐步發展。這也讓陳立夫後來自豪的稱：「在我的主持下，這個科成為我國

---

64 蔣委員長訓詞，《情報工作與完成革命事業的關係》（1933 年 4 月 24 日），法務部調查局藏，檔號：276.1/599/8264，頁 5、7、10、12。

65 陳立夫，《成敗之鑑──陳立夫回憶錄》，頁 105。

用科學方法和組織技巧來調查共黨活動的先驅。」[66]

除了對外公開的安全機構外，調查科另外成立一個秘密單位，裡面的工作人員完全是私密的，既不在編制內，也不在中央黨部辦公，而是在南京一棟半中半西式的二層樓內。為掩人耳目，便在大門外掛了一塊「正元實業社」的招牌。[67] 徐恩曾本人是這樣形容「中統」的發展歷程：

> 革命力量雖已統一全國，開始訓政建設，然反動餘孽仍環伺在側，不時蠢動，故吾人之主要任務在消滅反動，保衛政權。此時之任務單純，目標顯著，人員與經費雖少，但組織嚴密，行動敏捷，意志集中，步調齊一，各地同志對工作經驗雖少，但兢兢業業，刻苦努力，虛心學習，冒險進取之精神則甚充沛，故其成就輝煌，至今若干同志回首前塵，當有不勝嚮往者。[68]

「消滅反動」與「保衛政權」是調查科成立之初兩大核心目的，共產黨是國民黨眼中的「反動」與威脅政權的存在，如何與之鬥爭就成為一個重要的議題。但調查科大多人是「半路出家」，很難與訓練有素的中共特科相較。不過一切情況在中共特科領導人顧順章的「轉變」後有了不一樣的發展。

調查科在顧順章加入後，得到了質與量的大幅度成長。徐恩曾對此提到：「共黨的地下組織，封閉得很嚴密，在我擔任這個工作最初一年之間，從各方面探索，始終找不到門徑。直到年度終了，忽然來了一個機會，使我能從此敲開了共黨地下組織的大門。」[69] 顧順章正是打開這扇神秘大門的鑰匙，一塊關鍵性的敲門磚。在「中統」發展史上，是這樣記述此次事件的：

> 中國國民黨於一九二七年（即民國十六年）四月清黨以後，首先肅清潛伏在黨內的共黨份子〔分子〕並對跨黨及共黨同路人加以

---

66 陳立夫著，張緒心、馬若孟編述，卜大中譯，《撥雲霧而見青天：陳立夫英文回憶錄》，頁 133-134。
67 張國棟（文），〈細說中統局（上）〉，《傳記文學》，第 55 卷第 2 期，頁 70。
68 徐恩曾，《徐局長告全體同志書》，法務部調查局藏，檔號：276/323/8269，頁 2-3。
69 徐恩曾，《我和共黨鬥爭底回憶》，頁 18；U. T. Hsu（徐恩曾），The Invisible Conflict（Hong Kong: China Viewpoints, 1958），p. 84.

整肅，同時展開對各地共黨武裝暴動以軍事力量清剿，對共黨的地下組織由黨政方面密切配合運用特務工作，予以破獲，數年之間頗收成效，尤以自一九三〇年起，國民黨中央發動號召共黨自首政策以後，收效尤宏，第二年的春天，這個在清共史最有名的顧順章事件便在反共工作收了絕大的果實。[70]

為了妥善利用這顆巨大的「果實」，顧順章由徐恩曾與總幹事張冲親自領導。徐恩曾與張冲分別為調查科第一與第二把手，這凸顯了顧順章的重要性。顧順章也不負所望，先是供出楊登瀛（1893-1969）、錢壯飛等一批潛伏在調查科內部的共產黨員，後又因為他的指認，使得人在蘇州監獄化名王作霖的中共領導人惲代英（1895-1931）隨即遭到國民政府處決。[71] 這樣的「投名狀」讓調查科相當滿意，顧順章在往後的日子裡，「獻策如何摧毀共黨在政府統治區內黨與群眾的組織」，「主要是個別召集各省市區的負責同志，分批到京，針對各地情況，由他面授機宜」。[72] 關於顧順章對調查科的貢獻有這樣的描述：

在顧順章轉變初期，我們全國各地的工作成果，尤其是京、滬、杭、蘇、武漢、北平等大城市的破獲，都與顧順章取得聯繫，每一案內的嫌犯俱有照片，送到顧處加以研究，在此數年中因他個人的關係，發現了許多重大案子，往往一個小案子，平時是證據不足，租界當局須把人犯釋放的，因為顧順章認出了其中一個化名份子〔分子〕原來是共黨老幹部，於是全部案件便變了性質，因此逐步佈置破壞致使共黨中央遭受不可補償的損失。[73]

鑑於顧順章在共產黨中的地位與經驗，徐恩曾要求他將中共黨員及其組織

---

70 「中共特務部部長顧順章之自首及其與中共之打擊」，中央調查統計局編，《有關顧順章等破案經過》，檔號：276/7435/59400。
71 黃凱，〈我的特工生涯和所見所聞〉，《江蘇文史資料》，第 45 輯，頁 5-6。
72 王思誠，《曠世風雷一夢痕——九十年人生經歷見證》（臺北：立華出版公司，1995 年），頁 101。
73 「中共特務部部長顧順章之自首及其與中共之打擊」，中央調查統計局編，《有關顧順章等破案經過》，檔號：276/7435/59400。

活動的特性，和各種方法編撰成冊，以作為教材使用。[74] 1933 年 7 月，顧順章在南京完成《特務工作之理論與實際》一書，此書日後成為國民黨無論「中統」亦或者是「軍統」的重要教材。在書中自序裡，顧順章這樣提到：「這本書的內容，完全是根據我個人從各種不同的社會裡親身閱歷出來的實際經驗，既非抄襲其他著作，亦非得自異人傳授。偉大的社會是我的學校，艱難困苦的環境是我的導師，各種實際問題是我的書本和實驗的材料。」[75]

顧順章成為調查科新進人員的導師，由他負責的培訓班教育出一批又一批的中堅骨幹。課程主要講述共產黨員的意識形態、生活特徵，如何過組織生活，如何接近群眾，如何發展黨和群眾組織，如何佈置機關，如何隱匿自己身分，如何領導鬥爭，以及共產黨如何對國民黨軍政部門進行秘密滲透與分化的做法。在反滲透問題上，國民黨根據顧順章的建議，「先在各種機關團體部門，普遍建立足夠運用之秘密工作人員，而名之為『工作細胞』。（俗名眼線）。完全義務性質，遇有成績表現時，即予獎償，藉此激勵」。[76]

在如何對中共進行組織破壞上，顧順章則提供幾項建議：「一、從外打入；二、從內爭取；三、政治說服；四、偵破控制。」首先培養一批人員，打入共產黨內部，「致使中共的一呼一吸，都在我秘密政治作戰部隊的掌握之中」；第二，透過這些打入的人員，從中共內部進行分化，曉之大義，或根據個別需求給予相對應之利益，使其「自首自新」；第三，將被捕共產黨員進行反省教育，願意「轉變」者給予政治與安全保障，反之則送入反省院，如此不僅能體現國民政府的「寬容政策」，又能進一步取得中共黨內情報；第四，系統對共產黨進行組織偵查，把握一切蛛絲馬跡，以欲擒故縱模式，順藤摸瓜，由個別擊破到全面破獲。[77] 顧順章這些建言經徐恩曾採用，成為調查科乃至於國民黨對付共產黨的重要準則。使得「中統」在早期與中共的鬥爭中，取得極大的戰果，同時奠定了國民黨特務發展的基礎，一定程度上填補了空白。

---

74 王思誠，《曠世風雷一夢痕──九十年人生經歷見證》，頁 101。
75 顧順章，《特務工作之理論與實際》（1933 年 7 月 20 日），檔號：257.3/692/087044，頁 1。
76 王思誠，《曠世風雷一夢痕──九十年人生經歷見證》，頁 118。
77 王思誠，《瞻園憶舊》，頁 32-33；王思誠，《曠世風雷一夢痕──九十年人生經歷見證》，頁 119-120。

國民黨在特務工作上日漸成熟，組織架構也逐步完善。加上中共在六屆四中全會後黨內的路線衝突，許多黨員在不滿留蘇學生主政下，紛紛出走或是被捕「叛變」。為了趁勢打擊中共的發展，勢必得對原有組織再進行加強與調整，「特工總部」就此孕育而生。「這個新設置的秘密辦公機關，不掛招牌，不設武裝門警，終日大門深鎖，憑特製證章進出，對外沒有任何正式名稱，對內稱為道署街辦公室，一般習稱為特工總部，因具秘密性質，亦有人稱為隱形特工總部」。特工總部在工作上逐漸取代正元實業社，構成人員以中央黨校與中央軍校學生為主，總人數達百人以上，同時有不少人是中共「轉變」過來的「自首自新」人員。[78]

　　特工總部成立後，即在各省市、各黨部內成立特務室，在上海、南京設立秘密的行動區。特工總部不存在於國民政府亦或者國民黨的組織條例中，對外活動皆以化名或是代號，各地下屬組織也都有專屬代號。總部內所屬幹員在公開場合稱徐恩曾為「徐先生」，私底下則稱他為「徐老闆」或是「老闆」。由於特工總部沒有固定編制，因此在操作上就顯得相當靈活，「工作人員名單，只是用來向上級領取工資，所以甚至有些人連自己在哪個處裡、擔任什麼職務、多少薪金也不知道，而且從不過問，也是不容過問的」。[79]

　　為了鞏固組織，為了強化每位幹員的政治思想，為了培養集體意識，「中統」內部有不少制度是沿襲中共傳統，小組生活即是一個例子。徐恩曾發展出一套群眾性組織，稱「聯益會」。凡是「中統」工作人員，均須入會為會員。每月薪水5%為會費，作為活動基金，徐恩曾則有這筆款項的最終決策權。「聯益會」在會章第一條便是「只有信仰三民主義，中國方有出路」，幹員們必須研讀馬列書籍，學習共產黨思想，並在每週小組會議上進行報告。小組中最高為「核心小組」，由「中統」領導人任組長，組員為各單位負責人。開會時每人必須反省一週以來的思想言行，有無違背「中統」信條，接著進行自我批評和互相批評。倘若隱瞞或是欺騙而遭人揭發，則會受到組織懲處。[80]

---

78 王思誠，《瞻園憶舊》，頁 37。
79 張國棟（文），〈細說中統局（上）〉，《傳記文學》，第 55 卷第 2 期，頁 72-73。
80 萬亞剛，《國共鬥爭的見聞》，頁 305-306。

調查科在徐恩曾領導之下組織逐漸完備，尤其是顧順章「轉變」後，使得國民黨在與共產黨鬥爭中站到有利的高度。據調查科統計資料顯示，自 1930 年夏至 1933 年間，「先後破獲共匪重要組織兩百餘起」。這些案件主要是在六屆四中全會後破獲，加上國民黨透過被捕共產黨人或是轉變者瞭解到中共黨內問題，利用他們來打擊共產黨，如顧順章、向忠發、余飛、徐錫根等人。相信沒有比共產黨員更能熟悉共產黨。加上蔣中正在 1931 年開始，調動幾十萬國軍對蘇區展開圍剿。在內外夾攻之下，中共革命遇到相當大的瓶頸。「共匪內部重要份子〔分子〕大量一批一批的覺悟，自首自新，使共匪在我區之秘密組織大呈瓦解之現象」。[81]

　　不過隨著中共改變策略，在地下組織架構上進行了人員的調整。在周恩來的領導之下，將原先與顧順章相關的人事物進行轉移，這導致後期「中統」在與中共鬥爭上不再具有相對優勢。正因如此，顧順章利用價值逐漸降低，「死不足惜」成為他日後被殺的遠因之一。

四、中共黨人的「自首自新」

　　中共六屆四中全會後，由於領導層在革命路線上的分歧，導致中、下層黨員無所適從。面對這樣的現象，共產國際遠東局在給莫斯科的報告中提到：「四中全會後我們有很多人被捕。光上海一地我們就平均每天損失三人。」[82] 其中顧順章的「叛變」加速了這個現象。在他「叛變」前，「有一個組織得很好的在黨內反對間諜和奸細並在敵人的組織和軍隊中進行破壞工作的機構」。這個機構是為中共特科，由顧順章負責實際工作。中共特科主要任務是「把注意力集中在揭發奸細和『積極』與之作鬥爭上」。但諷刺的是本是保護黨安全的組織，身為領導人的顧順章卻成為「叛徒」，而給黨帶來巨大的危害。對此，共

---

81 「破獲中共中央政治局案之經驗簡述」，中央調查統計局編，《有關顧順章等破案經過》，檔號：276/7435/59400。

82 「雷利斯基給共產國際執行委員會東方書記處的信」（1931 年 6 月 10 日），收入中共中央黨史研究室第一研究部編譯，《聯共（布）、共產國際與中國蘇維埃運動：1927-1931》，第 10 卷（北京：中共黨史出版社，2002 年），頁 318。

產國際對中共中央提出警告：「該部工作中的主要缺點是把全部工作過分地集中在一個人身上，當顧在武漢被捕並供出他所知道的共產黨的工作內容和工作方法時，其危害性就暴露出來了。」[83]

調查科也因為陸續有中共黨人的變節，在上海和南京等地成立特別小組，由中共轉變者如顧順章、楊虎（1889-1966）、馮菊坡（1899-1957）等人，傳授與共產黨鬥爭的方法。共產國際批評中共中央：「儘管遇到異乎尋常的恐怖，儘管有成千上萬的共產黨人被殺害，黨仍處在半地下狀態，沒有給予應有的注意來從組織上鞏固地下機關。」在周恩來及時的應變之下，雖沒有因為顧順章「叛變」帶來更大的危害，但是「黨沒有動員起來同保密工作的具體破壞者及奸細活動的幫兇作鬥爭」。[84] 因此，共產國際得出這樣的總結：

> 中國共產黨工作中最大的弱點是，地下機關工作的組織方式考慮欠周，有時對技術和聯絡性工作漫不經心。過於集中，一個人知道很多人的地址，同許多人進行聯繫；在合法和半合法組織裡公開積極工作的人，同時又主管地下機關，甚至掌管技術和聯絡性工作；集中在一個或幾個工作人員周圍的機關臃腫而龐大；漫不經心地挑選技術人員和聯絡人員——所有這一切乃是遭致許多暴露和不必要犧牲的原因。[85]

但總歸而論，早在中共六屆四中全會前後，黨內就已遭到滲透。舉例來說，中共江蘇省委在 1931 年 1 月 23 日通過《江蘇省委關於四中全會的決議》的翻

---

83 「共產國際執行委員會特工部關於遠東和近東國家共產黨秘密工作狀況和特務工作情況的書面報告」（1932 年 6 月 3 日），收入中共中央黨史研究室第一研究部編譯，《聯共（布）、共產國際與中國蘇維埃運動：1931-1937》，第 13 卷（北京：中共黨史出版社，2007 年），頁 160-161。

84 「共產國際執行委員會東方書記處關於保密工作給中共中央的信」（1932 年 4 月 16 日），收入中共中央黨史研究室第一研究部編譯，《聯共（布）、共產國際與中國蘇維埃運動：1931-1937》，第 13 卷，頁 139-140。

85 「共產國際執行委員會東方書記處關於保密工作給中共中央的信」（1932 年 4 月 16 日），收入中共中央黨史研究室第一研究部編譯，《聯共（布）、共產國際與中國蘇維埃運動：1931-1937》，第 13 卷，頁 141。

印文件，調查科隨即在「中華民國廿年參月廿四日收到」。[86] 又，中共上海市閘北區委書記王鳳飛（1903-1933）呈中共中央《反四中全會的意見書》翻印件，調查科也在「中華民國廿年五月壹號收到」。[87] 顧順章是在 1931 年 4 月下旬被捕，而這兩份文件一份是在他被捕前收到，一份在之後。可見調查科在對付共產黨上有一定的基礎，只是在顧順章「轉變」後才有跳躍性的成長。不過這也表示此時中共內部早已存在的安全隱患。

（一）「自首自新」政策

根據調查科編撰的《轉變》一書來看，這些轉變者中，上有中共中央總書記向忠發，政治局委員徐錫根、盧福坦（1890-1969），政治局候補委員顧順章，中央委員余飛等中央領導層級。下至一般基礎黨員、共青團團員。[88] 調查科透過這些轉變者的自白或宣言，對仍潛伏的共產黨員作一政治宣示，藉此強調國民政府的「寬大為懷」。在顧順章的建議之下，國民政府健全了「自首自新」政策，而這成為國民黨用來對付中共的一項利器。關於這項政策，調查科是這樣描述的：「本『三分軍事七分政治』之原則，著重以黨的力量，打擊共黨的組織，對共黨份子〔分子〕，注重自新政策的號召，結果共黨機關紛紛破獲，共黨份子〔分子〕大批自首，增強本黨反共力量，予共黨以實質精神的大打擊。」[89]「自首自新」政策的內涵是「重用叛徒，擴大自首潮流，以毒攻毒」，這樣的策略給中共帶來不小衝擊。[90] 調查科利用「滲透與招撫」，「不採取殺戮，使共黨自首自新，而以思想之改造，其有能力者並予錄用。故來歸者甚為踴躍，

---

86 C.Y. 江蘇省委，《江蘇省委關於四中全會的決議》（1931 年 1 月 23 日），法務部調查局藏，檔號：255.31/806/12470。

87 王鳳飛，《王鳳飛反四中全會的意見》（1931 年 1 月 26 日），法務部調查局藏，檔號：262.3/23/14902。

88 中央組織部調查科編，《轉變》（1933 年 12 月），檔號：245.3/841/14824。

89 中國國民黨中央組織部調查科編，《兩年來之中國共產黨（一九三一至一九三三）》（1933 年 7 月），法務部調查局藏，檔號：270.01/7455 c.3/09749，頁 208。

90 張國棟（文），〈細說中統局（上）〉，《傳記文學》，第 55 卷第 2 期，頁 71。

清黨後十年之間為數達兩萬人」。[91]

自 1931 年至 1933 年兩年間，據調查科統計：「各地破獲之比較以江蘇、河北、山東、安徽，成績為最佳，尤以上海為最，河北次之，湖北又次之，其原因由於前兩年武漢共黨遭受嚴重破獲，不能建立，同時共黨以城市不能活動，轉移注意力於洪湖及鄂東等匪區之發展，無可破獲之對象也。」[92] 1932 年 12 月，共產國際遠東局對此也無奈表示：「最近兩個月來，大約進行了 200 次逮捕，被捕者中有一些是省（黨）委負責人。」[93] 這些被捕的共產黨員，依照其在中共黨內地位，給予分別處理。調查科對這些人，「詳詢其加入共黨之動機及對於中國政治情形的認識，繼解釋其錯誤之所在，與指示應循之革命途徑，而勸其轉變，為實行三民主義而努力。」三民主義是國民黨的意識形態，調查科宣稱：「本黨主張的正確，政治問題的解釋，及其對監獄的優待，人非石木，能不轉變！」在「反省教育」下，除了「執迷不悟者予以制裁」，其餘「誠懇悔悟者准其自新」，一些「有可能悔悟而須要訓導者送反省院」。[94]

反省院是研究國民黨「自首自新」政策的一個重要機構。「反省院之設立，在感化一般受共產黨麻醉之份子〔分子〕，使其由歧途而歸於正道」。[95] 反省院成立之初隸屬於司法系統，與一般監獄並無二異。反省院院長由各省高等法院院長兼任，「法院院長在法律上雖不失為專家，但對共黨理論及組織內容，多欠明瞭，對教育反省人，又多固執，視同普通囚犯故雖有反省院之設立，迄未收反省實際之宏效」。調查科在徐恩曾上臺後，便希望透過「反省教育」來對付這些被捕的中共黨人。在他的建議之下，各地的反省院院長，陸續改由特

---

91 陳立夫，「參加抗戰準備工作之回憶」（1977 年 7 月 29 日），〈任總統時：函（六十六）（一）〉，《嚴家淦總統文物》，典藏號：006-010806-00006-012。

92 中國國民黨中央組織部調查科編，《兩年來之中國共產黨（一九三一至一九三三）》（1933 年 7 月），檔號：270.01/7455 c.3/09749，頁 209。

93 「埃韋特給皮亞特尼茨的第 2 號報告」（1932 年 12 月初），收入中共中央黨史研究室第一研究部編譯，《聯共（布）、共產國際與中國蘇維埃運動：1931-1937》，第 13 卷，頁 258。

94 中國國民黨中央組織部調查科編，《兩年來之中國共產黨（一九三一至一九三三）》（1933 年 7 月），檔號：270.01/7455 c.3/09749，頁 209-210。

95 安徽反省院編，《安徽反省院概覽》（安慶：編者出版，1935 年），頁 1。

工總部派員擔任。使得反省院逐漸成為「中統」下屬的一個機構。[96]

反省院設立的宗旨是「感化反革命人」，那麼為了感化這些「反革命人」，訓育人員「除具有訓育學識經驗外，尚應深切認識黨義，忠實為黨服務，並具有摘奸發伏之能力」。[97]「反省人」經評判委員會鑑定後，無需繼續「反省」者可由反省院發自新證書予以出院。[98] 雖說出院，反省院仍下令「反省人」所屬籍貫黨部「嚴密注意其思想言動，並設法訓誨，俾收感化實效」。[99]

出院的「反省人」須接受管制三年，「中統特務經常派人秘密監視這些人，如果認為某人有嫌疑時，隨時可以將其重新關押監禁。如果未經中統特務許可，自由離開原規定地區者，要受到嚴厲的處罰；如果此人找不回來，那麼他（她）的家屬便會被牽連，甚至被關押起來」。[100] 也就是說，「反省人」即使獲得出院資格依然不被國民黨所信賴。

在三民主義的指引之下，進入反省院的受刑人大致可以分為四類：一、被認為轉變不澈底的分子；二、堅決不承認自己是共產黨員的人；三、被認為有共產黨嫌疑的人和思想左傾人士；四、原屬「中統」後被認為對黨對組織不忠誠、違反紀律的人。[101]「反省教育」的功能就是將這些人引導回革命的「正途」，三民主義似乎成為了解藥良方，能給這些「迷途羔羊」一盞光明指示。尤其是這些「反省」的中共黨人，「大多數是因為個人環境的逼迫，對政治現狀的不滿，經濟的困難，感情的衝動，直接間接被共黨煽惑而入其圈者」。[102]

96　中國國民黨中央組織部調查科編，《兩年來之中國共產黨（一九三一至一九三三）》（1933 年 7 月），檔號：270.01/7455 c.3/09749，頁 212-213；張國棟（文），〈細說中統局（上）〉，《傳記文學》，第 55 卷第 2 期，頁 72-76。

97　「反省院訓育工作應以深切認識黨義忠實為黨服務之黨員充任令」（1931 年 11 月 11 日），收入立法院編譯處，《中華民國法規彙編》，第 11-12 編（南京：中華書局，1934 年），頁 103。

98　「反省期間應從實施訓育之日起算期滿無須繼續反省者即由反省院發給自新證書令」（1931 年 10 月 14 日），收入立法院編譯處，《中華民國法規彙編》，第 11-12 編，頁 103-104。

99　「反省院出院應將履歷等件通知省市黨部轉飭反省人原籍黨部注意其思想言動令」（1931 年 7 月 27 日），收入立法院編譯處，《中華民國法規彙編》，第 11-12 編，頁 104。

100　張國棟（文），〈細說中統局（上）〉，《傳記文學》，第 55 卷第 2 期，頁 77。

101　張國棟（文），〈細說中統局（上）〉，《傳記文學》，第 55 卷第 2 期，頁 77。

102　中國國民黨中央組織部調查科編，《兩年來之中國共產黨（一九三一至一九三三）》（1933 年 7 月），檔號：270.01/7455 c.3/09749，頁 210。

日後隨著顧順章被槍斃，他的妻子張永琴也被抓進了反省院。基本上文化程度越低，表示反省人在思想上相對單純，這也就是為什麼這些人比較容易被釋放。張永琴是中學畢業，但因為她是顧順章遺孀，不同於一般「反省人」，故而受到相對艱苦的待遇。不過最終在張冲的協助下，張永琴才順利出院。[103]

至於這些加入共產黨的人，是否真的是受到馬克思主義的感召，進而參與革命？是否為了廣大的無產階級而奮鬥呢？根據 1930 年代統計資料顯示，當時中國資產階級、富農階級與中農階級人口僅佔全國人數 32%，但卻擁有可耕種土地的 78%。底層貧農階級佔全國人口 68%，但僅擁有 22% 的土地。[104] 也就是說中上層階級的人平均土地是底層的 7.5 倍。土地資源被少數人控制，導致農村經濟的破產。中共利用土地重新分配的方式，吸引不少貧苦農民的加入。一些人因為飢餓而加入紅軍，因為紅軍會給他們吃的，有些人則覺得加入紅軍「很時髦」。[105] 關於這一點，如表 1、表 2 所示。

中共在蘇區無論是黨員或團員、工會會員，人數皆有大幅度增長；非蘇區則反之。蘇維埃根據地多半是在各省交界處，這些地方是國民黨勢力較難深入的。過去比較不受重視的農民，反倒成為中共革命的中堅力量。共產國際就曾指示：「必須把 60% 的黨務人才統統〔通通〕派到蘇區和紅軍中去」。[106] 這些統計資料，雖是出自調查科，數據上可能略有出入，但也顯示國民黨對中共階級結構有一定的認識。許多農民是因生活所迫而加入共產黨，相信不少人根本不清楚何謂「蘇維埃」？何謂「布爾什維克」？對付這樣的人只要確保他們有一定的生存保障便可分而化之。這也可以解釋為何這段時期會有這麼多中共黨人「自首自新」。

---

103 孫曙，〈顧順章後妻張永琴訪談錄〉，《文史精華》，第 5 期，頁 28。

104 Joseph W. Esherick（周錫瑞），"Number Games : A Note on Land Distribution in Prerevolutionary China", *Modern China*, 7: 4(Oct 1981), pp. 390-391.

105 周錫瑞（Joseph W. Esherick），〈關於中國革命的十個問題〉，收入董玥主編，《走出區域研究：西方中國近代史論集粹》（北京：社會科學文獻出版社，2013 年），頁 200。

106 楊奎松，《"中間地帶"的革命——國際大背景下看中共成功之道》（太原：山西人民出版社，2010 年），頁 251。

表 1、共產黨及其群眾組織團工會的組織對比表

時間	1931 年 3 月			1933 年 7 月		
類別 地區	黨員	團員	工會會員	黨員	團員	工會會員
蘇區	50,000	40,000	100,000	100,000	90,000	160,000
非蘇區	18,050	9,580	50,000	9,330	6,510	40,000
全國	68,050	49,580	150,000	109,330	96,510	200,000

資料來源：中國國民黨中央組織部調查科編，《兩年來之中國共產黨（一九三一至一九三三）》（1933 年 7 月），檔號：270.01/7455 c.3/09749，頁 40-41。

表 2、中共黨員和團員階級成份表

成分 黨團	工人	農民	士兵	知識分子
黨員	5.8%	87%	3%	4.2%
團員	5%	70%	10%	15%

資料來源：中國國民黨中央組織部調查科編，《兩年來之中國共產黨（一九三一至一九三三）》（1933 年 7 月），檔號：270.01/7455 c.3/09749，頁 42。

（二）中共的反擊

　　面對調查科的來勢洶洶，為了應對這股「自首自新」的「轉變」風潮，周恩來強化了黨的保密工作，完善黨的技術路線，讓各機構職權有明確劃分。首先周恩來在獲悉顧順章「叛變」後，立即採取以下緊急措施：1、銷毀大量機密文件，將黨的主要負責人迅速轉移，並採取嚴密的保衛措施；2、將一切可以成為顧順章偵查目標的幹部，迅速轉移到安全的地區或調離上海；3、切斷顧順章在上海所能利用的關係；4、廢止顧順章所知道的一切秘密工作方法。[107]此外，在有「黨的保險箱」之稱的中共特科上，1931 年 6 月周恩來將其改組為「中央特別工作委員會」，由周恩來、康生（1898-1975）、陳雲（1905-1995）、潘漢年（1906-1977）、鄺惠安（1903-1935）任委員。[108]「這些領導人彼此不

---

[107] 中共中央文獻研究室，《周恩來年譜（1898-1949）（修訂本）》，頁 207。
[108] 王健英編，《中國共產黨組織史資料匯編——領導機構沿革和成員名錄》，頁 147。

知道。每科都有獨立的機關、住處和接頭地點。這些科的機關大大縮減了。中央書記處機關和上海省委機關和工會機關以及某些省組織也大致同時進行了改組」。[109] 為遏止調查科的持續進攻，中共中央採取以下措施：

> 匪中央一面從匪區大量調出，射擊精良的軍事幹部，重整其在滬之暗殺組織，加強其內部控制及對政府反共組織與轉變到政府的有力份子〔分子〕的報復，一面決定實施其精簡隱蔽之組織政策，凡暴露或與業已轉變到政府方面的人有熟識者一律調回匪區，並堅決的執行審幹政策，凡經認為稍有不穩者，常施以殘酷的殺害，或用其可恥的告密手段，對於新的份子〔分子〕的吸收，極其謹慎，其組織技術，確已做到極端隱蔽的要求，同時更大施其恐怖手段。[110]

為了殺雞儆猴，為了震懾調查科，同時也為了告訴黨內同志與共產黨為敵的下場。周恩來除了在第一時間「鎮壓」顧順章家屬外，在他指示之下中共特科迅速重整，開始對國民黨展開反擊。這或許也能解釋為何在中共轉變者的自白或宣言中，很少有對周恩來的攻擊或批評，畢竟顧順章家屬的下場殷鑑不遠。

1932 年 10 月 25 日，由鄺惠安率領紅隊衝入調查科上海區閘北分區主任曹伯謙住所槍殺多人後離去。1933 年 4 月 21 日下午，中共轉變者雷達夫、胡均鶴（1907-1993）等人在上海市區與紅隊發生槍戰，雷達夫當場殞命。「在此案發生之前，本局派在警備司令部工作之王斌同志，被匪潘漢年主持擊斃於八仙橋，此一時期匪紅隊正向吾人採進攻狀態」。[111]

---

[109] 「共產國際執行委員會特工部關於遠東和近東國家共產黨秘密工作狀況和特務工作情況的書面報告」（1932 年 6 月 3 日），收入中共中央黨史研究室第一研究部編譯，《聯共（布）、共產國際與中國蘇維埃運動：1931-1937》，第 13 卷，頁 161。

[110] 「破獲中共中央政治局案之經驗簡述」，中央調查統計局編，《有關顧順章等破案經過》，檔號：276/7435/59400。

[111] 「消滅共匪紅隊案之經驗簡述」，中央調查統計局編，《有關顧順章等破案經過》，檔號：276/7435/59400。

1933 年 6 月 14 日下午，調查科上海區負責人史濟美（1906-1933）[112]「被匪紅隊鄺惠安率領紅隊多人」殺害，「史同志被匪特務隊六個殘暴的兇手攻擊，身中七槍，殉職犧牲」。[113] 調查科面對史濟美的犧牲，「滬地同仁痛恨共匪暗殺之無恥，莫不誓復此仇，乃對共匪潛滬之秘密組織，大加搜索破獲，因之共匪對本局在滬之幹部更為仇恨」。[114] 史濟美的殉職引起國民黨高層重視，蔣中正對此指示：「准優卹並查明其家族加急撫慰。」[115]

　　8 月 12 日，繼任史濟美職缺的錢義璋，「不幸被匪紅隊刺殺於雲南路大中華飯店三樓電梯傍，腰中左輪兩槍，當即殞命」。「不及兩個月中，本黨特工上海負責人連續被匪暗殺，一時暗殺氣氛極濃。再加上共匪秘密組織極端的講求隱蔽的技術，以致匪的秘密組織之線索，一時毫無可尋」。[116] 為了應對中共的挑戰，調查科在策略上作了一些部署，首先派人潛入中共特科，紅隊中的 35 名幹部有 7 名就是潛伏人員。其次，利用反間計配合上海公安局及淞滬警備司令部，偽造「共匪黃國華秘密辦理自首，秘密帶著治安人員，對匪中央進行跟蹤」的情報，來引誘紅隊上鉤。果然黃國華隨即在寓所內遭到紅隊暗殺，但無大礙，並被護送至上海公共租界仁濟醫院治療。[117]

　　1934 年 9 月 26 日，「匪紅隊鄺惠安率領牟宗之、華圃等五人，攜帶德造快慢機可以連發二十響之盒子槍，分別混入仁濟醫院正樓的二樓，集中火力，

112　史濟美曾抓獲中共青年團中央書記王程雲、團中央組織部長孫際明、中央宣傳部秘書于桂生、中央秘書陳卓文、中央交通科主任劉永清等三十餘名中共青年黨員，可謂戰功赫赫，因而受到國民黨高層的器重。「陳立夫呈蔣中正電」（1933 年 2 月 7 日），〈種種不法罪行（一）〉，《蔣中正總統文物》，國史館藏，典藏號：002-090300-00017-084。

113　「消滅共匪紅隊案之經驗簡述」，中央調查統計局編，《有關顧順章等破案經過》，檔號：276/7435/59400。

114　「史烈士濟美」，收入司法行政部調查局編，《本局歷年殉職殉難烈士事略》（臺北：編者出版，1957 年），頁 40。

115　「陳立夫呈蔣中正電」（1933 年 6 月 17 日），〈一般資料──民國二十二年（二十八）〉，《蔣中正總統文物》，典藏號：002-080200-00098-021。

116　「消滅共匪紅隊案之經驗簡述」、「破獲中共中央政治局案之經驗簡述」，中央調查統計局編，《有關顧順章等破案經過》，檔號：276/7435/59400。

117　「消滅共匪紅隊案之經驗簡述」，中央調查統計局編，《有關顧順章等破案經過》，檔號：276/7435/59400。

竄入黃國華所住之病房，連發數槍，黃遂即畢命」。鄺惠安隨即逃亡，但落腳點遭到調查科掌握。隔日，在內應的配合之下，鄺惠安被調查科逮捕。鄺惠安被引渡後，「要求准予悔悟，擬定肅清共匪殘餘計畫，經呈奉中央核定，解送中央訊辦，該案因責任重大，如輕易准予自新，則無以面對死難殉職的幹部同志，鄺惠安、牟宗之等五名處絞刑」。至此，上海的國共特務衝突才稍作趨緩。鄺惠安案後，「完成對犧牲於工作崗位上諸烈士之報仇雪恨，完成對匪紅隊之消滅」，但是調查科遺憾的表示：「潘漢年、趙雲〔康生〕兩匪首在匪中央政治局案破獲引渡後逃離上海，未能同案緝獲，否則當更增加此案之政治意義」。[118]

五、顧順章的結局

說也諷刺，「自首自新」政策是在顧順章獻策下得以逐漸完善，但他本人最終卻也被關進反省院。首先顧順章是中共「叛徒」，他深深明白背叛組織的下場，所以在變節的第一時間即要求調查科拯救在上海的家人。中共特科有一項重要任務，「他們就是 C.P.〔中共〕的保險箱，他們一方面要幫助消滅敵人，一方面還要清除自己團體內自首或告密的害群之馬。他們又幫助黨在組織上檢查不良份子〔分子〕，如果黨發生特殊困難時，也均由特務工作負責解決」。[119] 顧順章深怕家人被中共特科給「解決」，「不幸顧案經過，被匪周恩來獲悉，致匪得以事先將顧妻張杏珠等誘至甘斯東路愛棠村十一號，秘密施以殺害，同罹難者顧之岳父母妻弟夫妻子女等八人，又顧之親信及師友五名亦被殺害」。[120] 調查科抓獲的一位共產黨員王竹友向顧順章表示懺悔：「請你原諒我，這不是我的罪惡，我是奉命執行的，在我們得到你『轉變』消息後，周恩來立即召見我，要我把你的家眷，統統〔通通〕解決。」據王竹友的自白供稱：「這些皆

---

118 「消滅共匪紅隊案之經驗簡述」，中央調查統計局編，《有關顧順章等破案經過》，檔號：276/7435/59400。
119 顧順章，《特務工作之理論與實際》（1933 年 7 月 20 日），檔號：257.3/692/087044，頁 187。
120 「消滅共匪紅隊案之經驗簡述」，中央調查統計局編，《有關顧順章等破案經過》，檔號：276/7435/59400。

是叛逆份子〔分子〕，或者反對周恩來命令的共產黨員。皆是奉周的命令執行的，執行的人大多數不知姓名，便糊里糊塗把他們殺害了。」顧順章聞訊後，「慘然流涕」，「靜默者久之」，「當時顧對其家屬之消息是很感痛苦的，這點似乎又可證明他對於個人的家庭觀念還是很濃厚的」。[121]

1931年11月29、30日，顧順章在《申報》接連兩天刊登出「顧順章懸賞殺人兇手周恩來等緊要啟事」，痛述共產黨對其家屬的迫害，讓他「痛不欲生」。顧順章自稱：「乃於本年四月自動脫離共黨，向黨國當局悔過自新；從此閉戶讀書，以求學術之長進，對於共黨任何人，從未加以陷害，蓋順章只有主義之鬥爭，並無個人仇恨之心裡，此亦政治家應有之態度！」顯然顧順章對自己的變節有其一套完美說詞，悲憤之餘他尚能利用自身不幸遭遇來反擊中共。在啟事裡顧順章將自己描述為一位受害者，而中共不僅殺妻屠族，還奪人錢財。據他稱：「順章岳母之私款七千餘元及價值三千餘元之田產單據，亦被劫奪以去。」[122]

社會上一般對弱者較為同情，因此顧順章此招手段可謂高明。這就讓中共不得不作出回應：「原來在他叛變之後，所以殘殺我們的同志，不是因為對共黨個人有什麼仇恨，而是因為他對於整個的共黨有莫大的仇恨。但是正因為如此，所以他變成了革命的叛徒，變成了國民黨的嗜血的惡狗，變成了高等的偵探員！」[123] 1931年12月10日，由毛澤東（1893-1976）署名發佈了〈蘇維埃臨時中央政府人民委員會通令——叛徒顧順章的懸賞啟事〉，內容這樣描述顧順章：「以殺人兇犯污我革命負責同志與中共中央。企圖用這一陰謀詭計破壞中共及其負責者在群眾中的信仰。更無恥的顧順章自己還登報通緝中共負責同志周恩來等，說他自己自從叛變後，並未陷害過共黨任何人」。對此蘇維埃臨時中央政府號召各地蘇區與民眾，「要一體嚴拿顧順章叛徒」，要將他「撲

---

121 「關於周恩來謀殺顧順章全家案始末」，中央調查統計局編，《有關顧順章等破案經過》，檔號：276/7435/59400；中央組織部特務組調查科編，《周恩來殘殺顧順章家屬及異己份子〔分子〕三十餘人埋藏上海租界區域之發現》，法務部調查局藏，檔號：276/7435b/19933。
122 顧順章，〈顧順章懸賞緝拿殺人兇手周恩來等緊要啟事〉，《申報》，上海，1931年11月30日，版2。
123 〈叛徒顧順章的懸賞啟事〉，《紅旗週報》，第26期（1931年12月），頁64。

滅」。[124]

這樣的答覆似乎也沒有回應顧順章所控訴的「奪人錢財」，據悉中共中央派人「解決」顧順章家屬時，「在他們的住處，不僅搜出很多打（每打等於十二罐）價值很貴的（每罐合 4-5 元）雞汁、肉汁等罐頭和一大包鴉片煙土（顧等平時吸鴉片），而且搜出顧用黨的經費在上海郊區買地的地契。地契上寫著他岳父的姓名」。陳紹禹等人也批評顧順章，稱：「其為人流氓習氣很重，政治文化水平很低，立三中央對他和其他工人幹部一樣，不重視政治理論教育，大批黨的經費任他花費，不加檢查，因而他的思想、生活都早已腐化。」[125]

其次，顧順章是轉變者，面對這種背離組織，手上沾滿過往同志鮮血的人，國民黨自然不敢完全信任。雖說顧順章有優秀的特務技巧與能力，但也正是因為他表現太過突出，這樣的人一旦駕馭不好難保不會反咬自己一口。再者，顧順章遊走在徐恩曾與戴笠之間，不懂得避嫌。顧順章曾對監視他的調查科幹員王思誠表示：「戴笠已決定邀請他到二處去工作，並邀請我與他同去。辦公桌子已經擺好，祇等通知送到，就可正式去上班。」顧順章過於天真，誠如王思誠的答覆：「戴笠所要做的工作，乃是恩曾先生正在進行中的工作，且已有成績表現，他怎肯輕易放你他就？」[126]

關於這一點徐恩曾是這樣回憶的：「由於他不安份的本性，我雖盡量優容他，款待他，使他在生活方面不感到欠缺，他不願像我們這樣做不求人知的工作。最初，他在我們這邊找出路，找不到，於是又偷偷摸摸去和共黨勾結。」[127] 所謂的「找出路」，指的是顧順章希望投靠戴笠，這自然也觸怒了徐恩曾。「中統」歷史早於「軍統」，原本以為可以集萬千寵愛於一身，但歷代統治者皆喜歡以雙軌策略分而治之，尤其像情報工作這種特殊機構，更需要有一個制衡對

---

124 〈蘇維埃臨時中央政府人民委員會通令──叛徒顧順章的懸賞啟事〉，《紅旗週報》，第 27 期（1931 年 12 月），頁 94-95。

125 孟慶樹編著，《陳紹禹──王明・傳記與回憶》（莫斯科：本體心理學慈善基金會出版，2013 年），頁 104-105。

126 王思誠，《曠世風雷一夢痕──九十年人生經歷見證》，頁 121。

127 徐恩曾，《我和共黨鬥爭底回憶》，頁 20。

象。「軍統」的出現，或多或少帶有這樣的成分。「當調查科發現戴笠在做類似工作的時候，科中同仁憤憤不平，謂蔣公是否不信任而另派戴笠去做？」[128] 因此，顧順章觸怒了調查科，犯了忌諱。

　　國民黨特務工作有一項要求，「他本身只是一種黨內無名英雄的革命工作，而決不是以此為爭奪政治地位武器的工作。凡是從事國民黨特工的只是對黨及領袖一種忠誠的表示，此外一切須犧牲」。[129] 雖說這樣的要求放在現實層面上有點諷刺，畢竟「中統」一直被陳果夫（1892-1951）、陳立夫視為禁臠，是 C.C.[130] 維持黨內地位的重要工具。「哪個地方有 C.C.，哪個地方就有調查科分子；哪個地方有調查科分子，哪個地方就有 C.C.。」[131] 顧順章終歸是外人，「他沒有政治上高的地位，他沒有單獨可以指揮支配的人事及機構，他完全不瞭解本身的缺點」。[132] 張永琴曾經回憶稱：「以前顧順章曾給我講過蘇聯如何好，共產主義制度好的話（即使他投靠了國民黨，他還是看不起國民黨那一套的）。」這樣的自負，「對眼前現狀處境感到不愉快，對前途表示悲觀」。[133] 加上對政治的幼稚，讓顧順章異想天開，當他企圖組建「新中國共產黨」那一刻起，就觸碰到蔣中正的紅線。在蔣中正眼中，特務人員僅是「領袖的耳目與工具，只以絕對服從為天職，自己的生命身體，都已經完全貢獻於領袖，那麼，個人的意志，當然更不待說是沒有絲毫的自由了。尤其對政治方面，不能在領袖主張之外，自己作一點主張」。對於這樣的人，蔣中正要求他們，「祇有死心踏地的絕對服從主官的命令，隨時準備為領袖犧牲自己的一切，主官要你們

---

128 陳立夫著，張緒心、馬若孟編述，卜大中譯，《撥雲霧而見青天：陳立夫英文回憶錄》，頁 134-135。

129 「中共特務部部長顧順章之自首及其與中共之打擊」，中央調查統計局編，《有關顧順章等破案經過》，檔號：276/7435/59400。

130 指國民黨內以陳果夫、陳立夫兩兄弟為首的派系，因陳的英文為 Chen，故名 C.C.。但關於這一點陳立夫本人則一直否認。陳立夫著，張緒心、馬若孟編述，卜大中譯，《撥雲霧而見青天：陳立夫英文回憶錄》，頁 609-610。

131 劉不同，〈國民黨的魔影—"CC"團〉，《文史資料選輯》，第 45 輯（1980 年 12 月），頁 243。

132 「中共特務部部長顧順章之自首及其與中共之打擊」，中央調查統計局編，《有關顧順章等破案經過》，檔號：276/7435/59400。

133 孫曙，〈顧順章後妻張永琴訪談錄〉，《文史精華》，第 5 期，頁 25、28。

死就死，要你們活就活，毫沒有你們抉擇的餘地」。[134]

顧順章是中共轉變者，是「領袖所用的革命工具」，這樣的「工具」曾為了活命而背叛過往同志，今天又妄想成立新的政治組織，顯然嚴重犯了大忌。蔣中正提到過：

> 既然志願來做一個特務工作人員，便要犧牲個人一切的自由而貢獻於團體，絕對服從主官的命令，遵守主管的意旨。如果你們能夠誠心服從，不怕艱苦，不畏犧牲，就可以繼續幹下去；如果要想自由，貪圖安樂的話，便可以離開，不必再留。[135]

「必須絕對服從命令」與「不許自作主張」，是蔣中正對特務工作人員的兩項要求，兩項重要準則。[136] 要知道，國民黨特務無論是「中統」亦或者是「軍統」，都與顧順章淵源頗深，不少人是他訓練出來的學生。加上調查科組成分子中，中共「轉變」人員佔了極大比例，顧順章原先在中共黨內有極高的地位，這就讓他有相當的發言權。那麼，如果哪天顧順章有了異心，這些他的學生、以往的同志會不會也一呼百應呢？根據黃凱的回憶稱：「自首人劉英等向徐恩曾檢舉顧順章招兵買馬，企圖組織新中國共產黨，並蓄謀把千人行動大隊作為他的武裝基礎，聚眾起事，消滅包括老蔣在內的黨政要員。」[137] 中共轉變者陳蔚如也提到顧順章曾經對他說：「要另成立新共產黨組織。從現在起就要注意聯繫自首人，把他們團結在一起。」[138] 這些曾經背叛自己組織的人要是團結起來那豈不是成為嚴重的危害？

至此，顧順章已到非殺不可的地步。據徐恩曾說法：「我所以為遺憾的這

---

134 蔣中正，〈特務工作人員之基本修養〉（1935 年 1 月 1 日），收入秦孝儀主編，《先總統蔣公思想言論總集》，第 13 卷（臺北：中國國民黨中央委員會黨史研究會，1984 年），頁 7。
135 蔣中正，〈特務工作人員之基本修養〉（1935 年 1 月 1 日），收入秦孝儀主編，《先總統蔣公思想言論總集》，第 13 卷，頁 7-8。
136 蔣中正，〈特務工作人員之基本修養〉（1935 年 1 月 1 日），收入秦孝儀主編，《先總統蔣公思想言論總集》，第 13 卷，頁 6-7。
137 黃凱，〈我的特工生涯和所見所聞〉，《江蘇文史資料》，第 45 輯，頁 6。
138 陳蔚如，〈我的特務生涯〉，收入張文等著，《特工總部──中統》（香港：中原出版社，1988 年），頁 187。

位初期反共鬥爭中具有特殊貢獻的朋友，不曾和我合作到底，在一九三五年的春天，因和敵人重新勾結而被處刑。」顧順章最終是以「通共」名義遭到槍決。但很難想像一位家人幾乎被中共殺戮殆盡的人，會再重新投靠共產黨？中共也真的會大公無私，屏棄前嫌接納這位手上沾滿共產黨人鮮血的人？欲加之罪，何患無辭。也或許是中了中共的反間計？

在勾結共產黨問題上，調查科曾破獲中共在上海某一地下機關時，尋獲若干國民黨中央及調查科內部情報，據被捕的共產黨員稱，「那是我們中央特工總部方面很有地位的轉變份子〔分子〕供給的，當時研究其內容很懷疑是顧順章所供給，因為關係甚大，不願深究，以免影響轉變同志的心理，此後更有一個重要的自首同志余飛報告，這些確是出之於顧順章的供給，於是我們開始注意他的行動」。在 1933 年 6 月 24 日，史濟美被中共特科槍殺，顧順章被懷疑涉入此案。[139] 史濟美係顧順章所培訓人員，調查科上海區的創立亦是顧順章所建議。所以說顧順章對調查科在上海的部署是知根知底的，否則很難想像身為調查科上海區負責人的史濟美行蹤會遭到中共所熟悉。[140] 9 月 24 日，戴笠呈給蔣中正報告稱：

> 共黨龔麟書係共黨特務負責人之顧順章，亦能證明於刪日〔十五日〕，在滬曹家渡附近為生工作人員槍傷逮捕，但被滬公安局扣留。現在紅十字會醫院醫治迄經交涉，迄未解京。當此共黨特務隊在滬迭犯暗殺案之時，擬乞電令滬公安局，將龔麟書迅速解京，以便審究或可得到線索藉破共黨之特務機關。[141]

經過此事後，顧順章被徐恩曾派人監視起來。調查科幹事顧建中（1906-1963）曾拿槍指著顧順章警告說：「再不好好幹，槍斃你！」[142] 這也導致顧順

---

139 「中共特務部部長顧順章之自首及其與中共之打擊」，中央調查統計局編，《有關顧順章等破案經過》，檔號：276/7435/59400。

140 陳蔚如，〈我的特務生涯〉，收入張文等著，《特工總部──中統》，頁 144。

141 「戴笠呈蔣中正電」（1933 年 9 月 22 日），〈一般資料──民國二十二年（五十三）〉，《蔣中正總統文物》，典藏號：002-080200-00123-006。

142 「中共特務部部長顧順章之自首及其與中共之打擊」，中央調查統計局編，《有關顧順章等破案經過》，檔號：276/7435/59400；孫曙，〈顧順章後妻張永琴訪談錄〉，《文史精華》，第 5 期，頁 26。

章與徐恩曾矛盾嚴重激化。

而壓倒顧順章與徐恩曾關係的最後一根稻草，則是林金生的告密。「這個林金生是二十餘歲的青年，是顧順章自己挑選訓練的自首份子〔分子〕，他平日對林甚好，論情理是應該可靠的，但是我們還是很寬容他的。此後林又來報告說顧順章背叛組織勾結共黨行跡更顯然了再不能拖延」。[143] 林金生提到顧順章曾對他說：「你是個神槍手，我要配12個人給你，成立一個特務隊，由你任隊長。他還說：『我們首先要把陳立夫和徐恩曾幹掉』。」這樣的舉動讓林金生感到「很害怕」，因此他「跑到徐恩曾那裡告發他」。[144] 關於這一點，張永琴是如此回憶：「一次顧要林替他送一封信給戴笠，林為償還賭債，便將信拿給徐恩曾，以討得賞錢還債。」[145] 顯然林金生想利用顧與徐之間的矛盾，從中獲取利益。1934年11月20日，時任北平憲兵副司令蔣孝先（1900-1936）在呈給蔣中正報告中，便提到顧順章重新與中共產生聯繫。在查獲中共特科潛伏在國民黨內部人員潘冬舟相關訊息中，發現「潘〔冬舟〕與自首份子〔分子〕顧順章等曾有秘密結合與留俄生及黃浦〔黃埔〕同學亦有複雜關係，殊為危險，擬請轉令拿辦，以杜亂萌。」[146]

顧順章最終在林金生的指認下，對「背叛組織勾結共黨」的罪名，「俯首認罪」。徐恩曾便呈請蔣中正，將顧順章發往江蘇省保安司令部審訊，「依法判決死刑，執行槍決」。顧順章就在「通共」的罪名下，結束了自己傳奇的一生。調查科是這樣評價他的：「在中共特務部長顧順章自首及予共黨打擊之經過，然而野性難馴，終於至自投羅網。國民黨中央特工同志無法感化此一重要共黨，亦自承失敗也。」[147]

---

143 「中共特務部部長顧順章之自首及其與中共之打擊」，中央調查統計局編，《有關顧順章等破案經過》，檔號：276/7435/59400。

144 林金生，〈顧順章被殺真相〉，《江蘇文史資料》，第45輯，頁66。

145 孫曙，〈顧順章後妻張永琴訪談錄〉，《文史精華》，第5期，頁26。

146 「蔣孝先呈蔣中正電」（1934年11月20日），〈一般資料——呈表彙集（十六）〉，《蔣中正總統文物》，典藏號：002-080200-00443-134。

147 「中共特務部部長顧順章之自首及其與中共之打擊」，中央調查統計局編，《有關顧順章等破案經過》，檔號：276/7435/59400。

六、結語

　　「中統」與「軍統」是構成國民黨特務組織的兩大支柱，是蔣中正用來維繫政權的兩個重要工具，是打擊共產黨的兩把武器。有趣的是，本該與共產黨勢不兩立的組織，卻與中共「叛徒」唇齒相依。在顧順章「叛變」之前，中共在與國民黨的地下鬥爭中，佔據一定的優勢。畢竟顧順章直接受過蘇聯克格勃完整的訓練，加上在清黨後中共相對弱勢，在生死存亡之際，保衛黨的特科戰鬥力自然不差。對比國民黨呢？雖站在制高點上，但陳立夫、徐恩曾乃至於張冲等領導人，皆沒有特務工作經驗，這很難有突出的表現。不過一切情況卻在顧順章「轉變」後有了不一樣的局面。在顧順章的協助之下，調查科建立起一套完整的特務系統，加上陸續有中共轉變者的加入，使得國民黨對共產黨有更進一步的瞭解，也形成一定的戰鬥力。

　　其實這場中共黨人「自首自新」的「轉變」風潮，最主要還是源自於中共黨內路線紛爭的問題。陳紹禹等留蘇學生取得黨中央領導過程略顯粗暴，使得中共六屆四中全會的召開一直為人所詬病。正是這場對於革命路線的衝突，進而導致黨內發生忠誠問題，顧順章是顯著的例子。不過有賴於周恩來的處理得當，才讓局面不至於惡化。中共特科在周恩來的整合之下，重新站穩腳跟，對國民黨乃至於中共轉變者展開反擊。

　　顧順章則在「轉變」後協助國民黨完善特務組織，「中統」裡有不少人就是他所訓練培育。但他的野心過於龐大，將自己置身於進退兩難的局面，而成為國共兩黨眼中的危險與麻煩。在國民黨眼裡，顧順章是共產黨轉變者，這樣的人是不能完全信任的。畢竟，有哪一個政黨會真正無私的包容曾經叛離原組織的人？既然都能背叛自己同志，那麼難保這樣的人不會再次變節？這一點從調查科一直派人監視顧順章可以看出。但他如果選擇低調，甘心做一個沒有聲音的人或許會有好的結果。顯然，以顧順章性格不可能選擇默默地度過一生。在信仰上，相信顧順章對馬克思主義的認識與瞭解有其侷限，否則他應該會像中共黨人宣稱的那樣選擇「慷慨赴義」或是「寧死不屈」？顧順章出身底層，工人階級，幫派分子，過於自負與政治天真的性格，也限制了他的人生格局。

在國共鬥爭年代裡,「自首自新」政策確實在中共相對弱勢中起到了極大的作用,大批共產黨人「轉變」投靠到國民黨陣營。「由於不斷逮捕和領導人叛變,形成令人壓抑的局面」。[148] 中共逐漸意識到,「利用黨內階級異己分子與叛徒,來進行對黨對革命的明攻暗襲,是目前反動統治進攻革命最毒辣的武器」。[149] 這也遭到共產國際的批評,「以往掩飾這類事件(叛變行為)的做法具有渙散人心的作用」。[150]

在國民黨的「自首自新」策略下,中共發展出一套黨員忠誠教育,提出:「黨應時刻教育每個黨員以堅決為黨為階級犧牲決心,動搖逃跑,自首自新是黨的汙點,是最可恥的現象,我們堅決要消滅這一現象。」[151] 政治堅定是每一位共產黨員的基本要求,站在這個立場,就必須「以大無畏精神擁護黨確定黨『高於一切』為信念,澈底認識秘密工作之政治意義,才能保持秘密工作之執行」。秘密工作是無產階級「革命的戰術」和「策略的組織成份」,是無產階級「革命的組織屏圍」。[152] 誰忽視了秘密工作,「誰就是敵人的助手」。[153] 日後周恩來就要求每一位黨員,「要嚴格審查幹部,黨的領導機關所有的工作人員必須經過嚴格的審查,要防範於未然。發覺可疑的人,甚至是有點動搖猶豫的人知道領導機關所在地時,都必須毫不猶豫,立即轉移」。[154] 這也突顯出顧順章事件給中共的教訓。

黨員忠誠教育是中共在六屆四中全會後,以及顧順章「叛變」下,所換來的「血的教訓」。這項教育的核心精神,便是要求每一位黨員生命與信仰無法

---

148 「格伯特給皮亞特尼茨的信的摘錄」(1932年12月),收入中共中央黨史研究室第一研究部編譯,《聯共(布)、共產國際與中國蘇維埃運動:1931-1937》,第13卷,頁289。

149 陳文,〈再論鞏固黨的組織的迫切任務〉,《紅旗半月刊》,第59期(1933年),頁46-47。

150 「埃韋特給皮亞特尼茨的第2號報告」(1932年12月初),收入中共中央黨史研究室第一研究部編譯,《聯共(布)、共產國際與中國蘇維埃運動:1931-1937》,第13卷,頁263。

151 閩粵贛邊省委編(此標題為「中統」人員添加,應為「中共閩粵贛邊省委組織部」),《關於自首自新決定的通知》(1937年10月15日),法務部調查局藏,檔號:245.3/815/12626。

152 廣東省調查室編,《東江共黨密件(桂字第65號)》(1940年4月28日),法務部調查局藏,檔號:276/814/7337。

153 C.Y. 江蘇省委會編,《緊急通知——關於秘密工作》,法務部調查局藏,檔號:255.34/806/9270。

154 鄭伯克,《白區工作的回顧與探討:鄭伯克回憶錄》(北京:中共黨史出版社,1997年),頁145。

兼顧時，就必須發揮「無上布爾塞維克的堅定性，頑強性，絕不屈服的氣概，以及最後那種慷慨赴死，從容就義的犧牲精神」。[155] 周恩來更是強調共產黨人必須「要有為革命獻身的決心和勇氣」。[156] 在往後日子裡，或多或少遏制了黨員的出走或「叛逃」，讓國民黨「自首自新」政策成效有限。尤其在歷經「長征」的洗禮，與延安整風運動的審幹，中國共產黨在黨員忠誠問題上得到很大的改善。誠如周錫瑞（Joseph W. Esherick）所言：「長征本身（或是共產黨歷史上其它的重大分水嶺）從歷史上升為傳奇，幸存者更加忠誠地呵護著這類神話與他們自己在其中的角色，以保證他們的貢獻能夠成為革命勝利的光輝敘事中的一章。」[157] 這也解釋了，為何「中統」在抗戰期間較少有打入中共內部，以及有共產黨人的投誠「轉變」。這就不難理解，郭潛[158] 的轉變加入會被「中統」視為抗戰期間最大戰果之一。

---

155 內政部調查局編，《中共秘密工作之研究》（1942年），法務部調查局藏，檔號：276.1/815/10822。

156 沈安娜，〈教導勉勵永記在心──憶周恩來指導我做情報工作〉，《黨的文獻》，第1期（1998年1月），頁42。

157 周錫瑞（Joseph W. Esherick），〈關於中國革命的十個問題〉，收入董玥主編，《走出區域研究：西方中國近代史論集粹》，頁199。

158 郭潛，後改名郭華倫，曾任中共南方工作委員會組織部部長，1942年遭「中統」逮捕，「轉變」投靠國民黨。他的「轉變」導致中共在華南地區的工作嚴重受挫。

黨務情報

軍事委員會調查統計局人員培訓制度的發展（1932-1938）

范育誠
國立政治大學歷史學系博士生

一、緒論

　　軍事委員會調查統計局，一般簡稱軍統局，是國民政府情報組織中最重要的系統，各種工作人員數量在 1946 年的組織分割與改組前，最高曾達 24815 人，情報網遍及戰時的中國戰區、臺灣甚至東南亞各國，而這個龐大的機構，在前身特務處於 1932 年設立之時，不過僅有 145 人。[01] 從特務處到軍統局，過程中雖經歷多次改組與兼併各種不同單位，但如此快速的擴張，仍然引發出一

---

01 國防部情報局，《國防部情報局史要彙編》上冊（臺北：國防部情報局，1962），9-10。

系列問題，即軍統局的人員從何而來？又如何快速培訓出一名情報員或內部人員？這些問題由於情報機構的工作性質特殊，各種材料向屬機密，即便有零星材料，也多為當事人回憶，學界難以深入探討，對於相關課題的研究自然稀少甚至可說付之闕如，僅有的研究成果則多屬傳記性質。

過去少有的研究成果中，基本上皆以軍統局的領導人戴笠為主題，作者多曾為軍統局成員，其差異主要是受到臺海兩岸政治立場影響分成兩派。當中唯一例外為美國重要中國史學者魏斐德 (Frederic Wakeman, Jr.) 所著 *Spymaster: Dai Li and the Chinese Secret Service*（《特工教父：戴笠和他的祕勤組織》）。[02] 全書650頁，其中152頁為註釋，參考書目達過164種，堪稱戴笠資料集大成者。其他類似的研究，以張霈芝所著《戴笠與抗戰》最為重要。[03] 該書作者雖也是軍統人，但由於最初為香港珠海大學博士論文，在學術標準要求下，內容與其他傳記相比，多出不少檔案作為依據，加上國史館出版前曾重新修訂，使得其可信度遠高於其他同性質作品。

除此之外，由於軍統局戰後改編為國防部保密局，到台灣後又改成國防部情報局。這樣的歷史淵源，使得情報局於1962年出版《國防部情報局史要彙編》（下簡稱《史要彙編》），以紀念機構歷史緬懷過去犧牲先烈，並供內部人員瞭解過往發展。[04]《史要彙編》，全書三冊分別介紹組織沿革、部署、工作成果、訓練班狀況與人員的忠烈事蹟，內容豐富且全面，可視為軍統局系統的官史。但也由於這種官方與內部刊物性質，導致學界一般多懷疑內容含有美化成分，使用者有限。

中國大陸方面的研究，目前則以中國第二歷史檔案館館長馬振犢所著一系列關於國民政府時期秘密機構的專著為代表，如《國民黨特務活動史》、

---

02 魏斐德 (Frederic Wakeman Jr.)，《特工教父：戴笠和他的祕勤組織》（臺北：時英，2004）。按：中國大陸的譯本為：《間諜王：戴笠與中國特工》（南京：江蘇人民出版社，2007）。
03 張霈芝，《戴笠與抗戰》（臺北：國史館，1999）。
04 國防部情報局，《國防部情報局史要彙編》（臺北：國防部情報局，1962）。

《戴笠傳》、《軍統特務活動史》、《中統特務活動史》等。[05] 不過由於其他著作內容多與《國民黨特務活動史》一致，因此應以《國民黨特務活動史》為代表作。該書特別之處，是使用英國特別作戰執行部 (Special Operations Executive, SOE) 檔案、史丹佛大學胡佛研究所藏宋子文檔案、蔣中正日記等，並盡可能地使用臺灣所藏檔案，但同樣受限於主要檔案尚未開放，因此引用資料仍多為回憶性質。

這種缺乏檔案的情況，到 2011 年時開始出現變化。受到國防部軍事情報局將該局前身軍統局負責人戴笠的相關檔案移交至國史館，並將大陸時期檔案移轉至國家發展委員會檔案管理局的影響下，讓以往被視為神秘機構的軍統局相關檔案大量出現，並促使許多新研究產生。當中最重要者，屬國史館所出版《不可忽視的戰場——抗戰時期的軍統局》。[06] 書中包含三位國史館修纂人員與七位學者根據國史館新開放檔案所得之研究成果，雖然該書性質更接近論文集而非全面性研究專書，但仍是目前最具參考價值的作品。其中，蕭李居所著〈戴笠與特務處情報工作組織的開展〉，更是少數觸及人員培訓的研究成果。[07] 不過，由於時間範圍限定在特務處，且主要在談組織開展，對人員訓練方面僅限於工作要求而未深入研究。

對此，本文將企圖以國史館與檔案管理局所藏檔案，結合過往材料，試圖釐清軍統局的人員培訓機制。由於軍統局訓練機制變化複雜，且可討論面向較廣，受限於篇幅本文僅能分段處理，爬梳軍統局人員培訓機制的起源、1937 年戰爭爆發的變化，與 1938 年為配合戰爭而產生的改變。而目前所見檔案中，與本文較為相關者，分別為國史館所藏《蔣中正總統文物》中的兩份年度報告、《戴笠史料》中部分文件，以及檔案管理局所藏《國防部軍事情報局》檔案中的電訊單位報告。乍看檔案史料相當豐富，但由於現存軍統局年度報告時間並

---

05 馬振犢，《國民黨特務活動史》（北京：九州，2012）；馬振犢、邢燁，《戴笠傳》（杭州：浙江大學，2013）；馬振犢、邢燁，《軍統特務活動史》（北京：金城，2016）；馬振犢、林建英，《中統特務活動史》（北京：金城，2016）。

06 吳淑鳳、張世瑛、蕭李居編輯，《不可忽視的戰場——抗戰時期的軍統局》（臺北：國史館，2012）。

07 蕭李居，〈戴笠與特務處情報工作組織的開展〉，收入吳淑鳳、張世瑛、蕭李居編輯，《不可忽視的戰場——抗戰時期的軍統局》，1-34。

不連貫，再加上《戴笠史料》在移交國史館前，曾遭國防部情報局抽出彙編過的特性，使得研究者難以單純憑藉檔案釐清軍統局的人員培訓機制。是以本文仍將會採納部分過去以回憶性質材料為主的研究成果與官方正史，補充檔案中所未見之處。期待藉此對軍統局的人員培訓能有更清楚認識，以作為未來更全面深入研究的基石。

二、軍統局人員培訓的起源

根據國防部情報局出版的官方正史，軍統局起自1932年4月1日戴笠於南京徐府巷所建立的特務處，接著於同年6月1日成立南京特務警察訓練班，用以培養人員執行各項業務。[08] 不久，由於軍事委員會調查統計局成立，特務處被納入成為軍事委員會調查統計局第二處，組織隨之擴張遂於10月開辦杭州特務警察訓練班。[09] 從南京特務警察訓練班到杭州特務警察訓練班，乍看雖僅有名稱與地點上的差異，但細究性質則頗有不同。南京特務警察訓練班隸屬參謀本部，僅招收軍校學生且目標是以三個月為期，快速培訓出「忠實勇敢之革命工作幹部」。[10] 而杭州特務警察訓練班，則是附設在浙江警官學校中央政訓特派員辦公室之下，因此學生不再限於軍校生，訓練班的設計也隨著規模擴大而更為細分，目標是培訓出「忠實勇敢之革命情報人員」。[11]

雖然南京特務警察訓練班為軍統局人員培訓的源頭，但學界目前多忽略不提，如魏斐德的書中即由浙江警官學校開始談起。[12] 造成這種情況的理由無從

---

08 國防部情報局，《國防部情報局史要彙編》上冊，1；國防部情報局，《國防部情報局史要彙編》中冊，1。

09 特務處成為軍事委員會調查統計第二處後，一般仍多稱為特務處，以與未來由第二處擴張而成的軍事委員會調查統計局有所區隔，在檔案上此時也多有稱為特務處之處，故本文也採這種用法。國防部情報局，《國防部情報局史要彙編》中冊，1；。

10 國防部情報局，《國防部情報局史要彙編》中冊，14-15。

11 杭州特務警察訓練班隸屬於浙江警官學校，然而由於目前檔案與現行研究中多稱為杭州特務警察訓練班而非浙江警官學校特務警察訓練班，故本文採用前者稱之。劉惠璇，〈戴笠與中央警校之「特警班」(1937-1947)〉，《臺灣警察專科學校警專學報》5.5（臺北，2013.04）：7-10；國防部情報局，《國防部情報局史要彙編》中冊，15-19。

12 魏斐德 (Frederic Wakeman Jr.)，《特工教父：戴笠和他的祕勤組織》，419。

確定，但可能是此訓練班只招收過兩期，畢業生分別僅 27 位與 60 位，人數與歷時不長，且現存檔案聊聊可數。[13] 此外由於班主任先後為申聽禪與王固磐，戴笠先為訓育主任後則改為事務課長，似非主事者影響力不大。[14] 不過根據《史要彙編》的記載，此時的實際主持人為戴笠，現存相關檔案亦多與其相關，至杭州特務警察訓練班負責人反為余樂醒，因此南京特務警察訓練班的畢業生相比之下，實可說是戴笠親自訓練出的子弟兵。[15]

一般對杭州特務警察訓練班的理解，多認為戴笠於 1932 年藉由政治特派員的身份，指派一批特務進駐警校，以逐漸替換高層與教師的方式，掌控學校並將課程轉換為著重特務的訓練。[16] 這種看法固然有其道理，然若仔細分析，似乎又並非完全如此。首就畢業生人數為例，以 1932 年即設立的甲種、乙種、丙種訓練班來看，甲、乙兩班自設立至 1936 年共六期畢業生人數為 410 人，丙種訓練班開設一期畢業生 16 人。[17] 而浙江警校在第一期的正科速成科訓練班人數就已達 488 人，第二期正科生也有 170 人，遠超特務警察訓練班六期招收人數總和。[18] 因此，從學員人數的角度來看，稱浙江警官學校被戴笠掌握，進而形成「名為警官學校，實則偏重特務訓練，警察專業反為其次」的狀況，可說過於誇大。[19]

若再進一步檢視杭州特務警察訓練班的課程與畢業生工作，也能發現部分與過去認識有所出入之處。目前主流學者認為甲種訓練班旨在培養未來幹部，乙種訓練班是次一階的便衣特務，而丙種訓練班則為掩護人員即女特務。[20] 對

13　國防部情報局，《國防部情報局史要彙編》中冊，15。

14　國防部情報局，《國防部情報局史要彙編》中冊，14。

15　國防部情報局，《國防部情報局史要彙編》中冊，5。

16　魏斐德 (Frederic Wakeman Jr.)，《特工教父：戴笠和他的祕勤組織》，424；劉惠璇，〈戴笠與中央警校之「特警班」(1937-1947)〉，8。

17　《國防部情報局史要彙編》圖表記載總畢業生為 410 人，但文字分班說明的總數則為 426 人，本文選擇採納文字說明的部分。國防部情報局，《國防部情報局史要彙編》中冊，5、19。

18　「戴笠呈蔣中正報告」(1932 年？月？日)，〈戴公遺墨－組織類（第 2 卷）〉，《戴笠史料》，國史館藏，典藏號：144-010105-0002-028。

19　劉惠璇，〈戴笠與中央警校之「特警班」(1937-1947)〉：8。

20　魏斐德 (Frederic Wakeman Jr.)，《特工教父：戴笠和他的祕勤組織》，424。

此，藉由《史要彙編》的內容來看，甲種訓練班的課程較南京特務訓練班多政治偵探學、格別烏、爆破法、訊鴿教練法、警犬使用法、方言、化裝術、催眠術、魔術、麻醉化學、速繪法等，雖然與過去的回憶材料有所出入，但性質上似乎確為培養特務幹部為主。[21] 丙種訓練班的部分，則稱「專訓練忠實幹練之勤務工人」，著重勤務學習，分中菜、西菜與理髮，但並未提到以訓練女特務為目標。[22]

其中最值得探究當屬乙種訓練班，原因除乙種訓班至1936年六期畢業生人數共227人占整體比例最高外，性質方面也與現行認知較有出入。根據官史的說法，乙種訓練班的培訓目標為訓練警士，術科著重駕駛與射擊，畢業生分發的工作為「擔任領袖警衛工作，各機關警衛，租界巡捕，及各站組工作」。[23] 顯示乙種訓練班畢業生性質應該是警察為主特務為次，尤其考量到課程中如特工技術、情報業務等課目所佔時數僅16.7%相對不高，術科亦僅著重駕駛與射擊。[24] 此外透過分析戴笠呈蔣中正的兩件報告內容來看，亦可看出其真實性質。

第一件報告出自1935年，戴笠向蔣中正報告乙種訓練班的辦理情形。[25] 當中提到「杭州特務警察乙種訓練班，奉准改為警士訓練班，擴充學額一百二十名，嚴格選取，嚴格訓練，以期造成警察下級幹部之基礎，並為投考各租界巡捕之預備」。[26] 顯示乙種訓練班確實是以訓練警察為主，甚至還改名為警士訓練班，只不過特務處內部仍用舊稱。而1937年戴笠所呈的「特務處二十六年份工作總報告」（下簡稱「二十六年總報告」）則提到「就浙江警士訓練所行將畢業之學警中，考選思想忠實，體力強健且有高小以上畢業程度者八十人，

---

21 國防部情報局，《國防部情報局史要彙編》中冊，19。
22 國防部情報局，《國防部情報局史要彙編》中冊，19。
23 國防部情報局，《國防部情報局史要彙編》中冊，18。
24 課程總時數為780小時，特工技術與情報業務兩者各65小時。國防部情報局，《國防部情報局史要彙編》中冊，18-19。
25 「戴笠呈蔣中正」（1935年2月17日），〈警政事務〉，《國民政府》，國史館藏，典藏號：001-058000-00003-003。
26 「戴笠呈蔣中正」（1935年2月17日），〈警政事務〉，《國民政府》，國史館藏，典藏號：001-058000-00003-003。

加以兩個月之特務訓練,即分派於本處及監獄等任警衛工作,而將本處原有之警衛資歷較深者,調往廬山暑訓團負責偵警之責任。」[27] 顯示乙種訓練班確為培訓警察所設,否則文中不會稱學生為學警,畢業生亦無再受兩個月「特務訓練」之理。

這裡尚有一點值得討論,即究竟什麼是「特務」?特務顧名思義即執行特殊任務,而這個特殊任務不必然是指情報或秘密甚至帶政治性質的工作,也因此在顧順章的《特務工作之理論與實際》中,才特別先解釋書名所稱特務工作,「並非普通機關裡的特務股或軍隊裡的特務團,特務營,特務連等等」。[28] 顯示當時「特務」一詞的含義遠較現在所習慣更廣,所以檔案中所指「特務訓練」,並不必然等於現今認知的情報員或者秘密行動人員培訓。在這種對「特務」究竟所指為何較難界定的情況下,以畢業生分發後所從事的任務判斷,或許更有助釐清其真實性質。因此除了上述分析外,若藉由這個角度來看,乙種訓練班所培訓人員應該確屬警察,或者用現在更習慣或精確的名詞來說是特勤或特警。

特務處另一個重要的人員培訓系統是電訊人員訓練班,與杭州特務警察訓練班一樣附設在浙江警官學校內,不過設立的時間較晚,遲至1933年3月才開始。[29] 電訊人員訓練班較晚開辦的原因,雖然檔案並無提及,但推測與人才尋覓和技術開發有關。透過軍統局電訊系統創辦人魏大銘的回憶,可知魏大銘於1933年3月中旬,才在胡宗南的引介下加入特務處並負責開辦無線電訓練班。[30] 此外,當時雖已有無線電發電機,但機型與技術無法符合秘密發報的要求,所以魏大銘在主持第一期訓練班的同時,也負責進行新型無線電發電機的

---

27 本段所指「浙江警士訓練所」應是「警士訓練班」即浙江警官學校乙種訓練班,此類名詞上混亂時常出現在戴笠所呈文件中,因此解讀上不能拘於完全對應。「戴笠呈蔣中正」(1937年1月9日),〈一般資料──特務處工作報告〉,《蔣中正總統文物》,國史館藏,典藏號:002-080200-00611-001。

28 取自國家圖書館臺灣華文電子書庫數位化版本。顧順章,《特務工作之理論與實際》(南京:顧順章,1933),2。

29 國防部情報局,《國防部情報局史要彙編》中冊,63。

30 魏大銘,黃惟峰,《魏大銘自傳》(臺北:文史哲出版社,2015),16-17。

開發。[31] 魏大銘與康寶煌研發的 2 瓦特小型發電機（被稱為特工機），於同年 5 月成功建立廬山與南京的通訊，讓蔣中正不久即同意撥款量產，設立特務處電機製造所。[32] 這段過程顯示最初特務處本身並沒有無線電人才與技術，一直到魏大銘的加入方突破這種情況。

電訊人員訓練班的設立除較晚之外，另一個特點是學生來源與特務警察訓練班不同。在第一期設立時，由於仍屬嘗試階段，所以由警校畢業生中挑選 14 人進行訓練，為期五個月。[33] 但至第二期狀況則完全不同，訓練班學生改由上海三極無線電傳習所畢業生中挑選。[34] 而上海三極無線電傳習所，則是魏大銘為招收訓練班學生所特地開辦的電訊學校，因此學生來源可說是一般受過基礎無線電訓練者。[35] 這種情況一直到，1936 年第六期訓練班後才有變化，從第六期改收軍委會交通研究所電訊系學員，到七八兩期後則復招收上海、南京等無線電學校畢業生。[36] 顯示電訊人員訓練班的招募對象，除第一期是警校生外，其餘皆來自各種電訊學校。這種情況的產生，推測可能與電訊訓練所需知識與學科要求較高，不易從警校生中考選能力足夠的人才有關，否則魏大銘也不會在回憶裡稱「第二期學生來源成問題」。[37]

擴大招收來源，反映的不只是學生素質，同時還揭示出對於電訊人才的需求。電訊人員訓練班學員數從第二期開始為 18 人，到 1935 年的三四兩期則共有 43 人，隔年則開辦三期且人數暴漲到 116 人，最後 1937 年至抗戰爆發為止

---

31 魏大銘，黃惟峰，《魏大銘自傳》，20。
32 魏大銘，黃惟峰，《魏大銘自傳》，20。
33 魏大銘，黃惟峰，《魏大銘自傳》，20；「軍事委員會調查統計局電訊部門十四年來工作報告書」（？年？月？日），〈電訊單位歷年工作總報告書〉，《國防部軍事情報局》，檔案管理局藏，檔號：A305050000C/0024/1784/1071。
34 「軍事委員會調查統計局電訊部門十四年來工作報告書」（？年？月？日），〈電訊單位歷年工作總報告書〉，《國防部軍事情報局》，檔案管理局藏，檔號：A305050000C/0024/1784/1071。
35 魏大銘，黃惟峰，《魏大銘自傳》，20-21。
36 「軍事委員會調查統計局電訊部門十四年來工作報告書」（？年？月？日），〈電訊單位歷年工作總報告書〉，《國防部軍事情報局》，檔案管理局藏，檔號：A305050000C/0024/1784/1071。
37 魏大銘，黃惟峰，《魏大銘自傳》（臺北：文史哲出版社，2015），20。

則有一期共 56 人，以每一期訓練的人數來看成長相當快速。[38] 顯見為配合特務處的擴張，電台通訊相關人員需求孔急，每期訓練班所招收的名額不斷增加，而為解決這些人員缺口，從民間下手直接招募已受過相當訓練人士，再加以足夠的軍事情報與秘密電訊教育，似乎是頗為合理的作法。

在這兩大類主要的訓練班外，特務處還設有幾個短期訓練班，性質基本多屬於短期進修，或為特殊任務臨時需要而設，存續時間往往不長。以電訊人員為例，即有譯電訓練班與電務人員業餘訓練班，分別於 1936 與 1937 年成立，兩者都以三個月為期，前者目的在「養成翻譯及研究密碼電報之技術人才」，而後者則是「增輸軍事及特工常識，並補充實用工程技術」，明顯都是為補充原本訓練不足之處而設。[39] 也由於屬於補充性質，所以存續時間往往受到各種因素影響，以電務人員業餘訓練班為例，即受到「各項課目之講授，超過預定速度，又因各地電台因工作加重，紛請派遣人員前往」，最後只能提前結束，往後也沒再招收。[40] 譯電訓練班的狀況亦大體雷同，不過影響的原因則是受西安事變爆發，使得第一期開班即曾暫停並延期，訓練完成後同樣未再開班，直到 1945 年初才再度設班。[41] 其他類似的短期訓練班，尚有南京短期訓練班、內勤軍訓班、內勤公餘外國語補習班、汽車駕駛訓練班、警衛訓練班、臨時特務訓練班、西安特別訓練班、星子特警訓練班與會計訓練班等。[42]

---

38 報告書中第十期計算與其他檔案有矛盾之處，因此人數按本文後續推論所述。「本局十四年來電訊部門工作報告書」（？年？月？日），〈電訊單位歷年工作總報告書〉，《國防部軍事情報局》，檔案管理局藏，檔號：A305050000C/0024/1784/1071。

39 「戴笠呈蔣中正」（？年？月？日），〈一般資料——特務處工作報告〉，《蔣中正總統文物》，國史館藏，典藏號：002-080200-00611-001。

40 「戴笠呈蔣中正」（？年？月？日），〈一般資料——特務處工作報告〉，《蔣中正總統文物》，國史館藏，典藏號：002-080200-00611-001；國防部情報局，《國防部情報局史要彙編》中冊，105。

41 「戴笠呈蔣中正」（？年？月？日），〈一般資料——特務處工作報告〉，《蔣中正總統文物》，國史館藏，典藏號：002-080200-00611-001；國防部情報局，《國防部情報局史要彙編》中冊，105。

42 「戴笠呈蔣中正」（？年？月？日），〈一般資料——特務處工作報告〉，《蔣中正總統文物》，國史館藏，典藏號：002-080200-00611-001；國防部情報局，《國防部情報局史要彙編》中冊，102-105。

三、戰爭爆發與訓練班變革

從《史要彙編》到各種現有研究成果，皆未提及抗戰爆發後杭州特務警察訓練班如何遷移至湖南臨澧，並於 1938 年 3 月改為中央警官學校特種警察訓練班（為與不同階段或地點的分校區分，故以下簡稱臨澧訓練班）。[43] 整個過程在這些成果中，往往僅以一句「為支持長期抗戰需要」帶過，甚至有學者認為臨澧訓練班早於 1937 年 9 月設立。[44] 不過根據現有檔案來看，這個過程似乎並不僅是因戰爭爆發而產生，且確實存在著一段空白期。依照《史要彙編》的記載，在杭州特務警察訓練班時期，甲種班僅辦到 1937 年 3 月，乙種班的結束日期語焉不詳，而丙種班更僅辦理至 1933 年 3 月。[45] 更詳細的內容，只能透過分析「二十六年總報告」來拼湊可能情況，文中除丙種班因早已停辦多時而完全未提到外，針對甲種班是提到已於 1936 年 9 月併入中央軍校特別訓練班，並於隔年 2 月期滿分發各地工作；乙種班則稱為滿足廬山暑期訓練團第三組與陸軍新監獄警衛工作，因此挑選將畢業學警 80 人，加以 2 個月特務訓練後分派特務處與監獄使用。由於兩者皆未提及曾有更多批次的招生規畫，或者有訓練班因戰爭爆發而未能實行或終止，似乎暗示軍統局在該年原先即未曾計劃再以這兩個訓練班培訓工作人員。[46]

不能否認戰爭確實是影響當時訓練班繼續開設的可能原因，如中央警官學校中的保安警察幹部訓練班便未能如期讓學生入班受訓，[47] 但不論就同一份文件或其他就現存檔案來看，都沒有任何特訓班無法順利開課受訓的蛛絲馬跡。

---

43 國防部情報局，《國防部情報局史要彙編》中冊，20。
44 國防部情報局，《國防部情報局史要彙編》中冊，20；劉惠璇，〈戴笠與中央警校之「特警班」(1937-1947)〉，13-15。
45 國防部情報局，《國防部情報局史要彙編》中冊，19。
46 浙江警官學校於 1936 年 9 月 1 日合併改組為中央警官學校，甲種訓練班的遷出，可能便與此次改組後警校教育性質轉變有關，而這也符合本文前述觀點，未遷出的乙種訓練班性質實為特警，因此就未隨特務人員性質的甲種訓練班遷出。劉惠璇，〈戴笠與中央警校之「特警班」(1937-1947)〉，13-15；「戴笠呈蔣中正」(？年？月？日)，〈一般資料——特務處工作報告〉，《蔣中正總統文物》，國史館藏，典藏號：002-080200-00611-001。
47 「蔣作賓呈蔣中正」(1937 年 9 月 12 日)，〈一般資料——呈表彙集（五十九）〉，《蔣中正總統文物》，國史館藏，典藏號：002-080200-00486-091。

所以，造成這段空白的原因，推測更可能與戴笠對特務處過往人員培訓的檢討有關，報告提到：

> 訓練方面，因本身工作之需要，一年來對情報、行動、譯電、交通、會計、電訊及外國語補習等，均先後分班訓練。但因既無一公開機關名義，可以公開吸收，而特工訓練，又不可公開招生，故各班受訓之學員，均由團體之保送，軍校畢業生調查處之介紹，與夫本處原有工作人員之抽調，質量多不堅強，訓練人才又不易多得。益以訓練期間之短促，雖注意精神與技術訓練之實施，尚少有幹練份子之造成，故今後對訓練之計劃與實施，正力謀有所改善也。[48]

當中除明確檢討學生來源與訓練成效何以出問題外，最後的「力謀有所改善」一點似乎也非虛言。[49] 透過內勤變更事項的段落，可以發現 8 月 17 日特務處「為期統一訓練及增高各工作人員技術計」，特成立第五科執掌訓練事項，這是特務處在警校特務警察訓練班外，針對培訓業務設立專職的起點，而第一任科長為杭州特務警察訓練班實際負責人余樂醒。[50]

除此之外，盧溝橋事件爆發後，戴笠即於上海組織便衣隊，接著成立蘇浙行動委員會，將便衣隊與收編而來的上海別動隊結合，成立蘇浙行動委員會別働隊以協助正規軍作戰。[51] 由於別働隊人員多來自學生、工人與幫會份子，使得戴笠不得不於 10 月在青埔與松江成立技術與特種訓練班，藉此培訓隊員作

---

48 「戴笠呈蔣中正」（？年？月？日），〈一般資料——特務處工作報告〉，《蔣中正總統文物》，國史館藏，典藏號：002-080200-00611-001。

49 「戴笠呈蔣中正」（？年？月？日），〈一般資料——特務處工作報告〉，《蔣中正總統文物》，國史館藏，典藏號：002-080200-00611-001。

50 「戴笠呈蔣中正」（？年？月？日），〈一般資料——特務處工作報告〉，《蔣中正總統文物》，國史館藏，典藏號：002-080200-00611-001。

51 國防部情報局，《國防部情報局史要彙編》上冊，20；戴子翔，〈戴笠與抗戰時期交警制度之研究 (1937-1946)〉（桃園：國立中央大學歷史研究所碩士論文，2014），71-73。

戰技能。[52] 雖然別働隊亦由特務處掌握，但性質更接近敵後或游擊作戰部隊而非情報人員，所以青埔與松江兩訓練班與特務警察訓練班性質有異，在特務處的報告中亦未將其列入。[53] 由於這段收編過程曲折，除大量消耗戴笠的時間與精力外，許多特務警察訓練班的教官與槍枝也都被調來使用。[54] 這也讓可能本有意改革人員培訓方式但尚未規劃新訓練班的特務處，在人員與物力上似乎亦無能力在這段時間著手訓練新的人才。

需要注意的是，「二十六年總報告」最後附有一份「二十七年工作計畫綱要」，當中分別針對人事組織、情報行動與電訊交通三個面向提出簡略的工作目標。在人事組織方面，理應涉及人員培訓或訓練班設置，但內容裡卻隻字未提，較為相關者僅提到要將內外勤人員互相輪調，「以期內外情況溝通，並藉以養成健全之特工幹部。」[55] 由於文件上無明確標註時間，這份報告形成的時間點僅能依靠推測，考量年度總報告與未來工作計畫的性質，判斷呈報應不早於1937年底，最遲應不晚於1938年初，似乎不論如何都會早於3月才成立的臨澧訓練班。這種空白或許較合理的解釋為，戴笠雖有心改善人才培訓，但在具體實施時，可能受限於身兼多職業務繁忙，致使訓練班的成立或搬遷，於此時仍是一件相對急就章的業務，這種觀點亦可藉由臨澧訓練班之後遷移的過程來獲得印證。

根據郭斌1938年10月所負責一系列軍統局搬遷事項的回憶提到：

> 當時又奉命在貴陽附近再找一可供臨澧特警班班址，囑余與余副

---

52 「戴笠電蔣中正」(1937年10月15日)，〈戴公遺墨—總務類（第1卷）〉，《戴笠史料》，國史館藏，典藏號：144-010112-0001-006；國防部情報局，《國防部情報局史要彙編》上冊，20；戴子翔，〈戴笠與抗戰時期交警制度之研究(1937-1946)〉，73-74。

53 「戴笠呈蔣中正」(？年？月？日)，〈一般資料——特務處工作報告〉，《蔣中正總統文物》，國史館藏，典藏號：002-080200-00611-001。

54 「戴笠電蔣中正」(1937年10月15日)，〈戴公遺墨—總務類（第1卷）〉，《戴笠史料》，國史館藏，典藏號：144-010112-0001-006；「戴笠呈蔣中正」(？年？月？日)，〈一般資料——特務處工作報告〉，《蔣中正總統文物》，國史館藏，典藏號：002-080200-00611-001；魏斐德(Frederic Wakeman Jr.)，《特工教父：戴笠和他的祕勤組織》，526-527。

55 「戴笠呈蔣中正」(？年？月？日)，〈一般資料——特務處工作報告〉，《蔣中正總統文物》，國史館藏，典藏號：002-080200-00611-001。

> 主任樂醒洽商,翌日即赴湖南臨澧,談妥後,請他派數人隨余前往,多方尋覓,認為湖南所屬之黔陽較為妥適,當即辦妥租賃手續,即令一人隨余返常德,其餘留下從速佈置。抵常德,又電戴先生,當奉命因時間關係,囑即通知余副主任加緊準備,並加強佈置黔陽班址,最遲十月底開始遷移,至十一月上旬遷移完畢,繼續開訓,並改派吳琅為副主任,在未交接之前,仍由余副主任負責計劃遷移事宜。[56]

這段內容顯示臨澧訓練班搬遷的過程中,新地點選擇遠比想像簡單且倉促。僅由中階主管郭斌與幾位臨澧訓練班人員商議就立刻租下佈置搬遷,中間完全沒有經來回請示,甚至與余樂醒再度討論都沒有,新地點就從貴州貴陽大幅改動成湖南黔陽。等郭斌回到常德再度致電戴笠時,描述看起來更像是以任務完成的回報進行,且戴笠似乎也不以為怪,逕自下新指令限期完成與人員改派。考量到臨澧訓練班學生規模已達千人,規模遠比杭州特務警察訓練班大,遷移時仍未見提早規劃,臨澧訓練班於倉促中成立亦可想見。[57]

電訊人才的培訓從最初設立電訊人員訓練班時就自成系統,這點藉由 1937 年戰爭爆發前後的發展來看尤其明顯。與做為基本訓練機構的特務警察訓練班甲種班與乙種班不同,電訊人員訓練班具有相當好的延續性,受訓人數與地點雖受戰爭影響而有變動,但各期不曾中斷。至戰爭爆發前共培訓完九期學生,最後一期原訂訓練三個月,後延長一個月,因此至 1937 年 6 月 1 日才分發。[58] 檔案中需要特別討論的是第十至十二期,按照軍統局所存「本局十四年來電訊部門工作報告書」(下簡稱「電訊部門工作報告書」)記載,第十期訓練班依

---

[56] 郭斌根據記載於杭州警察特務訓練班成立時為事務員,而根據其本人回憶錄則是特務訓練班副官,後升特務處中校事務股股長(根據《史要彙編》應為庶務股)並先後兼會計訓練班副官、參謀諜報訓練班副官,於 1938 年 6 月升任軍統局漢口辦事處上校科長,由於此時軍統總部設於武漢,所以 10 月後開始的一系列遷移工作多由其負責。國防部情報局,《國防部情報局史要彙編》上冊,13-14;國防部情報局,《國防部情報局史要彙編》中冊,16;郭斌著,楊善堯編著,《祖德光輝與余革命生平:郭斌將軍回憶錄》(新北:喆閎人文,2024),118-119、135-137。

[57] 國防部情報局,《國防部情報局史要彙編》中冊,18、44。

[58] 「戴笠呈蔣中正」(?年?月?日),〈一般資料——特務處工作報告〉,《蔣中正總統文物》,國史館藏,典藏號:002-080200-00611-001。

舊在杭州辦理，但在「二十六年總報告」中的記載則為：

> 查該班在九期以前均在杭州，用警察學校名義作掩護，自滬戰爆發，杭州感受威脅，訓練地址發生問題，且滬、京各校均先後停辦，學生來源亦告斷絕。乃設法以政訓處電訊股名義，呈准訓練總監部，用訓練總監部軍訓通訊技術幹部訓練班名義，在武昌開辦，並呈請訓練總監部按照生處預定計畫，分令各省軍訓會代為考選高中畢業以上程度，及軍訓及格學生入班受訓。至十月十三日班址確定為武昌平閱路三十三號，前湖北縣政人員訓練所舊址後，乃調第十期及第十一期一部分來鄂繼續受訓，至十一月二十七日江蘇軍訓會代為考選學生一批，至十二月六日乃分別提前上課，受訓學生二六一名。[59]

這段描述乍看會覺得第十期即以訓練總監部軍訓通訊技術幹部訓練班為名直接在武昌開辦，但若仔細研究可以發現此段內容本身頗為模糊。

由於「二十六年總報告」中提到「第十期及第十一期一部分來鄂繼續受訓」，顯示這兩期的訓練原先早已存在且不在武昌，因此並不可能在第十期就改名招收學生。[60] 此外根據「電訊部門工作報告書」的紀錄，第十期學生有62名數量比第九期學生多6名，第十一期學生僅13人似乎更符合「學生來源亦告斷絕」的情況，若有受學生人數影響而改動，應該要到第十二期才會發生。[61] 有疑問的是「電訊部門工作報告書」中，自第十一期就劃歸為1938年且記為武昌，此外「二十六年總報告」中所述11月27日考選12月6日提前受訓的

---

59 「本局十四年來電訊部門工作報告書」（？年？月？日），〈電訊單位歷年工作總報告書〉，《國防部軍事情報局》，檔案管理局藏，檔號：A305050000C/0024/1784/1071；「戴笠呈蔣中正」（？年？月？日），〈一般資料──特務處工作報告〉，《蔣中正總統文物》，國史館藏，典藏號：002-080200-00611-001。

60 「戴笠呈蔣中正」（？年？月？日），〈一般資料──特務處工作報告〉，《蔣中正總統文物》，國史館藏，典藏號：002-080200-00611-001。

61 「本局十四年來電訊部門工作報告書」（？年？月？日），〈電訊單位歷年工作總報告書〉，《國防部軍事情報局》，檔案管理局藏，檔號：A305050000C/0024/1784/1071；「戴笠呈蔣中正」（？年？月？日），〈一般資料──特務處工作報告〉，《蔣中正總統文物》，國史館藏，典藏號：002-080200-00611-001。

261 名學生，又與「電訊部門工作報告書」所記的第十二期學生 206 名數量雖有所出入卻接近。[62] 而根據魏大銘的回憶，其人是自南京撤退前一天乘火車達武漢，並一到武昌後就立刻至平閱街辦第十二期電訓班，在時間上與提前受訓的這批學生似乎相符。[63] 年份上的問題，或許可合理推測是因訓練完成時間而影響報告的界定，但開辦地點與人數就難以確定。對此，《史要彙編》在這段的描述，無法得知是否也受相同材料所困，當中只稱第十與十一期遷至武昌完成，12 月改以訓練總監部電訊人員訓練班為名擴大招收學生並在武昌完成訓練，並未提及開辦地點與人數。[64]

四、臨澧訓練班的籌建與擴張

從臨澧訓練班成立、課程內容到往後特務警察訓練班的轉移與擴張，魏斐德有非常生動的描述，不過細究內容卻基本來自沈醉。[65] 由於沈醉屬於國共內戰後投降共產黨的軍統幹部，在文史資料所著的回憶，對戴笠與軍統局自然皆屬負面，真實性也難以證實。具體成立時間的部分，魏斐德並未給出判斷，《史要彙編》則記載為 3 月 1 日開辦。[66] 不過，根據戴笠同年 5 月 30 日發給余樂醒的電文，卻顯示學生開始受訓的時間可能是 3 月 30 日。[67] 電文中提到「學生訓

---

62 「本局十四年來電訊部門工作報告書」（？年？月？日），〈電訊單位歷年工作總報告書〉，《國防部軍事情報局》，檔案管理局藏，檔號：A305050000C/0024/1784/1071；「戴笠呈蔣中正」（？年？月？日），〈一般資料 —— 特務處工作報告〉，《蔣中正總統文物》，國史館藏，典藏號：002-080200-00611-001。

63 此處魏大銘所述為學生 100 名但地址完全符合，考慮到記憶難免出錯，因此認為針對時間跟期別的描述仍具有參考價值。魏大銘、黃惟峰，《魏大銘自傳》，25。

64 國防部情報局，《國防部情報局史要彙編》中冊，63。

65 魏斐德 (Frederic Wakeman Jr.)，《特工教父：戴笠和他的祕勤組織》，553-582；沈醉，《軍統內幕》（北京：中國文史出版社，1984）。

66 魏斐德 (Frederic Wakeman Jr.)，《特工教父：戴笠和他的祕勤組織》，553、576；國防部情報局，《國防部情報局史要彙編》中冊，44。

67 「戴笠電余樂醒」(1938 年 5 月 30 日)，〈戴公遺墨—訓練類（第 2 卷）〉，《戴笠史料》，國史館藏，典藏號：144-010107-0002-002。

練兩月，實彈射擊尚未實施，請即選定靶場，妥為設備，多行實彈射擊。」[68]
這段史料除顯示時間外，同時透露出特務處在開辦臨澧訓練班所遭遇的困境，
即場地與設備的缺乏。訓練班所缺的不僅是實彈射擊場地與相關設備，從戴笠
於 4 月 13 日電文來看此時連步槍都不足，「特訓班學生千人僅有步槍兩百枝」，
讓戴笠只能冀望透過個人關係，向胡宗南商借步槍五百枝，並承諾三月後送
還。[69]

　　資源上的缺乏除受戰爭影響外，成立的倉促似乎同樣關鍵。根據檔案可以
得知，臨澧訓練班直到 6 月 12 日才由蔣中正簽核，這時已開訓至少已兩個半月，
期間經費應該是由特務處自行支應而非國民政府撥款。[70] 這點也可以藉由同年
戴笠發給時任內政部警政司長酆裕坤的電文中看到，戴笠發文時間已是 10 月 4
日卻仍在設法籌措 10 月以後經費，顯示訓練班的費用在初期似乎並非常態性
撥款。[71] 此外，如戴笠曾在 10 月 4 日安排武漢撤退爆破行動時，從運來的 5 噸
炸藥中撥 1 噸供訓練班教學之用，10 月 31 日又手令撥美造手提機槍 3 挺配新
買彈藥 2500 發、庫存的法造瓦斯輕機槍 1 挺與 2000 發彈藥給訓練班，其中美
造手提機箱部分還特意標註「舊的」，暗示特務處似乎時常需要先從自身原有
資源提供或挪用才能開展相關教學。[72]

　　各種器材設備的供應情況雖然艱難，但臨澧訓練班的課程設計卻有大幅改
進，這首先反映在培訓時間上。過去的訓練班每期培訓時間大致在二到四個月，

68　「戴笠電余樂醒」(1938 年 5 月 30 日)，〈戴公遺墨－訓練類（第 2 卷）〉，《戴笠史料》，國史館藏，
　　典藏號：144-010107-0002-002；「戴笠呈蔣中正」(？年？月？日)，〈一般資料──特務處工作報告〉，
　　《蔣中正總統文物》，國史館藏，典藏號：002-080200-00611-001。

69　「戴笠電胡宗南」(1938 年 4 月 13 日)，〈戴公遺墨－總務類（第 2 卷）〉，《戴笠史料》，國史館藏，
　　典藏：144-010112-0002-043。

70　「戴笠報告蔣中正」(1938 年 6 月 6 日)，〈戴公遺墨－其他類（第 3 卷）〉，《戴笠史料》，國史館藏，
　　典藏號：144-010199-0003-036；「內政部呈行政院」(1938 年 6 月 21 日)，〈戴笠在湘成立中央警校
　　特種警察訓練班（附畢業學員名冊）〉，《行政院》，國史館藏，典藏號：014-010700-0095。

71　「戴笠電酆裕坤」(1938 年 10 月 4 日)，〈戴公遺墨－經理類（第 3 卷）〉，《戴笠史料》，國史館藏，
　　典藏號：144-010111-0003-045。

72　「戴笠電楊繼榮」(1938 年 10 月 4 日)，〈戴公遺墨－行動類（第 2 卷）〉，《戴笠史料》，國史館藏，
　　典藏號：144-010106-0002-064；「戴笠手令」(1938 年 10 月 31 日)，〈戴公遺墨－總務類（第 6 卷）〉，
　　《戴笠史料》，國史館藏，典藏號：144-010112-0006-081。

如南京特務警察訓練班每期為四個月，杭州特務警察訓練班的甲種班為三個月，乙種班前期為兩個月後增至三個月，丙種班則為四個月。[73] 臨澧訓練班則總共招收兩期，不過僅第一期被視為臨澧訓練班，因第二期在入學不久就遷至黔陽，但即便這唯一一期的訓練班，培訓時間不論從 3 月 1 日或 3 月 30 日起算，到 10 月畢業所接受培訓時間的都遠較過往更長。此外，由於戰事的進行，學生實習地點不只位於漢口靠近戰區，甚至有機會直接參與行動，如在戴笠復電中已提到可調數名臨澧訓練班學生參與青島行動。[74] 這些都呈現出訓練班至少在課程時間與訓練強度上都高於過去，也因此在 10 月後戴笠就開始大量將臨澧訓練班學生投入各項行動，如武漢撤退爆破行動便由軍統局人員徐鎮南率 7 名技術人員 80 名臨澧訓練班爆破班學生執行，並曾派遣 60 名學生至長沙 40 名學生至南岳擔任便衣警衛工作。[75]

隨著戰事擴大，特務處的工作量急遽增加最終在 1938 年 8 月擴張為一般所熟知的軍統局，而在這過程中的 7 月 5 日，戴笠為求設立新訓練班呈文請蔣中正核准。[76] 報告中提到：

> 因陝、甘、寧、青、新各省，遠在西北，交通不便，應以就地訓練為宜，即就臨澧訓練所撥一部份教官，馳往蘭州，在蘭另設一中央警官學校蘭州特種警察訓練班，仍由生自兼班主任，以現任蘭州警察局長馬志超兼副主任，分教務、訓育、政訓三組及一學生隊，……學員名額暫定二百人至三百人，訓練期間暫定六個月，

---

[73]「戴笠呈蔣中正」（？年？月？日），〈一般資料 ── 特務處工作報告〉，《蔣中正總統文物》，國史館藏，典藏號：002-080200-00611-001；國防部情報局，《國防部情報局史要彙編》中冊，14、19。

[74]「戴笠電余樂醒」（1938 年 6 月 30 日），〈戴公遺墨 ── 人事類（第 2 卷）〉，《戴笠史料》，國史館藏，典藏號：144-010110-0002-056；「戴笠復電毛人鳳」（1938 年 5 月 8 日），〈戴公遺墨 ── 人事類（第 5 卷）〉，《戴笠史料》，國史館藏，典藏號：144-010110-0005-036。

[75]「戴笠報告蔣中正」(1938 年 11 月 29 日)，〈戴公遺墨－人事類（第 1 卷）〉，《戴笠史料》，國史館藏，典藏號：144-010110-0001-055；「戴笠電李人士」(1938 年 10 月 20 日)，〈戴公遺墨 ── 總部類（第 5 卷）〉，《戴笠史料》，國史館藏，典藏號：144-010112-0005-071。

[76] 關於軍統與中統分化的相關過程，可參考拙作〈國民政府情報組織的誕生與分化 1928-1938〉，收入於《薪傳：劉維開教授榮退論文集》。「戴笠呈蔣中正」（1938 年 7 月 5 日），〈一般資料 ── 呈表彙集（七十二）〉，《蔣中正總統文物》，國史館藏，典藏號：002-080200-00499-058；《薪傳》編輯小組編著，《薪傳：劉維開教授榮退論文集》（新北市：喆閎人文，2020），93-118

> 學員成份除原由甘、陝、寧、青、察、綏各省祕密招收一部外，并請胡宗南同學，就軍校第七分校挑選一部西北邊疆諸省籍之學生入訓。[77]

乍看戴笠是為方便西北偏遠省份學生的訓練才請求分校設立，然而實際上卻是擴張員額，蘭州訓練班學生員額是新增而非由臨澧訓練班中劃出，且在校負責實際運作的副主任，也是在蘭州擔任警察局長的馬志超。這份呈文在7月6日獲批「如擬」，但根據後來的報告，卻顯示於1938年10月4日才奉准成立，因報告另述學生10月正式入學，所以中間的時間差推測可能為準備與考選時間。[78]

1938年10月除蘭州訓練班成立以外，已於9月招收第二期學生的臨澧訓練班也因戰線發展遷往黔陽，兩者皆被歸為中央警官學校特種警察訓練班第二期。[79]兩者的設計，藉由「軍事委員會調查統計局民國二十八年工作總報告」（下簡稱「二十八年總報告」）可以有相當清楚認識。此報告時間段乍看與1938年無關，但針對訓練班的內容，卻因受訓時間皆由1938年開始而詳細脈絡性回顧。[80]當中明確將由臨澧遷往黔陽的訓練班與蘭州訓練班定義為軍統局基本訓練機關，並提及兩者的差異。黔陽訓練班的部分，學生共錄取906名分兩批入學，其中的566名於1938年9月先接受共同訓練，待畢業後再分五組受訓，分別是參謀、情報、偵查、電訊、會計。[81]其餘340名則於1939年1月才入學，且分組不同，僅分為軍事和技術，與第一批學生同時畢業，報告中未說明分批

---

77 「戴笠呈蔣中正」（1938年7月5日），〈一般資料──呈表彙集（七十二）〉，《蔣中正總統文物》，國史館藏，典藏號：002-080200-00499-058。

78 「戴笠呈蔣中正」（？年？月？日），〈一般資料──軍事委員會調查統計局工作報告〉，《蔣中正總統文物》，國史館藏，典藏號：002-080200-00612-001。

79 「戴笠呈蔣中正」（？年？月？日），〈一般資料──軍事委員會調查統計局工作報告〉，《蔣中正總統文物》，國史館藏，典藏號：002-080200-00612-001；國防部情報局，《國防部情報局史要彙編》中冊，44-45。

80 「戴笠呈蔣中正」（？年？月？日），〈一般資料──軍事委員會調查統計局工作報告〉，《蔣中正總統文物》，國史館藏，典藏號：002-080200-00612-001。

81 「戴笠呈蔣中正」（？年？月？日），〈一般資料──軍事委員會調查統計局工作報告〉，《蔣中正總統文物》，國史館藏，典藏號：002-080200-00612-001。

的原因,但藉由分組不同推測可能與學生來源背景有關。[82] 至於蘭州訓練班在 7 月 5 日所獲批的學生數雖為 200 至 300 名,但最終是招收 355 名且並未如黔陽訓練班分兩批次入學。[83] 培訓方式一樣是先經共同訓練畢業再分組受訓,分為國內情報、俄文情報、邊疆情報、電訊、警政五組。[84] 當中俄文情報、邊疆情報與警政三組,則皆是為蘭州所招收學生特殊設計,如俄文與邊疆兩組,情報課程除與黔陽訓練班情報組相同外,尚外加俄語與外事或邊疆特殊民情等課程,而警政組則兼具為西北培養警察行政人才的考量,因此課程內容為警察行政等。[85]

至於電訊人員訓練班的部分,在《史要彙編》中稱第十二期於武昌完成訓練,後於 1938 年 7 月遷至長沙嶽麓山訓練第十三期,11 月因戰局變化才隨臨澧訓練班一同遷至黔陽,同時合併成為訓練班的電訊系。[86] 對此「電訊部門工作報告書」則稱第十三期亦於武昌開辦,並於秋季成立臨澧訓練班電訊系,1939 年在黔陽蘭州兩特訓班成立電訊系,並且在統計表上將第十三、十四兩期標為臨澧,第十五期才分為黔陽與蘭州。[87] 兩份的紀錄乍看頗有出入,且「電訊部門工作報告書」自己本身的文字描述就與標記有些不合,而這部分可能需要分從兩個角度來討論可能原因。

首先根據魏大銘的回憶,其人自 1938 年 1 月因戴笠舉薦兼任軍令部第二

---

82 「戴笠呈蔣中正」(?年?月?日),〈一般資料――軍事委員會調查統計局工作報告〉,《蔣中正總統文物》,國史館藏,典藏號:002-080200-00612-001。

83 「戴笠呈蔣中正」(1938 年 7 月 5 日),〈一般資料――呈表彙集(七十二)〉,《蔣中正總統文物》,國史館藏,典藏號:002-080200-00499-058;「戴笠呈蔣中正」(?年?月?日),〈一般資料――軍事委員會調查統計局工作報告〉,《蔣中正總統文物》,國史館藏,典藏號:002-080200-00612-001。

84 「戴笠呈蔣中正」(?年?月?日),〈一般資料――軍事委員會調查統計局工作報告〉,《蔣中正總統文物》,國史館藏,典藏號:002-080200-00612-001。

85 「戴笠呈蔣中正」(?年?月?日),〈一般資料――軍事委員會調查統計局工作報告〉,《蔣中正總統文物》,國史館藏,典藏號:002-080200-00612-001。

86 《國防部情報局史要彙編》中冊,63。

87 「本局十四年來電訊部門工作報告書」(?年?月?日),〈電訊單位歷年工作總報告書〉,《國防部軍事情報局》,檔案管理局藏,檔號:A305050000C/0024/1784/1071。

廳第四處處長主管電訊技術，並受命於武昌辦理軍用譯電人員訓練。[88] 需要注意的是，這個軍令部第二廳第四處與軍用譯電人員訓練班並非軍統局單位，僅是同樣由魏大銘主持，而軍用譯電人員訓練班根據其憶述後由武昌遷往長沙嶽麓山再遷往遵義湘山寺。[89] 這個地點上的巧合，顯示《史要彙編》可能將軍用譯電人員訓練班混淆為第十三期，雖然軍統局藉由魏大銘可滲透並掌握相關單位，但由於軍統局電碼有其特殊性，因此並非受過軍令部電訊人員訓練就可以直接擔任軍統局電訊工作，而這或許即是「電訊部門工作報告書」自始未將此班列入報告的原因。[90]

從另一個方面來看，「電訊部門工作報告書」中有矛盾之處主要在第十三、十四兩期，兩者分別標在 1938 與 1939 年。[91] 由於報告內容模糊，僅提到針對第十一、十二與十三期施以三個月及四個月訓練，無法得知哪一期是被施以多久的時間培訓，僅能推斷第十二期訓練結束的時間點，大致落在 1938 年 2 至 3 月。[92] 考量招收學生需要時間，第十三期開辦時應該尚未成立臨澧訓練班，所以猜測可能先在武昌招生，之後才遷至臨澧並因在此畢業而被標註為臨澧。至於第十四期，因為不確定其開辦時間，只能推測可能與 1938 年 9 月特警班第二期學生一同開始，若加上相同四個月的受訓，則畢業時間可能就跨至 1939 年。地點的部分，則可能是考量到第十四與第十五期在學制上的不同，因此刻意地將第十四期劃歸到上一個階段的臨澧。由於黔陽訓練班與蘭州訓練班學生皆是先受共同訓練再分組，所以從 1938 年 9 月入學，到兩地學生開始接受電訊培訓止，針對電訊人員培養勢將有一段不短的空窗期，考量到抗戰期間對電訊人員的龐大需求，在這期間按照原本電訊人員訓練班方式再培訓一期，明顯是較合理與可能的方式。此外，根據報告的數字來看，第十三期畢業

---

88 魏大銘，黃惟峰，《魏大銘自傳》，25-27。

89 魏大銘，黃惟峰，《魏大銘自傳》，27。

90 軍統局電碼特殊性，在魏大銘向蔣中正演示的回憶中有相關描述。魏大銘，黃惟峰，《魏大銘自傳》，25。

91 「本局十四年來電訊部門工作報告書」（？年？月？日），〈電訊單位歷年工作總報告書〉，《國防部軍事情報局》，檔案管理局藏，檔號：A305050000C/0024/1784/1071。

92 「本局十四年來電訊部門工作報告書」（？年？月？日），〈電訊單位歷年工作總報告書〉，《國防部軍事情報局》，檔案管理局藏，檔號：A305050000C/0024/1784/1071。

生為 86 名，十四期為 185 名，但至十五期兩地總共也僅 56 名，畢業人數的巨大落差，同樣暗示後兩者之間從招生到學制上可能有明顯不同，才會導致如此大幅度的改變。[93]

五、結論

　　藉由本文的整理與分析可知，軍統局最初的人員培訓制度，與過往學界的認識有很大不同，不管是最初的起源，到擴大後受訓課程的性質。南京特務警察訓練班雖因招收人數有限、歷時不長而常遭忽略，然據《史要彙編》與現存檔案來看，實為戴笠親自主導的幹部訓練，可視為其「子弟兵」。杭州特務警察訓練班，雖普遍被認為是遭滲透而轉型為著重特務訓練，但若進一步檢視其中乙種訓練班的課程內容與畢業生分發，則顯示其本質偏向訓練警衛或準軍事人員，而非純粹的情報工作者，不僅反映當時「特務」一詞的定義與現代理解有所不同，也足證「名為警官學校，實則偏重特務訓練」之說可謂誇大。至於電務人員訓練班的設立則於 1933 年才開始，學生來源由第一期的警校，到第二期轉向電訊學校畢業生，顯示其所需專業程度較高，且為配合電台系統迅速擴張，招訓人數亦隨之大增。此外，各類短期訓練班則多為補足人力與技術之不足而設，性質靈活、設置彈性。這種因應任務性質而建構出的彈性訓練體系，顯示出軍統局人員的培訓，並非多數學者認定的多為意識形態與忠誠訓練，一旦涉及技術專業或為配合組織需求時，仍有相應的調整，而這或許也是軍統局能迅速壯大，成為國民政府時期最主要情報系統的部分原因。

　　當回顧軍統局在抗戰初期的人員訓練變遷時，不難發現 1937 年戰爭爆發前後的訓練班有段空白期，而造成這個情況的原因，則遠比既有研究所揭示的「因應抗戰」來得複雜。藉由比對分析《史要彙編》與「二十六年總報告」可知，杭州特務警察訓練班自 1937 年初便逐步停止運作，而臨澧訓練班直到 1938 年 3 月才正式設立，當中至少有半年以上的斷層，箇中原因無法單純以戰事干擾

---

[93] 「本局十四年來電訊部門工作報告書」（？年？月？日），〈電訊單位歷年工作總報告書〉，《國防部軍事情報局》，檔案管理局藏，檔號：A305050000C/0024/1784/1071。

來解釋，亦與當時戴笠對訓練成效檢討及人員來源的反思息息相關。特務處內部因應此問題，於 1937 年 8 月首度設立專責訓練業務的第五科，並由原杭州特務警察訓練班負責人余樂醒擔任科長，呈現出重整制度的企圖。與此同時，受抗戰局勢的影響，戴笠將大量心力投入蘇浙行動委員會別働隊的組建，以青埔與松江訓練班編訓部隊，不僅消耗特務警察訓練班的人員與訓練資源，本人恐怕也分身乏術難以關注制度改革。人力與物資的拉扯，造成軍統局在人才培訓的企圖與實踐之間出現落差。由於無法從檔案中得知影響訓練班地點選擇的具體原因，所以臨澧訓練班校址的選擇，僅能依靠之後再度遷校的過程推測，同時也反映出這段時間，軍統局在制度轉型與戰時應變間的情況，實際運作往往比想像的更為倉促。在特務警察訓練班體制大幅變革的同時，電訊人員的訓練則顯得穩定，不僅未曾有過中斷，訓練地點遷移的過程也與特務警察訓練班不同，突顯出其自成系統的特點。

　　在臨澧訓練班及其後續發展過程中，雖然面臨設備短缺、資源有限與經費延宕等多重挑戰，然而在課程設計與運作上卻展現出極大的變革與改進。從訓練時間的延長、實習機會的增加、學員直接參與實戰行動，到訓練班員額的擴張與地域性的分班設置，軍統局透過一系列制度調整，不僅強化了人員素質，也逐步建立起一套較具彈性與規模的基礎訓練體系。這一過程中，儘管有魏斐德的研究成果為後人提供重要認識基礎，但其資料多本於沈醉的回憶，在觀點與詮釋上難免受限於個人立場與事後回顧的局限。透過《史要彙編》、《戴公遺墨》、「二十六年總報告」、「二十八年總報告」、「電訊部門工作報告書」等官方研究、檔案與戴笠所存電文的交叉比對，不僅能補足既有研究中所忽略的細節與脈絡，更能進一步辨識與釐清軍統局訓練體制的演變與實際運作。從訓練班在臨澧設立起，到遷移至黔陽與擴張到蘭州，並非僅為因應戰事而被動調整，背後應該仍有具計畫性的制度調整。軍統局藉由讓所有人員先經過共同訓練再分組培訓專業技術的方式，一併將原本相對獨立的電訊人員訓練整合進特務警察訓練班，企圖提升整體人員基本素質，反映出該機構在動盪的戰爭下，仍力求在組織持續擴張與人力素質提升間維持平衡。

02
國際外交

國際外交

屬民與外交：
從國籍問題再探民初間島爭議

彭思齊
國立政治大學歷史學系博士生

一、前言

　　1909 年中國首部以父系血統主義為原則之國籍法《大清國籍條例》頒布，象徵中國正式接受近代西方「國籍」之制度觀念，以法律定義「國家」與「國民」之聯繫關係。依過去研究結果，一般認為《大清國籍條例》之出台，係與 1908 年荷蘭政府預備修正《殖民地籍民條例》，擬將荷屬殖民地華僑納編屬地民籍，引發荷印（荷屬印度尼西亞）及海外華僑促請清政府速定國籍法有關。對此使荷欽差大臣陸徵祥於 1909 年 2 月 5 日稟報外務部言：

> 一國國民必有一國之國籍，國籍之出入必有法律以規定之。故各國國民雖遷徙自由，亦恆不願輕棄其鄉與輕棄其籍[01]。

---

01 「和定新律擬將華僑收入殖民地籍請速設領事速頒國籍法由」，宣統 1 年 2 月 6 日（1909 年 2 月 25 日），〈保和會〉，《外務部檔案》，中央研究院近代史研究所藏，館藏號：02-21-015-04-005。

清朝官員對於近代「國籍」的認知,非成於一朝一夕,但關注國籍問題,概於 1908 至 1909 年間達到高峰,晚清因國籍問題所長期累積之爭議,此時逐一顯露。1908 年初,使法大臣劉式訓曾為「國籍法」一事上奏朝廷,指出中國出籍、入籍例無專條造成三點流弊,其一為國際交通日繁,人民管理已非過去籍貫制度所能因應,加上中國無領事裁判權[02],租界中南洋華僑甚眾,如不早定入出籍條例,日後流弊不堪勝言;其二屢見各口租界奸黠之徒每到領事館註冊,受其保護,一經犯案則領事強為干預。這些註冊為外國籍之華人,仍華裝華俗,與平民無異,且擅往內地置產,默默破壞外人不得在內地置產蓋房之成規。如不早為防範,其貽患將甚於教民;其三則攸關僑居採「出生地主義」國籍法國家之華人,倘僑居地政府視中國無國籍定制而設例將華民盡沒入籍,如荷蘭屬地之例,則政府如何與之爭,且將妨礙國家設領談判[03]。劉式訓的奏摺可謂總結自 19 世紀中葉清朝接觸歐美「國籍」法律觀念以來,中國所面對改籍、冒籍華人管轄權爭議,以及華僑保護困境等種種問題[04]。

　　然而,「國籍」所衍伸的法權及外交複雜性,不僅止於中國沿海地帶及華人海外僑居地。中國內陸漫長邊境地帶,歷來民族遷徙已為常態,隨 19 世紀末以來俄國、日本覬覦清朝邊境主權起,即埋下屬民管轄權爭議之伏筆。東北與朝鮮邊境圖們江北岸一帶的「間島地區」[05],長久以來存有朝鮮民越境私墾問題,1880 年代朝廷以羈縻政策將該區域朝鮮民編入戶籍管理,在既有宗藩關

---

02 劉式訓原奏文稱「治外法權」。

03 「桂邊防匪事河內設領國籍專條等事附奏摺片各一件由」,光緒 34 年 1 月 17 日(1908 年 2 月 18 日),〈出使設領〉,《外務部檔案》,中央研究院近代史研究所藏,館藏號:02-12-023-04-001。

04 筆者碩士論文以〈晚清閩省英籍華民管轄權交涉(1842-1911)〉為題,藉中英有關屬民(籍民)司法管轄權交涉發展,分析〈大清國籍條例〉內外成因,勾勒近代中國國籍爭議的基本雛形,發現維護國內司法主權及保護華僑中國人身份,同為晚清制定國籍法的重要因素,尤以前者自有約各國取得在華領事裁判權起,外籍華人無論是歸國華僑或在中國歸化外國之人,其國籍身份與司法管轄爭議未曾間斷。相關研究亦可見於大陸學者許小青、張平等人之研究。詳見彭思齊,〈晚清閩省英籍華民管轄權交涉(1842-1911)〉(臺北:政治大學歷史學系碩士論文,2009);許小青,〈晚清改籍問題的社會史考察〉,《浙江學刊》,6(杭州,2003),頁 145-149;張平,〈晚清國籍問題與法律應對(1840-1911)〉(北京:中國政法大學碩士學位論文,2011)。

05 係指中國東北圖們江北岸之「光霽峪假江」地方,越界移墾朝鮮民稱之為「間島」,1903 年朝鮮官方首先於公文中使用「間島」一詞,後於中日韓交往文件中亦有出現。參考姜龍范,《近代中日朝三國對間島朝鮮人的政策研究》(牡丹江市:黑龍江朝鮮民族出版社,2000),頁 1。

係上,朝鮮政府視之為向「上國」借地安插其貧民之舉[06]。學者姜龍范將 1909 年《大清國籍條例》頒布以前清廷管理朝鮮民的政策演變,歸納為默許、安撫、懷柔同化和強硬管理等四階段。在中國處理外國人入籍向無定例的時期,清朝政府甚至以「薙髮易服」為身份管理基準[07]。隨著清朝官員對國籍的認識加深,復以甲午戰後中朝宗藩關係斷裂、日本逐步掌控朝鮮半島,甚至試圖在間島設立統監府,派以對間島朝鮮人遂行保護權[08],是以當中日為界務談判之時,久居間島的朝鮮民身份管轄權遂成爭議源起。時任延吉邊務幫辦,負責調查間島問題的吳祿貞即認為:

> 我國今日國籍法未立,內外無別,固不獨對於韓民為然,而韓民之移住我國者至十餘萬人,毫無國籍之區別,實為莫大之隱患。
> 夫一人不准有兩國國籍,此係國際私法之定則也[09]。

在此背景下,姜龍范認為中日兩國圍繞朝鮮人國籍之問題,某種意義上促使中國政府出台有關在華外國人國籍相關法案,以加強對外國人管理,避免相關國家間之外交糾紛[10]。

就在前述荷印華僑請願、內地改(冒)籍問題叢生和邊民管轄爭議等因素催化下,1909 年 3 月 28 日《大清國籍條例》(下稱《國籍條例》)出台[11]。該條例為避免重國籍、國籍衝突等問題,除對放棄國籍做出嚴格規定,並從法律角度苛待脫離中國國籍者[12],並針對歸化入籍的外國人,定有入籍後即應銷

---

06 姜龍范,《近代中日朝三國對間島朝鮮人的政策研究》,頁 42-48。
07 姜龍范,《近代中日朝三國對間島朝鮮人的政策研究》,頁 50-58。
08 姜龍范,〈日本對間島朝鮮人的「保護」政策——以統監府間島派出所時期為中心〉,《延邊大學學報(社會科學版)》,2(吉林,1999),頁 70。
09 吳祿貞,《延吉邊務報告》,第七章,〈日人經營延吉之原因〉,收入沈雲龍主編,《近代中國史料叢刊》,第三十二輯(臺北:文海出版社,1968),頁 472-473。
10 姜龍范、崔永哲,〈"日韓合併"與間島朝鮮人的國籍問題——兼論中日兩國在朝鮮人國籍問題上的政策紛爭〉,《東疆學刊》,第 16 卷第 4 期(吉林,1999),頁 10。
11 「遵旨覈議國籍條例一摺錄旨刷奏咨照由」,宣統 1 年閏 2 月 28 日(1909 年 4 月 18 日),〈保和會〉,《外務部檔案》,中央研究院近代史研究所藏,館藏號:02-21-015-04-005。02-21-015-04-019。
12 劉華,《華僑國籍問題與中國國籍立法》(廣州:廣東人民出版社,2004),頁 79-80。

除本國國籍之條件。《國籍條例》頒布不過三年清廷覆亡,施行時間短暫,致未能有效發揮解決晚清國籍問題之目的[13]。然而,1910年日韓合併後,因應間島朝鮮人入籍問題,吉林省地方當局得以據《國籍條例》擬定朝鮮人入籍細則,完備相關法律程序[14],不失為後續中日兩國有關間島朝鮮人管轄權交涉之後盾。

民國肇建,北京政府時期(1912-1928)在1912年11月18日以《國籍條例》為基礎訂頒《國籍法》,繼承前法大部分立法精神[15],並於1914年經歷一次修正,在民初混亂政局中顛頗施行,但仍是此時期各地方政府(包含廣州國民政府)處理國籍爭議時唯一的法令依據[16]。因此,當間島問題於1915年北京政府與日本簽訂《民國四年五月二十五日締結之中日條約及換文》(簡稱《中日民四條約》)而激化時,在攸關中國主權完整性的朝鮮民入籍歸化問題上,中國甫建立之「國籍法制」能否發揮效益,甚為關鍵,此亦為本文所關注焦點。

過去有關民初「間島問題」研究已有豐碩成果,以間島朝鮮民為對象者亦不少,惟針對間島朝鮮人國籍爭議有深入研究者,蓋以學者姜龍范之《近代中朝日三國對間島朝鮮人的政策研究》為代表。姜教授綜整中、日、韓及臺灣等地之研究,利用清代外交史料、奉天省地方檔案,以及日、韓兩地相關檔案和外交文書等重要資料,建構完整論述。書中清楚闡述間島問題之起源、中朝日三方政策演變及影響等層面,並指出所謂「間島問題」,「究其實質,是由誰來控制該地區的朝鮮人的問題,也就是由誰在該地區行使領土管轄權和人民管轄權的問題」[17]。然而,姜教授有關民初階段之討論,主要依據日韓方面所收

---

13 張平,〈晚清國籍問題與法律應對(1840-1911)〉,頁36。
14 姜龍范、崔永哲,〈"日韓合併"與間島朝鮮人的國籍問題——兼論中日兩國在朝鮮人國籍問題上的政策紛爭〉,頁14。
15 其繼承部分主要包括「父系血統主義的立法原則」及「堅持出籍規定中的國家利益高於個人利益的國家主義原則」等,詳見劉華,《華僑國籍問題與中國國籍立法》,頁92-93。
16 1924年4月30日位於廣州的大元帥大本營政府,曾發布命令「國籍法係六年以前所公布,自屬有效,施行細則准如所擬修改」。案例再如1926年廣州國民政府外交部處理英籍華民黎侶鶴案,即依據1912年《國籍法》及1914年《修正國籍法》為適用法,據與英國領事辯駁雙重國籍問題。見《陸海軍大元帥大本營公報》,民國13年4月30日第12號,頁64;〈黎侶鶴案致函英領事(公函第267號)〉及〈黎侶鶴案再函英領事辯明國籍事(公函第三二〇號)〉,收入陳湛綺編,《民國廣州武漢時期革命外交文獻》(北京:全國圖書館文獻縮微複製中心,2009),頁85-88。
17 姜龍范,《近代中日朝三國對間島朝鮮人的政策研究》,頁258。

存之史料，對於理解中國內部以「國籍法制」來因應朝鮮民國籍問題交涉部分，尚有補充空間。此外，1932 年參與國聯調查團的吳瀚濤（1894-1988），曾將對日本侵略中國東北調查成果出版《東北與日本之法的關係》一書，亦特別針對「鮮人之二重國籍問題」專章討論[18]，渠對朝鮮人的跨籍問題有精闢之法律分析，對本文理解當時中日兩國國籍法制衝突頗有助益。

　　從以上論著看來，朝鮮民的國籍隸屬爭議，無疑是研究間島問題之關鍵。因此，本文除說明間島朝鮮人國籍爭議緣起，該問題與中國國籍法制之關聯外，重點將以民初間島朝鮮民的國籍紛爭所衍生之交涉為核心，透過梳理中央研究院近代史研究所藏《外交史料》所存檔案，釐清中國地方與中央，包括外交部與內務部應對問題之策略；此外，藉由民初《臨時政府公報》、《政府公報》[19]所登載有關中國入出國籍公告，考察《國籍法》運作實況，以印證國籍法制之於屬民交涉的重要性。

二、間島朝鮮民管轄權爭議由來

(一) 中朝雙方管轄權紛爭

　　清朝對於東北邊境移墾管理，早期採封禁政策；迄道光以降，因應俄國擴張日急，先是 1875 年廢除對鴨綠江北東邊道地區之封禁，轉而實行移民實邊政策。復以 1869 年朝鮮遭逢罕見大災荒，邊民大量冒險越境到鴨綠、圖們兩江北岸擅自墾荒定居[20]，遂使間島地區在 19 世紀中葉出現大量移民潮，管理問題浮出檯面。清廷乃於 1880 年代起陸續推出管理政策，諸如 1882 年光緒皇帝准移居者「領照納租，查明戶籍，分歸琿春及敦化管轄，所有地方司訟及命盜

---

18 吳瀚濤，《東北與日本之法的關係》，收入張研、孫燕京主編，《民國史料叢刊：政治・對外關係 225》（鄭州：大象出版社，2009），頁 379-400。

19 本文所用《臨時政府公報》及《政府公報》等官方公報資料，主要係依國家圖書館「政府公報資訊網」數位典藏檔進行研究。「政府公報資訊網」網址：http://gaz.ncl.edu.tw/。

20 姜龍範，《近代中日朝三國對間島朝鮮人的政策研究》，頁 41-42；宮健澤，〈吉長地區朝鮮移民研究（1910-1949）〉（吉林：東北師範大學博士論文，2016），頁 24-25。

案件，均照吉林一律辦理」[21]，隨後 1885 年清朝在和龍峪設立越墾局，於圖們江北劃設「韓民專墾區」，1890 年明確朝鮮民一律以「薙髮易服」為「受田為氓」之政策，將朝鮮越墾流民「編甲升科」[22]，是為朝鮮移民入籍政策付諸實施之始[23]。

然而，清廷與朝鮮政府間對於越墾邊民之管轄權始終存有歧異。1882 年清廷查明戶籍納為管轄政策一出，朝鮮國王即以習俗、風土殊異及易滋事端為由，懇請恩准「將流民刷還本國，交付地方官弁歸籍辦理[24]」，光緒亦同意所請，「准其於一年內悉數收回[25]」，惟中朝雙方因界務交涉破裂等因，朝鮮地方官並未積極履行流民收回本國之承諾，反使越境佔地情形更為嚴重，而清廷方也暫時擱置將朝鮮民納入版籍一事[26]。直迄 1890 年清廷「編甲升科」政策實施，朝鮮國王又要求停止將吉林邊界越墾韓民編籍，清廷方面立場堅定，認為「編籍之案，早經奏定，薙髮易服之令，行之數月，未便遽議更改」，且認定朝鮮之請求，「仍為韓官越徵租稅請見」[27]。

在越墾邊民管轄爭議過程中，清廷態度始終以宗藩關係看待邊民問題，如 1882 年禮部針對越墾朝鮮邊民之處理意見，認為「該等民人等既種中國之

---

21 王禹，〈東北朝鮮族國籍問題研究〉（吉林：延邊大學碩士論文，2004），頁 8；姜龍范，《近代中日朝三國對間島朝鮮人的政策研究》，頁 44。「轉奏朝鮮國王懇將流民刷還摺恭錄旨知照」，光緒 8 年 8 月 27 日（1882 年 10 月 8 日），〈朝鮮檔〉，《總理各國事務衙門檔案》，中央研究院近代史研究所藏，館藏號：01-25-010-02-003。

22 「議奏越墾韓民編甲升科並溫貴海口設立棧房摺錄旨知照」，光緒 16 年 2 月 27 日（1890 年 3 月 17 日），〈朝鮮檔〉，《總理各國事務衙門檔案》，中央研究院近代史研究所藏，館藏號：01-25-027-02-014。

23 姜龍范，《近代中日朝三國對間島朝鮮人的政策研究》，頁 54；王禹，〈東北朝鮮族國籍問題研究〉，頁 9。

24 「轉奏朝鮮國王懇將流民刷還摺恭錄諭旨知照」，光緒 8 年 8 月 27 日（1882 年 10 月 8 日），〈朝鮮檔〉，《總理各國事務衙門檔案》，中央研究院近代史研究所藏，館藏號：01-25-010-02-003。

25 「吉林將軍希元等咨覆總理各國事務衙門」，光緒 11 年 7 月 10 日（1885 年 8 月 19 日），〈朝鮮檔〉，《總理各國事務衙門檔案》，中央研究院近代史研究所藏，館藏號：01-25-019-02-002。

26 「吉林將軍希元等咨覆總理各國事務衙門」，光緒 11 年 7 月 10 日（1885 年 8 月 19 日），中央研究院近代史研究所藏，館藏號：01-25-019-02-002；姜龍范，《近代中日朝三國對間島朝鮮人的政策研究》，頁 53。

27 「袁世凱已拒韓王欲將編入華籍越墾韓民仍隸韓籍之請」，光緒 16 年 7 月 26 日（1890 年 9 月 9 日），〈朝鮮檔〉，《總理各國事務衙門檔案》，中央研究院近代史研究所藏，館藏號：01-25-028-01-019。

地，即為中國之民」，除應照吳大澂所議「准其領照納租外，必令隸我版圖，遵我政教，並酌立年限，易我冠服，目前姑照雲貴苗人，暫從各便」[28]。此外，1885 年吉林將軍希元在處理朝鮮貧民柳雲根等百餘人具呈願為上國之民時，邊務幫辦諭以「屬國之民，猶我民也，背本國而投大國，於理不順，可善遣之」。希元認為「夫朝鮮之民，猶中國之民也，今流離失所，遠到來歸，無以安之，勢將轉乎溝壑，情尤可憫，不惟有失懷柔之道⋯⋯」[29]。再如 1890 年中俄處理寧古塔邊界三岔口越墾韓民爭議，主張「朝鮮係中國藩服，其民與中國所屬民人無異，所有越墾越寓之人，應如何辦理，我中國自有權衡」，並決議比照琿春越墾朝民「薙髮升科章程」管理[30]。

　　由前述清廷對越墾朝鮮民之政策、態度，以及中朝雙方之歧異可見，清廷開始移民實邊後，在「懷柔政策」引導下，一方面係以宗藩關係為框架進行決策與談判，另一方面誠如姜龍范所指，有其務實政策需求，包括中朝雙方對於土地、稅收主權之爭，甚至包括對外交涉考量，是以中朝雙方係基於「行政管轄權」而起紛爭[31]。

　　1895 年中日簽訂《馬關條約》，一來朝鮮獲得獨立自主地位，清朝失去其宗主權，且朝鮮順勢於 1897 年成立大韓帝國，翌年嘗試與清朝重定對等條約，並於 1899 年締結《中韓通商條約》，確立兩國脫離宗藩關係，基於對等與國交往[32]。此約中，兩國除在司法管轄權上仍予彼此暫時擁有領事裁判權及會審

---

28 「轉奏朝鮮國王懇將流民刷還摺恭錄諭旨知照」，光緒 8 年 8 月 27 日（1882 年 10 月 8 日），中央研究院近代史研究所藏，館藏號：01-25-010-02-003。

29 「朝鮮越界貧民柳雲根等以本國連年饑饉民不堪命攜家來歸懇請撥地安插以防為俄人收用」，光緒 11 年 3 月 29 日（1885 年 5 月 13 日），〈朝鮮檔〉，《總理各國事務衙門檔案》，中央研究院近代史研究所藏，館藏號：01-25-018-01-006。

30 「吉林將軍長順咨呈總理各國事務衙門」，光緒 16 年 5 月 28 日（1890 年 7 月 14 日）；「三岔口邊界韓民薙髮作為華民赴俄亦一律給照已照覆俄官」，光緒 16 年 7 月 14 日（1890 年 8 月 28 日），〈朝鮮檔〉，《總理各國事務衙門檔案》，中央研究院近代史研究所藏，館藏號：01-25-028-01-006；01-25-028-01-016。

31 姜龍范，《近代中日朝三國對間島朝鮮人的政策研究》，頁 55-56、58。

32 廖敏淑，《清代中國的外政秩序──以公文書往來及涉外司法審判為中心》（北京：中國大百科全書出版社，2012），頁 78-79。

之權,並同意日後兩國整頓司法後可收回之[33];另針對邊民管轄,則於陸路邊民互市部分,議定「已經越墾者,聽其安業,俾保性命財產,以後如有潛越邊界者,彼此均應禁止,以免滋生事端」[34]。至此,越墾朝鮮民可說是從法律上獲得大清國屬民地位[35]。

此一變化,使兩國在間島等爭議邊境動作趨於積極。清廷藉由在間島地區建立村、社、鄉等基層組織,強化行政、司法、稅收面之管制;韓國則依恃俄國在東北之擴張,趁機在間島地區及邊界設官置吏、警務署,調查朝鮮人戶口,編作戶籍,甚至越境武裝騷擾,致於1903年韓國「北墾島觀察使」李范允採取強硬措施,以確立該國在間島之行政權,肇生武裝衝突,韓國敗退。兩國邊境官吏於1904年簽訂《中韓邊界善後章程》,此雖為雙方解決邊界問題前的權宜之約,但在明確間島主權歸屬,以及承認中方擁有間島朝鮮人之司法權等部分[36],仍具重要意義[37]。

(二) 中日間管轄權爭議源起

1904年日俄戰爭爆發,中國東北淪為兩強相爭戰場,間島問題亦捲入紛爭。清廷與韓國依《中韓邊界善後章程》準備重新勘界之際,日本卻因間島位居其前進滿州之重要戰略地位,乃要求中韓暫緩邊界交涉[38]。1905年日本戰勝俄國後,為防範與俄衝突再起,決意在間島建立據點,使之成為兩國緩衝帶。

---

33 廖敏淑,《清代中國的外政秩序——以公文書往來及涉外司法審判為中心》,頁80。
34 「中韓通商條約」,光緒25年8月7日(1899年9月11日),〈光緒朝條約〉,《總理各國事務衙門檔案》,中央研究院近代史研究所藏,館藏號:01-21-065-07-001。
35 姜龍范、王禹等研究者認為,此即取得中國國民之法律地位,筆者以為1909年《大清國籍條例》尚未頒行前,宜以「屬民」或「臣民」稱之。王禹,〈東北朝鮮族國籍問題研究〉,頁9;姜龍范,《近代中日朝三國對間島朝鮮人的政策研究》,頁65。
36 《中韓邊界善後章程》第八條:「古間島即光霽峪假江地,向准鍾城韓民租種,今仍循舊辦理」;第四條:「李昇昊、金克烈、姜仕彥、成文錫等既係華界入籍叛民,按公法華官有索還照例懲辦之權,在會韓官宜速拿交華官管束,以安邊界」。「會議中韓邊界善後章程」,光緒30年5月2日(1904年6月15日),〈朝鮮檔〉,《外務部檔案》,中央研究院近代史研究所藏,館藏號:02-19-012-02-007。
37 姜龍范,《近代中日朝三國對間島朝鮮人的政策研究》,頁62-75。
38 姜龍范,《近代中日朝三國對間島朝鮮人的政策研究》,頁82-83。

同年 11 月日韓新訂《乙巳條約》，日本獲取韓國外交權，繼承韓國與外國間所訂條約，在韓設置統監府，並由日本外交代表和領事保護境外朝鮮臣民及其利益[39]。爰此，間島問題交涉之主體，由「中韓」轉為「中日」，且日本有權保護「間島朝鮮人」。日本至此取得介入間島問題之合法外衣[40]。

日本進入間島之意圖，初始受日俄戰後《樸資茅斯條約》追加條款所限，1907 年 4 月 15 日以前，俄軍仍佔領間島地區，日方只能對間島先行調查，並根據後來出任統監府間島派出所所長的齋藤季治郎建議，「以間島係韓國領土為前題，而處理一切之事」[41]，策定日本間島政策[42]。然而，日本囿於缺乏間島為韓國領土之確切證據，並為避免進佔間島可能引起列強注意和中國反彈，遂於 1907 年 2 月 11 日秘密成立「間島派出所籌備事務所」，一俟 7 月日俄簽訂密約，將南滿劃為日本勢力範圍，加以其與英、法均已達成同盟或協議，8 月即由齋藤率隊在延吉廳六道溝正式掛牌運作「統監府間島派出所」，遂行保護韓民任務，由此衍生所謂「間島問題」及後續談判[43]。

有關清季「間島問題」談判過程及結果，過去已有大量研究，歸結該協約主要核心係圍繞在間島「領土歸屬」和境內朝鮮民的「管轄權」問題[44]。中日雙方談判歷時兩年餘，最終於 1909 年 9 月 4 日簽定《中日圖們江滿韓界務條款》（日韓稱之為《間島協約》），日本為併同解決東三省懸案，退讓承認圖們江北屬清朝領土，清廷同意開放龍井村、局子街、頭道溝及百草溝等四埠通商並可設立領事館或分館，且仍准韓民在圖們江北墾地居住。至於爭議最大的韓民

---

39 「與韓訂立條款此後凡在外國之韓國利益及其臣民均歸保護由」，光緒 31 年 10 月 30 日（1905 年 11 月 26 日），〈朝鮮檔〉，《外務部檔案》，中央研究院近代史研究所藏，館藏號：02-19-016-01-001。

40 姜龍范，《近代中日朝三國對間島朝鮮人的政策研究》，頁 86-87。

41 王芸生，《六十年來中國與日本》第 5 卷（天津，大公報社出版部，1933），頁 130；姜龍范，《近代中日朝三國對間島朝鮮人的政策研究》，頁 88。

42 姜龍范，《近代中日朝三國對間島朝鮮人的政策研究》，頁 87-88。

43 姜龍范，《近代中日朝三國對間島朝鮮人的政策研究》，頁 91-92。

44 姜龍范，《近代中日朝三國對間島朝鮮人的政策研究》，頁 115、133；「外務部奏中韓界務暨東三省交涉五案議定條款摺」，宣統元年 7 月 21 日（1909 年 9 月 5 日），〈條約〉，《外務部檔案》，中央研究院近代史研究所藏，館藏號：02-14-018-02-002。

管轄保護權部分，於第四款議定：

> 雜居區內墾地居住之韓民，服從中國法權，歸中國地方官管轄裁判，中國官吏當將該韓民與中國民一律相待，所有應納稅項及一切行政上處分，亦與中國民同。至於關係韓民之民刑事一切訴訟案件，應由中國官員按照中國法律秉公審判，日本國領事官，或由領事官委派官吏，可任便到堂聽審，惟人命重案則須先行知照日本國領事官到堂聽審，如日本國領事官能指出不按法律判斷之處，可請中國另派員復審，以昭信讞[45]。

此約看似解決中日在管轄權上的爭議，清廷從而確保對該地區之土地和司法主權，但日本保有聽審與干預審判權，可謂變相之領事裁判權，將間島朝鮮人置於中日「共管」的尷尬境地[46]。此外，清廷在間島開設四商埠，日本依約撤退「統監府間島派出所」，領事館隨即成立，日本由是得依日韓《乙巳條約》所獲權利，管轄間島地區商埠之日本人、朝鮮人[47]，保留日後肆意擴大對雜居間島一帶及其他地方朝鮮人之領事裁判權空間[48]。

面對簽約後之局勢，清政府外務部及東三省官員積極善後應對。此際，《大清國籍條例》甫於1909年3月頒行，為免歸屬日本之越墾韓僑獲得土地所有權，邊務督辦陳昭常提出遵照國籍法，勸導越墾韓民自願入中國籍，「則日人當亦無可如何」，以維主權。另強調，嗣後韓民有自願入籍者，即須先消除韓國籍，使日本人不得再藉保護之名，援條約聽審干預司法管轄。陳昭常認為，只要越墾者多數歸化，主權就有收回之日[49]。

---

45 「外務部奏中韓界務暨東三省交涉五案議定條款摺」，宣統元年7月21日（1909年9月5日）；「中日圖們江滿韓界務條款」，宣統元年7月20日（1909年9月4日），〈條約〉，《外務部檔案》，中央研究院近代史研究所藏，館藏號：02-14-018-02-002。

46 姜龍范，《近代中日朝三國對間島朝鮮人的政策研究》，頁137。

47 姜龍范，《近代中日朝三國對間島朝鮮人的政策研究》，頁133-134。

48 吳瀚濤，《東北與日本之法的關係》，頁319。

49 《清宣統朝外交史料》卷11，頁19-20，收入[清]王彥威編纂，《清季外交史料（宣統朝）（七）》（永和：文海出版社，1985）；姜龍范，《近代中日朝三國對間島朝鮮人的政策研究》，頁141、143-144。

然而，1910 年 8 月 22 日日韓合併，韓國從日本的保護國，一轉為日本屬國，韓國國民亦成為日本國民。日方雖向清廷強調，日韓合併後各國與韓國訂立條約作廢，惟由中日所訂有關中韓邊界相關條款，包括延吉特別辦法，仍舊有效[50]。日方意見引起清朝官員擔憂，東三省總督錫良即指出問題所在，認為「此後韓人化為日人，辦理中韓事件悉應以中日條約為準」，亦即當時東三省地區已不下三萬人且持續增加的韓民，在新形勢下順勢享有內地雜居權與領事裁判權，若按中外條約，此二權利性質不相容，可能造成日人「巡警裁判等事處處伸張勢力」。是以錫良建議基於韓民越墾年久，安土重遷，且國籍法已頒行，應悉令入籍，或根據習慣另訂專條管理。錫良並預判，在韓僑勢力驟增情勢下，「數月以後日人將韓事稍稍整理，必將起而干涉」[51]。

吉林省巡撫陳昭常進一步指出，越墾韓民問題隨著日韓合併，原本韓民如猶太人無它國保護，自應受住在國法律管轄，日本不得再任保護之責。然而，中韓界務條款繼續生效，造成居留韓僑享有與日人同等權利，陳昭常就此質疑日本視延吉條款有效係別有用心，認為條款內所稱韓民已隨日韓合併消失，該條款應一併視為無效，宜針對韓僑越墾問題提出條件，進一步與日本協商辦法[52]。類似建議基本上已係東北地方官和外務部共同立場，以杜絕越墾韓民一概等同日本人並享其權利，視為第一優先，爰除請外務部積極與日方協商，同時陸續推動韓民入籍相關作法。如吉林東南路兵備道以《大清國籍條例》為依據，就間島朝鮮人入籍制定《限制細則》、《取締細則》和《入籍細則》[53]，東三省總督趙爾巽亦建議可參考吉林省電請民政部准韓僑居住中國未滿十年，經註冊察看一年，如無不法行為，亦得比照國籍法有關外國人寄居中國十年始

---

50 「日本伊集院使會晤問答」，宣統 2 年 7 月 24 日（1910 年 8 月 28 日），〈朝鮮檔〉，《外務部檔案》，中央研究院近代史研究所藏，館藏號：02-19-010-03-037。

51 「東三省總督錫良致外務部函」，宣統 2 年 8 月 5 日（1910 年 9 月 8 日），〈朝鮮檔〉，《外務部檔案》，中央研究院近代史研究所藏，館藏號：02-19-010-03-043。

52 「關於廢去中韓舊約限制韓民越墾由」，宣統 2 年 8 月 21 日（1910 年 9 月 24 日），〈朝鮮檔〉，《外務部檔案》，中央研究院近代史研究所藏，館藏號：02-19-016-02-003。

53 姜龍范，《近代中日朝三國對間島朝鮮人的政策研究》，頁 156-158。

得入籍之限制[54]，依其辦理換照入籍成案，變通入籍辦法，俾減少僑居外人可能衍生的干預風險[55]。

相對而言，日本對間島韓民籍屬策略，依照日韓合併前朝鮮統監寺內正毅所提交《日韓合併處理法案》，其中〈關於朝鮮人在國際上的地位〉部份，除規定間島朝鮮人仍享有《間島協約》之規定地位外，另「已歸化外國且現擁有雙重國籍者，截止日本的國籍法適用於朝鮮以前，出於我國的利害關係仍看作日本臣民。[56]」此外，寺內正毅不承認已不少間島朝鮮人入中國籍，認為韓國從無國籍法，且慣例上韓國人歸化外國亦不失本國籍，就此認定間島朝鮮民皆為日本臣民，且已歸化者得具雙重國籍，服從日本法權[57]。

日本之意圖，清廷官員也意識到其威脅。日韓合併後，清廷派員探悉，日本政府已令其在華領事詳細調查僑居中國韓民，「以便與日本人同一保護，對於在我內地之韓民，則企圖與我定一特別之辦法」，因此提醒沿邊官廳應趁早設法布置[58]。然而，即便各方極力催促日本交涉，但日方始終以已派員實地調查且「地面遼闊，需時恐長」等理由，拖延談判，致清廷官員只能以《間島協約》之辦法暫行管理[59]。在此背景下，加上民初日本逐步進逼中國東北，間島朝鮮民之國籍與管轄權問題，遂成雙方爭執焦點。

---

54 《大清國籍條例》第三條第一款規範外國人入籍條件，其中第一項明定「寄居中國連續至十年以上者」得准具呈請入籍。

55 「請與日使另訂韓民入籍專章以杜後患由」，宣統3年閏6月25日（1911年8月19日），〈朝鮮檔〉，《外務部檔案》，中央研究院近代史研究所藏，館藏號：02-19-013-01-028。

56 山本四郎編，《寺內正毅關係文書》（首相以前），頁180，轉引自姜龍范，《近代中日朝三國對間島朝鮮人的政策研究》，頁146-147。

57 姜龍范，《近代中日朝三國對間島朝鮮人的政策研究》，頁147。

58 「日韓合併情形事」，宣統2年8月28日（1910年10月1日），〈朝鮮檔〉，《外務部檔案》，中央研究院近代史研究所藏，館藏號：02-19-013-05-003。

59 「琿春韓僑在商埠以外者仍與向來韓民一律辦理」，宣統3年2月6日（1911年3月6日），〈朝鮮檔〉，《外務部檔案》，中央研究院近代史研究所藏，館藏號：02-19-011-01-019。

三、民初《國籍法》變革與韓民入籍概況

(一) 民初《國籍法》變革

1909 年《大清國籍條例》頒布後未及三年,清帝遜位,民國肇建。在這短暫施行期,清政府據以完成 1911 年《中荷關於荷屬領事條約》(又稱《中荷領約》)談判簽署,雙方以照會附約形式調合屬民國籍法律衝突[60]。此外,如前所述,吉林乃至東三省為應對越墾韓民問題,得以援引國籍法作出韓民入籍之變通對策。國籍法之頒行,實為對外屬民交涉不可或缺之法治基礎。

民國初立,百廢待舉,各項法制建設方始積極展開。在民國國籍法未頒定前,《大清國籍條例》為政府執行國籍相關業務之準據法[61]。北京臨時政府內務部隨後於 1912 年 8 月 8 日令頒參議院議決修正《內務部官制》,首將「國籍及戶籍事項」納為民治司執掌業務[62],並指定民治司第五科掌理:「一、關於國籍及戶籍事項;二、關於人民移殖事項;三、關於徵兵及徵發事項。[63]」至此明確國籍業務主管機關為內務部民治司。同年 10 月 8 日總統令頒《外交部官制》,其中外政司業務包含「關於本國人出籍外人入籍事項」[64],1913 年 12 月 22 日修正官制,再調整由政務司掌理「關於調查出籍入籍事項」[65]。外交部業務概屬輔助性質,主要在協助本外僑辦理國籍出入事宜,遇有國籍疑義仍以內務部為解釋裁決機關。

---

60 荷蘭國籍係採出生地主義,《大清國籍條例》為血統主義國籍法,兩者在法律上易生「國籍積極衝突」,造成雙重國籍身份。在《中荷領約》附約內表明生於荷屬華人可自動成為荷蘭籍民,中國不得干涉,該等華人在荷屬殖民地時為殖民地籍人,在它國或返回中國時則為中國人,且返回中國如欲保留荷屬國籍,須於一個月內向荷蘭領事館註冊。李盈慧,《華僑政策與海外民族主義(1912-1949)》(臺北縣:國史館,1997),頁 111。

61 民國元年 3 月 10 日,臨時政府法制局公布〈臨時大總統宣告暫行援用前清法律及暫行新刑律令〉,指示「現任民國法律未經議定頒布,所有從前施行之法律及新刑律除與民國國體牴觸各條,應失效力外,餘均暫行援用以資遵守。」見楊幼炯,《近代中國立法史》(臺北:臺灣商務印書館,1966),頁 101;《政府公報》,民國元年 6 月分第 41 號,頁 102。

62 《政府公報》,民國元年 8 月分第 101 號,頁 101。

63 「部令頒布〈內務部廳司分科章程〉」,《政府公報》,民國元年 8 月分第 121 號,頁 35。

64 《政府公報》,民國元年 10 月 9 日第 162 號,頁 205。

65 《政府公報》,民國 2 年 12 月 23 日 589 號,頁 237。

在《大清國籍條例》仍被援用的過渡期內，內務部如何運作國籍管理制度？1912年6月12日《申報》刊登一則要聞〈內務部取締公民改籍之手續〉：

> 內務部通咨各省都督、民政長、順天府，凡由該管地呈請改籍者，核准後應咨部立案。其文云：為通行事，本部職掌全國戶籍，所有國籍更易及旗籍、民籍移轉改隸等事，均由本部核准註冊歷經辦理在案。今民國新建，五族一家，原籍、寄籍紛紛改隸自由，但本部無案可稽，殊於內務行政與公民權利均多窒礙。相應合行通知各省都督、民政長查照，劄知順天府遵照，凡由該管地呈請改籍者，希即於核准後咨部立案可也[66]。

此篇咨文說明民國建立後，無論國籍、戶籍或旗籍變更已相對自由，惟當時之改籍程序多由各省自行核准，未報送內務部註冊立案，致內務部無法確實掌握國民身份異動，關礙內務行政與公民權利等政策的推動。中央遂要求地方政府核准改籍後，應咨送內務部立案，以完備手續，統一事權。

至於法律的實際適用方面，《政府公報》嘗於1912年11月初刊登兩則資訊。11月2日，內務部部令內城巡警總廳查復有關朝鮮人金子順寄居中國十五年，願入順天府大興縣籍乙案。此案所根據「國籍條例」即為《大清國籍條例》，查條例第二章「入籍」規定，外國人入籍條件須具備寄居中國接續至十年以上等條件，並應向所在地地方官具結聲明，入籍後永遠遵守中國法律及棄其本國權利，經該管長官咨請民政部批准牌示，給予執照為憑[67]。隨後於11月6日，民治司再核准奉天都督咨送僑居奉天府已滿二十年之韓民李鳴崗請願入籍案，該案同樣依據《國籍條例》查核辦理，僅在程序方面先由奉天民政司與交涉司會核呈報都督，再轉咨民治司核准[68]。以上兩案印證民初《國籍法》頒定前，內務部及地方政府援用《國籍條例》的實際情況，亦顯示內務部藉此集中國籍

---

66 〈內務部取締公民改籍之手續〉，《申報》，民國元年6月12日，第3版。

67 《政府公報》，民國元年11月2日第185號，頁12。《大清國籍條例》，第二章「入籍」，第三條、第九條、第十條。見政學社印行，《大清法規大全》（臺北：宏業書局，1972），民政部，卷二，頁999。

68 《政府公報》，民國元年11月6日第189號，頁401。

管理事權，形塑國籍變更運作制度的相關作為。

　　北京政府國籍立法的工作持續推動，1912 年 11 月初，大總統交議討論國籍法案，參議院 11 月 4 日進入二讀。在草案逐條表決過程中，議員針對律案第四條「入籍」規定，提出應新增一條件——「本無國籍或因取得中華民國國籍而喪失其本國國籍者」，主要考量防範「有人既入中華民國籍而又跨它國之國籍」[69]。議員修正方向，正顯示時人延續晚清立法精神，展現對「雙重國籍」問題防弊之重視。此條文一旦納入國籍法規，便為後續關於間島朝鮮居民歸化問題的交涉埋下潛在爭議。

　　中華民國首部《國籍法》在 1912 年 11 月 8 日交付參議院三讀[70]，11 月 18 日大總統依參議會議決正式令頒。本法共五章二十二條，主要分為「固有國籍」、「國籍之取得」、「國籍之喪失」和「國籍之回復」等四部分，大致延續《大清國籍條例》內容[71]。《國籍法》定頒後，直迄 1913 年 11 月 3 日才公布《國籍法施行細則》，內容旨在釐清《國籍法》施行前，依《大清國籍條例》執行國籍事務的有效性，並規範《國籍法》之施行方式[72]。

　　民國首部《國籍法》施行未滿三年，隨袁世凱解散國會，召開「約法會議」頒布《中華民國約法》，並於 1914 年 7 月 10 日因應政府機構調整修正各部官制，有關國籍業務主責機關雖無異動，然政府仍有修改《國籍法》之需求[73]。此次修法任務由代行立法院職權之參政院負責，1914 年 12 月 18 日政府派員赴參政院說明修法意旨，略云：「國籍法於民國元年公布，現經兩年以來事實上

69　〈參議院討論國籍法案〉，《申報》，民國元年 11 月 10 日，第 3 版。

70　〈參議院十一月初八日議事日程〉，《政府公報》，民國元年 11 月 7 日第 190 號，頁 673。

71　主要差異有二：一、固有國籍原則：《大清國籍條例》純以血統主義為原則；民國《國籍法》採血統主義為主，出生地主義為輔之精神，新增「生於中國地，父無可考或無國籍，其母為中國人者」和「生於中國地，父母均無可考或均無國籍者」屬中華民國國籍；二、喪失國籍要件：《大清國籍條例》對出籍做出嚴格限制，未見國民的「出籍自由權」；民國《國籍法》雖對國籍喪失有一定限制，然為避免雙重國籍狀況，新增「依自願歸化外國取得外國國籍者」喪失中華民國國籍，但依此條件喪失國籍者，仍須經內務總長認定無第十三條規範各款情事始得有效。李盈慧，《華僑政策與海外民族主義（1912-1949）》，頁 102；劉華，《華僑國籍問題與中國國籍立法》，頁 92-95。

72　《政府公報》，民國 2 年 11 月 4 日第 540 號，頁 85。

73　李盈慧，《華僑政策與海外民族主義（1912-1949）》，頁 103。

有阻礙之處，而因法制變更之結果與夫文字上之修正，此三種原因。故國籍法有許多應行變更之處，故提出本法案。」[74]案經參政院表決審查，總統於1914年12月30日申令公布參政院議決《修正國籍法》，1915年2月12日公布《修正國籍法施行細則》[75]。本次法律修正影響最大者，係第二條取得國籍條件新增「為中國人之養子者」[76]，此外主要將申請許可部分由「內務總長」改為「內務部」，餘則配合官制調整等因修正文字。民初國籍立法工作至此暫告段落。

（二）《國籍法》施行後韓民入籍概況

政府依國籍法規核准國籍異動漸成常態，依筆者整理內務部迄1919年不定期於《政府公報》通告之「內務部編國籍變更月計一覽表」顯示，該部自1914年7月16日起公告首份「民國3年6月份」統計表，最後係1918年4月2日所刊告「民國5年7月份」月計表，期間間有中斷。根據1918年第5期《統計月刊》刊載「國籍變更一覽表（自3年6月至5年4月）」為基礎，再補充已掌握至1916年7月份月計表資料，彙製取得國籍者統計如附表。

如附表所示，《修正國籍法》施行初期，取得國籍申請數量在1916年3月以前，每月無太大波動，國籍管理機制可謂正常運作。國籍異動申請來源比例如圖1，主要為日本華僑有81人、佔63.78%，其次朝鮮人有43人、佔33.86%，無國籍者1人，申請回復國籍者2人。至1916年4月起，突然間大量朝鮮民歸化入籍，較1916年3月前歸化總數增長30倍，從圖2比例可見，內務部幾乎都在處理朝鮮民歸化申請。根據「內務部編國籍變更月計一覽表」之資料，該等朝鮮民主要來自朝鮮咸鏡南、北道附近，現居地則為吉林省延吉、汪清和琿春等地，亦即從晚清開始便隱藏主權爭議的圖們江北岸「間島地區」。上開朝鮮民大量申請歸化的情形，正反映該地區主權爭奪已激烈展開。

---

74 〈參政院十八日開會紀〉，《申報》，民國3年12月23日，第6版。

75 《政府公報》，民國3年12月31日第955號，頁329、377-378；民國4年2月13日第994號，頁525、526-530。

76 李盈慧，《華僑政策與海外民族主義（1912-1949）》，頁103。

附表：民國 3 年 7 月至 5 年 7 月取得國籍者統計表（單位：人）

取得方式 原國籍 許可月份	結婚 日本	認知 日本	歸化 朝鮮	歸化 無國籍	隨同歸化 朝鮮	養子 日本	養女 日本	回復 英國緬甸	回復 日本臺灣	合計
3 年 7 月	3	1	-	-	-	-	-	-	-	4
3 年 8 月	-	6	3	-	3	-	-	-	-	12
3 年 10 月	-	2	-	1	-	-	-	-	-	3
3 年 12 月	3	-	-	-	-	-	-	-	-	3
4 年 1 月	1	7	7	-	11	5	2	-	-	33
4 年 2 月	-	-	4	-	6	-	-	-	-	10
4 年 3 月	1	5	-	-	-	-	-	-	-	6
4 年 4 月	3	4	-	-	-	4	1	-	-	12
4 年 5 月	-	-	-	-	-	3	-	-	-	3
4 年 7 月	2	2	2	-	2	1	-	-	-	9
4 年 8 月	-	-	-	-	-	1	-	-	-	1
4 年 9 月	1	-	1	-	4	1	-	-	-	7
4 年 11 月	1	3	-	-	-	1	-	1	-	6
4 年 12 月	-	-	-	-	-	1	-	-	1	2
5 年 1 月	-	8	-	-	-	6	-	-	-	14
5 年 3 月	1	-	-	-	-	1	-	-	-	2
5 年 4 月	-	-	449	-	-	-	-	-	-	449
5 年 5 月	1	2	531	-	-	2	-	-	-	536
5 年 6 月	-	-	212	-	-	-	-	-	-	212
5 年 7 月	-	-	116	-	-	-	-	-	-	116
合計	17	40	1,325	1	26	26	3	1	1	1,440

資料來源：《政府公報》民國 3 年 7 月 16 日至 7 年 4 月 2 日間刊登之通告「內務部編國籍變更月計一覽表」。
備註：表中除歸化、隨同歸化和回復者外，均由華僑申請。回復國籍者 2 人，1 人於北京政府任職，1 人為留學生。
歸化和隨同歸化除 1 人無國籍外，餘均為移居吉林、奉天瀋陽之朝鮮人。

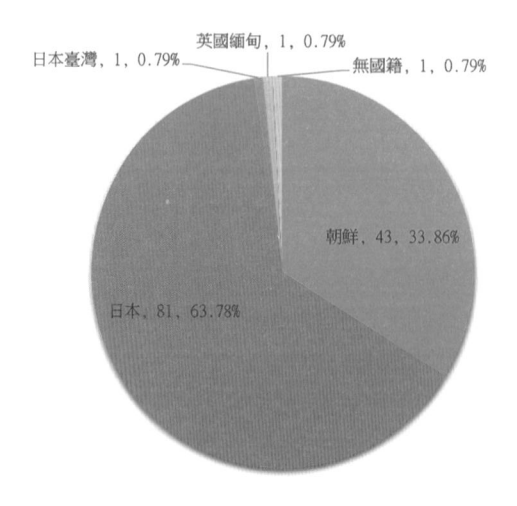

英國緬甸，1，0.79%
日本臺灣，1，0.79%　　　　　　　　無國籍，1，0.79%

朝鮮，43，33.86%

日本，81，63.78%

■朝鮮 ■日本 ■日本臺灣 ■英國緬甸 ■無國籍

圖1：民國5年3月前取得國籍者原國籍比例圖

日本，5，0.38%

朝鮮，1308，99.62%

■朝鮮 ■日本

圖2：民國5年4月後取得國籍者原國籍比例圖

前述統計數據突顯朝鮮民歸化集中於 1916 年 4 月以後，但並非表示此前申請歸化者寥寥可數，而係有其他原因。如 1913 年曾有韓僑金禹鍾、鄭安立等 5 百餘人向延吉縣請願入籍，然因延吉縣知事關雲從索取規費後，延吉道尹陶彬壓擱拖延，不予詳報，致 1915 年時因中日新約（《關於南滿洲及東部內蒙古之條約》及附屬換文）與舊約（《間島協約》）爭議發生時，肇生日本領事逮捕韓僑墾民情事，爰鄭安立等人遂控告關雲從、陶彬失職，並請給予執照入籍。吉林巡按使王揖唐咨陳內務部指出，該案事涉內政與外交，「蓋韓僑入籍領有執照，橫被日人逮捕，我與交涉較為正當」[77]。由此可見，國籍法制之完備與落實，夫與間島韓僑國籍和管轄交涉密不可分。

四、民初間島爭議之國籍問題

(一)《南滿東蒙條約》引發爭議

　　1915 年 5 月 25 日北京政府與日本簽訂《民國四年五月二十五日締結之中日條約及換文》（簡稱《中日民四條約》），新約所包含的《關於南滿洲及東部內蒙古之條約》（下稱《南滿東蒙條約》）及附屬換文 8 件，主要內容賦予日本國臣民得以在南滿洲從事商租地畝、經營農業、任便居住往來營生等權利[78]。此外，直接影響間島問題者，另有民刑訴訟之領事裁判權和土地訴訟會審權之確立，以及第八條「關於東三省中日現行各條約，除本條另有規定外，一概仍照舊實行」，尤其是第八條所指東三省現行各條約，是否包含《間島協約》在內，實為中日間針對「延約」問題爭執不下之關鍵[79]。

　　就日本內部而言，對於《南滿東蒙條約》第八條是否含括《間島協約》，也曾有過不同意見。日本外務省原以鑒於《間島協約》屬特別地方之特別協定

---

77 「韓僑鄭安立等稟控前延吉縣知事案准查復各情咨請查照由」，洪憲 1 年 2 月（1916 年 2 月），〈中日關係〉，《北洋政府外交部檔案》，中央研究院近代史研究所藏，館藏號：03-33-033-01-046。

78 唐啟華，《被"廢除不平等條約"遮蔽的北洋修約史（1912～1928）》（北京：社會科學文獻出版社，2010），頁 154-164。

79 姜龍范，《近代中日朝三國對間島朝鮮人的政策研究》，頁 215-216。

性質，其第三、四款依新約第八條，理應照舊實行，爰此間島朝鮮人仍應服從《間島協約》。惟朝鮮總督府方面從實務面考量，認為倘依外務省意見，一方面將造成在華朝鮮人部分享有領事裁判權，部分則否，且朝鮮人將因跨縣移動而受不同法權約束，造成諸多不便；另一方面則可能使間島成為對日本政策不滿之朝鮮人的排日運動策源地。因此，1915年8月13日大隈重信內閣決定，「間島協約第三條、第四條的全部以及第五條之大部分，依照滿蒙條約第八條之規定自行失效[80]」，翌日並訓令各駐外領事館，「以朝鮮人為被告的民刑訴訟案一律由日本領事審斷[81]」。至此日本政府確定對在華朝鮮人具法律管轄地位[82]。

北京政府面對新條約之挑戰，亟謀限縮新約對其滿蒙主權之影響。條約簽訂後，袁世凱即指示外交部召開「中日滿蒙條約善後會議」，針對影響最深的「商租地畝、任便居住往來營生、東蒙合辦農工業、日人服從中國警察法令及課稅等四款」，邀集相關部會商討新約實施準備事宜，並參酌奉天、吉林等地方官意見，由相關各部擬定《商租地畝須知》、《租用土地登記規則》、《護照註冊章程》、《南滿中日人民土地訴訟辦法》等相應規章[83]，並就日人在華雜居營生項目，授權地方官自行決定實施辦法。然而這些因應措施，日方多視為中國無誠意履行新約之排日舉措，致雙方各行其是[84]。

以《護照註冊章程》為例，1916年7月奉天特派員馬廷亮向外交部反應，奉天官憲公布「護照註冊規則」，外交部及日方期能先與日本領事官接洽協議後辦理，以免日人不肯遵行而無效，但地方官以「奉中央訓令，該規則乃中國官憲內部之規則，勿庸與領事接洽」回應。馬廷亮仍認為事關日本臣民權利，當與日方協議再修正辦理，惟與日領事接洽後，領事以南滿雜居區範圍未定，

---

80 《齋藤實文書》第10卷，頁764，轉引自姜龍范，《近代中日朝三國對間島朝鮮人的政策研究》，頁218。

81 《日本外交年表并主要文書》大正4年8月14日，轉引自姜龍范，《近代中日朝三國對間島朝鮮人的政策研究》，頁218-219。

82 姜龍范，《近代中日朝三國對間島朝鮮人的政策研究》，頁217-219。

83 其餘尚有《核辦日本臣民在南滿洲辦礦須知》、《中日合辦東部內蒙古農業及附隨工業規則》、《中日合辦東部內蒙古農業及附隨工業須知》等。唐啟華，《被"廢除不平等條約"遮蔽的北洋修約史（1912～1928）》，頁164。

84 唐啟華，《被"廢除不平等條約"遮蔽的北洋修約史（1912～1928）》，頁163-164。

且護照註冊事關約章非領事權責而推辭；馬廷亮乃請外交部早日與日本駐華公使交涉解決[85]。最終外交部以護照註冊一層「非條約規定接洽之件，自以用非正式手續由尊處照日領接洽為宜」，將交涉權責授還地方交涉員接續洽辦[86]。

　　於此同時，針對新約可能對間島舊約造成衝擊乙節，除外交部於1915年9月10日電告吉林巡按使、特派員及延吉道尹，已向日使聲明按照新約第八條，圖們江界務各條款仍屬有效[87]，地方上亦對新條約可能帶來之影響提出對策。如1915年10月2日延吉知縣即向延吉道尹就朝鮮人歸化問題建議，「特設入籍簡章，不要保證人，免徵冊籍費，並承認歸化鮮民之土地所有權，給照為證。」同年和龍縣知事不僅舉辦鮮民自治，另特立朝鮮墾民入籍簡章，准許入籍者行使土地所有權。類似辦法在其他朝鮮民眾多之區，逐漸仿行開來[88]。1916年2月22日吉林巡按使王揖唐也向內務部及外交部提出建議，擬在朝鮮民請願歸化後，迄內務部發授證書以前，由省頒發「歸化臨時執照」格式，由縣府先行發給歸化朝鮮民憑證，並將相關作法通飭所屬各縣勸誘歸化。至朝鮮民不願歸化者，均應與日本人一律看待。王揖唐之想法，主要立基於「多一入籍之韓民，即少一土地之糾葛；而早一日手續之完成，即紓一日糾紛之險象」[89]。此一地方變通作法，於同年3月16日獲內務部以「各項辦法係為猶豫期迫力求便捷起見」，函復同意[90]。

　　姜龍范將和龍縣制定之《墾民入籍簡章》所賦予韓民入籍後之參政權和土地所有權，視為一大突破，認為「對間島朝鮮人向中國公民化的轉變無疑起到

---

85 「與日領接洽護照註冊情形並請速解決南滿區域事」，民國5年7月22日（1916年7月22日），〈中日關係〉，《北洋政府外交部檔案》，中央研究院近代史研究所藏，館藏號：03-33-005-02-011。

86 「關於中日新約接洽事」，民國5年8月2日（1916年8月2日），〈中日關係〉，《北洋政府外交部檔案》，中央研究院近代史研究所藏，館藏號：03-33-004-02-004。

87 「韓民雜居事」，民國4年9月10日（1915年9月10日），〈中日關係〉，《北洋政府外交部檔案》，中央研究院近代史研究所藏，館藏號：03-33-033-01-007。

88 吳瀚濤，《東北與日本之法的關係》，頁386-387。

89 「韓人入籍問題由」，洪憲1年3月3日（1916年3月3日），〈中日關係〉，《北洋政府外交部檔案》，中央研究院近代史研究所藏，館藏號：03-33-032-03-004。

90 「吉林巡按使籌議韓僑歸化辦法已經復准查照由」，民國5年3月16日（1916年3月16日），〈中日關係〉，《北洋政府外交部檔案》，中央研究院近代史研究所藏，館藏號：03-33-033-01-048。

了積極作用」[91]。然而，若從國籍法制查之，內務部 1917 年 2 月曾就歸化韓民爭取公民權乙情解釋，依《國籍法》第十一條之規定，「歸化人及隨同取得中華民國國籍者之子，不得為左列各款公職[92]」，且「依第八條規定歸化者，自取得國籍日起五年以後，其他自取得國籍日起十年以後，內務部得呈請大總統解除之」。因法律定有明文規定，內務部認為「未便率予變通」[93]。未能得知和龍縣是否照章給予歸化韓民自治權，但可看出在地方官想方設法勸誘韓民入籍同時，中央政府仍恪守國籍法制規範，畢竟中日對於朝鮮民國籍存有衝突，任意取得公民權恐滋生風險。

僅就《南滿東蒙條約》對於中國東北司法主權之威脅而言，間島地區因特殊歷史因素，朝鮮民越墾雜居數量倍於華民，一旦《間島協約》失去效力，日本便可由朝鮮民之法律管轄出發，進一步侵犯土地主權。顯而易見的威脅，即便中國朝野多次提出廢除《中日民四條約》，並質疑其有效性[94]，中國政府從中央到地方仍不敢大意，提出方案包括勸誘朝鮮民歸化入籍等作法，也因此讓日韓合併後未能解決的間島韓民管轄爭議浮上檯面，「國籍」爭議成為雙方無可避免的課題。

(二) 爭議中的國籍問題

《南滿東蒙條約》簽訂生效後，在間島日本領事持續主張廢棄舊約，不顧中國地方官員抗議，並四處慫恿朝鮮民赴日本領署起訴之狀況下[95]，間島地區圍繞朝鮮人的領事裁判權問題，首先搬上談判桌，激起間島地區官民極大反抗，

---

91 姜龍范，《近代中日朝三國對間島朝鮮人的政策研究》，頁 243。
92 其中第三款即包括地方自治職員。《政府公報》，民國 3 年 12 月 31 日第 955 號。
93 「歸化墾民所請籌畫生計事已分別咨行辦理特予公權事未便率予變通由」，民國 6 年 2 月 5 日（1917 年 2 月 5 日），〈其他〉，《北洋政府外交部檔案》，中央研究院近代史研究所藏，館藏號：03-46-005-01-007。
94 唐啟華，《被"廢除不平等條約"遮蔽的北洋修約史（1912～1928）》，頁 164-168。
95 姜龍范，《近代中日朝三國對間島朝鮮人的政策研究》，頁 231。

然最終結果亦不利於日本在該地區之管治[96]。在此等管轄權拉拔過程中，朝鮮民國籍很快地受到更多關注。

1915 年 10 月，日警在延吉地區票傳已入籍之朝鮮民樸贊翊、曾照詰，引發中國抗議。日本對此案之態度，認為「朝鮮並無國籍法之規制定，該樸姓雖完入籍手續，仍視屬於日本法權下之朝鮮人」；吉林巡按使則請中國外交部以「日韓既已合邦，韓民即係日民，不得謂無國籍法之制定。墾地居住之日籍韓民因條約關係，既應服我法權；已入籍之韓民，業屬民國人民，當然無受外國法權支配之理。」續向日本抗議[97]。同年 11 月，發生前引韓僑金禹鍾、鄭安立等人因請願入籍案控訴延吉縣知事怠玩，亦因日領逮捕朝鮮民而衍生交涉。

面對前述問題，就延吉官員而言，新舊約問題所衍生的爭議，首要在確保舊約有效，退而求其次則希望在入籍層面能有所斬獲。是有延吉巡按使及外交部吉林特派交涉員另提三端臨時辦法與日交涉：

　　一、從前曾請入籍韓民約三千，認為有效；

　　二、間島現有韓民此後如照我國籍條例請願入籍者，日本不加干涉；

　　三、韓民與韓民土地訴訟應共審。[98]

不久，因聽聞舊約終難挽回，又向外交部強烈建議，入籍兩層關係實大，請外交部參考與日使接洽[99]。然則外交部與日方交涉遲未有結果，是有 1916 年內務部同意吉林巡按使王揖唐「韓民入籍」臨時辦法之議。

在王揖唐關於朝鮮民入籍問題的建議中，期能藉由縮減《國籍法》繁冗程

---

96 詳細過程分析可見姜龍范之研究。姜龍范，《近代中日朝三國對間島朝鮮人的政策研究》，頁 230-238。

97 「延吉韓民事」，民國 4 年 11 月 6 日（1915 年 11 月 6 日），〈中日關係〉，《北洋政府外交部檔案》，中央研究院近代史研究所藏，館藏號：03-33-033-01-031。

98 「延吉事」，民國 4 年 11 月 14 日（1915 年 11 月 14 日），〈中日關係〉，《北洋政府外交部檔案》，中央研究院近代史研究所藏，館藏號：03-33-033-01-034。

99 「延吉事」，民國 4 年 11 月 22 日（1915 年 11 月 22 日），〈中日關係〉，《北洋政府外交部檔案》，中央研究院近代史研究所藏，館藏號：03-33-033-01-039。

序，以因應間島地方急迫需求，另渠亦建請內務部執行入籍審查程序時，「應稍寬其格，其歸化人數多寡，出入之間亦應酌量變通，惟公布時仍宜陸續刊登，免致日人有所藉口」[100]。此正可闡明，《政府公報》所收錄之「內務部編國籍變更月計一覽表」中，於 1916 年 4 月後，間島地區朝鮮籍居民歸化入籍人數呈現顯著之倍數增長的原因。

1916 年 4 月 19 日，中日雙方外交部門首度就朝鮮民入籍問題交換意見。中國外交次長曹汝霖與日本駐華使館參事小幡酉吉對朝鮮民歸化之有效性各執一詞，小幡質疑朝鮮民歸化標準，認為「中國國籍法必歸化者喪失其本國之國籍，始得取得中國之國籍。日本之歸化法亦然。該韓民等並未呈請出籍，自不得視為歸化」，且「日本之歸化法不適用於韓民人，韓人從無歸化法。」曹汝霖則回應，「日韓合併以前，韓人本無歸化法之可據。」小幡則又質疑日韓合併前後，歸化者如何分辨等問題。首次交涉，雙方談話僅止於此，未有進一步討論[101]。

然而，日本方面正逐漸形成其對朝鮮民歸化入籍問題的方針。吉林巡按使公署報稱，駐延吉日領事木島因查知延吉縣詳報歸化朝鮮民二百七十名已領得部照，特來談判，仍舊針對該等朝鮮民未在本國聲明出籍，何以內務部遽行發給入籍許可執照，質疑是否合例。雙方癥結仍係日韓合併後，朝鮮民是否適用日本《國籍法》。中方認為適用；日方則主張如同臺灣狀況，日本民刑各法對朝鮮人別有規定，是以並不適用。另中方以部分朝鮮人多在數十年前即墾居當地，在朝鮮無戶籍可考，身份無異於無國籍人；日方反駁此不足為由。延吉道尹認為，日本領事並非絕對之抗爭，但相關情況將上報，故提醒中央留意可能隨之而來的談判[102]。

此後，日本領事持續提出照會，關切質疑朝鮮民入籍的有效性；吉林巡按

---

100 「韓人入籍問題由」，洪憲 1 年 3 月 3 日（1916 年 3 月 3 日）。

101 「次長會晤日本小幡參事」，民國 5 年 4 月 19 日（1916 年 4 月 19 日），〈中日關係〉，《北洋政府外交部檔案》，中央研究院近代史研究所藏，館藏號：03-33-033-01-050。

102 「延邊韓僑入籍事」，民國 5 年 5 月 29 日（1916 年 5 月 29 日），〈中日關係〉，《北洋政府外交部檔案》，中央研究院近代史研究所藏，館藏號：03-33-033-01-057。

使提醒外交部,如日領始終不認可朝鮮民歸化入籍,一旦舊約撤銷,地方官將無從著手管治,日本步步進逼,終致「土地、人民、法權三者均不我屬」。因此建議,「不如明認舊約為無效,而以韓民入籍暨墾地改為商租兩問題,同時為附條件之承認」,但考量此條件必為爭執要點,應先有充足之研究以為準備,是以轉行政事討論會,「將韓民入籍問題依據、兩國國籍法詳細討論,並調查海參崴韓民入俄國籍情形,以為事實上之反證」[103]。

歷經幾次地方交涉後,1916 年 8 月 11 日中國外交部收到日本駐華代理公使小幡酉吉就朝鮮民歸化事之正式照會,嚴正警告中國地方官吏對於居住中國之朝鮮人勸誘歸化、發給執照為違法之事,萬一中國政府仍不顧日本抗議,承認朝鮮人歸化,而日本政府仍視渠等為日本臣民,將來情形益見複雜,兩國邦交恐因此發生不良後果。查該照會日本所持立場,蓋堅定認為日本《國籍法》未經施行於朝鮮,「今欲使朝鮮人脫離帝國國籍,本為帝國法制所不許」,且強調「不獨對居住貴國之朝鮮人,即對於居住歐美各國之朝鮮人,亦無承認該韓人等喪失本國國籍之事實。[104]」至此日本立場可謂定調,認定中國政府發給朝鮮民歸化執照,違反《國籍法》第四條第二項第五款所定歸化必要條件——「本無國籍或因取得中華民國國籍即喪失其本國國籍者[105]」。

中國外交部收到前述照會後,旋即咨請內務部表示意見。內務部針對日使質疑,先是說明內務部辦理朝鮮民入籍事件,自前清宣統元年頒布《國籍條例》,迄民國《國籍法》頒行,朝鮮民請願入籍均有案例可稽,手續大致相同,甚且該部所有核發之執照,均經地方官與內務部詳審查核與法定條件相符,該等歸化皆參酌各國成例辦理,絕無通融餘地。至於日使所質疑者,內務部分兩層面解釋。

首先,關於日本國籍法未施行於朝鮮,故朝鮮人脫離日本籍為法制所不許,

---

103 「韓人歸化事究應如何辦理請見復由」,民國 5 年 6 月 28 日(1916 年 6 月 28 日),〈中日關係〉,《北洋政府外交部檔案》,中央研究院近代史研究所藏,館藏號:03-33-033-01-058。

104 「韓僑歸化事」,民國 5 年 8 月 11 日(1916 年 8 月 11 日),〈中日關係〉,《北洋政府外交部檔案》,中央研究院近代史研究所藏,館藏號:03-33-033-01-064。

105 《政府公報》,民國元年 11 月 19 日第 202 號。

不符合中國《國籍法》歸化要件。內務部認為中國《國籍法》規定係為「預防國籍積極衝突[106]起見」，而根據日本《國籍法》第二十條載有「依自己意志望而取得外國國籍者，即喪失日本國籍」，基於日韓合併後朝鮮人即為日本人，當然適用該法，因此朝鮮人歸化中國，同時喪失日本國籍，不致有國籍積極衝突存在。至如日本《國籍法》未經施行於朝鮮人的說法，內務部駁以無調查必要，且如未施行，則朝鮮人即無所謂《國籍法》，何來不能喪失日本國籍之根據。此外，日使稱對於居住歐美各國朝鮮人亦無承認喪失日本國籍之事，內務部則以吉林省調查印證，朝鮮人自1894年起歸化俄國籍之朝鮮人已不下十萬，1909年並准予歸化者服兵役，且未聞日本有不承認之表示。

其次，再針對日本指控延吉縣公署登報並發布催領執照等情，係中國地方官勸誘入籍事。內務部反駁說明，中國對於外僑歸化所有條件及手續限制綦嚴，而朝鮮民歸化係根據其自由意志；再者，相關布告內容是針對已經呈請歸化之朝鮮民，催其來領部發執照，不應視為勸誘動作[107]。

外交部與日本方面交涉遲未有結果，然間島地區持續發生日本領事強迫提審入籍韓民，並籌備擴充警察機關等情事。面對實際困境，延吉地方官屢以「請明認舊約無效，而以韓民入籍為附條件之承認案」，請外交部速向日使交涉[108]。1916年1月11日，外交部函請駐日公使章宗祥與日交涉，談判方針概為：先向日方磋商朝鮮民入籍問題，如日方接受，則可接受舊約不適用新約有關墾居、裁判、土地商租等事項之修改；如日方不接受朝鮮民入籍，第二步磋商爭取中日新約成立前之墾居朝鮮民，得自由呈請入籍；再不接受，則以日韓合併前墾居朝鮮民得自由呈請入籍，作為承認「延約」一部分無效的交換條件；而後來墾居之朝鮮民得以自由呈請入籍情事，置於最後解決，倘日方正式承認，則「延約」關於裁判、土地等項，不妨允照新約修改。外交部的策略，在以修

---

106 國籍之積極衝突，即「重國籍」衝突，指一人有二個以上國籍準據法的衝突。參考賴來焜，《國際(私)法之國籍問題——以新國籍法為中心》（編著者自行出版，2000），頁270-271。

107 「韓僑歸化事」，民國5年8月26日（1916年8月26日），〈中日關係〉，《北洋政府外交部檔案》，中央研究院近代史研究所藏，館藏號：03-33-033-01-066。

108 「圖們江界約及韓民入籍問題籌議辦法請部早日解決由」，民國6年1月15日（1917年1月15日），〈中日關係〉，《北洋政府外交部檔案》，中央研究院近代史研究所藏，館藏號：03-33-034-01-002。

改「延約」為交換條件，但只能於提議朝鮮民入籍問題時稍微透露此意，並提醒章宗祥不可予以修改「延約」之口實，以免入籍問題尚未得到承認，反而背負修改「延約」之責[109]。

時隔半年，日方於 1917 年 6 月 6 日再就「韓民入籍事」照會外交部，內容抗議中國政府與地方官憲不顧日本政府訓令「否認朝鮮人歸化貴國」乙事，依然承認歸化，並隨時刊登《政府公報》發表內務部「國籍變更一覽表」。是以重申，日本政府「依然維持上年八月三日前任小幡臨時代理公使致陳前外交總長照會之主張，對於在貴國朝鮮人之歸化，畢竟認為無效等語。[110]」就此而言，內務部刊登公告之作法，已對日本政府在韓民歸化議題上產生一定影響。

時至 1917 年 9 月，中日間因琿春朝鮮民管轄問題出兵對峙，雖未釀成風波，但凸顯間島韓民法權、國籍、土地等問題遲未解決，導致日方藉端生事，擴大爭議範圍，如日本透過增派分駐領事館警察人力，漸次對朝鮮民之管轄權，擴散到間島雜居區以外[111]；再如於琿春地區設置朝鮮人公會，籠絡墾民入會，將入會者納為管轄，甚至以此身份為護符，遇事即赴領事館投訴，藉以動搖入籍者心理。延吉地方官以為，日領「無非利用此輩以為攘奪權利之先導，如願就彼範圍者，則定相庇護，藉端慫恿；不願就彼範圍者，則假作虎倀，設計傾軋[112]」。此外，1918 年 3 月 29 日，日使再派員提出「中國不得勸誘強迫韓人歸化，對於韓人土地所有權及商租，不得加以不當之壓迫」等談判條件[113]。更遑論日方指控琿春案件發生原因，係中國地方官庇護不法排日朝鮮民而起[114]。

---

109 「延約事」，民國 6 年 1 月 11 日（1917 年 1 月 11 日），〈中日關係〉，《北洋政府外交部檔案》，中央研究院近代史研究所藏，館藏號：03-33-034-01-001。

110 「韓民入籍事」，民國 6 年 6 月 6 日（1917 年 6 月 6 日），〈中日關係〉，《北洋政府外交部檔案》，中央研究院近代史研究所藏，館藏號：03-33-034-01-009。

111 姜龍范，《近代中日朝三國對間島朝鮮人的政策研究》，頁 233-235。

112 「韓民籍問題」，民國 7 年 1 月 16 日（1918 年 1 月 16 日），〈中日關係〉，《北洋政府外交部檔案》，中央研究院近代史研究所藏，館藏號：03-33-034-01-020。

113 「中日新約事」，民國 7 年 3 月 29 日（1918 年 3 月 29 日），〈中日關係〉，《北洋政府外交部檔案》，中央研究院近代史研究所藏，館藏號：03-33-034-01-024。

114 「請取締東三省韓民及韓民入籍問題事」，民國 6 年 10 月 17 日（1917 年 10 月 17 日），〈中日關係〉，《北洋政府外交部檔案》，中央研究院近代史研究所藏，館藏號：03-33-034-01-017。

種種問題累積下來，無怪乎 1932 年吳瀚濤調查東北狀況後言，「東北各地日本領事館主張，謂要求歸化中國者，僅屬不逞鮮人，故不必許可。但有時日本利用華籍鮮人，在東北購買土地房產，並潛探中國各機關之秘密。[115]」

誠如前述，1918 年 3 月朝鮮民購地問題終被提上談判桌，在日本不願承認韓民入籍中國有效之前提下，中國方面理應無法接受此提議。然而，爭議終究因國籍問題擱置未決而趨於嚴重。1918 年中，延吉道尹持續向內務部提出韓民購買田地所生之困難，指出日本雖不承認朝鮮民歸化有效，且利用歸化朝鮮民可購買土地之權利，暗中貸款於彼，作為侵拓疆土之媒介。此情形與中方原本預期朝鮮民歸化能解決問題的初意大相違背，為求謹慎，內務部遂同意延吉道尹之建議，「另該管地方官婉切勸導，令其薙髮易服，並一面取具甘結。查有冒記或頂冒情弊，將所有土地一律歸公，以維暫時維持之計」[116]。中國方面竟將前清《國籍條例》尚未頒布前，用以辨識「入籍」之方法，再度用來防範「冒籍」問題，殊值注意。而吉林省政府直到 1930 年 9 月間，才訂頒《土地購買章程》八條，以法律規範華籍鮮人土地購買行為，但仍規定「凡歸化中國之鮮人不許衣朝鮮人之服裝」[117]。

1919 年 4 月巴黎和會期間，《中日民四條約》一度由中國代表團提出討論，最終議長以此問題非屬和會權限之內，未予受理[118]，但此舉亦影響當時於吉林發生之日警逮捕入籍中國的朝鮮民金永一案交涉。該案誠如前揭歷次爭議，因新舊約問題未解，以及朝鮮民歸化入籍有效性等情，導致地方交涉署與領事談判難有結論，吉林省遂請中央由外交部設法談判[119]。然而，外交部竟以「自上年議和專使在歐洲和會提議中日新約無效，此項交涉遂至停頓」為由，解釋若

---

115 吳瀚濤，《東北與日本之法的關係》，頁 390。

116 「韓人入籍事鈔送原件咨請迅予核復由」，民國 8 年 7 月 5 日（1919 年 7 月 5 日），〈中日關係〉，《北洋政府外交部檔案》，中央研究院近代史研究所藏，館藏號：03-33-034-01-042。

117 吳瀚濤，《東北與日本之法的關係》，頁 389。

118 唐啟華，《被"廢除不平等條約"遮蔽的北洋修約史（1912～1928）》，頁 164-165。

119 「咨陳日警逮捕歸化鮮人全永一案交涉情形請向日使抗議研究根本解決之法并希見復由」，民國 10 年 2 月 17 日（1921 年 10 月 17 日），〈中日關係〉，《北洋政府外交部檔案》，中央研究院近代史研究所藏，館藏號：03-33-034-01-052。

由外交部交涉，「在彼必仍藉口新約以為抗辯」，為避免衍生爭議，爰建議在新約問題未解決前，不如由地方就地酌量情形辦理較為妥當[120]。吉林省政府與國務院在日警釋放金永一後，不斷催請外交部仍應就日本領事館任意行使警察權乙節向日使抗議，吉林方面並反應地方可遵令辦理地方交涉，惟日本官員每每藉口新舊約關係，主張移轉中央，以延緩談判，問題無從解決[121]。從現有檔案查之，該等案件未見有後續交涉，外交部似乎持續維持被動狀態，間島韓民入籍案遂成懸案。

五、結語

考察 19 世紀末至 20 世紀初的間島問題，其爭議源於中朝兩國，繼而因東北亞國際局勢變遷，轉為中日關係之重要課題。在這一轉變歷程中，間島之土地主權以及移居該地朝鮮人之身份與管轄權，始終居於核心地位。在中朝關係階段，大抵依循清帝國與朝鮮王國間的宗藩體制框架，清廷為解決邊民移墾問題，從禁絕到懷柔，將移墾朝鮮人納入「版籍」、編甲升科，並據「薙髮易服」原則識別入籍者身份，同時因應朝鮮方面之抗議，一度允准將朝鮮民「刷還歸籍」。綜上可知，中朝兩方在土地所有權、稅收以及外交談判等方面，皆展現出務實的策略思維。因此，雙方爭議的核心乃聚焦於「行政管轄權」。然而，在上國與屬國關係制約下，清廷始終掌握著對朝鮮民編戶納籍之主導權。1895 年《馬關條約》簽訂後，東亞秩序一夕轉變，不僅中朝既有宗藩關係框架被打破，在俄、日勢力相繼介入下，中朝兩國隨即以「條約」形式賦予越墾朝鮮民大清國屬民之地位，繼之因兩國邊境爭執擴大，是於 1904 年簽訂權宜之約《中韓邊界善後章程》，暫予間島主權歸屬及朝鮮民管轄等爭議基本解決方向。中

---

120 「日警逮捕入籍韓人案」，民國 10 年 3 月 11 日（1921 年 3 月 11 日），〈中日關係〉，《北洋政府外交部檔案》，中央研究院近代史研究所藏，館藏號：03-33-034-01-056。

121 「日警擅捕韓人全永一雖經釋放惟任意行使警察一節續向日使抗議由」，民國 10 年 3 月 15 日（1921 年 3 月 15 日）；「准吉督咨呈日警擅捕入籍韓人全永一現已釋放惟事關主權請轉行外交部向日使抗議由」，民國 10 年 3 月 20 日（1921 年 3 月 20 日）；「吉省對日交涉事件日官每借口新約希圖延緩應如何確定方針請核復由」，民國 10 年 4 月 10 日（1921 年 4 月 10 日），〈中日關係〉，《北洋政府外交部檔案》，中央研究院近代史研究所藏，館藏號：03-33-034-01-058、059、060。

朝之間島問題，一方面反映出雙方從「屬國」到「與國」的關係變化，另亦埋下間島朝鮮民之隸屬問題，終將成為此區域不穩定之因子。

日俄戰爭後，間島戰略地位日益突出，1905 年日本從日韓《乙巳條約》獲取韓國的外交權及領事保護權。間島問題自此由「中韓」關係轉為「中日」關係，日本亦得以藉口保護間島朝鮮人，逕行設立間島派出所。日本過分地介入間島所引發之爭議與談判，促成 1909 年 4 月中日簽訂《間島協約》，確定間島主權歸中國，允准越墾朝鮮人雜居於此地，但日本仍保有對該地區韓民聽審與干預審判之權，間島朝鮮人因此置於中日「共管」的尷尬境地。復以《乙巳條約》疊加影響，保留日本肆意擴大對間島及其它地方朝鮮人主張領事裁判權之空間。在此情況下，更加突出間島朝鮮民之歸屬問題，攸關中國法權的完整。1909 年 3 月《大清國籍條例》頒行，間島朝鮮民入籍歸化的需求，亦為催生該法之重要因素；1910 年日韓合併，朝鮮民一夕間成為日本屬民，即便清廷官員有意依據《國籍條例》推陳朝鮮民歸化政策，惟日本不承認間島朝鮮人歸入中國籍、堅持渠等皆為日本臣民，致使已歸化者產生雙重國籍，且須服從日本法權的複雜情況。間島朝鮮民爭議就此延續、激化，在日本推延談判下，朝鮮民越墾人數未緩，留待民國政府面對嚴峻挑戰。

對國家而言，「國籍法」不僅為政府管理國民身分提供了明確的法律準則，更在外交實踐中，為國家處理涉其國民之相關事務，特別是屬民管轄等外交交涉，提供必要的法律支撐。間島問題一旦成為中日關係爭端之一，《大清國籍條例》及後續北京政府訂頒之《國籍法》，便為中國維護主權的重要依據。本案中日兩國國籍法制相仿，均係以父系血統主義為原則，且均展現對「雙重國籍」防弊之重視。在間島複雜狀況中，兩國巧妙靈活地解釋「國籍法」適用對象，但「國籍法」畢竟屬國內法範疇，若無法循《中荷領約》協商解決機制，結果就如中日兩國各行其是，是有 1916 年 4 月以後朝鮮民大量呈請歸化入中國籍之狀況，而此歸化入籍的有效性，必須建立在完整地法制程序上，此即《政府公報》公告「內務部編國籍變更月計一覽表」之用意。

1915 年《中日民四條約》所包含的《南滿東蒙條約》，打亂《間島協約》所定下管理間島朝鮮人之秩序，中日兩國為其中有關允准韓民雜居、服從中國

法權、日領事聽審,以及韓民地產房屋保障等項是否有效始終相持不下。當日本堅持新約取代舊約,並將「朝鮮民」皆視為「日本臣民」,持續以各種手段誘拉、滋擾、干預管理朝鮮民,導致中國方面被迫加強對間島雜居區朝鮮民管轄之法律依據。吉林地方官早已做好舊約無效之準備,爰向外交部和內務部提出籌議勸令間島朝鮮民入籍請求,以防止日方藉機攘奪土地商租權;內務部亦極力配合簡化歸化冗長程序,適時公告入籍名冊,並協助對《國籍法》適用疑義提出有利之解釋,俾利地方交涉員及外交部據理力爭。

然而,日本方面採取一面侵擾司法管轄,一面推遲交涉,甚至提高談判層級等方法,導致問題始終無法解決,並釀成「國籍積極衝突」效應,而日本得以利用冒籍朝鮮民購買間島土地。以結果論,日本的推延策略,在巴黎和會後似乎產生效果,促使北京外交部因擔心由中央向日方談判朝鮮民入籍問題,恐使日方藉口新約有效以為抗辯,而擱置中央層級談判,問題最終只能留由地方自行交涉。日本則持續以朝鮮人做為侵略東北之先鋒[122],間島朝鮮民之入籍與司法管轄問題,在民初終成無法解決的懸案。

本文從國籍問題角度重新探討間島爭議,深刻感受跨國屬民管轄爭議,牽涉複雜之內國行政與司法管理課題,而堅持談判立場的前提,是國家必須先有完整之「國籍法制」為後盾,如此才能有延吉地方與內務部、外交部協力合作,抵抗日本侵犯主權的腳步。長遠看來,日本進犯東北之戰略成果於 1930 年代漸顯,然而中國對間島朝鮮民的歸化政策與談判,似遲滯此一進程。

---

122 吳瀚濤,《東北與日本之法的關係》,頁 389。

國際外交

中國對日軍進駐法印的
觀察與因應(1939-1941)*

蕭李居
國史館簡任協修

一、前言

　　中日戰爭期間，中國因為國防工業落後、兵工產能不足，抗戰所需軍援物資有賴進口，同時需出口土產原料以換取外匯購買軍品，加上採取長期持久戰略，凸顯進出口運輸問題的重要性。1937 年戰爭爆發未久，日本海軍即於 8 月 25 日宣布封鎖中國海岸線，阻止中國輸入武器彈藥和軍需物資，[01] 中國尚可依靠自香港與中南半島等國際路線轉運所需物資。然而日本於 1940 年積極推動南進政策，派兵進駐法屬印度支那（以下簡稱：法印），對於中國而言，不僅途經越南的軍火補給路線遭到封鎖，同時面臨日軍可能「假道侵滇」的雙重危機。

---

*　本文原題「中國對日本南進動向的關注與抗戰外交策略的因應（1939-1941）」，曾獲國科會 111 年度「專題研究計畫」（編號：111-2410-H-292-001），併致謝忱。
01　松本俊一、安東義良監修，《日本外交史（22）：南進問題》（東京：鹿島研究所出版会，1973 年），頁 36。

中國的軍需物資在戰爭前期主要來自德國與蘇聯，其中新疆西北路線不適宜大量運輸，[02]蘇聯援華物資大部分仍與德國軍需物資同樣以海運方式運抵香港轉送廣州。1938年廣州淪陷，運輸線重心轉移至越南，即將物資運到海防由滇越鐵路經越南河內入境雲南運至昆明，或自海防經河內至同登，再由鎮南關公路到廣西南寧。1938年底新修建的滇緬公路完工，運輸路線新增加由仰光到臘戍，再經滇緬公路運抵昆明。上述自中國南境國界輸入軍火路線的轉運站香港、越南與緬甸等地區為英、法殖民地，太平洋戰爭發生之前，中日兩國因「假道運輸」問題在遊說、爭取英法兩國支持展開多次外交戰。此種情形在1940年上半年歐洲戰局丕變，日本開始積極展開南進措施而有重大變化。

　　1940年春季，德軍發動閃電戰襲捲歐陸戰場，英法聯軍大敗，連帶減弱對東南亞殖民地的影響力與控制力。國際情勢鉅變，日本萌生積極推動籌劃多年的南進政策，既掠取東南亞經濟資源，亦可切斷中國抗戰的外援物資管道，以擺脫中日長期戰的困境。6月17日，法國宣布對納粹德國投降。翌日，日本四相會議決議壓迫法國停止中國假道法印運輸軍品，並立即於19日正式向法國駐日大使安里（Charles Arsene-Henry）提出，同時要求派軍事觀察員前往河內監視。[03] 20日，法國政府屈服，滇越鐵路運送援華物資完全停頓。[04]日本外務、陸軍與海軍三省派員組成軍事監視團，以陸軍少將西原一策為首的監視團於6月29日抵達河內，執行監視任務。另一方面，日本也於6月24日要求英國，中止運華物資經過滇緬公路。英國方面迫於日方壓力，於7月17日宣布關閉滇緬公路三個月。

　　在日本逼迫英、法關閉「援蔣路線」之際，大本營政府連絡會議於7月27

02　董霖，〈顧維鈞與中國戰時外交〉（三），《傳記文學》，第30卷第6期（1977年6月），頁73。中國國民黨中央宣傳部主任王世杰在1940年滇越鐵路的運輸被中斷後指出：「西北國際路線，運輸能力極有限，且蘇聯能予我接濟及我對俄輸出亦有限。今後撐持戰事，確是困難。」參見王世杰著，林美莉編輯、校訂，《王世杰日記》，上冊（臺北：中央研究院近代史研究所，2012年），1940年7月11日，頁281。

03　吳圳義，〈從假道越南運輸問題看抗日時期的中法關係〉，《近代中國》，第40期（1994年4月），頁117。

04　「駐河內總領事館致外交部第678號電」（1940年6月20日），民國歷史文化學社編輯部編，《近代中日關係史料彙編：抗戰時期封鎖與禁運事件》（臺北：民國歷史文化學社，2020年），頁97。

日通過「伴隨世界情勢演變的時局處理要綱」，決定對法印、荷屬東印度（以下簡稱：荷印）、香港及南方其他各國展開南進，提案理由說明，若是外交方式無法達成南進措施的目的，可考慮使用武力。[05] 雖然中國外交部發表宣言與談話對英法兩國關閉運輸路線表達抗議，同時電令駐英大使郭泰祺、駐法大使顧維鈞與駐河內總領事許念曾分別與英、法兩國政府及越南總督交涉，而英國政府也於三個月期限將屆的 10 月 14 日宣布將重開滇緬公路。但滇越鐵路方面，則因日方決定積極南進，企圖派兵進駐法印，加強切斷中國補給線，並建立對華作戰與南進基地，一再壓迫法國簽訂軍事協定，結果在法方妥協下日軍得於 9 月 23 日進駐法印北部，完全阻斷此條外援物資運輸路徑。

在日本積極推動南進政策的各項措施之中，以日軍於 1940-41 年間進駐法印北部與南部，對中國抗戰前途造成立即的影響最為鉅大。有關歷年來研究者關懷中日戰爭時期中國經由越南運輸軍事物資的議題，已發表不少擲地有聲的研究成果。[06] 惟相關研究成果關注的焦點多集中在「假道運輸」的問題上，相對忽略日軍進駐法印後，同樣可經由滇越鐵路「假道侵滇」的可能性。揆諸史實，雖未發生日軍經由法印入侵雲南之事，但不表示中國方面未曾意識或疏忽日軍假道侵滇的危機。事實上，當滇越鐵路被封鎖以及日本對法印提出入駐部隊時，中國政府即積極地與維琪法國及越南方面交涉假道運輸問題，同時也一再關切日軍經由法印入境攻擊昆明的疑慮。關於此議題，學者許文堂在期刊論文若干片段約略提及日本目的「在切斷中國南部之補給線，進而攻佔中國西南省份，迫使中國投降」，但該論文主題在論述假道運輸與中法軍事合作，並未探討假道侵滇的議題，留下本文得以開拓探究此課題的空間。

---

05 大本営政府連絡会議，「世界情勢ノ推移ニ伴フ時局処理要綱」（1940 年 7 月 27 日）、大本営陸海軍部，「『世界情勢ノ推移ニ伴フ時局処理要綱』提案理由」（1940 年 7 月），〈世界情勢の推移に伴う時局処理要綱：連絡会議議事録（昭和 15 年 7 月 27 日）〉，日本防衛省防衛研究所藏，アジア歴史資料センター，《陸軍一般史料》，Ref. C12120200800、C12120200900。

06 例如：徐藍，《英國與中日戰爭（1931-1941）》（北京：北京師範學院出版社，1991 年）；王正華，《抗戰時期外國對華軍事援助》（臺北：環球書局，1987 年）；吳圳義，〈從假道越南運輸問題看抗日時期的中法關係〉，《近代中國》，第 40 期（1994 年 4 月）；陳三井，〈抗戰時期的中法關係〉，《近代中國》，第 152 期（2002 年 12 月）；許文堂，〈第二次大戰時期中、日、法在越南的衝突與交涉〉，《中央研究院近代史研究所集刊》，第 44 期（2004 年 6 月）等。

此段期間，中國的重慶國民政府方面仍與維琪法國維持外交關係，[07] 讓駐法大使館與駐河內及西貢總領事館的人員，以及軍令部派駐聯絡參謀等，得以繼續於駐在地與法國政府官員及越南總督方面直接探詢相關事態發展內情，並偵尋第一手的情報資訊。故而本文擬以日軍進駐法印為案例，聚焦於日軍可能假道侵滇一事，探討中國方面如何觀察與因應日本利用歐戰局勢變動之機積極展開南進所牽動的抗戰危局。參考使用的史料擬以國史館庋藏《外交部》檔案與《蔣中正總統文物》為主，輔以日本外交史料館典藏《戰前期外務省記錄》與防衛省防衛研究所藏《陸軍一般史料》等，蒐尋相關檔案文件，析論中國面對於日本實施南進政策並駐軍法印而可能假道侵滇的因應策略，包括分析駐法使館、駐河內領事館與法國政府及法印總督的交涉過程，並考察中國方面在外交與軍事的因應措施。

至於有關越南之名稱，中國方面習稱越南、安南或南北圻等；日本方面稱之為法印。本文在行文敘述上除保持檔案史料的原文名詞，並將依中國或日本之主詞差異，採取各自相應習用之稱呼。

二、對於日軍進駐法印北部的疑慮

1938年3月13日，納粹德國併吞奧地利。9月30日，英、法、義締結「慕尼黑協定」，迫使捷克斯洛伐克將蘇台德地區領土割讓給德國，歐洲情勢緊繃，戰雲密布，英、法各國備戰甚急。中國方面鑑於日軍恐將南下並侵占海南島，蔣介石曾於3月派宋子文赴法國商議中法合作事宜，[08] 最後促成法國駐華軍事顧問團於1939年4月來華服務。但隨著歐戰於9月爆發，法國政府於10月召

---

07 有關重慶國民政府與維琪法國的關係，請參閱王文隆，〈重慶國民政府與戴高樂政權的雙邊關係（1941-1943）〉，國立政治大學人文中心主編，《多元視野下的中華民國外交》（臺北：國立政治大學人文中心，2012年），頁67-75。

08 「蔣介石致李石曾沁電」（1938年3月27日），楊斌選編，〈抗戰初期楊杰等赴法尋求軍援與孔祥熙等來往文電選〉（上），《民國檔案》，1998年第4期（1998年11月），頁15。

回軍事顧問團團員，結束短暫中法軍事顧問團合作。[09]

另一方面，在歐戰爆發前半年，日軍於1939年2月10日占領海南島、西沙與南沙群島。由於該島扼中南半島東京灣，可以控制中國南海的北部海域，日軍對香港和法印造成壓力。蔣介石認為以情勢觀之，歐戰爆發恐不能幸免，[10]屆時日軍必攻法印，乃於2月25日電囑駐蘇大使楊杰，轉詢法國當局此時中法兩國應否預定共同作戰計畫，以應付日軍的侵略。[11]3月1日，楊杰覆電指出，法國殖民部長孟戴爾（Georges Mandel）亦認同「倘歐洲發生戰事，日攻安南，中法軍事合作極為必要」，同意即刻進行商談。[12]根據軍事委員會參事室參事周鯁生與張忠紱等所擬「關於中法軍事合作問題節略」指出：「自廣州淪陷，港粵交通隔絕以後，安南在中國對外運輸路線上，實居重要地位，日本倘乘歐有事之秋，進佔安南，匪僅中國西南通海之門戶將被關閉，即雲南、廣西兩省亦將受敵軍極大之威脅。」[13]說明中方已認知到若日軍占領法印，不僅影響西南運輸路線，同時也將嚴重威脅滇桂兩省的安全。

雖然楊杰與法方協商並在5月間達成「中法軍事協定」草案，但軍事委員會參事室審視後，認為協定草案規範主要由中國方面提供數量龐大軍隊，但缺乏中國冀望的條件，即：1、法方供給軍事所需重武器；2、法印給予中國運輸軍火之便利；3、法方於事前在法印境內儲存大量武器；4、對華貸款。因此陳

---

09 「顧維鈞致外交部1249號電」，秦孝儀主編，《中華民國重要史料初編──對日抗戰時期》，第三編戰時外交（二）（臺北：中國國民黨中央委員會黨史委員會，1981年），頁763。有關法國軍事顧問團來華的經過，參見陳三井，〈抗戰時期的中法關係〉，《近代中國》，第152期（2002年12月），頁172-174；許文堂，〈第二次大戰時期中、日、法在越南的衝突與交涉〉，《中央研究院近代史研究所集刊》，第44期（2004年6月），頁72-76；陳晉文，〈法國軍事顧問團來華與抗戰前期中法關係〉，《民國檔案》，1998年第2期（1998年5月），頁77-82。

10 《蔣介石日記》，1939年2月18日上星期反省錄。

11 「蔣介石致楊杰有電」（1939年2月25日），〈革命文獻──對法關係〉，《蔣中正總統文物》（以下簡稱《蔣檔》），國史館藏，典藏號：002-020300-00045-037。

12 「楊杰致蔣介石東電」（1939年3月1日），〈革命文獻－對法關係〉，《蔣檔》，典藏號：002-020300-00045-039。

13 「王世杰呈蔣介石簽」（1939年4月4日），〈一般外交〉（一），《蔣檔》，典藏號：002-080106-00074-005。

述三點意見,建議委請駐法大使顧維鈞從旁協助交涉。[14] 惟歐洲緊張局勢加溫,未幾歐戰爆發,法國自顧不暇,中法未及完成軍事合作協定。[15]

歐戰爆發,日本欲利用歐洲列強無暇東顧時機集中力量結束中日戰爭,阿部信行內閣於 9 月 4 日發表不介入歐戰的方針。[16] 10 月 16 日,日本大本營發布大陸命第 375 號,發動南寧作戰,企圖阻斷中國外援物資自法印河內到廣西南寧的運輸線。[17] 不過中國仍可利用河內至昆明運輸線獲取軍需物資。

1940 年上半年歐洲戰場鉅變,日本利用英法聯軍在歐洲戰場的頹勢對其進行施壓,迫使法國與英國分別於 6 月 20 日與 7 月 17 日同意禁止中國利用滇越鐵路與滇緬公路運送物資。7 月 27 日,日本大本營政府連絡會議制定「伴隨世界情勢演變的時局處理要綱」,決定用一切手段斷絕第三國援蔣行為,其中有關對法印的具體措施包括:阻止中國經滇越鐵路獲取外援物資、同意日軍部隊通過及使用機場、取得所需資源。[18] 8 月 1 日,外相松岡洋右與法國駐日大使安里展開談判,要求法印方面協助日本建設東亞新秩序並處理中日戰爭,[19] 維琪法國為保有法印主權而同意退讓。[20] 30 日,雙方達成諒解換文「松岡安里協定」,法國承認日本在遠東有政治與經濟優先權益,並同意由法印總督與日軍依據協定原則協商軍隊進駐的細節問題。[21] 9 月 13 日,日本四相會議決議,無

---

14 「王世杰呈蔣介石簽」(1939 年 5 月 25 日),〈一般外交〉(一),《蔣檔》,典藏號:002-080106-00074-044。

15 陳三井,〈抗戰時期的中法關係〉,《近代中國》,第 152 期(2002 年 12 月),頁 170-175。

16 服部卓四郎,《大東亜戦争全史》(東京:原書房,1981 年),頁 13。

17 防衛庁防衛研修所戦史室,《大本営陸軍部(1):昭和十五年五月まで》(東京:朝雲新聞社,1967 年),頁 617-618。

18 大本営政府連絡会議,「世界情勢ノ推移ニ伴フ時局処理要綱」(1940 年 7 月 27 日),〈世界情勢の推移に伴う時局処理要綱:連絡会議議事録(昭和 15 年 7 月 27 日)〉,《陸軍一般史料》,Ref. C12120200800。

19 軍令部,「仏印関係折衝経緯」,角田順解說,《現代史資料(10):日中戦争(3)》(東京:みすず書房,1973 年),頁 368。

20 許文堂,〈第二次大戰時期中、日、法在越南的衝突與交涉〉,《中央研究院近代史研究所集刊》,第 44 期(2004 年 6 月),頁 79。

21 「北部仏印進駐に関する所謂『松岡アンリー』協定」(1940 年 8 月 30 日),外務省編纂,《日本外交年表竝主要文書》(下)(東京:原書房,1978 年第 6 刷),頁 446-448。

論談判成功與否，將於 22 日前強行武裝進駐。[22] 最後法印方面無法承受日方壓力於 9 月 22 日簽訂軍事細目協定，日軍第 5 師團於次日以武裝態勢強行進駐法印北部。

英法聯軍於 1940 年春末在歐洲戰場敗退之際，蔣介石於 5 月 19 日慮及「如巴黎失陷，倭寇對安南侵略時」應有的作為，思索預定「集中大軍于昆明之準備」。[23] 29 日，中國國民黨中央宣傳部宣傳委員張文伯「頗注意敵襲佔緬越或深入桂滇」的可能性，軍令部長徐永昌亦以為「越在今日法、英敗危之時誠有可能」。[24] 中央宣傳部主任王世杰也認為「萬一英、法地位益危，敵方或竟由桂南進攻安南，奪取滇越路，以進攻雲南。此事甚可慮，但我方似尚無相當之準備」。[25] 顯示中國政府高層十分關注歐洲戰場情勢變化對於中日戰爭的影響，已擔憂越南與雲南的安危。

5 月 30 日，蔣介石致電軍事委員會委員長昆明行營主任龍雲指出：「比〔利時〕王降德，英法聯軍更陷危境。以後意國如加入德方參戰，則倭寇必乘機先取安南為進佔南洋馬來之張本。」「故我國應有所準備以防萬一，現此應急籌者：一、倭如佔領安南，由安南來侵我滇省；二、倭由桂南循桂黔公路經百色，用閃電戰術乘我無備以侵犯我滇黔。以上二項應如何策畫與準備，請兄熟籌詳示。」[26] 此後龍雲數度覆電要求：1、調第 1 集團軍（即盧漢部）返滇；2、派砲工兵各一團赴滇；3、將滇省幾旅共編為 6 個師。相關要求，自在防備日軍侵犯法印與雲南。[27] 6 月 3 日，蔣介石思忖「倭如進佔安南，直趨昆明」應有的準備要旨，方式在於集中兵力與破壞鐵道。不過，當王世杰「力促政府迅採

---

22 四相会議，「仏印問題爾後の措置に関する件」（1940 年 9 月 13 日），外務省編纂，《日本外交年表竝主要文書》（下），頁 454。

23 《蔣介石日記》，1940 年 5 月 19 日。

24 徐永昌著，中央研究院近代史研究所編，《徐永昌日記》，第五冊（臺北：中央研究院近代史研究所，1991 年），1940 年 5 月 29 日，頁 330。

25 王世杰著，林美莉編輯、校訂，《王世杰日記》，上冊，1940 年 6 月 16 日，頁 276。

26 「蔣介石致龍雲卅機渝電」（1940 年 5 月 30 日），〈革命文獻－抗戰方略：後方部署〉，《蔣檔》，典藏號：002-020300-00006-017。

27 徐永昌著，中央研究院近代史研究所編，《徐永昌日記》，第五冊，1940 年 6 月 19 日，頁 34。

取必要之措置」，蔣介石謂：「俟宜昌戰事結束，即佈置越南邊境軍事。」實因軍力頗感不敷分配，難以立即厚實滇桂南邊兵力。[28]

此刻中日兩軍正於棗陽、宜昌地區進行棗宜會戰（日本稱宜昌作戰），[29]戰事自 5 月 1 日起至 6 月 24 日結束，戰況激烈，蔣介石難以抽調兵力布置滇桂邊境。直至會戰即將告一段落，蔣介石於 6 月 22 日召集外交部長王寵惠、重慶行營主任張羣與王世杰商討越南問題，決定「擬調兵三軍駐滇桂邊境，惟交通困難，調兵赴滇桂邊地，要大需時日」。[30] 隨後徐永昌奉命著手「對敵經越犯滇之部署」，但卻以為派兵時機尚早，「且糧食正缺，氣候正壞，此時似可派一軍，其兩軍應留後」，惟是項意見不被蔣介石與副參謀總長兼軍訓部長白崇禧所認同。[31]

當時日本已迫使法印於 6 月 20 日中止滇越鐵路運輸華貨，滇邊情勢已然嚴峻。6 月 28 日，軍令部駐河內聯絡參謀齊清儒迭次電稱：「越南政府意在苟安，自接受敵人要求後，人心極感不安。」「恐敵人即要求假道攻滇，越府無能允准亦屬可能，我方應迅速準備。」7 月 15 日，軍令部接獲情報指出，日方派至河內監視封鎖情況的陸軍少將西原一策，已向法印方面要求「假道攻滇，越督以須待請示政府」。[32] 不過，根據外交部方面綜合 7 月間偵得相關情報指出，西原率隨員於 6 月 29 日抵達河內，除了監視切斷滇越交通與檢查中國貨運情形，曾向法印方面提出：1、檢查行人及中國官員；2、鎮南關日軍可向越境索米；3、借路攻滇；4、解散華僑愛國團體；5、沒收現存法印各地積存及

---

28 《蔣介石日記》，1940 年 6 月 3 日；王世杰著，林美莉編輯、校訂，《王世杰日記》，上冊，1940 年 6 月 18 日，頁 277。

29 日軍以第 11 軍 3 個師團與 4 個支隊為主力、第 13 軍 3 個支隊支援，計約 8 萬餘人，自 5 月 1 日發動「宜昌作戰」；中國方面徵調 6 個集團軍，投入 21 個軍 56 個師兵力，計約 35 萬人投入「棗宜會戰」。戰事至 6 月 24 日結束，宜昌經過幾次淪陷與收復，最終仍淪於日軍之手，雙方於宜昌、當陽與信陽、江陵之間形成對峙局面。

30 《蔣介石日記》，1940 年 6 月 22 日；王世杰著，林美莉編輯、校訂，《王世杰日記》，上冊，1940 年 6 月 22 日，頁 277-278。

31 徐永昌著，中央研究院近代史研究所編，《徐永昌日記》，第五冊，1940 年 6 月 24 日、26 日，頁 351、355。

32 徐永昌著，中央研究院近代史研究所編，《徐永昌日記》，第五冊，1940 年 6 月 28 日、7 月 15 日，頁 356、366-367。

準備運往中國的貨品等,並已獲得法印總督卡特魯(Georges Catroux)許可。而且在法印的日本監視人員,「連日偕同法人,到滇越邊界攝取照片。」[33] 軍令部與外交部的情報對於卡特魯是否同意日方假道攻滇的訊息不盡相同,但應可確認的是日方已向法印方面提出是項要求。

徐永昌於 6 月 25 日研判日軍在滇越路中斷與棗宜會戰結束後的戰略方向認為:「倭向陝西或由宜昌深入,或截我國際路線而入滇越。余以為敵今日尚無決策,判斷其攻滇越列為最前,攻陝西次之,攻重慶又次之,次序如此,何時動手決尚未定。」並以為日本仍未決定的原因是仍在察看法印情況與英、美態度。[34] 此後隨著英國同意關閉滇緬公路、美國態度模糊,以及上述各項情報透露出滇邊危機益形顯著。8 月 3 日,蔣介石慮及「敵軍以後軍略如為其南進計,必先取滇、越,隔絕我對英印交通,此為其最大要著。如其攻川,則為敵最不利之戰略也,故吾斷敵此時必取滇、越,而不攻重慶」。因此認為此時「阻止敵攻滇之企圖實為惟一要務」。[35] 翌日,蔣介石召集副總參謀總長程潛、軍政部長何應欽、軍令部次長劉斐、河南省主席衛立煌、張羣、白崇禧、徐永昌等人,研討日軍假道法印入滇事。白崇禧與劉斐主張屆時派一個軍進入越南,藉以擾敵後方並助越人抗拒日軍等;徐永昌則以為派兵入越境事應慎重考慮,因為日軍紀律較佳且特務工作較強,而且華軍入境反會妨礙越人防敵,同時「越境不如滇境險要,我兵有限,不如集用於滇境」。[36]

可知,隨著日本南進態勢漸露以及相關情報,蔣介石與徐永昌均以為滇、越的情勢遠較重慶危險,蔣介石已決定在雲南集結部隊防守,惟是否積極入境越南則仍有疑慮。因此蔣介石於 8 月 7 日令齊清儒對越南總督進行合作抗日工作,並於三日後派何應欽赴雲南進行布置與指導。[37] 28 日,何應欽自昆明返回

---

33 「關於滇越路線禁運問題之各項情報節略」,〈越南事件〉(一),《外交部》,國史藏,典藏號:020-011002-0053,頁 61-62。
34 徐永昌著,中央研究院近代史研究所編,《徐永昌日記》,第五冊,1940 年 6 月 25 日,頁 353。
35 《蔣介石日記》,1940 年 8 月 1 日、3 日、4 日。
36 徐永昌著,中央研究院近代史研究所編,《徐永昌日記》,第五冊,1940 年 8 月 4 日,頁 380-381。
37 《蔣介石日記》,1940 年 8 月 7 日、10 日。

重慶表示,相關防務已大致布置就緒。[38]

在此期間,松岡於 8 月 1 日與安里在東京展開談判,雙方於 30 日達成諒解換文「松岡安里協定」,並同意由法印總督與日軍協商軍事細節問題。日法兩國於東京展開談判未久,顧維鈞即於 8 月 4 日根據密報致電外交部指出:「法政府連接遠東報告,日自台灣調遣大批軍艦軍隊南行,意圖入越攻我滇桂,希望於一個月內解決中日問題。」現日方已向法提出要求:1、允許日本在法印設立海軍港與陸軍根據地;2、優待入越日貨。[39] 6 日,顧維鈞訪晤法國外交部長博杜安（Paul Baudouin）,直言日軍監視團在法印活動、對華陰謀及禁止運輸的影響。博杜安答稱:「目前問題已非補救運輸,乃如何阻其攻越。法總督與日所訂協定,係允日假道攻華,誤認為惟一保障越南辦法。法政府極不謂然,當即將該督開缺,另派妥員接充。現日方堅持履行協定,欲派兵登陸,法政府已拒絕不允。」不過,所謂協定,係口頭協定,僅留談話記錄。同時法外長謂,若日軍登陸,必當抵抗,但恐無效果。對此顧維鈞表示:「如法聽任日軍登陸,往我邊境北開,我已有準備,恐屆時不得不採取適當處置。」同日,顧維鈞亦會晤法國殖民部長萊默里,據其表示:日本監視團西原根據前總督之協定,要求新總督續議實施日軍假道攻華。現已依據法國閣議決議,電令法印總督抗拒日軍登陸行動。[40]

上述法外長博杜安稱另派員接充總督,係為法國投降後在納粹德國扶持下於 7 月在維琪成立政府,維琪法國免去原法印總督卡特魯之職,另任命海軍中將德古（Admiral Jean Decoux）接替,並於 7 月 20 日正式就任法印總督。博杜安與萊默里的說法,證實前述外交部情報,舊督卡特魯已同意日本軍方可以假道攻滇。惟此件訊息的重點在於,此刻情勢嚴重性已如法外長所云,問題已非運輸,而是日軍登陸侵略越、滇。

---

38 王世杰著,林美莉編輯、校訂,《王世杰日記》,上冊,1940 年 8 月 28 日,頁 291。

39 「顧維鈞致外交部第 45 號電」（1940 年 8 月 4 日）,〈越南事件〉（一）,典藏號:020-011002-0053,頁 118。

40 「顧維鈞致外交部第 47 號電」（1940 年 8 月 6 日）、「顧維鈞致外交部第 48 號電」（1940 年 8 月 6 日）,〈越南事件〉（一）,典藏號:020-011002-0053,頁 148、152;顧維鈞著,中國社會科學院近代史研究所譯,《顧維鈞回憶錄》,第四分冊（北京:中華書局,1986 年）,頁 354-360。

外交部於 8 月 8 日覆電駐法大使館：「日如攻越，不問越是否抵抗，我方必取適當行動。」並指示「面告法當局，如越南聽任日軍假道，則中法邦交將根本變更」。[41] 同日，徐永昌依據顧維鈞來電訊息舉行軍事會報，研討日軍侵犯法印之對策，並電令齊清儒拜會德古，告以若抵抗日軍侵略，中國可盡予援助，且可以中國毗鄰越境作其後方。[42] 10 日，外交部致法國駐華大使館節略，聲明若法國同意日本武裝隊伍通過越南攻擊中國，則中國政府當採取適當步驟，以保護西南各省安全。外交部同時也致電駐法大使館，立即向法外交部作相同之表示。[43]

　　8 月 11 日，顧維鈞拜會法外長博杜安，說明中國政府對於越南局勢極為焦慮，隨後遞上外交部節略。博杜安說明：「前慮日政府決定攻越，今由駐日大使與松岡談後，情形見鬆。」同時指出日本因法政府不承認卡特魯所訂協定而不再堅持該約。當顧維鈞要求法國聲明「如日提出日軍假道越南要求，法國政府必拒絕不議」，但被其拒絕，並表示日本政府並未提出此種要求。博杜安亦表明若日軍登陸，法政府無力遣兵援助，故不願與日決裂，欲在保障榮譽與法印主權原則下與日本談判。同時指出目前法、日正於東京談判經濟合作並取得進展，日軍登陸企圖會干擾經濟談判。[44] 無論博杜安樂觀地以為法、日經濟合作談判有助於緩和情勢或是意在搪塞顧維鈞，其不願決裂等說法，似已暗示法方將對日妥協。

　　顧維鈞於 8 月 16 日向法殖民部長萊默里探詢越南情勢時，萊默里表示，日本堅持先談判軍事與政治問題，並不重視經濟問題，即日軍假道與借用軍事機場等議題，並認為日本真正的目前在占領法印，消滅歐洲人在遠東勢力，假

---

41 「外交部致駐法大使館第 1266 號電」（1940 年 8 月 8 日），〈越南事件〉（一），典藏號：020-011002-0053，頁 167。
42 徐永昌著，中央研究院近代史研究所編，《徐永昌日記》，第五冊，1940 年 8 月 8 日，頁 384。
43 「外交部致法國大使館節略」（1940 年 8 月 10 日）、「外交部致駐法大使館第 1269 號電」（1940 年 8 月 10 日），〈越南事件〉（一），典藏號：020-011002-0053，頁 184、195。
44 「顧維鈞致外交部第 53 號電」（1940 年 8 月 11 日），〈日侵越南〉，《外交部》，典藏號：020-011002-0145，頁 12；顧維鈞著，中國社會科學院近代史研究所譯，《顧維鈞回憶錄》，第四分冊，頁 364-365。

道攻華僅係託詞或次要。⁴⁵ 翌日，顧維鈞再向博杜安瞭解近日情況演變，指出近期許多報導稱法國收到日本最後通牒提出一系列要求，其中包括日軍通過法印攻華的過境問題。博杜安表示確已接到法駐日大使傳來松岡面交條件，包含前總督卡特魯與日軍所訂協定。⁴⁶ 換言之，日本鑑於法國方面不承認卡特魯之約，決定重新與法駐日大使談判原協定內容，此點為恐為博杜安始料未及。

8月18日，顧維鈞根據密報得知，日本駐法大使拜會博杜安曾言華軍進犯越南邊境，法國對日軍假道一事不應再猶豫的情報，加上當日各晨報登載河內哈瓦斯電稱中國兵闖入越境消息等，認為通訊報導為法外交部授意刊載，卻隻字不提日方要求，研判「法對日要求假道攻華，已決定讓步」。因此顧維鈞電請外交部發表聲明，說明法方對日讓步真相與威脅中國軍事基地，日後若中日兩軍在越南境內兵戎相見，讓世界得知中國出兵目的在自衛。⁴⁷ 顧維鈞的研判在次日由外交團獲得較為詳細情報，當即電知外交部所得情資內容：「法給駐日大使訓令，允以東京灣為日海軍根據地、北圻為軍事根據地，以為日既聲明此係暫時攻華軍事上之需要，一俟對華軍事告畢，仍照一千九百零七年六月協定，尊重越南之完整。」「法視為保存越南之惟一希望。」⁴⁸ 21日，駐法使館武官唐豸也致電軍令部稱：「法政府對日讓步已無可挽回。現法政府右派握權，對內主壓制，以維政權；對外主退讓，以圖苟安。」⁴⁹

顧維鈞為了確認情資準確性與法國態度，於8月21日探詢法國副總理皮

---

45 「顧維鈞致外交部第57號電」（1940年8月16日），〈越南事件〉（一），典藏號：020-011002-0053，頁231；顧維鈞著，中國社會科學院近代史研究所譯，《顧維鈞回憶錄》，第四分冊，頁368。

46 「顧維鈞致蔣介石篠電」（1940年8月17日），〈敵國各情〉（四），《蔣檔》，典藏號：002-080103-008-001；「顧維鈞致外交部第59號電」（1940年8月17日），〈日侵越南〉，典藏號：020-011002-0145，頁21；顧維鈞著，中國社會科學院近代史研究所譯，《顧維鈞回憶錄》，第四分冊，頁373。

47 「顧維鈞致外交部第61號電」（1940年8月18日），〈越南事件〉（一），典藏號：020-011002-0053，頁245；顧維鈞著，中國社會科學院近代史研究所譯，《顧維鈞回憶錄》，第四分冊，頁376-377。

48 「顧維鈞致外交部第63號電」（1940年8月19日），〈革命文獻──敵偽各情：敵情概況〉，《蔣檔》，典藏號：002-020300-00002-080；顧維鈞著，中國社會科學院近代史研究所譯，《顧維鈞回憶錄》，第四分冊，頁381-383。

49 徐永昌著，中央研究院近代史研究所編，《徐永昌日記》，第五冊，1940年8月23日，頁394。

埃爾‧賴伐爾（Pierre Laval），據其答稱：「日本提出日軍假道越北攻華，脅迫甚急。法政府不得已決定允之為最大讓步，但擬加以限制，現正在東京商議，法無聯日之意。」翌日，顧維鈞電外交部，說明證實法允日軍假道攻華訊息，並謂與賴伐爾爭辯「法既允日軍假道，亦應允我軍以同等便利」，否則視華軍為「侵犯越境而加以抗阻，啟中越衝突」，然未被對方認同。23 日，顧維鈞見到博杜安，探詢對日談判進度與華軍入越安全問題。博杜安答稱，法大使仍與日外相商議具體假道辦法，並表明「對日軍既不抵抗，則對華軍入自亦不抵抗」。同時請求重慶政府發表宣言，陳述如日軍在法印登陸，華軍亦將同時登陸自衛等語，作為法使在東京談判之助。[50]

外交部依法方要求，由部長王寵惠發表聲明，博杜安曾表示對東京談判有益處，[51]但法國仍對日本妥協而於 8 月 30 日達成協議，簽署「松岡安里協定」。顧維鈞於當日即獲悉法、日東京談判已有成議，並於 9 月 1 日將探得協定內容要點情資先行電知外交部，兩日後再次電告較清楚的協議內容，包括：1、日軍應在東京灣海防以北某小港登陸；2、首次人數七千至一萬通過，總數無限制；3、假道限於往北二至三公里，並沿滇、桂邊界劃出部分區域為日作戰地帶；4、日軍得占用河內現有機場並可另闢兩個機場；5、組織日越混合委員會監執行；6、各項原則實施詳細辦法由日軍代表與越軍參謀處商訂等。[52]

法、日東京談判結束簽訂協定，確認原則性問題，談判接續由法印總督德古與西原商議實行辦法，取得一致性協議後協定才能生效。[53]然西原對德古提

---

50 「顧維鈞致外交部第 65 號電」（1940 年 8 月 21 日）、「顧維鈞致外交部第 66 號電」（1940 年 8 月 22 日），〈越南事件〉（一），典藏號：020-011002-0053，頁 257、260；「顧維鈞致外交部第 67 號電」（1940 年 8 月 23 日），〈越南事件〉（二），典藏號：020-011002-0054，頁 7；顧維鈞著，中國社會科學院近代史研究所譯，《顧維鈞回憶錄》，第四分冊，頁 386-398。

51 顧維鈞著，中國社會科學院近代史研究所譯，《顧維鈞回憶錄》，第四分冊，頁 404。

52 「顧維鈞致外交部第 81 號電」（1940 年 9 月 1 日）、「顧維鈞致外交部第 87 號電」（1940 年 9 月 3 日），〈越南事件〉（二），典藏號：020-011002-0054，頁 94、144。

53 此為法國外長博杜安與殖民部長萊默里分別對顧維鈞的說明。參見「顧維鈞致外交部第 94 號電」（1940 年 9 月 4 日）、「顧維鈞致外交部第 97 號電」（1940 年 9 月 5 日），〈越南事件〉（二），典藏號：020-011002-0054，頁 158、171；顧維鈞著，中國社會科學院近代史研究所譯，《顧維鈞回憶錄》，第四分冊，頁 428-429。

出軍事實施條件草約，要求全盤接受但被拒絕，[54] 法印談判不順利，多次中斷。9月7日，顧維鈞由一位法國友人處得知德古與西原已達成協議，隨即將獲悉假道辦法內容電告蔣介石與外交部：1、日軍得在海防登陸，搭滇越火車逕抵埋濱；2、埋濱作為日軍攻華根據地；3、自埋濱至老開線以東約三十公里為日軍活動區；4、得用河內北面三處機場；5、日軍登陸數量不得超過3萬人。同時指出越南參謀處盼俟日軍登岸，中國軍隊即由桂、滇兩方開進高平、諒興一帶險要，但須在日軍登陸之後，備抄襲日軍。[55]

然而，軍事委員會方面認為上述顧維鈞來電內容並非全部情形，並委由外交部於9月9日電飭駐法大使館，促使法方詳細告知「已在東京承認之條件及現在河內談判中已承允，及尚未同意之各項辦法」。[56] 翌日，顧維鈞連三覆電，先是表示近兩週七次拜會催請法外長、次長及殖民部長詳告談判內容，然均未肯完全吐實，迭電所陳內容為多方直接面質與間接密探所得，確非全豹，惟東京協定已可知大概。次電解釋此次越事重要，遇事未奉部令即隨時先行向法政府交涉，提出質詢，若法外長無法接見，亦先訪外次或殖民部長等。三電則謂：「據法外部亞洲司長稱，河內日法商訂協定尚未確定。」[57]

事實上，德古與西原在法印的談判並不順遂，數次決裂又重啟，並多次傳出已簽訂協議的謠言，因此使得顧維鈞、許念曾及齊清儒等駐在使領與武官均難以偵悉確實的訊息。9月13日，日本四相會議通過「關於佛印問題爾後措施

---

54 「顧維鈞致外交部第97號電」（1940年9月5日），〈越南事件〉（二），典藏號：020-011002-0054，頁171。

55 「顧維鈞致蔣介石陽電」（1940年9月7日），〈革命文獻──敵偽各情：敵情概況〉，典藏號：002-020300-00002-083；「顧維鈞致外交部第99號電」（1940年9月7日），〈越南事件〉（二），典藏號：020-011002-0054，頁185；顧維鈞著，中國社會科學院近代史研究所譯，《顧維鈞回憶錄》，第四分冊，頁419-420。

56 「何應欽致王寵惠函」（1940年9月9日），〈越南事件〉（三），典藏號：020-011002-0055，頁36；「王寵惠致駐法大使館第17號電」（1940年9月9日），〈越南事件〉（二），典藏號：020-011002-0054，頁198。

57 「顧維鈞致外交部第106號電」（1940年9月10日）、「顧維鈞致外交部第107號電」（1940年9月10日）、「顧維鈞致外交部第109號電」（1940年9月10日），〈越南事件〉（三），典藏號：020-011002-0055，頁22、34、35。

之件」,決定日軍部隊將於 22 日以後隨時進駐法印。[58]22 日,德古為避免法印被日軍直接占領,在日方壓力下簽訂軍事細目協議,[59]日軍第 5 師團於次日進駐法印北部。

德古與日軍締約當日,駐河內總領事許念曾急電外交部稱:「日越會議已於今午三時簽字」,越南准予:1、日軍進駐三個據點富壽、老街或諒江府、河內附近之嘉林;2、日軍在海防登陸,總數不超過 6,000 人;3、日軍不攻打雲南。德古要求中國軍隊暫不開入越境,免得日本藉口增兵。[60]翌日,外交部覆電質問:「所謂三據點是否指飛機場?六千人數是否作為保衛飛機場之用?」此外亦同時致電駐法大使館與河內總領事館:「現我方所悉越日協定條件,係得自情報,而非得自維希或河內當局。」並飭令向該兩當局抄示協定全部內容。[61]

另一方面,博杜安於 9 月 23 日主動邀約顧維鈞,約略說明法駐日大使在東京與日本外相以及法印當局與日軍的談判並締約情形,同時簡單敘述德古發來電報所述協議內容。最後表示在法方堅決要求下,日方已同意放棄進攻雲南,因此要求轉告中國政府,不要派遣中國軍隊進入越南,否則將予日本增兵藉口,讓越南成為戰場。另外,也答覆顧維鈞質問有關日軍進駐人數與據點等問題。[62]次日,顧維鈞致電外交部指出,協議規定日軍假道攻華在越境兵額係指任何時刻不得超過 2 萬 5,000 人,所發表之 6,000 人係為保護三個機場而常駐,至於許念曾所報三據點,當指機場附近之城市,非僅控制鐵路交通。[63]至於外交部

---

58 四相会議,「仏印問題爾後の措置に関する件」(1940 年 9 月 13 日),外務省編纂,《日本外交年表竝主要文書》(下),頁 454。

59 「印度支那軍司令官と在印度支那日本陸海軍代表との間に於て締結されたる協定」(1940 年 9 月 22 日),外務省編纂,《日本外交年表竝主要文書》(下),頁 454-456。

60 「許念曾電外交部第 849 號電」(1940 年 9 月 22 日),〈越南事件〉(三),典藏號:020-011002-0055,頁 137。

61 「外交部致駐河內領事館第 45 號電」(1940 年 9 月 23 日)、「外交部致駐法大使館第 37 號電暨駐河內總領事館第 47 號電」,〈越南事件〉(三),典藏號:020-011002-0055,頁 164、162。

62 顧維鈞著,中國社會科學院近代史研究所譯,《顧維鈞回憶錄》,第四分冊,頁 440-445。

63 「顧維鈞致外交部第 137 號電」(1940 年 9 月 24 日),〈越南事件〉(三),典藏號:020-011002-0055,頁 226。

的指令,顧維鈞曾分別向法國各相關首長索取協定與協議原文,但被以越南總督尚未呈報協議全文,或尚未能公布等藉口推辭。許念曾亦覆電表示,越南當局對協議內容守口如瓶,容再往洽。[64]

揆諸後世公開史料,前述顧維鈞於 9 月 1 日電告外交部有關法、日東京協定,雖自認已探得大概內容,實則並非是「松岡安里協定」,反似是該時刻日軍向法印提出並洽談的提案細節。日、法在東京簽定的此協定僅為規範法方應日本為解決與中國紛爭之軍事需求,而提供便利性以及進行情報交換等原則。至於日越軍事細目協議的內容,顧維鈞與許念曾探得的部分已切合協議要點,但仍非全貌。由於日、法均持嚴防資訊外露的態度,使得中方難以探悉全部實情。

三、對於日軍假道侵滇可能性的因應

1940 年 8 月,松岡與安里在東京談判期間,顧維鈞已一再與法方爭執若允日軍假道越境亦應予華軍同等便利,雖然曾得法方的同意,但當越南總督與日軍締結軍事細目協議後,法方卻已反悔,不欲中國軍入境越南。除了上述德古向許念曾要求中國軍隊暫不開入越境,以及博杜安於 9 月 23 日請顧維鈞轉知中國政府不要派遣軍隊入越,唐豸於 9 月 22 日謁見法國陸軍部長時,該部長也表示希望中國軍隊萬勿輕入越南,並表明即使日軍依據越日協議在法印登陸,中方應先商得法政府同意,方可派兵入越南,否則法印部隊必抵抗,甚至聯合日軍共同對華。[65]

許念曾於 9 月 22 日呈函王寵惠表示,日軍進駐越南老街,「用兵與飛機

---

64 「顧維鈞致外交部第 140 號電」(1940 年 9 月 24 日)、「顧維鈞致外交部第 141 號電」(1940 年 9 月 25 日)、「顧維鈞致外交部第 142 號電」(1940 年 9 月 26 日)、「駐河內總領事館致外交部第 863 號電」(1940 年 9 月 28 日),〈越南事件〉(三),典藏號:020-011002-0055,頁 228、236、243、264。

65 「顧維鈞致外交部第 131 號電」(1940 年 9 月 22 日),〈越南事件〉(三),典藏號:020-011002-0055,頁 186。

陳壓邊境，自有相當作用，此點我方應作重要準備」。建議中國軍隊「倘必入境，可在行軍前向維希、越政府分送正式入境時日之聲明，根據以前諾言，勸越軍避開」。[66] 外交部與駐法大使館於 23 日與 25 日分別致法國駐華大使館節略以及致法外交部抗議文，聲言「保留業經一再聲明採取適當自衛借置之自由權」。[67]

不過，中國軍隊是否開入越境，係由蔣介石與軍事部門評估決定。如前一節所述，顧維鈞在 8 月 21 日自法國副總理賴伐爾探知法方已允日軍假道攻華的情報並電知外交部。蔣介石鑑於法國在東京談判可能會對日退讓，於 8 月 24 日與 25 日召開軍事委員會聯席會議，討論中國部隊入境越南問題。雖然顧維鈞當時已自法方取得承諾華軍入越安全，首日會議白崇禧等人亦力主若日軍假道法印，中國軍隊應同時入境，但徐永昌以為華軍臨時入越與否，無理由必須於今日即決定。次日會議，徐永昌重申主張，並說明「縱使日軍入越即行攻滇，我亦無入越尋敵之必要」，因：1、中國軍隊入越必不能穩住陣線；2、弱國須求多助；3、妨礙法越反日。當下蔣介石認同此看法，聯席會議並無決策。[68]

此後蔣介石多日檢討與思忖對越策略，在 9 月 7 日以為方針在「能使恢復運輸為主，而不著重軍事」，並於次日召集程潛、王寵惠、何應欽與徐永昌討論越南問題。雖然眾人力主壓迫越方免其對日屈服，但蔣介石仍力主和協並表明上述方針，則獲得徐永昌的認同。蔣介石雖然不願對越當局施壓，仍思考軍隊入越消滅日軍的可能性，但依過往經驗，認為「敵如不向我深入進攻，乃無滅敵之機會，如我自動反攻，則必不能見效」。關於中國軍隊是否入越問題，蔣介石心中似已有定見，但對於日軍假道入侵滇的邊境防備則不能無所準備。蔣介石再度於 9 月 9 日開會討論派第 54 軍入越的準備問題，會議中認為最難

---

66 「許念曾致王寵惠徐模函」（1940 年 9 月 22 日）〈日侵越南〉，典藏號：020-010102-0145，頁 224-225；「駐河內總領事館致外交部第 850 號電」（1940 年 9 月 22 日），〈越南事件〉（三），典藏號：020-011002-0055，頁 167。

67 「外交部致法國駐華大使館節略」（1940 年 9 月 23 日）、「駐法大使館向法外交部抗議文」（1940 年 9 月），〈越南事件〉（三），典藏號：020-011002-0055，頁 154、209；顧維鈞著，中國社會科學院近代史研究所譯，《顧維鈞回憶錄》，第四分冊，頁 456-457。

68 徐永昌著，中央研究院近代史研究所編，《徐永昌日記》，第五冊，1940 年 8 月 24 日、25 日，頁 397-398。

籌備為給養問題,但仍決定令該軍由靖西、天保先向富州、廣南出動,再轉向哈江進行,同時派遣第52軍由柳州向靖西、天保推進;第60軍由湘東向柳州移動,準備支援。會議同時決議由何應欽電話通知龍雲,準備於日軍登陸後破壞滇越鐵路的河口橋樑及其以南之大橋。[69]

9月10日,駐河內總領事館致電外交部與交通部指出:「本日十六時零三分,河口、老街間鐵橋已破壞。」[70] 日軍尚未登陸,中國方面即先行破壞鐵橋,實為蔣介石於9日會議後獲知越日軍事細目協議已簽字的錯誤情報,認為「倭非侵佔越南不可,如我能速將滇越路破壞,或可阻其攻滇之決定」,乃囑意何應欽電知龍雲即日破壞。蔣介石並於次日研究派部隊進入越南之利害,衡量後決定暫不入越,以觀法、日之變化。對於破壞滇越鐵路橋樑,認為消極方面,「或使倭寇不能藉口假道攻滇,且使倭斷念攻滇」;積極方面,「可暴露倭非攻滇,實為侵越之陰謀,而使倭法衝突」,即使雙方未衝突,至少半年內日本方面亦不會讓中國利用滇越鐵路,故不如破壞且可避免日軍閃擊滇省。[71]

未及二週,德古與日軍於9月22日締約。張文伯不滿於軍令部策劃在環境許可與必要時派兩個游擊隊入越方案,提議派三個軍入越;軍事委員會調查統計局局長賀耀組亦提案厚集兵力由桂邊深入越南,另派精銳隊部加入昆明,阻止日軍截斷滇緬公路。然而,徐永昌明言能抽調集中滇省之兵不過四個軍,且須由後方運送補給,若入越境將無糧至越,而且越境內部交通便利,利於日軍機械化之攻擊,迨遭到打擊失利後退,滇省將更難防備,恐有引發龍雲背叛的疑慮,何況現時法國已反對中國派兵入越。未久軍令部根據由駐華盛頓武官方面得知,「駐日美大使電告日本侵越並非專在對中國,而在接近新加坡與南洋」的外交訊息。加上德、義、日三國於9月27日公開在柏林締結「德義日三國同盟條約」,徐永昌以為滇緬公路三個月禁期將屆,日軍是否急轉攻滇尚

---

69 「蔣介石日記」,1940年9月7日、8日、9日;徐永昌著,中央研究院近代史研究所編,《徐永昌日記》,第五冊,1940年9月8日、9日,頁408-409。

70 「駐河內總領事館致外交部交通部灰電」(1940年9月10日),〈越南事件〉(二),典藏號:020-011002-0054,頁233。

71 「蔣介石日記」,1940年9月9日、10日。

看不出，但日本加入德義同盟表示已決定抽兵南進。[72]

此外，軍令部方面奉蔣介石之命於 9 月 24 日電詢各軍事部門主任與戰區將領對於越南問題之看法，並於 10 月間彙整眾人意見。此時德義日三國已締結同盟條約，日本欲南進態勢愈來愈明顯，除了第三戰區司令顧祝同與第六戰區司令陳誠建議出兵入越，多數將領力主在滇省邊境調集兵力，準備擊潰深入之敵。例如第一戰區司令部衛立煌以為日本「假道攻滇，係一種外交詞令，目前不致對我作過度之深入，必要時或有奪香港之可能」，建議「應以全力確保西南唯一之滇緬路線，開駐有力部隊于滇越邊界，利用天險而固守之」。第五戰區司令李宗仁認為從政略言，日本「著重點仍為經營越南，進取南洋」，「我如出兵越境，敵必暫緩南進，先與我戰，假道反以假成真，英、美勢必坐視」，建議「此時與其派兵入越，無寧陳兵邊境，靜以觀變，以著手於外交上之策動，較為得計」，「務使敵銳意擴張南進，使與英、美衝突」。[73]

蔣介石亦認為「三國同盟以後，倭必在最近期內進攻新嘉坡、香港、荷印與菲列濱〔菲律賓〕無疑」，不過仍慮及「倭若一時既不敢南進，其軍事仍有集中攻華之可能」，「對於滇省保衛部署，仍憂薄弱」，故預定增強滇省兵力，並研究日軍攻滇之可能性，「如其急於南進，則必不攻滇，否則尚有四分攻滇之可能」。[74] 其實蔣介石的看法與李宗仁的觀察相似，均以為日軍意欲南進，攻滇的可能性不高，然亦不能不預防日軍突襲，仍需籌謀厚實滇省兵力，續觀日本動態。

此後因應滇緬路三個月關閉期即將屆滿，蔣介石於 10 月 12 日邀約何應欽、白崇禧、劉斐與徐永昌等晚餐，討論「必守昆明以因滇緬路」問題。15 日，蔣介石再度召集上述人員以及程潛與賀耀組等開會，討論滇緬路即將重開，英國要求中國派兵至滇緬邊境以備日軍之入緬事宜。蔣介石以為「既須鞏固滇緬路，

---

[72] 徐永昌著，中央研究院近代史研究所編，《徐永昌日記》，第五冊，1940 年 9 月 23 日、25 日、28 日，頁 424、427、431。

[73] 軍令部第一廳，「各戰區對敵佔領越南影響我抗戰前途呈復意見審核一覽表」（1940 年 10 月），〈敵國各情〉（二），典藏號：002-080103-00006-013。

[74] 《蔣介石日記》，1940 年 9 月 28 日、10 月 4 日、5 日本星期預定工作課目、11 日。

即將第五軍先開貴陽以備轉滇」。28 日，日本發表自南寧撤軍。徐永昌以為此實為日軍已進駐法印，可由此處壓迫雲南，無再占領南寧之必要，並且「推測南寧敵軍原可進窺柳桂，策應粵敵犯湘；龍州之敵亦可策應越敵犯滇，今皆撤退。則華南敵軍除固守粵省已佔領之沿海要地外，對我當無積極企圖」。[75] 蔣介石則認為「宜昌之敵亦有撤退之可能，本月秒，倭寇對我戰略非進則退，必要從新之部署變更。」同時結合三國同盟後國際情勢可能的演變，以為日本「如其抽調兵力用於攻華，則仍不能達其南進目的，故其抽調兵力必為南進」，若「倭攻滇昆或緬甸，此已有準備，當照預定計劃進行」。[76]

總之，蔣介石於 9 月上旬對於中國軍隊是否開入越境一事已有想法，不過仍須派兵厚集滇省以防備日軍入侵，即使日本與德、義締結三國同盟條約，仍擔憂日軍不急南進而尚有攻滇之可能性。直至 10 月底日軍自南寧與龍州撤退，推測日方抽調兵力目的在於南進，攻滇可能性已大幅降低，而且同時為鞏固滇緬公路，在滇省部署防備，已有預防日軍假道攻滇變故之準備。

四、對於日軍進入法印南部的觀察

日軍於 1940 年 9 月進駐法印北部，目的不僅是欲切斷中國軍用物資外援的國際路線，同時也是 7 月 27 日大本營政府連絡會議通過「伴隨世界情勢演變的時局處理要綱」，決定利用國際情勢趁機推動南進措施的一環。因此當日本達成駐軍法印北部目標後，近衛內閣在 9 月末派遣特使松宮順前往法印談判經貿合作，雙方於次年 5 月 6 日締結經貿條約，加深雙方關係。

此外，近衛內閣亦於 8 月 27 日派遣商工大臣小林一三為特使，前去荷印談判經貿合作，但洽商過程不順，即使於 11 月 28 日改派貴族院議員芳澤謙吉前往交涉亦然。不過，在與泰國合作方面，日本利用泰國與法印的領土糾紛，

---

75 徐永昌著，中央研究院近代史研究所編，《徐永昌日記》，第五冊，1940 年 10 月 12 日、15 日、28 日、31 日，頁 445、448、454、456。

76 《蔣介石日記》，1940 年 10 月 29 日、31 日。

自12月起強力介入斡旋，最終於1941年3月11日調停成功。5月9日，法印與泰國在日本東京簽訂和平條約，泰國獲得法印原有老撾、柬埔寨的部分土地。日本取得泰國信任，並於同日締結政治條約。但日本欲進一步取得泰國同意借道攻馬來半島，因泰國試圖保持中立而予以拒絕，直至太平洋戰爭爆發，日軍兵臨城下，日泰兩國方於12月21日締結同盟條約。[77]

1940年12月9日，日本參謀本部與陸軍省為了執行南進措施，同時鑑於與荷印經貿合作談判不順，針對可能需要對南方使用武力的情況，商議今後必須進行準備作戰項目，首要就是在法印南部與泰國取得軍事基地。[78] 12月12日，大本營政府連絡懇談會討論調停泰國與法印領土紛爭議題，松岡指出松宮曾表示先行處理法印問題，盡速派兵進入法印南部的意見。27日，松岡於連絡懇談會再次指出，依照松宮意見，對法印有必要採取武力威迫的措施。1941年1月19日，連絡懇談會同意松岡的提議，決定先增兵法印北部進行施壓。30日，連絡懇談會通過大本營提出的「對法印泰施策要綱」，決定基於建設大東亞共榮圈的目的，要與法印、泰國在軍事、政治、經濟建立緊密關係，欲貫徹此措施，不得已要對法印行使武力。[79]

1941年1月25日，大本營方面開始討論對法印南部使用武力的時機，並於2月10日擬具「對南方施策要綱案」，研議解決南方問題的構想。[80] 該要綱案經過軍部與外務省方面多次商議，6月25日，大本營政府連絡懇談會通過以此要綱案為基礎而修改的「關於促進南方施策之件」，決定以防衛東亞安定為

---

77 陳鴻瑜，《中華民國與東南亞各國外交關係史（1912-2000）》（臺北：鼎文書局，2000年），頁328。

78 種村佐孝，《大本営機密日誌》（東京：芙蓉書房，1981年，第2刷），頁61。大本營認為未能與荷屬東印度達成經濟上的密切合作，將之納入為大東亞經濟圈之內，日軍將無法確保急需的戰略物資，尤其是石油。若是需要對荷屬東印度行使武力，研判英國必會參戰，故有必要先攻占馬來與新嘉坡，為此必須在法印南部與泰國取得軍事基地。參見服部卓四郎，《大東亜戦争全史》，頁43-44。

79 大本営政府連絡懇談会，「一般情勢ニ就キ連絡懇談」（1940年12月12日）、大本営政府連絡懇談会，「泰及仏印ニ対シ採ルベキ帝国ノ措置ノ件」（1940年12月27日）、大本営政府連絡懇談会，「泰、仏印紛争調停ニ関スル緊急処理要綱ノ件」（1941年1月19日）、大本営政府連絡懇談会，「対仏印、泰施策要綱」（1941年1月30日），參謀本部編，《杉山メモ―大本営・政府連絡会議等筆記―》，上（東京：原書房，1978年），頁156、161、167；種村佐孝，《大本営機密日誌》，頁62-63、65-66。

80 種村佐孝，《大本営機密日誌》，頁67-68、70。

目的,建立日本與法印軍事合作關係,首要要件即為在法印特定地區建立並使用航空基地及港口設施,同時在法印南部駐紮所需部隊。[81]7 月 14 日,駐法大使加藤外松依據外務省訓令,向維琪法國副總理達爾朗(François Darlan)致送節略,要求共同防衛法印,提出將派遣所需數量日軍部隊進入法印南部等軍事合作要求。21 日,維琪法國回覆同意日方的提案。23 日,駐法印機關長澄田睞四郎與法印總督德古開始交涉,並於當日晚間達成協議。[82]28 日,日軍進駐法印南部。翌日,加藤與達爾朗正式簽訂共同防衛法印的軍事協定。

在大本營政府連絡懇談會通過促進南方措施的前二週,參謀本部第一部長田中新一曾於 6 月 11 日指示相關事務局籌劃在法印南部駐兵所需兵力數量,衡量基準為確保法印與泰國依賴日本的防衛安全、取得武力壓迫中國與南方的恐嚇效果等。兩日後,田中進一步衡量對南方使用武力的時間可能會在 1941 年 12 月至 1942 年 3 月之間,考量備戰需三個月時間,因此再次指示務必於 8 月上旬完成在法印南部駐兵。顯示參謀本部在籌謀進駐法印南部時,已綜合考量對南方行使武力的可能性。[83]

中國方面自 1940 年 9 月末日軍進駐法印北部以及「德義日三國同盟條約」公布後,即十分關注日本持續向南擴張勢力的意圖與動向。1941 年 1 月 22 日,顧維鈞電外交部稱,美國駐法大使前來晤談,據其以為日本有利用泰越糾紛,以作南侵準備。[84]蔣介石亦認為「倭寇操縱暹、越之陰謀將成,則敵軍南侵之期亦必不遠矣。」徐永昌同樣指出「倭寇乘機出面調解,以達其政治上領導地位」。[85]2 月 1 日,軍令部由上海諜報獲悉較為詳細的日本調解泰越衝突目的情資,指出日本政府及大本營最近召開聯合會議討論外交政策,決定藉由調解契

---

81 大本営政府連絡懇談会,「南方施策促進ニ関スル件」(1941 年 6 月 25 日),參謀本部編,《杉山メモ―大本営・政府連絡会議等筆記―》,上,頁 227-228。
82 松本俊一、安東義良監修,《日本外交史(22):南進問題》,頁 376-382。
83 松本俊一、安東義良監修,《日本外交史(22):南進問題》,頁 365。
84 「顧維鈞致外交部第 260 號電」(1941 年 1 月 22 日),〈日本南進〉,《外交部》,典藏號:020-990700-0051,頁 37。
85 《蔣介石日記》,1941 年 1 月 27 日;徐永昌著,中央研究院近代史研究所編,《徐永昌日記》,第六冊(臺北:中央研究院近代史研究所,1991 年),1941 年 1 月 24 日,頁 20。

機以實現用和平方式向越南南部擴展勢力,並進行準備工作以為將來南進可利用越南港口為根據地,同時強迫泰國與日本聯盟等計畫。[86] 12 日,軍事委員會國際問題研究所主任王芃生呈報在上海探得情報指出,「敵現亟圖完成西貢方面之駐兵及飛機場、軍港等工程,並擬以十五艦駐西貢」。[87] 西貢為越南南部主要港口,前述相關情報內容與 1 月間日本數次大本營政府連絡懇談會討論斡旋法印與泰國糾紛以及於 30 日通過「對法印泰施策要綱」內容大致相仿,說明中國方面已掌握到日本利用調解法印與泰國紛爭以實現對法印南部駐兵的企圖。

不過,如前所述,日本計畫進駐法印南部之前,於 1941 年 1 月 19 日決定先增兵法印北部,並由「南支那方面軍」自次日起即著手準備。[88] 2 月 19 日,駐法大使館探得越南總督致電維琪法國稱:「日方屢在河內日法委員會提議更改上年九月協定,增駐北圻日軍六千為三萬。」翌日,顧維鈞洽詢法國亞洲司員有關日本要求增兵北越一事,但卻遭其否認,表示:「日既無此要求,亦未再增派軍隊。」[89] 法國亞洲司未肯吐實,或許與法方將接受日本的法印、泰糾紛調停方案有關。因顧維鈞於 3 月 2 日拜訪維琪法國副總理達爾朗,探詢日本調解法印、泰領土爭執之事,據其表示:「法政府確已接受日本調停方案,以免日軍藉口侵佔全越。」顧維鈞追問日本的報酬時,渠答稱尚未提出,並表示對於近來傳聞日方將租借軍港之說並不置信,因其認為西貢並無新式設備,欲建設大規模軍港需耗時十年,且日軍已占據海南島,亦可作為攻擊新加坡之根據地,無另覓他港之急需。[90]

隨著日本於 1941 年 3 月 11 日成功調解法印、泰紛爭,中國方面則陸續偵

---

86 「楊宣誠鄭介民呈蔣介石二月四日上海情報」(1941 年 2 月 4 日),〈革命文獻 —— 敵偽各情:敵情概況〉,典藏號:002-020300-00002-093。

87 「王芃生呈蔣介石二月十二日上海情報」(1941 年 2 月 12 日),〈革命文獻 —— 敵偽各情:敵情概況〉,典藏號:002-020300-00002-095。

88 種村佐孝,《大本営機密日誌》,頁 65-66。

89 「駐法大使館致外交部第 285 號電」(1941 年 2 月 19 日)、「顧維鈞致外交部第 286 號電」(1941 年 2 月 20 日),〈日本南進〉,典藏號:020-990700-0051,頁 40、42。

90 「顧維鈞致外交部第 295 號電」(1941 年 3 月 2 日),〈日本南進〉,典藏號:020-990700-0051,頁 46。

得日軍將由南方攻擊雲南，切斷滇緬公路的情報。3 月 26 日，第四戰區司令長官張發奎致電蔣介石等稱：「聞敵已得越政府許可，於軍事及經濟之援助其實行南進，並切斷我滇緬路之交通等情。」[91] 4 月 18 日，王芃生根據香港情報表示，東京日軍內部議論「增兵華南，再圖大舉，或實行攻滇，切斷滇緬路，咸認此為解決在華戰事之關鍵」。19 日，軍事委員會調查統計局副局長戴笠根據仰光情報網偵悉：「敵南進戰略，係以陸軍為主，分為兩路進犯，第一路攻緬甸；第二路則俟第一部佔領仰光後，再經泰國攻新加坡之背。」21 日，戴笠呈報來自廣州灣情報：「據越法方息，敵軍三個師團開抵泰國，有侵緬模樣。」軍事委員會侍從室第二處主任陳布雷就上述三件情報內容簽註：「敵若為澈底切斷滇緬路及交通關係，以由泰國侵犯臘戍、仰光為最有利之一案。」[92] 陳布雷的見解正好符合後來王芃生於 4 月 30 日呈報的上海情報，該情資指出日本正與泰國談判軍事同盟條約，略為在泰北建築陸、空軍根據地及駐軍 5 萬，作為進攻滇緬路之用。[93] 然而，如下將述，此進攻路線對於日軍實有氣候與地形的不利因素。

在此期間，蔣介石關注重點在於松岡赴歐與納粹德國洽談並在莫斯科簽訂「日蘇中立條約」的動態以及日本外交動態對於國際情勢的影響，直至 4 月 22 日觀察近期日軍進攻浙江沿海的動向，研判認為日軍意圖可能在封鎖海岸，以經濟作戰圍困中國，已打消深入川、滇企圖，又或是聲東擊西之計，準備進襲昆明。此後蔣介石於 5 月 29 日得知日軍將在西貢設總司令部以及已有兩個師團新調臺灣的情報，認為此為日本南進不遠之兆。雖然日本與泰國締結政治協定，不過日本持續往法印南部擴張勢力的動向，蔣介石於 7 月 5 日進一步研判日軍若直攻滇、緬，在氣候與地形皆不利，故推測日軍必先攻荷印，阻絕英、美聯絡，再攻新加坡。換言之，雖然日本與泰國建立緊密關係，取得人和的優勢，但難以改變天時與地利的劣勢。惟蔣介石為預防日軍仍有可能突襲進攻滇

---

91 「張發奎致蔣介石何應欽白崇禧宥午電」（1941 年 3 月 26 日），〈對英法德義關係〉（四），《蔣檔》，典藏號：002-090103-00014-322。

92 「賀耀組陳布雷呈蔣介石四月二十五日情報」（1941 年 4 月 25 日），〈革命文獻 —— 敵偽各情：敵情概況〉，典藏號：002-020300-00002-112。

93 「王芃生呈蔣介石四月二十五日情報」（1941 年 4 月 25 日），〈革命文獻 —— 敵偽各情：敵情概況〉，典藏號：002-020300-00002-113。

緬，仍預定由長江部分抽調兩個軍到雲南作為預備隊。[94]

另外，如前所述，泰國在 5 月 9 日與日本簽訂政治協定，但不願進一步締結軍事協定，因此後續有關日本南進動態，隨著日本駐法大使加藤於 7 月 14 日向維琪法國提出要求後，日、法分別在維琪與河內展開交涉，中國方面關注日本南進動向的相關情報，開始主要聚焦於日方要求駐軍越南南部的訊息。

7 月 20 日，駐法大使館致電外交部指出，日本駐法大使近來兩次訪晤法國官方，「傳聞日方要求在越設海軍根據地，並增加駐軍」。21 日，澄田與德古在河內展開交涉前二日，駐西貢總領事館即致電外交部相關情報指出：「據報敵十九日要求佔領金蘭港，越總督今日赴河內晤敵少將澄田。」22 日，齊清儒亦電告軍令部稱：「敵有佔領西貢消息，德古已於二十一日急返河內。」23 日，日、法談判當日，駐西貢總領事館再觀察各方情形電稱：「敵企圖日內必除佔金蘭港、頭頓及南圻機場外，並屯兵西貢，方式或與佔北圻相同。」[95]

澄田與德古談判在 7 月 23 日即告結束，有關協定內容，駐法大使館參事郭則范於 24 日電外交部稱，聞法政府「允許日方在越海空軍根據地及增加駐軍」。26 日，郭則范再電謂，法外交部公布日本情報局發表的宣言云，法日兩國政府已完成有關越南防務之談判等情。當經探詢法國亞洲司方面，據其稱原則已成立新約，惟細則尚待商量，並透露此事係由達爾朗與加藤商定。同日，法國亞洲司人員前來向駐法大使館密告有關日法協定經過與日方要求內容，以及法方迫於日本最後通牒而不得已接受情形。29 日，日法雙方在維琪正式簽訂協定，當日郭則范電知外交部此件訊息，並另電呈送由法國亞洲司長抄送的協定全文，同時據其透露：「日方要求大都指越南南部，對北部大致維持現狀。」至於協定細則，雖然郭則范多次洽詢，然法方表明「越督未便自動洩露，但法政府已電達該督，如中國駐越總領事館向彼密詢，於可能範圍內儘量奉告」。不過，越南總督似未對駐越總領事館透露協定細則，反而是駐法武官唐豸於 31

---

94 《蔣介石日記》，1941 年 4 月 22 日、5 月 29 日、7 月 5 日。

95 「駐法大使館致外交部第 396 號電」（1941 年 7 月 20 日）、「駐西貢總領事館致外交部第 272 號電」（1941 年 7 月 21 日）、「駐西貢總領事館致外交部第 273 號電」（1941 年 7 月 23 日），〈日本南進〉，典藏號：020-990700-0051，頁 52、136、137；《徐永昌日記》，第六冊，1941 年 7 月 23 日，頁 164。

月電告軍令部，據探悉之協定要點為：1、日本可利用嘉門海口及西貢各機場；2、日駐越兵額 4 萬，經費由法方擔任；3、日軍得自由通過其他港埠。[96] 只是對照後世公開史料，唐豸探得的要點內容亦非協定條款，法方仍不願對華據實以報，中方探悉所得仍屬有限。

此次日軍向法印南部擴張勢力，蔣介石已研判日軍攻滇的可能性不高，故不似前一年日軍駐進法印北部時多次召開軍事會議因應日軍假道攻滇的危機。不過，中、英洽談軍事合作則因此次日軍再次南下的動向而得有中英合作的成果。

早於 1937 年 5 月，蔣介石即曾趁孔祥熙特使團出席英王喬治六世（George VI）加冕典禮，指示探詢中英軍事合作的可能性。[97] 不過因英國正面臨納粹德國擴軍的威脅，以及英、日、中等距三角關係的遠東政策，不欲親華而招忌日本，當即遭英方拒絕。[98] 1940 年國際局勢因德軍襲捲歐洲戰場與「德義日三國同盟條約」而情勢鉅變，英國面對日本南進威脅其東南亞殖民地，在決定重開滇緬路時，派駐華大使卡爾（Archibald C. Kerr）於 10 月 14 日拜會蔣介石，討論合作問題，提議中、英、美聯合對付日本。11 月 9 日，中國分向英、美提交「中英美三國合作方案」。[99] 英國外交部希望幫助中國堅持抗日有益於英國在東南亞的利益，但不願刺激日本將英國拖入東亞戰場，僅願提供對華貸款，

---

[96] 「郭則范致外交部第 400 號電」（1941 年 7 月 24 日）、「郭則范致外交部第 403 號電」（1941 年 7 月 26 日）、「駐法大使館致外交部第 405 號電」（1941 年 7 月 26 日）、「郭則范致外交部第 407 號電」（1941 年 7 月 29 日）、「駐法大使館致外交部第 408 號電」（1941 年 7 月 29 日）、「郭則范致外交部第 409 號電」（1941 年 8 月 2 日），〈日本南進〉，典藏號：020-990700-0051，頁 56、58、61、63、65、69；《徐永昌日記》，第六冊，1941 年 7 月 31 日，頁 174。

[97] 「蔣介石致孔祥熙佳電」（1937 年 5 月 9 日），〈籌筆──統一時期〉（一七五），《蔣檔》，典藏號：002-010200-00175-019。

[98] 「孔祥熙致蔣介石石銑二電」（1937 年 5 月 16 日）、「孔祥熙致蔣介石馬二電」（1937 年 5 月 21 日），〈對英外交〉（一），《蔣檔》，典藏號：002-080106-00057-003。

[99] 「蔣介石與卡爾談話紀錄」（1940 年 10 月 14 日）、「蔣介石與卡爾談話紀錄」（1940 年 10 月 16 日）、「蔣介石與卡爾談話紀錄」（1940 年 10 月 31 日）、「蔣介石致郭泰祺佳電」（1940 年 11 月 9 日），〈革命文獻──對英外交：一般交涉〉（一），《蔣檔》，典藏號：002-020300-00039-041、002-020300-00039-042、002-020300-00039-045、002-020300-0039-047；「蔣介石致宋子文冬電」（1940 年 11 月 2 日），〈革命文獻──對美外交：一般交涉〉（一），《蔣檔》，典藏號：002-020300-0028-047。

該合作方案胎死腹中。[100]

　　1941年2月10日，卡爾偕同英國新任駐華武官陸軍少將戴尼斯（Lancelot Dennys）會晤蔣介石，再度討論中英軍事合作辦法。[101] 自此至8月期間，中、英展開一系列會談，雙方爭執的歧異點為日軍先攻擊昆明或新加坡為雙方軍事合作生效的起點。中方要求兩者並列，英方則以為目前對於中日戰爭持中立立場，須待日軍攻擊新加坡引發英日戰爭後才能展開空軍與游擊隊的合作。[102] 隨著日、法在7月交涉並達成軍事協定，日軍進一步進駐法印南部，積極南進的態勢明確，迫使中、英雙方加速洽談合作的壓力。中方派軍事委員會辦公廳主任商震、參謀次長林蔚、航空委員會主任周至柔與英方戴尼斯、空軍武官華甫登等人，於7月24日、30日與8月6日、12日陸續舉行四次會商，最後在中國讓步允許英日開戰後展開軍事合作，雙方達成中英軍事聯合軍事行動協議。[103]

　　中國最後在中英軍事合作成立要件的爭執點上讓步，推測應是蔣介石研判日軍攻擊昆明的機率低於先行攻擊新加坡的可能性。卡爾偕同戴尼斯於1941年2月10日與蔣介石再度展開討論中英軍事合作問題時，蔣介石曾云：「前兩月曾告大使，日軍侵滇之可能性為四成，侵新加坡之可能性則有六成，以今日之形勢觀之，則前者當減為二成，後者當增為八成矣，或者日軍已放棄圖滇，亦未可知也。」戴尼斯於3月18日的會談也明言，據新加坡參謀本部推測，日軍攻擊新加坡的路線，其一為在越南建設軍事根據地，並在泰國與荷印占奪空軍根據地，再進攻新加坡；其二為用海軍登陸新加坡。另也承認日軍由泰國

---

100 徐藍，《英國與中日戰爭（1931-1941）》，頁393-394。

101 「蔣介石與卡爾戴尼斯談話紀錄」（1941年2月10日），〈對英國外交〉（三），《蔣檔》，典藏號：002-080106-00059-004。

102 歷次會談詳情，參見「蔣介石宴請卡爾暨戴尼斯談話紀要」（1941年2月10日），〈對英國外交〉（三），典藏號：002-080106-00059-004；「蔣介石與卡爾談話紀錄」（1941年2月21日），〈革命文獻——對英外交：一般交涉〉（一），典藏號：002-020300-00039-059；「蔣介石與戴尼斯談話紀錄」（1941年4月14日），〈革命文獻——對英外交：一般交涉〉（二），《蔣檔》，典藏號：002-020300-00040-001；「卡爾致蔣介石書」（1941年5月15日），〈對英外交〉（三），典藏號：002-080106-00059-007等。

103 「商震等與戴尼斯舉行中英聯合軍事行動談話四次紀錄」（1941年7月24日-8月12日），〈革命文獻——對英外交：一般交涉〉（二），典藏號：002-020300-00040-005。

向緬甸進攻的可能性甚底,因地形不利復多濃密叢林,行軍異常困難。[104] 故而蔣介石在 7 月 5 日研判日軍直攻滇、緬的可能性甚微,推測日軍應會先攻荷印,再取新加坡,故而同意退讓以促成中英軍事合作的成立。

五、結論

中日戰爭期間,中國先後經由香港、越南、緬甸與印度等地區運輸軍火,維持國際運輸路線為中國持續抗戰的首要之務。日本面對中國採取長期持久戰略,試圖斷絕「援蔣路線」,封鎖中國後勤補給,成為擊敗中國的手段之一。1940 年日本趁英法聯軍在歐洲戰場潰敗之際,壓迫英、法關閉「援蔣路線」,並於 7 月制定「伴隨世界情勢演變的時局處理要綱」,積極推動南進政策。法國迫於日本壓力已於 6 月 20 日中斷滇越鐵路運送援華軍用物資,但日軍於 9 月下旬進駐法印北部,不僅徹底切斷此條國際運輸路線,並讓中國面臨日軍假道侵滇的武力威脅。

中國因應此危機,除了派遣軍隊入滇厚實兵力外,同時出現中國部隊是否開入越境對抗日軍的爭論。雖然顧維鈞一再與維琪法國方面接洽讓華軍安全入越,但蔣介石與徐永昌由軍略與政略視角觀之,均以為華軍入越未能抗擊日軍,在 9 月上旬即已傾向不開入越境,顯示軍政高層與駐外使節因應日軍進駐法印之事的態度差異。未久「德義日三國同盟條約」於 9 月 27 日簽訂,以及日軍自南寧退兵,蔣介石認為日本企圖南進態勢明顯,決定不派部隊入越,但仍派兵到雲南以鞏固滇緬路。至於日軍於 1941 年 7 月進一步進駐法印南部一事,雖然曾傳出日軍欲經由泰國進攻緬甸,切斷滇緬路之傳言,但蔣介石認為該路線氣候與地形皆不利日軍直攻滇、緬,僅為持續由駐外單位關注探悉日軍要求駐軍法印南部的訊息,並未有如前一年積極的因應態度。不過,卻因為此種情勢反而迫使中英軍事合作協議得以繼續洽商,結果由於日本積極南進的態勢,

---

104 「蔣介石與卡爾戴尼斯談話紀錄」(1941 年 2 月 10 日),〈對英國外交〉(三),典藏號:002-080106-00059-004;「蔣介石與戴尼斯談話紀錄」(1941 年 3 月 18 日),〈革命文獻──對外交:一般交涉〉(一),典藏號:002-020300-00039-063。

讓中英雙方均研判日軍進攻滇省可能性低於攻擊新加坡，促成中英軍事合作協議得以成立。

　　大使館為國家派駐國外的機構，使節人員負有獲取情報並向國內報告，以及鼓動駐在國採取有利本國利益的政策措施。由此案例可見，駐法大使館與駐河內、西貢總領事館方面均可謂竭盡所能，克盡厥職。由於日法兩國均嚴防談判訊息外洩，中國駐外機構未能探悉日、法簽訂協定的全貌，但大致仍掌握談判發展的過程並偵獲協議要點，讓中國方面得以較為全面瞭解日軍進駐法印動態與可能假道侵滇的情報，並採取相對的因應措施。

03

軍事動員

軍事動員

王宗山與國民二軍岳維峻的北伐(1927-1928)

陳世局

國史館協修

> 國民二軍失敗後,吳佩孚駐守河南賈魯河一帶,隔斷國民軍與國民革命軍的聯繫,我為了溝通雙方軍情,曾秘密帶著綢製密函,由陝西經天津,然後改搭輪船到南京晉見總司令蔣中正。[01]

一、前言

國民革命軍於 1926 年 7 月誓師北伐,1928 年 12 月東三省易幟,以不到三年的時間完成軍事統一,速度不可謂不快。這段北伐史事在中國國民黨及國防部史政局出版的相關史書中都大書特書國民革命軍如何的勢如破竹,橫掃北

---

01 王宗山口述,卓遵宏紀錄,〈我的回憶〉,《近代中國》,創刊號(1977 年 3 月),頁 82。

洋軍閥；[02] 然已有學者指出：北伐不單純只是一項軍事上的行動，除軍事外，尚有政治、外交、社會等活動，北伐才得以進展十分迅速，國民革命軍如何吸收這些地方軍，以及地方軍如何策應北伐的國民革命軍，較難在上述出版的書籍看出。[03]

有關於地方軍策應北伐之史事，例如劉文島（1893-1967）聯絡唐生智部，曾表示「人皆謂我為唐孟瀟代表，其實與其謂我為代表唐氏，實不如謂為黨員為黨之活動為宜」；又如蔣作賓（1884-1942）在北伐前就在兩湖與江西之間活動，國民政府特委為湖北宣撫使；又如策動江西督軍方本仁（1880-1953）分化贛軍，國民政府於1926年8月21日任命方本仁為國民革命軍十一軍軍長；[04] 又如熊式輝（1893-1974）策動贛軍第四師賴世璜（1889-1927）歸付國民革命軍；[05] 又如四川籍國民黨人謝持（1876-1939）聯絡四川軍人但懋辛（1886-1965），使四川省軍事實力人物參加北伐。[06] 上述地方將領歸附國民革命軍，就國民革命軍而言，「不啻增強革命北伐之力量」。所以國民革命軍出師之後，進展迅速，半年之內，連下湖南、湖北、江西、福建四省。[07]

1927年國民革命軍北伐推進至長江流域時，位於華北的國民軍是否傾向支持國民革命軍極具關鍵性。國民軍主要有第一軍（馮玉祥）、第二軍（胡景翼、岳維峻）、第三軍（孫岳），就相關史料所載，國民國第一軍（以下簡稱國民一軍）馮玉祥身邊早已有國民黨籍的于右任、李烈鈞、徐謙等人在其左右；[08]

---

02 陳訓正纂修，《國民革命軍戰史初稿第一輯（1-3冊）》（未載明出版項，1952年）；國防部史政局編，《北伐戰史（1-4冊）》（臺北：國防部史政局，1959年）。

03 劉維開，〈評介兩部關於北伐戰爭的書籍〉，收入張玉法主編，《中國現代史論集‧第七輯護法與北伐》（臺北：聯經出版事業公司，1982年），頁260-261。

04 林德政，〈北伐初期國民革命軍與孫傳方之間的和與戰〉，《成大歷史學報》，第17號（1991年6月），頁222-223。

05 余以澄，〈贛政十年——熊式輝在江西的權力建構與核心幹部探析〉，《國史館館刊》，第79期（2024年3月），頁11；吳相湘，《民國百人傳》，第四冊（臺北：傳記文學出版社，1979年），頁154。

06 段干木，〈一部勘誤求是撥亂反正的力作「聯俄容共與西山會議」〉，《傳記文學》，第81卷第6期（2002年12月），頁99；丁爻，〈革命的推手——開國元老丁惟汾先生〉，《傳記文學》，第105卷第4期（2014年10月），頁37。

07 王正華，《國民政府之建立與初期成就》（臺北：臺灣商務印書館，1986年），頁355、387。

08 劉鳳翰，〈馮玉祥與北伐〉，《中華軍史學會會刊》，第2期（1997年5月），頁455-502。

至於國民軍第二軍（以下簡稱國民二軍）胡景翼政治傾向較偏中國國民黨，然在 1925 年 4 月胡景翼過世後，岳維峻（1883-1932）接手國民二軍，在岳維峻帶領下的國民二軍是否繼續傾向中國國民黨而不偏向中國共產黨、以及如何策應北伐的國民革命軍，在相關史書中記載偏少亦較零散。國民二軍的兵力雖不如馮玉祥的國民一軍，但國民二軍勢力以河南、陝西為主，位居中原，地理位置相當重要，尤其在 1927 年 4 月寧漢分裂時，南京國民政府若能掌握國民二軍勢必會對武漢國民政府形成一定程度的牽制，其重要性不言而喻。故本文以國民二軍策應北伐為主要的撰述範圍。

在以國民革命軍為敘事主軸的脈絡下，北方親國民革命軍的地方軍如何策應北伐，而在策應北伐的過程中，是順境抑或是困境，不易被注重；在華北地區對廣東國民政府較為友善的是國民二軍，在策應北伐的過程卻是遇到不少困境。國民二軍所存史料不多，本文擬透過國史館典藏之《蔣中正總統文物》、《閻錫山史料》等資料，同時旁及相關人物資料，透過這些史料了解國民二軍岳維峻策應北伐的過程及所遭遇之困境。本文的章節架構，除前言結論外，第二章講述國民二軍岳維峻如何從兵敗被俘及再起的過程，第三章是國民二軍岳維峻在 1927 年加入北伐的第一個難題就遇到寧漢分裂，王宗山如何協助岳維峻與南京國民政府取得聯繫，及加入北伐後有何策應的作為。第四章是論述岳維峻參與北伐過程，與馮玉祥的第二集團軍發生衝突，導致岳維峻選擇脫離第二集團軍，接受蔣中正南京政府的裁兵編遣。

二、岳維峻從兵敗到再起

國民二軍軍長胡景翼（1892-1925）不幸於 1925 年 4 月病逝，病榻前指定由岳維峻接任國民二軍軍長。岳維峻早年即與胡景翼認識，1911 年胡景翼與岳維峻等數十人共同密謀反清起義。胡景翼 1914 年留學日本，加入浩然廬（黃興等人在東京郊外創辦的軍事學校的代名），並經陝西省籍革命人士于右任（1879-1964）、井勿幕（1888-1918）之介紹認識孫文。1914 年秋，胡景翼返國回陝西，進入陳樹藩教導營當學生，岳維峻亦在此教導營；討袁時，胡景

翼與國民黨的河北省籍孫岳（1878-1928）、山西省籍的續西峰（1880-1926）、續範亭（1893-1947）、李岐山，福建省籍的何遂（1888-1968），陝西省的井勿幕、劉守中（1888-1941）、岳維峻，甘肅省籍的鄧寶珊（1894-1968）等人，組成了「共學團」。1917年12月胡景翼與岳維峻等人在陝西三原組織「靖國軍」，響應孫文（1866-1925）「護法」的號召，當胡景翼任靖國軍第四路司令時，岳維峻即為其部屬，岳維峻先後任暫編陝西陸軍第一師旅長、國民二軍第二師師長；1918年6月，于右任任靖國軍總司令，其下有岳維峻、鄧寶珊、李虎臣（雲龍）、李紀才、史可軒、蔣世傑、田玉潔、馮子明等將領。這些人日後皆成為國民二軍的骨幹，正如以後于右任所指出的「國民二軍，原本是陝西靖國軍脫胎的」[09]，由上述可知，其一是胡景翼在陝西從事革命工作，岳維峻即為其長久且信任的革命伙伴，故胡景翼在臨終前，才會將國民二軍的軍長指定由岳維峻接任；其二，國民二軍的淵源與國民黨有較密切的關係，故其政治態度是傾向國民黨的。

　　1925年2月陝西劉鎮華（1883-1955）、憨玉琨（1888-1925）與胡景翼、孫岳爭奪為河南省之地盤，爆發胡憨之戰。4月2日憨玉琨兵敗自殺。[10] 戰後，名義上河南是國民二軍及國民三軍的勢力範圍，但國民二軍直接控制的地區，僅有隴海鐵路沿線及京漢鐵路鄭州至信陽沿線兩旁的地帶；國民三軍則駐防豫北大部分地區；其友軍米振標（1860-1928）的毅軍則駐防豫東；另一友軍建國豫軍樊鍾秀[11]則駐防豫中魯山、寶豐一帶。不幸，同年4月10日胡景翼因病去世，胡景翼臨終前指定由岳維峻為其繼任人選，4月24日臨時執政段祺瑞任命岳維峻署理河南軍務督辦。[12]

　　岳維峻在繼任國民二軍軍長的初期階段，基本上尚能執行胡景翼所制定的

---

09 王宗華、劉曼榮，《國民軍史》（武漢：武漢大學出版社，1996年），頁9-10；劉敬忠、田伯伏，《國民軍史綱》（北京：人民出版社，2004年），頁19。

10 劉敬忠、田伯伏，《國民軍史綱》，頁94；王宗華、劉曼榮，《國民軍史》，頁54。

11 樊鍾秀（1888-1930）「公認為是老國民黨人，亦是孫中山先生的朋友和擁護者，他表現傲慢自大，不願服從任何人」。亞・伏・布拉戈達托夫著，王啟中、周祉元譯，《蘇俄在華軍事顧問回憶錄（第八部）》（臺北：國防部情報局，1979年），頁89。

12 劉敬忠、田伯伏，《國民軍史綱》，頁98、101；王宗華、劉曼榮，《國民軍史》，頁56。

政策；由於受到李大釗及國民黨籍于右任、劉允臣、柏文蔚等人的影響，對蘇聯也是持開放態度；例如 1925 年 4 月 27 日岳維峻致函蘇聯政府，請求對國民二軍繼續實行以往的政策，請求派遣顧問並給予其軍事援助，同年 6 月 21 日蘇聯派遣顧問組到達開封。但到了同年秋冬之際，岳維峻逐漸受到陝西同鄉王宗山、溫良儒[13]以及國會議員馬驤[14]等人所影響，並且重用這批人，所以岳維峻在河南執政後期，在政治上日益傾向中國國民黨、遠離中國共產黨，例如在 1925 年 10 月底禁止中國共產黨在河南公開發行的《中州評論》；[15]又鎮壓工會活動，出示布告禁止赤化宣傳；對於在國民二軍中工作的蘇聯顧問也頗多批評。[16] 隨著岳維峻態度的轉變，蘇聯對國民二軍開始失望，並減少了原本規劃對國民二軍援助的軍火武器數量。[17]

由於河南省地理位置的緣故，是較難防禦的省份，即俗稱四戰之地，當時岳維峻面臨，東面有張宗昌和孫傳芳部隊的威脅，南面有吳佩孚部隊的虎視眈眈，加上北面的山西閻錫山，均對河南的國民二軍持敵對的立場。[18] 一旦發生戰事，則四面受敵，立足不易。[19] 對此，胡景翼與岳維峻也有一定的認識，於是在執政河南省期間，逐漸擴張軍隊。國民二軍最初只有胡景翼 1 個師的兵力，到 1925 年 4 月胡景翼去世前，已發展到 3 個師、6 個團的兵力。胡景翼自兼第

---

13 溫良儒，字天緯，陝西三原人。1923 年畢業於北京大學政治系。歷任河南安陽及陝西勉縣、南鄭等縣縣長，以及陝西省政府參議。

14 馬驤（1886-1964），陝西省商洛市丹鳳縣龍駒寨人，1904 年（清光緒 30 年）進入陝西高等學堂讀書，翌年加入同盟會。1910 年（宣統二年）在西安健本學堂任教，返鄉組建同盟會商州分會。辛亥革命後，被選為省議會議員。1913 年 4 月，第一屆國會在北京開幕，馬驤為眾議院議員。袁世凱解散國會，他東渡日本面謁孫文，被委陝西招討副使。1917 年，孫文成立護法軍政府時，任大元帥府參事。1922 年黎元洪恢復國會時，馬任眾議院全院委員長。1925 年岳維峻更是倚以左右手，在河南督署方面，隱然處於秘書長地位。

15 劉敬忠、田伯伏，《國民軍史綱》，頁 275。

16 王勁，《鄧寶珊傳》（蘭州：蘭州大學出版社，1988 年），頁 70。

17 蘇聯對國民二軍寄予希望，直至 1926 年 3 月初國民二軍在河南兵敗潰散，蘇聯顧問撤回北京。劉敬忠、田伯伏，《國民軍史綱》，頁 127-128；王宗華、劉曼榮，《國民軍史》，頁 122

18 亞・伏・布拉戈達托夫著，王啟中、周祉元譯，《蘇俄在華軍事顧問回憶錄（第八部）》（臺北：國防部情報局，1979 年），頁 77。

19 陳文釗、田維勤、王為蔚等將領本是直系，胡景翼仍加以收容，但陳文釗等人唯利是圖，若胡景翼不死，或者可相安無事，由於岳維峻作風與胡景翼不同，故此次攻魯，陳文釗、田維勤、王為蔚等部倒戈。陳森甫，《細說西北軍》（臺北：德華出版社，1977 年），頁 323

一師師長（下轄李紀才第二旅、李雲龍第三旅、馮毓東（子明）第四旅、李培薹第五旅、弓富魁騎兵旅、羅傅齡砲兵團）；第二師師長岳維峻駐防河南（下轄鄧寶珊旅、蔣世傑旅、劉佩榮砲兵團）；第三師師長田玉潔駐防陝西（下轄黨廷佑旅、王文秀旅）；此外，尚有1個教導團、5個補充團等。岳維峻接手國民二軍軍長半年時間內，國民二軍擴充到11個師、13個混成旅、12個補充團，兵力號稱「達20萬人」；但由於擴編太快，訓練不足，軍隊素質不高，種下後來在1926年3月兵敗的遠因。[20]

（一）兵敗被俘

1925年11月馮玉祥（1882-1948）試圖掌握北京政權，拉攏奉軍郭松齡（1883-1925）倒戈，不料，張作霖靠日本的援助，打敗倒戈的郭松齡。原本奉系張作霖與直系吳佩孚（1874-1939）處於敵對狀態，但奉系為報倒戈之恨，打擊國民軍，於是聯合在1924年10月被馮玉祥倒戈的直系吳佩孚，吳佩孚宣稱對奉軍化敵為友，只與馮玉祥一人為敵；而奉系張作霖認為郭松齡倒戈，是郭松齡受馮玉祥之拉攏影響，也稱只與馮玉祥一人為敵。[21]於是奉系與直系聯手向國民軍馮玉祥進軍攻擊。直系吳佩孚從湖北省進軍北上，首當其衝的正是位於河南的國民二軍岳維峻。岳維峻派蔣士傑率第十一師進駐信陽，以加強豫南的防禦；[22]同時，岳維峻也派主力支援國民一軍進攻山東、直隸等省。[23]

之後，國民二軍進攻山東失利，軍事力量受到重創。1926年2月26日岳維峻在鄭州召集軍事會議，商議應變之策；惟，各部將領意見不一，會議進行了三天，竟未達成共識；岳維峻決定分兵撤退，各部自行其是；例如李雲龍部退往陝西；李培薹、鄭思成、史可軒、高桂滋等旅於3月1日沿京漢線退往直隸；

---

20 王宗華、劉曼榮，《國民軍史》，頁58。
21 陳森甫，《西北軍建軍史》（臺北：文翔出版社，1976年），頁92。
22 國民二軍中有一師，由蔣世傑師長率領，堅守信陽達四十天，箝制吳佩孚，使國民革命軍北伐以順利打倒吳佩孚，蔣師長對於北統一可說有很大的貢獻。王宗山，〈我的回憶〉，《近代中國》，創刊號（1977年3月），頁82。
23 劉敬忠、田伯伏，《國民軍史綱》，頁276。

3月1日岳維峻率國民二軍大部退往豫西，沿途遭受到地方民團紅槍會的截擊，3月2日直系靳雲鶚部占領鄭州；3月4日直系寇英傑部與靳部會師；岳維峻乘火車逃至洛陽；3月5日晉軍突然攻占石家莊，因此，北上退入直隸的國民二軍諸部的北上道路被切斷；另原在黃河北岸駐防的弓富魁部轉戰津浦線與國民一軍會合；此時，岳維峻認為退陝較為有利，但劉鎮華的鎮嵩軍已攻占潼關、王振部占據函谷關，斷絕了國民二軍西去的退路；3月6日國民二軍在陝州、靈寶遭紅槍會及劉鎮華部擊潰，所部將領馮子明、胡景銓等被擊斃；直系田維勤部攻入鄭州，國民二軍在3月7日全數潰散；少數殘部，如李雲龍化裝逃回陝西；其餘七、八萬兵力均被繳械，或被直軍收編，或四處潰散；而岳維峻隻身渡過黃河逃入山西省，竟被晉軍俘獲，閻錫山將之拘留於太原；[24] 至此，國民二軍已形同解體。

（二）釋放回陝與重拾舊部

岳維峻兵敗被俘後，能被釋放回陝西並且重拾二軍舊部，關鍵在於國民一軍馮玉祥。

1926年3月國民二軍岳維峻兵敗被俘，同年4月至8月國民一軍與奉直聯軍的南口戰役，同樣是兵敗撤往西北。[25] 同年9月馮玉祥從蘇聯返國，9月17日於五原誓師，將原國民一軍、二軍、三軍，組成國民軍聯軍，以響應廣州國民政府的國民革命北伐；馮玉祥糾合國民一軍舊部，由甘援陝，合力擊潰圍困陝西西安的劉鎮華部，於1926年11月27日解西安之圍。此役有二個意義：其一，自辛亥革命、護法、靖國軍以來，西安和廣州遙遙相應，一直是革命的南北二大據點，陝軍堅困守城確保西安據點，最後能擊潰劉鎮華部，削弱直系，與北伐軍相呼應，這對於北伐軍事的進展有著頗大的關係。其二，是岳維峻被釋放，原本被山西閻錫山軟禁的岳維峻，閻錫山考慮國民軍已有能力收復西安，

---

24 王勁，《鄧寶珊傳》，頁69；劉敬忠、田伯伏，《國民軍史綱》，頁279。
25 張樾亭，〈國民軍南口戰役親歷記〉，收入中國人民政治協商會議全國委員會文史資料研究委員會編，《文史資料選輯・第十八冊・第五十一輯》（北京：中國文史出版社，1986年），頁100-113。

又與廣州國民政府有聯繫，加上當時廣州國民革命軍的北伐已勢如破竹逼近長江流域，閻錫山為了向馮玉祥示好，於 1927 年 1 月釋放岳維峻回陝西。[26]

當西安解圍後，于右任先馮玉祥赴陝西，計畫重新整編散落在陝西境內的國民二軍、三軍各部。然，馮玉祥不願于右任在陝西掌握軍政大權，於是電鄧寶珊（1894-1968）為二軍總司令，鄧以岳維峻尚在，故反對；另外，陝西省籍的史可軒、甄春山等將領急推于右任為二、三軍總司令，以與馮玉祥對抗，于右任表示同意決定就職。馮玉祥有鑒於此，為鞏固其在國民軍一軍、二軍、三軍的地位並排除于右任之勢力，遂採用以下作法：

首先，決定對國民軍各部進行整頓改編。1927 年 1 月 19 日馮玉祥致電于右任「……廢去從前二、三軍名號，以化除畛域」；2 月 17 日馮玉祥通令全軍「現本軍部隊眾多，所有前稱國民軍第一、二、三、五軍等名目應即一律取消，悉按新編制辦理」。馮玉祥對國民軍的整編，使各部在形式上基本統一起來，但是，取消國民軍各軍名號的作法，引起了另一個問題，即加深其他各軍領導人對原國民一軍的猜疑，這在一定程度上加深了國民軍諸軍之間的猜疑和矛盾，埋下日後國民軍一軍與二軍三軍之間的衝突。[27]

其次，馮玉祥深恐于右任重回陝西，可能會控制陝西軍政大權，進而影響國民一軍在陝西的發展。[28] 於是馮玉祥由甘肅趕往西安，派人邀岳維峻會晤，馮玉祥任命岳維峻為國民軍聯軍南路總司令，讓岳維峻收集在陝西的國民軍二、三軍舊部，在鄠縣、富平、柞水一帶集中待命。[29] 1927 年 4 月 9 日，武漢國民政府將馮玉祥所指揮的國民軍聯軍改編為「國民革命軍第二集團軍」，並任命馮玉祥為國民革命軍第二集團軍總司令，馮玉祥將所屬部隊分七個方面編

---

[26] 「榆林井岳秀鎮守使電閻錫山稱岳維峻已於十日平安抵榆林」（1927 年 1 月 10 日），〈北伐北方黨政軍之運用案（一）〉，《閻錫山史料》，國史館藏，典藏號：116-010101-0040-027-001。

[27] 劉敬忠、田伯伏，《國民軍史綱》，頁 398-400。

[28] 王捷三，〈南路軍始末〉，《陝西文史資料·第二十三輯》，收錄於「陝西省文史資料數據庫」，網址：http://www.sxlib.org.cn/dfzy/wszl/sxswszlsxg/jsl_5171（2024/6/16 點閱）。

[29] 劉敬忠、田伯伏，《國民軍史綱》（北京：人民出版社，2004 年），頁 404。李泰棻，《近代中國史料叢刊第六十六輯·國民軍史稿》（臺北：文海出版社，1971 年），頁 330；王禹廷，〈胡景翼與國民二軍（下）〉，《中外雜誌》，第 20 卷第 1 期（1976 年 7 月），頁 107。

組：1、中央軍由馮玉祥親自指揮，駐紮在靈寶、潼關、華陰一帶，經洛陽向鄭州前進；2、東路軍由劉鎮華任總司令，擬定由孟津渡河，向直隸京漢路方向前進；3、南路軍由岳維峻任總司令，駐防在盧氏、雒南間，經洛寧向洛陽前進；[30] 4、右路軍由孫連仲（1893-1990）任總司令，經南陽向鄭州前進；5、左路軍由徐永昌（1887-1959）任總司令，由陝北磧口渡河，經太原出娘子關；6、北路軍由宋哲元（1885-1940）任總司令，於指定地點待命；7、其餘未動員部隊，於原駐防地，候令出動。[31]

雖然岳維峻於 1926 年兵敗被俘，但對國民二軍而言，岳維峻具有相當的號召力，原因之一，岳維峻是二軍胡景翼的指定接辦人；原因之二，岳維峻是陝西人，馮玉祥雖是國民軍而且擊潰劉鎮華部，解了西安之圍，但馮本人及其所屬將領大多不是陝西省籍；胡景翼、岳維峻都是陝西人，國民二軍與陝西省有較強的地域聯結。

因此，岳維峻能夠再起，首先是本身對陝西境內的國民二軍舊部仍具有號召力外，也由於岳的復出，亦間接使當時「駐咸陽二、三兩軍有反對馮玉祥之意」，才未有實際的反馮行動。[32] 其次是，馮玉祥深恐于右任占陝西省，影響國民一軍的發展，於是推出岳維峻重拾國民二軍舊部。這個作法確實收效，不僅能排擠于右任亦能拉攏國民二軍之軍心，包括陝西省將領井岳秀（1878-1936）等人表示「對時局誓願追隨公[按：岳維峻]後一致動作」。[33]

綜合本節所述，岳維峻自接任國民二軍軍長後，雖力圖站穩河南的統治地位，但不幸，兵敗被俘；半年之後，靠著國民一軍馮玉祥收復西安，閻錫山釋放岳維峻回陝西，馮玉祥拉攏岳維峻重新糾合國民二軍舊部，參與馮玉祥領導的國民軍聯軍，加入北伐的行列。

---

30 南路軍，以新由晉脫險歸來之岳維峻為總司令，率原有之「國民軍」二軍各部五萬人，如鄧寶珊、李虎臣、楊虎臣等，集中於漢中，由東入豫西。簡又文，《馮玉祥傳》，下冊（臺北：傳記文學出版社，1982 年），頁 270。

31 王宗華、劉曼榮，《國民軍史》，頁 335。

32 「關福安電閻錫山據報咸陽二三兩軍有反對馮玉祥之意尚未舉動」（1927 年 4 月 9 日），〈北伐吳部解體與奉軍入豫案（二）〉，《閻錫山史料》，國史館藏，典藏號：116-010101-0037-083-0401。

33 「井岳秀電閻錫山已赴三原轉達岳維峻秀願隨公後一致動作」（1927 年 6 月 1 日），〈北伐北方黨政軍之運用案（二）〉，《閻錫山史料》，國史館藏，典藏號：116-010101-0041-040-001。

三、選擇南京或武漢政府

　　岳維峻回到陝西後，加入馮玉祥之國民軍聯軍。不久，1927年4月蔣中正發動四一二清黨，馮玉祥之國民軍聯軍仍擁護於1926年11月11日成立的武漢國民政府，接受改編為國民革命軍第二集團軍；但是，岳維峻因為1925年在河南執政期間與蘇聯顧問接觸的經驗，加上受陝西同鄉王宗山等人之影響，並不認同武漢政府的親共作為，反而是認同南京政府的反共清黨。同年4月18日南京國民政府正式成立，並推選胡漢民（1879-1936）為主席，軍事委員會和總政治部也陸續成立，總政治部主任為吳敬恆（1865-1953），副主任為陳銘樞（1889-1965），公開否認武漢政府的合法地位。武漢方面亦於同時以國民政府主席汪兆銘（1883-1944）的名義，下令撤去國民革命軍總司令蔣中正職務，另以馮玉祥為國民革命軍總司令。[34]

　　由於國民黨因寧漢分裂成兩派，南京與武漢雙方都極力尋求馮玉祥國民一軍的支持。1927年4月18日南京政府成立時，蔣中正即設法拉攏馮玉祥，派彭程萬（1870-1978）為其代表，常駐西安，積極作拉攏馮玉祥的工作；蔣中正也透過馮玉祥駐南京的代表李鳴鐘（1886-1949）、毛以亨（1895-1968）進行拉攏馮玉祥的活動。[35]原屬國民二軍系統的岳維峻，此時亦極具關鍵，便何況國民二軍自胡景翼以來，就與國民黨有一定程度的關聯，由於南京政府的「清黨」，與共黨畫清界線這樣的作法，與岳維峻的政治態度是較為相近。此時，岳維峻在陝豫地區，能與總司令蔣中正直接對話，且深受蔣中正信任的，即是岳維峻的陝西同鄉王宗山。[36]

34　李宗仁口述，唐德剛撰寫，《李宗仁回憶錄》（香港：南粵出版社，1986年），頁306。

35　毛以亨帶者蔣中正和吳稚暉等人的信和密電本回到部，為蔣中正拉攏馮玉祥效勞。薛立敦（James E. Sheridan）著，丘政權、陳昌光、符致興譯，《馮玉祥的一生（Chinese Warlord : The Career of Feng Yü-hsiang）》（杭州：浙江教育出版社，1988年），頁255；王宗華、劉曼榮，《國民軍史》，頁341；毛以亨，《俄蒙回憶錄》（臺北：新銳文創，2021年），頁272-273。

36　岳維峻在陝重振之時，雖歸馮玉祥節制，但他洞察時勢，心向中央，曾密遣代表王某，繞道進京，晉謁總司令蔣中正，報告部隊狀況，申述效忠中央的誠悃。王禹廷，〈胡景翼與國民二軍（下）〉，《中外雜誌》，第20卷第1期（1976年7月），頁107。

（一）牽線者王宗山

岳維峻與王宗山兩人是在 1925 年為黃埔招生而結識。當時是 1925 年黃埔軍校蔣中正為了擴大黃埔軍校的招生，王宗山奉命率教官鄒競前往河南，在開封招考軍校第四期學生。黃埔軍校到外埠招考，這不是首次，早在軍校初成立時，孫文就以革命事業為全國人民所共同奮鬥的目標，應由全國愛國青年共同完成，就暗中派人到各省分批招考優秀青年，到黃埔軍接受革命的薰陶。當時華北一帶為馮玉祥的勢力範圍，馮玉祥自領國民一軍，國民二軍為胡景翼，國民三軍為孫岳；而駐守開封的是國民二軍岳維峻的部隊；岳維峻最初只允許招考學生 500 人，經王宗山幾度磋商力爭，才給招足千餘人；[37] 黃埔第四期學生於 1925 年 7 月至 1926 年 1 月，分 7 批入校。由於是陝西同鄉的緣故，岳維峻與王宗山關係逐漸密切。

而王宗山為何受蔣中正信任。則是在 1923 年王宗山自美國留學回到中國，暫時住在上海胡漢民的一位親戚林業明（煥庭）的家裏，當時國民黨本部設在上海法租界環龍路 44 號，主持黨務工作的謝持（1876-1939）以廣州大元帥府正籌組「孫逸仙博士代表團」，需要一名英文秘書，便推薦王宗山擔任這個職務，同年 8 月 16 日與蔣中正等人同赴俄考察。[38] 在蘇俄考察期間，兩人成為莫逆之交，蔣中正視王宗山為革命伙伴，王宗山就成為蔣中正信任之人。王宗山從俄國回來後，蔣中正邀王宗山一起籌辦黃埔軍校；黃埔軍校第一期招生考試時，國文試題由王柏齡（1889-1942）命題，數學試題由王宗山負責；黃埔軍校成立後，王宗山擔任校長辦公室的西文秘書兼中校政治教官；[39] 黃埔軍校第一期學生訓練結業後，就把全體師生組成兩個教導團，第一團團長是何應欽

---

[37] 王宗山（1897-1977），陝西省醴泉縣人，1919 年赴美留學，先就讀威斯康辛大學政治經濟系，第二年轉入華盛頓特區喬治亞城大學，1922 年獲政治經濟學學士學位，被聘為廣州革命政府派駐美國華盛頓聯絡處處長馬素的秘書，並經馬素的介紹在華盛頓加入中國國民黨；又經馬素的介紹到加拿大多倫多張子田所辦的《醒華日報》擔任總主筆，1923 年才回國，《醒華日報》之業務由黃季陸、程天放、賴景瑚接辦。王宗山，〈我的回憶〉，《近代中國》，創刊號（1977 年 3 月），頁 78-79。

[38] 王宗山，〈我的回憶〉，《近代中國》，創刊號（1977 年 3 月），頁 78-79。

[39] 王鳳翎編輯，《中央陸軍軍官學校史稿（西元一九二四年-一九三四）》，第 1 冊（臺北：龍文出版社，1990 年），頁 1-206

（1890-1987），第二團團長是王柏齡，王宗山擔任教導團第一團黨代表。[40] 顯見王宗山已是蔣中正的革命工作重要伙伴之一。

1925 年王宗山招募黃埔第四期學生陸續到南方後，王宗山並未回到南方，仍然留在河南，主因是國民黨已能在河南活動。因為在 1925 年之前，國民黨在河南一帶受到吳佩孚的壓迫下，幾乎不能活動，直到 1925 年國民二軍胡景翼和國民三軍孫岳進駐河南後，國民黨才得以公開活動，同年 5 月 27 日國民黨河南省第一次全省代表大會在開封舉行，正式組織了國民黨河南省黨部，這是繼國民黨廣東省黨部之後正式成立的第二個省黨部，至同年 10 月，河南國民黨員已達 3,000 人，在華北地區係屬首位。[41] 因此，王宗山就一直留在河南從事策動北方軍人歸向中央，為日後國民革命軍北伐做舖路工作。[42] 同時，也就持續與岳維峻保持一定的關係。

1927 年 4 月 18 日南京國民政府成立後，岳維峻為取得與南京政府的國民革命軍總司令蔣中正取得聯繫，便找上近年一直在河南活動的王宗山，由於王宗山先前為了黃埔招生事，即與岳維峻熟識，而且王宗山也曾擔任國民革命軍總司令蔣中正的秘書，是蔣中正信任之人。岳維峻雖因為馮玉祥之關係，接受武漢國民政府第二集團軍的編制，然，岳維峻本身是反共、傾向南京國民政府，為了溝通雙方軍情，於是請王宗山「秘密帶著綢製密函，由陝西經天津，然後改搭輪船到南京晉見總司令蔣中正，報告國民二軍之軍情」；目前此封密函內容雖未可知；[43] 但保守推論應是：岳維峻雖接受武漢政府第二集團軍之編制，但仍服從南京政府，願在陝西河南一帶策應國民革命軍北伐；蔣中正看到密函，向王宗山面授機宜後，王宗山「又奉命再赴北方，宣達中央意旨」。[44]

---

40 王宗山，〈我的回憶〉，《近代中國》，創刊號（1977 年 3 月），頁 81-82。

41 王宗華、劉曼榮，《國民軍史》（武漢：武漢大學出版社，1996 年），頁 73。劉敬忠、田伯伏，《國民軍史綱》（北京：人民出版社，2004 年），頁 115-116。

42 王宗山，〈我的回憶〉，《近代中國》，創刊號（1977 年 3 月），頁 82。

43 雖然這封密函目前不可得，但從相關史料的記載，應該是存在過的，在岳維峻電閻錫山的電文中，就曾提及「……峻呈蔣總司令一電文曰，南京蔣總司令介石同志勛鑒，王同志宗山迭轉惠書，敬聆一是，郵電多障稽覆為歉。……」可見岳維峻確實透過王宗山與蔣中正取得聯繫。「岳維峻電閻錫山共產黨搗亂狂悖之行令人髮指」（1927 年 7 月 9 日），〈北伐清黨始末與國府遷寧案〉，《閻錫山史料》，國史館藏，典藏號：116-010101-0035-085-001。

44 王宗山，〈我的回憶〉，《近代中國》，創刊號（1977 年 3 月），頁 82。

（二）加入北伐會師鄭州

　　1927 年 4 月 9 日，武漢國民政府將馮玉祥所指揮的部隊改編為「國民革命軍第二集團軍」，並任命馮玉祥為國民革命軍第二集團軍總司令，雙方電商決定聯合北伐；4 月 19 日武漢國民政府誓師北伐，20 日大軍出發，沿京漢路北上。[45] 5 月 1 日馮玉祥在西安宣誓就職。[46] 馮玉祥定三路出師，分向鄂、豫、晉、綏等四省進展，當時軍隊之分配：1、中路軍由馮玉祥自兼，進中河南之閺鄉一帶，沿隴海路直向陝洛進展，並令師長孫連仲率所部及馮治安第四師、韓德元第五師、張耀樞第十六路等為右路軍，進出紫荊關、向老河口、南陽一帶進展，而軍長徐永昌率所部及左路軍假道山西，直趨石家莊；2、以岳維峻為南路軍總司令，督率原國民二軍留陝各部，由鰲屋、鄠縣、富平、柞水一帶集中；3、以宋哲元為北路軍總司令，進中所部於寧夏，東聯綏遠南京，進出察、熱，待命進攻。[47]

　　1927 年 5 月 6 日第二集團軍出師潼關，8 日占陝州。南路軍方面，岳維峻於 5 月 7 日統率第十一路李雲龍、田文潔、緱天保、胡景銓、丑秀山等部，準備軍需，擬由陝南赴河南攻隴海路奉軍之側背；[48] 同年 5 月 12 日岳維峻率南路軍共 4 個師，另 9 個獨立旅，共 6 萬人，由紫荊關出南陽。[49]

　　5 月 15 日第二集團軍抵洛陽附近；5 月 26 日克復洛陽；5 月 28 日到達河南南陽，30 日進至鄭州附近，6 月 1 日克復鄭州，6 月 4 日遂與由京漢路北進之唐生智軍會師於鄭州，開啟了北伐軍會師中原的局面。[50]

45　劉敬忠、田伯伏，《國民軍史綱》，頁 400。

46　王宗華、劉曼榮，《國民軍史》，頁 333。

47　馮玉祥，《馮玉祥自傳》（北京：軍事科學出版社，1988 年），頁 100。

48　「閻錫山電北京李慶芳稱岳維峻日前確受馮玉祥任命為南路總司令」（1927 年 5 月 7 日），〈北伐西北軍東進案〉，《閻錫山史料》，國史館藏，典藏號：116-010101-0039-086-001。

49　「我右路軍孫連仲所部於九日攻破淅川正向南陽前進中岳總司令出關」（1927 年 5 月 16 日），〈北伐西北軍東進案〉，《閻錫山史料》，國史館藏，典藏號：116-010101-0039-117-001。

50　李泰棻，《近代中國史料叢刊第六十六輯・國民軍史稿》（臺北：文海出版社，1971 年），頁 393-394；國防部史政局編，《北伐戰史（三）》（臺北：國防部史政局，1959 年），頁 666、747。

6月10日馮玉祥、唐生智發起鄭州會議，武漢黨政軍要人譚延闓、汪兆銘、徐謙、孫科、顧孟餘、唐生智及北伐軍將領全部列席，決定：1、成立河南、陝西、甘肅三省政府，以馮玉祥為河南省主席，于右任為陝西省主席，劉郁芬為甘肅省主席；2、組織開封政治分會，以馮玉祥為主席，指導陝、甘、豫三省政務；3、軍事方面隴海路以北，京漢路以東，由第二集團軍負責，第二集團軍改路為軍，第二集團軍擴編為九個方面軍（其中第五方面軍的總指揮為岳維峻，即原國民二軍，包含：第一師師長蔣世傑、第二師師長衛定一、康保傑旅、何金昇旅、張德樞旅、丑彥傑旅、胡景銓旅）；[51] 4、武漢的北伐軍全部回師，籌劃鎮壓長江上游，河南省北伐東進的軍事，完全由第二集團軍負責。[52] 武漢方面策動「鄭州會議」的目的有三：第一、為回防武漢防範共黨，因中共密謀已露，不得不防；第二在重行部署所謂「東征」南京政府之計畫；第三、汪兆銘的武漢政府為拉攏馮玉祥將軍事大權交給了馮玉祥。[53] 武漢方面以河南地盤給馮玉祥，固然希望馮玉祥沿隴海路東進，而武漢北伐軍則順長江而下，如此，便可一舉囊括東南；熟料馮玉祥並未如其所願，且馮玉祥在陝西時，對共產黨已深感不滿而屢加抑制；故，馮玉祥對這次鄭州會議，「僅漫應之」，使武漢政府的將領殊感失望；不出數日，馮玉祥取得河南地盤後，也答應南京政府的國民革命軍總司令蔣中正之約，出席徐州會議。[54]

同一時間，南京政府的北伐軍在津浦路上打敗孫傳芳和張宗昌，於6月2日占領徐州。[55] 鄭州會議結束後，蔣中正亦電邀馮玉祥到開封會晤。經過數日電報往返，蔣、馮二人確定6月20日在徐州舉行會晤。當日馮玉祥赴徐州開會，總司令蔣中正與李石曾、戴季陶、胡漢民、李烈鈞、張人傑、李宗仁、白

---

51 鄭州會議後，6月12日開黨政軍聯席會議追認，議決關於軍事方面，隴海路以北，平漢路以東歸馮玉祥總司令負責，唐總指揮生智所部則撤回武漢整補，馮玉祥之各路軍均改編為軍，第一方面軍，任孫良誠為總指揮，第二方面軍（河南省反正各部隊）以靳雲鶚為總指揮，第三方面軍以方振武為總指揮，第四方面軍以宋哲元為總指揮，第五方面軍以岳維峻為總指揮；第六方面軍（在陝境各軍）以石敬亭為總指揮，第七方面軍（在甘肅各軍）以劉郁芬為總指揮；第八方面軍（鎮嵩軍歸降各部）以劉鎮華為總指揮。國防部史政局編，《北伐戰史（三）》（臺北：國防部史政局，1959年），頁750-751。
52 陳森甫，《西北軍建軍史》，頁116、119。
53 王宗華、劉曼榮，《國民軍史》，頁346。
54 李宗仁口述，唐德剛撰寫，《李宗仁回憶錄》（香港：南粵出版社，1986年），頁313。
55 王宗華、劉曼榮，《國民軍史》，頁339。

崇禧、吳敬恆等一百餘人，召開軍事會議於徐州花園飯店，會中提出，請馮玉祥揮師武漢，馮玉祥以兄弟鬩牆以後再說，先一致北伐為先；[56] 接著，蔣中正提出在馮玉祥的部隊及其轄區內清黨的要求，馮玉祥表示同意；決議驅逐鮑羅廷（Borodin, 1884-1951）等蘇聯顧問。[57]

在徐州會談之後，6月21日蔣中正與馮玉祥發出聯合通電，第二集團軍開始清黨，遣送蘇聯顧問；7月15日武漢政府汪兆銘亦著手展開清黨。寧漢合流後，馮玉祥再一次被任命為國民革命軍第二集團軍總司令，所部完全納入南京國民政府軍事序列。[58]

（三）協助平定襄樊

武漢政府北伐軍與第二集團軍會師鄭州後，因寧漢合流及蔣中正下野等政治因素，這段期間，大軍「北」上的進展慢了下來，主要是對內剿清直系的殘餘勢力。此時，岳維峻駐防在河南一帶，協助平定襄樊。當時，馮玉祥部克復洛陽，奉軍挫敗，黃河南岸之敵業已肅清，但吳佩孚部仍尚圖死灰復燃，以求再起。一時襄陽、宛城之間，再起戰火。[59] 馮玉祥於6月4日（即鄭州會師之日）電令孫連仲部進攻鄧縣，岳維峻部由內鄉進取南陽，同時，方振武部由襄城會攻南陽，以期肅清吳佩孚之殘部；6月25日岳維峻部、方振武部攻克南陽，吳

---

56 陳森甫，《西北軍建軍史》（臺北：文翔出版社，1976年），頁116。
57 王宗華、劉曼榮，《國民軍史》，頁350。
58 楊嘉瑞，〈一生追求進步的鄧寶珊將軍〉，收入全國政協文史資料研究委員會、甘肅省政協文史資料研究委員會、陝西省政協文史資料研究委員會編，《鄧寶珊將軍》（北京：文史資料出版社，1985年），頁78；劉敬忠、田伯伏，《國民軍史綱》，頁400；王勁，《鄧寶珊傳》，頁76-77。
59 岳維峻電閻錫山「吾儕實行三民主義以完成國民革命為職志，清黨討逆，責無旁貸，峻不自揣量率軍南征，師次宛襄，大張撻伐」。「岳維峻電閻錫山黨南京來電國多糾紛實行三民主義完成國民革命」（1927年7月7日），〈北伐清黨始末與國府遷寧案〉，《閻錫山史料》，國史館藏，典藏號：116-010101-0035-086-001。

佩孚率殘部千餘人竄鄧縣；[60] 于學忠部（直系改投奉系）與秦彥斌部均降張聯陞（直系），閻得勝部降孫良誠。迨吳佩孚已竄鄂境，渡漢水，張聯陞率部歸降；于學忠易服潛逃；孫連仲於 6 月 29 日攻克鄧縣，至此吳佩孚在河南不能立足，任令殘部潰散，隻身向四川西逃。[61]

　　綜合本章節所述，1927 年岳維峻回陝重拾國民二軍舊部，即著手準備策應國民革命軍的北伐行動，不料，遇到寧漢分裂，國民政府一分為二，岳維峻雖接受武漢政府的第二集團軍編制，但仍傾向反共的南京政府，故請王宗山翻山越嶺攜帶密函向蔣中正報告軍情及心向南京政府之意。岳維峻的國民二軍策應北伐行動，確實發揮作用，第一、與北伐軍會師中原；第二、協助平定襄樊；第三、牽制武漢共黨[62]。

四、反馮與接受編遣

　　1927 年岳維峻加入北伐後，駐防在河南、湖北一帶，確實發揮策應北伐之作用；而岳維峻亦欲繼續參與北伐之行動，然岳維峻又遇到了另一困境，即其出身地陝西，發生「反馮」之舉動，最後竟導致岳維峻脫離馮玉祥的第二集團軍，接受南京政府編遣，其間之轉折分述如下：

60　「峻自五月四日就南路軍司令以來，朝夕訓練，除防次未動者外，六萬餘眾現已開往商雒一帶，前線已抵淅川 [河南省南陽市下轄的一個縣，位於河南省西南邊陲，豫、鄂、陝三省交界處]，峻即馳往督師進擊襄宛掃蕩吳逆」。「岳維峻電閻錫山共產黨搗亂狂悖之行令人髮指」（1927 年 7 月 9 日），〈北伐清黨始末與國府遷寧案〉，《閻錫山史料》，國史館藏，典藏號：116-010101-0035-085-001。

61　國防部史政局編，《北伐戰史（三）》（臺北：國防部史政局，1959 年），頁 666、753。

62　馮玉祥電蔣總司令「……（三）關於武漢方面亦不能不有相當布置以為政治之保障，現已飭岳維峻四萬人進屯襄樊，方振武兩萬自南陽移屯信陽，孫連仲四萬移屯遂平……武漢共黨不顧大局，則此十萬人足以控制」。「馮玉祥電蔣中正河北方面已進占溫縣彰德山東方面由新雲鴉梁壽愷等軍集中曹州進擊濟寧濟南並飭岳維峻等部屯駐襄陽信陽遂平以防備武漢共黨」（1927 年 7 月 13 日），〈挑撥寧漢分裂（二）〉，《蔣中正總統文物》，國史館藏，典藏號：002-090300-00002-003-001。

（一）脫離第二集團軍

1927 年 1 月馮玉祥在陝西西安，糾合舊部國民一軍時，原國民二軍、三軍並不是很配合馮玉祥；陝名軍民反馮原因之一，馮玉祥不是陝西人，而國民二軍、三軍大多是陝西人，當時人大多以「陝軍」稱呼國民二軍、三軍。

陝西會有大規模反馮的原因之二，即軍餉的問題：就陝西地方軍而言，地方將領主要有占據蒲城的侯吉人、占據合陽的段茂功、占據澄城的耿莊、占據興平的陳發棠、占據武功的黨海樓、占據同州的麻振武、占據鳳翔的黨玉崑等，這些人不乏是以前國民二軍、三軍之舊部，他們覺得國民一軍既已進占陝西，馮玉祥又組國民軍聯軍，理應發派軍餉，在未得軍餉時，便派代表向西安的國民軍聯軍總部索餉、討軍械，引起國民軍諸軍間的情感不睦；就馮玉祥國民一軍而言，當時陝西省內駐軍龐雜，各軍私自征發軍用頻繁，農民不堪負擔，因而影響到國民一軍在地方上的軍用征收；[63] 當時陝西軍民對待馮玉祥之情形：

> （一）刻下陝西將領服從馮玉祥者，惟岳維峻；與合作者，惟馮子明、李葉、舒聞，係岳之舊部；極主張陝人治陝深惡馮之壓迫侵凌極端反對他，如田玉潔、衛定一等，與李虎臣如出一轍，但衛之為人，惟利是從，係其弊端，其餘渭北將領，與田、李等均表同情。（二）刻下陝西人民已深知馮之為人，語甜心辣，類如免稅一節，既免又改為流通券，抵抗即殺。鑒已往之事，預料欺蒙橫捐暴斂必節節發生，故現今商民怨載道，飲聲忍痛。[64]

從上述電文可知，陝西民眾對馮玉祥「民怨載道」，地方軍「反馮」是有其憑藉的。換句話說，國民一軍進占陝西，向陝西人民徵用軍餉，並未取得足用之軍餉，反而引起陝名民眾的反感；而當地的地方軍又來索餉，若不派發，即占地私自徵收軍用，以「陝人治陝」之口號，欲驅離馮玉祥及其國民一軍，導致雙方之歧見愈演愈烈。

---

63 郭緒印、陳興唐，《愛國將軍馮玉祥》（鄭州：河南人民出版社，1987 年），頁 125。

64 「關福安電閻錫山陝西軍民除岳維峻外均反對馮商民怨聲載道」（1927 年 8 月 1 日），〈北伐北方黨政軍之運用案（二）〉，《閻錫山史料》，國史館藏，典藏號：116-010101-0041-222-001。

當時，馮玉祥已察覺到陝西省境內有「反馮」的氛圍，才會請岳維峻出面糾合國民二軍之舊部，減少與國民二軍之衝突，直到 1927 年 5 月馮玉祥率領第二集團軍出關離開陝西時，陝西各地方軍乘馮玉祥在陝西的兵力減少，才有更多「反馮」的串聯舉動。[65]

本節將敘述 1927 年下半年陝西省的反馮行動及 1928 年上半年的樊馮衝突，岳維峻面對這些「內鬨」的行動，有了不同的反應，最後與馮玉祥漸行漸遠，選擇脫離第二集團軍。

1.「肅清後方」與「反馮」

馮玉祥的國民軍聯軍在九原誓師後，主要目的就是與廣州的國民革命軍共同北伐。按照馮玉祥的規劃，在西安將其部隊兵分三路，中路軍由馮玉祥親自指揮，東攻河洛；南路軍由岳維峻指揮進攻河南；北路軍由宋哲元任總指揮，集中所部於寧夏，計畫東聯綏遠、進攻綏遠、察哈爾的奉軍；但宋哲元的東進計畫，被山西閻錫山反對，而不能東進，於是馮玉祥令宋哲元留守陝西省境內。

馮玉祥所部留在陝西省境內，首先面對的是占據同州（陝西省大荔縣）的麻振武部的挑戰。自馮玉祥派兵援陝，解西安之圍，麻振武部就占據同州，馮玉祥起初以方振武部包圍同州，希望麻振武能歸順，但麻振武依然故我，馮玉祥繼以韓復榘部監視之。1927 年 6 月陝西地方軍將領曾找向岳維峻，希望岳維峻能出面與馮玉祥對抗，但當時岳維峻正與北伐軍會師鄭州並平定襄樊，岳維峻無暇他顧，而且當時岳維峻「對馮恐不易決裂」。[66] 6 月 29 日馮部「攻同州益急」，「城內人心惶恐望援急切」，即使陝西地方軍將領向岳維峻表示「同

---

65 「馮賊入陝，貪求無厭，以高壓手段，強迫陝軍讓防，餉械則靳［進］而不與，陝軍切齒，現與李虎丞、衛定一、田玉潔、馮子明、岳維峻並允文及其他各連絡一致，擬俟馮部東開連營千里，陝軍以全力擾後路，精銳擊要害；該部且在陝補充新兵一擊必潰；惟接濟一層，全仗百帥［閻錫山］。陝軍將領除楊虎丞與馮［玉祥］、于［右任］接近外，其他均表示與翔初一致」。「馬凌甫電閻錫山陝將領除楊虎丞外均依仗我晉祈撥子彈為禱」（1927 年 5 月 16 日），〈北伐北方黨政軍之運用案（一）〉，《閻錫山史料》，國史館藏，典藏號：116-010101-0040-209-001。

66 「馬凌甫電閻錫山岳維峻對馮恐不易決凌時南系任命主持陝事」（1927 年 6 月 25 日），〈北伐西北軍東進案〉，《閻錫山史料》，國史館藏，典藏號：116-010101-0039-145-001。

州並陝局之安危全視西峰[岳維峻]動作之遲速為樞紐」。[67]但岳維峻仍不參與反馮的行動。同年7月3日馬凌甫電閻錫山表示：

> 茲忽接麻部郭參謀長一電文曰：「馬凌甫先生鑒宏密迭電均悉，西峰在陝一切情形諒在洞鑒之中，責以援同，決難實現，同圍逾八月，兵疲糧盡，現雖勉力支持，久則恐生變故，允文近日甚消極，頗有放棄同州之意，務望速催翔公，即日旋旆主持進行，此間已派侯天民赴運迎迓，如能於侯君未到以前啟節，尤為切盼陝軍合作討馮，但得翔公主持必能團結一結，若以之專屬西峰，恐結果適得其反，時急勢迫盼速蒞臨郭浤叩卅等語」，並有麻軍長致翔初一電，措詞尤為痛初似此情形，同圍緊急已達十分，內部軍心尤形焦散，翔初不歸，恐難維持，然歸以何方解，殊屬疑問，擬懇鈞座電馮以和平方法交涉解圍同州或由翔初以個人資格至同州居間調解，抑或由鈞座直給翔初一種名義，俾能統馭麻、耿，控制同、朝與西峰協力漸圖收束陝局。[68]

從上述電文可知，陝西地方軍將領已知岳維峻在此次同州之圍的態度，「專屬西峰，恐結果適得其反」，也就是不願出面反馮，甚至對岳維峻的不支持也能諒解「西峰在陝一切情形諒在洞鑒之中，責以援同，決難實現」，所以轉而企盼「陝軍合作討馮」，若不可行，請山西閻錫山出面電告馮玉祥「以和平方法交涉」，當然閻錫山是不會出面解決陝西境內之紛爭。

到了1927年7月，馮玉祥令第十三軍軍長張維璽為進攻同州總司令，第二軍軍長劉汝明（1895-1975）為副司令，率部積極進攻。麻振武部憑藉城堅，率眾頑抗，張維璽部與劉汝明部於是掘坑道攻城。7月17日「惟時局迫切，岳司令是否能解同圍，猶無表示，而一軍加兵愈多，攻擊愈猛」[69]。7月25日，

---

67 「馬凌甫電閻錫山我方是否尚有居間斡旋寧奉兩方之餘地懇示」（1927年6月29日），〈北伐北方黨政軍之運用案（二）〉，《閻錫山史料》，國史館藏，典藏號：116-010101-0041-168-001。

68 「馬凌甫電閻錫山懇鈞座電馮以和平交涉解圍同州或由張鳳翔調解反馮」（1927年7月3日），〈北伐北方黨政軍之運用案（二）〉，《閻錫山史料》，國史館藏，典藏號：116-010101-0041-175-001。

69 「轉耿莊電閻錫山對同圍莊雖不能剋日解救然暗協助無所耽誤等岳司令」（1927年7月17日），〈北伐北方黨政軍之運用案（二）〉，《閻錫山史料》，國史館藏，典藏號：116-010101-0041-189-001。

城北坑道竣工，於 7 月 26 日施行總攻擊，令趙鳳林、王丙申兩旅攻城東北面，梅岩峻旅攻西關，第二軍劉汝明部攻南城。是日拂曉，趙鳳林、王丙申兩旅長冒彈雨，爭先搶入占領北門，梅岩峻攻破西關、念石村、魏園一帶的麻振武部；劉汝明部占領南門，麻振武喬裝由南門逃走，已不成軍，且身中數彈，斃於同州東南倉頭鋪，所部遂完全解決，同州於 8 月下旬攻克。[70]

同州麻振武部戰事結束後，馮玉祥在陝甘一帶的駐地仍不斷被地方軍騷擾，其中以張兆鉀、韓有祿、黃德貴、田玉潔等部為甚，即勁陽、三原戰役。1927 年 7 月中旬平涼張兆鉀殘部韓有祿、黃得貴等率眾三千餘人反馮，馮玉祥任命北路總司令宋哲元為剿辦黃得貴、韓有祿總司令，移駐固原，督率北路各軍，分頭圍剿。9 月黃、韓率部自平涼、涇川等處竄至陝西富平、而田玉潔部與之聯合；憑據三原、涇陽兩城叛變，約六千餘人。馮玉祥命令宋哲元督師剿平。9 月 7 日宋哲元移駐咸陽，決定進剿路線；10 月 3 日令馬鴻逵師監視三原田玉潔部，以徐以智、周永勝及張萬慶等部，圍攻涇陽，城破，韓有祿中彈身亡，張有才受傷逃逸，匪眾五千餘人繳械投降。[71]

岳維峻面對此次「反馮」行動，向馮玉祥尋求和解方法，以免重蹈麻振武部被滅之覆轍，「涇原戰事，聞尚相持，然據西峰派謁鈞座之代表范立達所云，涇原事件岳馮曾商定和解方法，已派人回陝處理，其重要條件即調田部出關，讓出涇原防地」[72]，即將地方讓給馮部，人員調出，由岳維峻節制。

但馮玉祥不允岳維峻之提議，仍令宋哲元督師往剿，以第八師及第七師圍攻涇陽，第三師及張萬慶騎兵師攻三原，城池堅固，雙方僵持不下，且田玉潔、黃得貴以資產家口均在涇陽，親率所部及所請援兵胡得輔等眾五千餘人，占據白楊村、汗堤洞、徐家堡之線，與涇陽遙為聲援，思解涇陽之圍。宋哲元遂命第三、第八、第二十二各師抽出一部，及騎兵第三師全部，計三萬以上之兵力，

---

70 馮玉祥，《馮玉祥自傳》，頁 151；于翔麟，〈張宣武小傳（1907-1984）〉，《傳記文學》，第 63 卷第 5 期（1993 年 11 月），頁 144。

71 馮玉祥，《馮玉祥自傳》，頁 111-112；陳世松主編，《宋哲元傳》（長春：吉林文史出版社，1992 年），頁 67-68。

72 「馬凌甫電閻錫山涇原事件岳馮曾商定和解方法田部讓出涇原防地」（1927 年 11 月 1 日）〈北伐北方黨政軍之運用案（二）〉，《閻錫山史料》，國史館藏，典藏號：116-010101-0041-333-001。

於 10 月 24 日進攻中央防線，於正午破之，田部向三原、石橋鎮一帶潰竄。田玉潔率五百餘人，困守徐家堡，終被宋哲元部包圍，20 日攻克之，先擒中下級軍官十餘人，兵二百餘名，斃者三百餘名，田玉潔隻身逃遁。29 日宋哲元部準備再行猛攻涇陽，田部張九才旅長見大勢已去，願意投誠。31 日，投誠官兵三千餘人，收繳槍砲甚多，均給資遣散；韓有祿於攻城之時中彈身亡，黃得貴隻身遠遁。11 月 16 日，宋哲元以徐以智部、馬鴻賓部接手三原之防地，結束此次肅清後方的戰事。[73]

上述反馮戰事，就馮玉祥及國民一軍而言，可以說是宋哲元安定了馮玉祥的後方，「肅清後方有功」，所以馮玉祥命宋哲元為第四方面軍的總指揮官兼甘肅省政府委員，1927 年 11 月又呈請國民政府任命宋哲元為陝西省政府主席，1928 年 2 月國民政府軍事委員會成立，宋哲元又被任命為軍事委員會委員。[74]

但是就國民二軍與岳維峻而言，是第二集團軍南路軍留陝部分受到馮玉祥部宋哲元的蠶食，當時李雲龍等將領曾「勸岳維峻先倒馮後北伐」，但岳維峻「堅持陝軍同盟會的歷史淵源及靖國軍、國民軍和國民黨的傳統關係，不願破壞北伐局面，不允所請」。雖然岳維峻於同州戰事（麻振武部）不願出面反馮，但到了涇陽三原戰事（田玉潔等部）已試圖與馮玉祥協調和解方法，但馮玉祥堅持武力解決，埋下 1928 年岳維峻脫離第二集團軍的遠因。

2. 樊馮衝突

馮玉祥若專心一致北伐，未有統治陝西之意圖，當陝西省境出現「反馮」

---

[73] 1926 年 4 月間，平涼鎮守使張兆鉀叛變，經劉郁芬等擊破之，張僅以身免，其殘部韓有祿、黃得貴約三千餘人，散布平涼、涇州等處左進，劫掠商旅，交通梗阻。馮玉祥為廓清後方計，令第六路總司令韓復榘督率所部剿辦，黃得貴率部遠遁。及韓部東開，侵擾馮玉祥所之後路，乃決計痛剿之。馮玉祥，《馮玉祥自傳》，頁 151-152。

[74] 譚曉鐘，〈宋哲元與馮玉祥〉，收入陳世松主編，《宋哲元研究》（重慶：四川省社會科學院出版社，1987 年），頁 35；李雲漢，《宋哲元與七七抗戰》（臺北：傳記文學出版社，1978 年再版），頁 13-14；譚世麟，〈宋哲元將軍生平事略〉，收入孫湘德、宋景憲主編，《宋故上將哲元將軍遺集》（臺北：傳記文學出版社，1985 年），頁 57；馬先陣主編，《西北軍著名將領》（鄭州：河南人民出版社，1989 年），頁 5。

行動時,理應由國民二軍岳維峻回陝西協調,可是卻命令宋哲元以「肅清後方」名義,行武力鎮壓「反馮」之實,使得岳維峻原本主張和平解決,到了1928年4月樊馮衝突,岳維峻選擇不幫助馮玉祥,隔岸觀火,可謂是舊恨加新仇導致。[75]

1928年2月河南已傳出樊鍾秀有反馮之舉。[76] 蔣中正向岳維峻確認是否參與反馮行動,2月24日岳維峻電蔣中正「表達矢志追隨革命及有決心南征反側請賜接濟」[77];3月蔣中正電岳維峻「告以現在北伐未成,應一致前進完成北伐」。[78]

1928年4月國民革命軍開第二階段北伐,4月9日總司令蔣中正下達總攻擊令,第一集團軍各部迅速推進山東東南,並沿津浦路前進;馮玉祥的第二集團軍與奉軍在河南北部彰德一帶展開激戰;熟料,在同一時間,馮玉祥新近收編的河南地方勢力樊鍾秀部在張作霖策動下[79],乘馮軍後方空虛之機,起兵反馮,揚言以二十萬大軍襲擊第二集團軍後路,先攻郟縣,進圍禹州、登封,再襲洛陽;4月12日馮玉祥電蔣中正「樊鍾秀部近日皆向襄城、汝州一帶攻擊,

---

75 國民二軍胡景翼與馮玉祥存有一些不合之處,例如早在1921年馮玉祥在陝西殺郭堅時,欲連胡景翼一齊下手;幸胡景翼得消息較早,衝出包圍,得以逃命;1923年胡景翼與張紹來、閻治堂聯合驅馮玉祥離河南,因此,胡馮二人是有芥蒂的。王維城,〈直系的分裂和二次直奉戰直系的失敗〉,收入中國人民政治協商會議全國委員會文史資料委員會編,《文史資料選輯・第五十一輯》(北京:中國文史出版社,1986年),頁47。

76 1928年2月3日梅勳彝電閻錫山「楊森部昨午已完全走往上游,魯部比即入城,程潛白崇禧先頭部隊已抵衡陽,尚往前進;中央通訊社載有豫中任應岐、岳維峻、李振亞等聯合討馮確否」。「梅勳彝電閻錫山楊森部昨午已完全走往上游程潛白崇禧開抵衡陽」(1928年2月3日),〈北伐清黨始末與國府遷寧案〉,《閻錫山史料》,國史館藏,典藏號:116-010101-0035-326-001。

77 「岳維峻電蔣中正表達矢志追隨革命及有決心南征反側請賜接濟」(1928年2月24日),〈一般資料──民國十七年(二)〉,《蔣中正總統文物》,國史館藏,典藏號:002-080200-00030-053-001a。

78 周美華編註,《事略稿本・第2冊・民國十六年九月至十七年三月》(臺北:國史館,2003年),頁502。

79 馮玉祥總司令致電政府表示「樊鍾秀受賄通敵乘我軍調遷,韓復渠部開往河北作戰之際,派其師長王茂齋進攻我襄城,駐軍死傷六十餘人,當經劉汝明擊潰,然猶散處山谷,企圖擾亂後方」。「劉峩等電閻錫山馮玉祥電政府樊鍾秀受賄通敵如何辦理等」(1928年4月15日),〈北伐會師攻取京保案〉,《閻錫山史料》,國史館藏,典藏號:116-010101-0048-253-001。

企圖牽制我軍北伐」[80]；4 月 14 日馮玉祥又電蔣中正「樊鍾秀部與劉汝明軍等激戰，樊部破壞北伐，若截斷京漢線必影響全局」；4 月 15 日馮玉祥再電蔣中正「襄城縣長何偉勛報告屬縣已被樊鍾秀軍攻占，縣長元 [13] 日早逃，各機關完全逃罄」。[81]

　　蔣中正面對樊馮衝突，恐影響北伐戰局，考慮到第二集團軍「一時未能分兵應付」，於是 4 月 19 日日電馮玉祥表示「凡有擾亂北伐計畫者，應有相當之處置，惟值此前方軍事正在重要關頭，卻圖殲滅敵人未便稍失機會，如兄處一時未能分兵應付，則先請政府特派大員前往制止其行動，似亦一種辦法」[82]，主張派員前往樊部協調，制止「反馮」行動。4 月 20 日馮玉祥同意電蔣中正之作法「請政府設法派員制止」。[83] 於是著手尋找合適人選，4 月 20 日黃郛電蔣中正：「樊鍾秀部擾亂後方各節，認為形勢緊迫，恐影響北伐，議決（一）由國政府電樊制止，電馮勸其寬容；（二）派鄧寶珊、周道腴往樊處查勘；（三）電德鄰請京近勸告及制止。」[84] 黃郛所提人選，蔣沒有採納，而是選擇何成濬（1882-1961），因為何成濬在此之前，曾成功遊說了李振亞、任應岐歸附國民革命軍，又於 1927 年 4 月說服了閻錫山出兵參加北伐戰爭，可以說相當有經驗；於是在 4 月 25 日蔣中正電何成濬「樊鍾秀部騷擾洛陽一帶，如一時不主張用兵，則由兄前往制止」。[85]

---

80 「馮玉祥電蔣中正據報樊鍾秀部攻郟縣焦村被馬鴻逵師擊退」（1928 年 4 月 12 日），〈掃除軍閥主持奉安大典（八）〉，《蔣中正總統文物》，國史館藏，典藏號：002-090101-00008-342-001a。

81 「馮玉祥電蔣中正據報樊鍾秀軍已占領襄城縣及縣長與各機關完全逃罄」（1928 年 4 月 15 日），〈掃除軍閥主持奉安大典（八）〉，《蔣中正總統文物》，國史館藏，典藏號：002-090101-00008-324-001a。

82 「蔣中正電馮玉祥如不能分兵應付樊鍾秀部可先請政府派員制止其行動」（1928 年 4 月 19 日），〈一般資料──民國十七年（四）〉，《蔣中正總統文物》，國史館藏，典藏號：002-080200-00032-018-001a。

83 「馮玉祥電蔣中正據報樊鍾秀部趙振江師逼攻洛陽請設法派員制止」（1928 年 4 月 20 日），〈掃除軍閥主持奉安大典（八）〉，《蔣中正總統文物》，國史館藏，典藏號：002-090101-00008-072-001a。

84 「黃郛電蔣中正關於樊鍾秀部擾亂後方各節除由國民政府去電制止並分派鄧寶珊等查勘」（1928 年 4 月 20 日），〈掃除軍閥主持奉安大典（八）〉，《蔣中正總統文物》，國史館藏，典藏號：002-090101-00008-070-001a。

85 「蔣中正電何成濬與馮玉祥相商樊鍾秀部騷擾洛陽事如不主用兵盼能前往制止」（1928 年 4 月 25 日），〈一般資料──民國十七年（四）〉，《蔣中正總統文物》，國史館藏，典藏號：002-080200-00032-062-001a。

當蔣中正已選定由何成濬前往樊部協調時，同一時間，馮玉祥卻是急電宋哲元率第四方面軍移駐潼關。宋哲元亦電蔣中正表示願「出潼關殲滅之」[86] 宋哲元部抵潼關之時，樊鍾秀已分兵襲擊洛陽、鞏縣一帶，一旦洛陽失守，後果不堪設想；當時駐守洛陽的僅有訓練總監石敬亭（1884-1969）所率的學兵四、五千人，4月20日宋哲元部由陝州趕抵洛陽，即將所部秘密轉移到西宮營房宿營，次日拂曉，宋哲元率部突然發起攻擊，擊潰樊鍾秀部，解除洛陽之危機。[87] 4月28日宋哲元部再擊破樊鍾秀部約二萬人，克復偃師；馮玉祥又令石友三部援孝義，29日克復鞏縣；馮玉祥電令宋哲元、石友三兩軍南進，解登封、禹縣之圍。樊鍾秀部不支，遁逃於魯山、襄城一帶。[88]

　　馮玉祥對於此次在河南的樊鍾秀叛亂，認為駐防在附近的岳維峻不願出面協助馮玉祥平亂，頗有怨言。4月30日蔣中正電馮玉祥「對岳維峻、任應岐各部，如恐其在豫牽入旋渦，不如以弟[蔣中正]名義，調其出來北伐，以彼方要求如此也，請兄酌之示復。」[89] 5月1日馮玉祥電屬「同意速調岳西峰部（國民二軍）與楊虎臣部（國民三軍）來津浦路參加北伐」。[90]

　　綜上所述，此次樊馮衝突，蔣中正不主張用武力進剿樊鍾秀部，但馮玉祥仍調派宋哲元出潼關進剿樊部。當衝突之時，閻錫山已心生懷疑馮玉祥之動機，

86　宋哲元等電蔣中正「樊鍾秀潛伏豫西乘國軍積極作戰之際陰謀搗亂後方特率部東出潼關殲滅之」。「宋哲元等電蔣中正等樊鍾秀潛伏豫西乘國軍積極作戰之際陰謀搗亂後方特率部東出潼關殲滅之」（1928年4月27日），〈掃除軍閥主持奉安大典（八）〉，《蔣中正總統文物》，國史館藏，典藏號：002-090101-00008-139-001a。

87　薛立敦（James E. Sheridan）著，丘政權、陳昌光、符致興譯，《馮玉祥的一生（Chinese Warlord: The Career of Feng Yü-hsiang）》（杭州：浙江教育出版社，1988年），頁288；閻團結、梁星亮，《馮玉祥幕府與幕僚》（杭州：浙江文藝出版社，2010年），頁134。

88　簡又文，《馮玉祥傳》，下冊（臺北：傳記文學出版社，1982年），頁314。

89　「蔣中正電馮玉祥今晨可下濟南岳維峻任應岐部調其北伐」（1928年4月30日），〈革命文獻──會攻魯冀〉，《蔣中正總統文物》，國史館藏，典藏號：002-020100-00019-088-001x；「蔣中正電馮玉祥左右翼正面軍進展情形今可下濟南及擬調岳維峻任應岐等部北伐速來濟南酌商」（1928年4月30日），〈掃除軍閥主持奉安大典（三）〉，《蔣中正總統文物》，國史館藏，典藏號：002-090101-00003-426-001a；周美華編註，《事略稿本・第3冊・民國十七年四月至七月》（臺北：國史館，2003年），頁232-233。

90　周美華編註，《事略稿本・第3冊・民國十七年四月至七月》（臺北：國史館，2003年），頁244-245。

覺得「值此北伐緊張期內，河南發生馮樊衝突問題，究竟系煥公[馮玉祥]欲借此以解決樊部，抑樊真受賄通敵企圖危害後方，其內容如何未便懸斷」[91]；一個月之後，衝突已平息，同年5月16日閻錫山收得情報，實際情況是「此次樊馮衝突，確係有計畫之舉動，主幹仍屬岳西峰，已令李虎臣死守潼關，樊軍佔隴海西段，對馮虛與委蛇派一、三、六各軍赴南陽，任應岐暗伏豫東南部，豫紅槍會因以樊為豫人，均作響應，該段部駐武勝關至駐馬店，魏益三、葉琪、廖磊駐鄖城到鄭州，魏與段、樊暗有接洽」[92]。也就是說，岳維峻確實參與密謀，只是未派兵支持樊鍾秀部。顯見，岳維峻對馮玉祥的態度已經改變，從去（1927）年不支持反馮，到1928年已變成暗中支持反馮。[93]

（二）接受南京政府編遣

　　1928年樊馮衝突，岳維峻和國民二軍將領李雲龍、田玉潔及高桂滋（時屬於方振武部）、樊鍾秀部醞釀反馮玉祥。此次岳維峻部駐防在豫東周口，雖未起兵配合樊鍾秀、李雲龍反馮。但是，岳維峻脫離第二集團軍之意已定。[94]

　　1928年6月8日國民革命軍第三集團軍商震部進入北京，北伐軍事終告一段落，雖然當時東北尚未易幟，但國民政府即著手裁兵編遣之規劃。同年8月7日岳維峻在駐馬店電南京蔣中正：「經濟會議來電，擘劃詳審，深佩宏猷，尤以理財先自裁兵始之論，痛切時弊，誠為今日救國不二法門，維峻前曾通電主張刻已成立裁編委員會，實行裁縮編練矣，尚望各武裝同志一致實行，黨國

---

91 「趙丕廉電閻錫山此值北伐緊張期內河南發生馮樊衝突問題恐影響北伐」（1928年4月15日），〈北伐會師攻取京保案〉，《閻錫山史料》，國史館藏，典藏號：116-010101-0048-254-001。
92 「張天樞電閻錫山岳維峻已令李虎臣死守潼關樊軍佔隴海西段」（1928年5月16日），〈北伐西北軍東進案〉，《蔣中正總統文物》，國史館藏，典藏號：116-010101-0039-350-001。
93 蔣中正是否也曾得到類似這樣的情報，目前並不知悉；但在同年6月30日午蔣中正到駐馬店探視岳維峻，蔣中正「下車閱兵，並指示一切應行改正之處」，顯見蔣、岳二人曾碰面與意見交流。周美華編註，《事略稿本・第3冊・民國十七年四月至七月》，頁569。
94 劉敬忠、田伯伏，《國民軍史綱》，頁404。

前途實利賴之。」⁹⁵ 也就是說，岳維峻願意接受裁兵縮編，而且不與所屬的第二集團軍馮玉祥聯繫，直接向南京中央政府蔣中正表達意願。

岳維峻會如此主動接受編遣，是有其原因的，在同年9月2日王宗山函呈蔣中正：「馮桂兩方密謀實行根本解決岳西峰部隊，西峰現率所部三萬眾取道汝南新蔡，擬在皖邊潁州太和一帶集中聽候鈞座裁編，萬懇電令皖邊駐軍知照並示機宜不勝待命之至。」⁹⁶ 從電文可知，原來是第二集團軍的馮玉祥和第四集團軍的李宗仁一起聯合要併吞岳維峻的部隊。

這件事情起因是當時有一部隊馬文德部已由軍長方振武收編，卻占據襄、樊，抗命不前，岳維峻遂「移師討之」。⁹⁷ 馬文德戰敗逃至武漢。當時第四集團軍剛駐防在武漢，恃功而驕，知岳維峻是忠於中央政府，第四集團軍收留馬文德並「疑有指授，從而媒孽之，遂大不憚於岳維峻」。1928年6月北伐軍抵北京後，馮玉祥部竟漸向豫南樊鍾秀部壓迫，以報突襲豫西之役。岳維峻部與樊鍾秀部防區緊鄰，而第四集團軍陶鈞亦同時潛師往北上出發，馮玉祥部與第四集團軍「彼此似有默契」。岳維峻乃派總參議王用賓赴北京，與第四集團軍總指揮白崇禧約定，岳維峻部願自動退出襄陽、樊城，以免彼此衝突。但是陶鈞部乃進擊不已，岳維峻不還擊而退，仍為此犧牲不少兵員。岳維峻深感「同在革命陣線，而相煎如此急，心實痛之」⁹⁸。於是岳維峻請王宗山向蔣中正報告此事並且願意「遠移潁州」。

蔣中正收到王宗山之信函後，基於岳維峻是屬於第二集團軍之編制，理應向馮玉祥告知此事。9月5日蔣中正電馮玉祥「告以岳西峰所部已由南陽移駐

---

95 「岳維峻通電望各武裝同志一致實行裁縮編練」（1928年8月7日），〈北伐附編遣實錄案（一）〉，《閻錫山史料》，國史館藏，典藏號：116-010101-0055-001-047。

96 「王登雲呈蔣中正岳西峰部在潁州太和一帶集中聽候裁編」（1927[1928]年9月2日）〈一般資料——民國十六年（十三）〉，《蔣中正總統文物》，典藏號：002-080200-00027-032。

97 「岳維峻電蔣中正謂馬文德勾結吳佩孚在樊城抗令不開且隨意勒捐焚燒搶掠阻援北伐擾亂後方經職進剿占領樊城現馬逃至襄樊暫為維持請指示機宜以資應付」（1928年〇月4日），〈製造各地暴動（二）〉，《蔣中正總統文物》，國史館藏，典藏號：002-090300-00013-107-001a。

98 「岳維峻（西峰）先生事略」（未載明年月日），〈岳維峻（西峰）〉，《個人史料》，國史館藏，入藏登錄號：1280083410001A。

馬店、確山、上蔡、遂平、汝南等地，弟[蔣中正]意宜乘此時機，確定該部編制，責成就地整理；西峰與兄弟共患難，性行忠實，其必能服從尊命，負責辦理，並得安各部之心也，未知尊意如何？」[99] 由於，岳維峻與馮玉祥的關係早已有了隔閡，所以馮玉祥「擬改編岳維峻為一師，委由鄧寶珊為師長，調岳維峻為軍事廳長，薦充南京國民政府軍事參議院院長」。岳維峻不從命，亦不與馮玉祥會晤。9月21日岳維峻帶軍進入安徽之阜陽（潁州）。[100] 於是馮玉祥革了岳維峻的職務。

　　9月29日岳維峻到達南京，正式投靠蔣介石，並於同年10月5日致函謝蔣中正。[101] 11月14日蔣中正電何成濬、張羣「岳部編妥後，……，並希岳軍兄函勸西峰，遵令編遣，俾善其後也」[102]；11月19日岳維峻電蔣中正「與何競武等人於本日安抵潁州並謹遵鈞座意旨著手編練，俾成勁旅，效命黨國」[103]；11月20日蔣中正電「復潁州王登雲同志轉西峰同志兄勛鑒，皓[19日]電抵悉，何主任等到潁點編，承蒙優禮，甚感日前在京○○詳商一切為歉，請仰照弟日前所定辦法，即日改編為盼」[104]；11月29日蔣中正電岳維峻「編定後，希兄即令各旅整頓，以作本黨基礎，至兄之名義，此時不能發表，如能各部遵命整理，則基本實力當不在一時之名義也，務希從速整理，並準備東移，以遠離豫地為宜」[105]；1929年1月29日，蔣中正電囑「王登雲，新編第一師岳西峰師

99　周美華編註，《事略稿本・第4冊・民國十七年八月至十二月》（臺北：國史館，2003年），頁136。

100　「趙丕廉電閻錫山馮玉祥擬改編岳維峻為一師岳不受編帶軍入皖」（1928年9月21日）〈北伐會師攻取京保案〉《閻錫山》116-010101-0048-285-001。

101　「岳維峻函蔣中正請早日飭發該部給養費及請准赴滬省親數日」（1928年10月5日），〈一般資料──民國十七年（九）〉，《蔣中正總統文物》，國史館藏，典藏號：002-080200-00037-049-001a。

102　周美華編註，《事略稿本・第4冊・民國十七年八月至十二月》（臺北：國史館，2003年），頁374。

103　「岳維峻電蔣中正稱何競武等十餘人安抵潁州謹遵鈞座意旨著手編練」（1928年11月19日），〈鞏固國防（三）〉，《蔣中正總統文物》，國史館藏，典藏號：002-090102-00003-052-001。

104　「蔣中正電王登雲部隊照日前所定辦法即日改編」（1928年11月21日）〈親批文件──民國十六年一月至民國十七年十二月〉《蔣中正總統文物》002-070100-00001-068。

105　「蔣中正電王登雲轉岳維峻派湯永驤為旅長及令各旅竭力整頓」（1928年11月29日），〈籌筆──北伐時期（十六）〉，《蔣中正總統文物》，國史館藏，典藏號：002-010100-00016-094-001a。

長不日就職,甚慰,但切勿發電為要」。[106] 以上是岳維峻帶部投靠蔣中正接受編遣之來往電文,蔣中正顧慮馮玉祥之感受,即使岳維峻帶兵投靠,仍囑「切勿發電」,以免引起不必要困擾;但是馮玉祥豈會不知。「蓋中央地方本屬一體,未有地方認為反動而中央反與收留,任為高職者,是不啻對於地方長官表示不信,馮之不滿理當然也」,此為日後「蔣馮交惡」埋下遠因。[107]

綜合本節所述,岳維峻有鑑於 1927 年下半年,馮玉祥對陝西省境內的反馮行動,採取武力解決方式,這種歧視陝軍之作為,使岳維峻對馮玉祥心生芥蒂,加上揮兵武力解決的宋哲元竟成了陝西省政府主席,對岳維峻而言,自然不是滋味。到了 1928 年上半年的樊馮衝突,岳維峻暗中支持樊鍾秀,引起馮玉祥的不快;1928 年下半年馮玉祥便與第四集團軍共同密謀併吞岳部,這更讓岳維峻決心將所餘的兵力,全歸南京中央政府編遣,即新編第一師。

五、結語

綜上所述,岳維峻本於國民二軍與廣州國民政府的革命淵源,在 1927 年兵敗再起,重拾舊部,決心策應國革命軍的北伐。不過,過程中並不順利,遇到了不少困境。首先遇到的困境是寧漢分裂,岳維峻雖隸屬於武漢國民政府編制的第二集團軍,但內心認同的,卻是反共的南京國民政府,於是為了向南京政府報告軍情,特委王宗山由陝西繞道天津,再搭船至南京,向總司令蔣中正表達策應北伐與心向南京之意;其次是遇到第二集團軍內閧的困境。同為第二集團軍,馮玉祥意圖將陝西納入國民一軍的地盤,消滅國民二軍在陝西之勢力,終使岳維峻脫離第二集團軍,接受南京政府的編遣。

就岳維峻和國民二軍而言,見證了民國初年大軍閥吞併小軍閥的現象。當時在華的蘇聯軍事顧問也對當時軍閥之間的相互關係有如下描述:「要了解這

---

106 「蔣中正電囑王登雲稱岳維峻師長就職切勿發通電」(1929 年 1 月 29 日),〈籌筆——統一時期(一)〉,《蔣中正總統文物》,國史館藏,典藏號:002-010200-00001-023-001。

107 李泰棻,《近代中國史料叢刊第六十六輯・國民軍史稿》(臺北:文海出版社,1971 年),頁 611。

種將領間的相互交錯關係,並不是一件易事。這些將領之所以由這個軍政派系轉入另外一個軍政派系,多半係以個人的利益與臨時的政治情勢為轉移;而一般士兵則服從地追隨著他們的衣食父母──某一將領,待這位將領失敗後,他們又向另外一位過去曾經是他們敵人將領投靠。」[108] 不僅岳維峻脫離馮玉祥的第二集團軍,同為國民二軍的方振武亦是如此。1927 年底,方振武對於馮玉祥命宋哲元以武力解決陝西境內的反馮行動,亦表不滿,遂改投蔣中正,於 1928 年 1 月 1 日出任國民革命軍第一集團軍十一路總指揮。[109] 國民三軍將領徐永昌在回憶錄中說:馮玉祥此事做的太對不起友軍,對不起朋友。[110] 從 1927 年岳維峻為顧全北伐大局,未參與反馮,但馮玉祥仍存傳統軍閥擴展地盤的觀念,終於迫使岳維峻於 1928 年脫離第二集團軍。

就王宗山與蔣中正而言,中央政府為了掌握地方軍的動向,會派員活動並與之聯絡。蔣中正在北伐前,即派王宗山前往河南活動,王宗山是陝西人,當時主政河南的國民二軍岳維峻也是陝西人,由於同鄉關係,王宗山順利招募到黃埔第四期生,之後就留在河南繼續策動北方同情革命的人士,王宗山果然不負使命,順利達成與國民二軍的聯絡任務,1928 年岳維峻能投靠南京中央政府接受裁兵編遣,與王宗山之牽線不無關係,可以說是一次成功的策應行動。

---

108 亞・伏・布拉戈達托夫著,王啟中、周祉元譯,《蘇俄在華軍事顧問回憶錄(第八部)》(臺北:國防部情報局,1979 年),頁 212。
109 劉敬忠、田伯伏,《國民軍史綱》,頁 398、401。
110 徐永昌,〈求己齋回憶錄(九)〉,《傳記文學》,第 50 卷第 1 期(1987 年 1 月),頁 90。

軍事動員

中文二戰史的先驅：
唐子長及其
《二次世界大戰歐洲戰史》

羅國儲

國史館協修

一、前言

　　第二次世界大戰做為人類歷史上最大規模的軍事衝突，其重要性無庸贅言。它對世界局勢的影響，至今 70 餘年仍有餘波。在西方，或至少以英文寫成的書籍，無論是學術性、非學術性，成千上萬或者「汗牛充棟」都不足以形容。[01] 而關於二戰的綜論性書籍至少也有上百種。而目前中文世界流通量最大、最廣為人知的二戰史，可能要屬英國戰略、戰史學者李德哈特（Basil Liddell Hart，1895-1970）的《第二次世界大戰戰史》（*History of the Second World War*），自 1970 年出版英文原版以來，在臺灣鈕先鍾翻譯的中文版本至今再版了四次之多（1971 年國防部中文原版、1975 年軍事譯粹再版、1995 年、2008

---

[01] 以 "World War II history" 為關鍵字，在美國亞馬遜（Amazon）書店搜尋，有超過四萬筆的結果。"Amazon" 網址：https://www.amazon.com/world-war-ii-history/s?k=world+war+ii+history（2021 年 11 月 23 日點閱）

年、2020 年皆為麥田再版）。[02] 而作為碩博士論文的參考書目，僅以臺灣而言，就有 52 篇曾經引用。[03] 顯示這樣一本綜論第二次世界大戰的書籍不僅受到一般讀者的需求與喜愛，也為學術研究者提供了二戰的基礎知識。

然而，李德哈特的著作畢竟並非一部以中文書寫的二戰史，甚至可以說不是一部完整的二戰歷史。全書關於太平洋戰場有 6 章，僅佔全書 40 章的兩成不到；其餘全為歐洲戰場（包含東線、西線）的記述。也與當時大多數西方的二戰著作一樣，完全忽略了中國戰場。由此可見，中文讀者對此書的需求，還是為了滿足於他們對於歐洲戰場的了解。

關於第二次世界大戰的中文圖書作品，很長一段期間以翻譯作品為主，缺乏中文書寫及亞洲出發的觀點。以國家圖書館典藏為例，用「二次世界大戰」作為篇名之書籍，在 1940 年至 2000 年之間出版者有 127 種（扣除地圖、紀錄片、碩士論文），其中外國作者的翻譯書籍就佔 73 種、約 57% 之多。2000 年以後出版的 71 種書籍（扣除電子資源）譯作有 21 種，雖然翻譯比例降到約 30%，然而中文作品其中有 18 種為翻印之 1940 年代舊籍。[04] 另有部份屬於中國大陸稱為「地攤文學」之作品，素質良莠不齊。學術論文方面，有「二次世界大戰」標題的學位論文共有 19 種，全為碩士論文，但其中有 11 篇研究主題其實是戰後，其餘多以臺灣人及臺灣產業之二戰經驗、影響為主。[05]

因此如上所述，無論在學術界或一般通俗書籍，似乎都需要一本由中文書寫、有一定品質的綜論性二戰史。其實早在 1946 年，就有此類二戰史的先驅

02　Basil Liddell Hart, *History of the Second World War* (London, Weidenfeld Nicolson, 1970). 李德哈特著，鈕先鍾譯，《第二次世界大戰戰史》（臺北：國防部編譯局，1971 年（軍事參考譯著-031）、臺北：軍事譯粹，1975 年、臺北：麥田，1995 年（軍事叢書 21-23）、臺北：麥田，2008 年（李德哈特說戰史 1-3）、臺北：麥田，2020 年（二戰終戰七十五週年紀念版，上下冊）。如再算入簡體版則至少還有上海：上海人民出版社，2002、2009、2015 年等三個版本，也同樣為鈕先鍾翻譯。2009 年版在豆瓣網站中甚至還被列為熱門世界史圖書前十中的第九名。網址：https://book.douban.com/subject/3610090/（2021 年 11 月 23 日點閱）。

03　「臺灣博碩士論文知識加值系統」網址：https://ndltd.ncl.edu.tw/（2021 年 11 月 23 日點閱）。

04　查自「國家圖書館館藏目錄查詢系統」網址：http://aleweb.ncl.edu.tw/F?func=find-b-0（2021 年 11 月 23 日點閱）。

05　查自「臺灣博碩士論文知識加值系統」網址：https://ndltd.ncl.edu.tw/（2021 年 11 月 23 日點閱）。

奇書問世。上海永祥印書館印行、唐子長（1906-?）所著的《二次世界大戰歐洲戰史》[06]應可說是最早、最全面論述二戰歐洲戰場的中文書籍。它雖然名為「歐洲戰史」。但在觀點上超越了單純的歐洲戰史，在其結論中更對整個第二次世界大戰的本質提出剖析以及批判。

它有三個特點，第一出版時間早，在戰後不久的1946年便出版；第二篇幅龐大、內容豐富，共有八卷、約2000頁、約八十萬字、200餘張照片、地圖；第三則是以中文寫遠在千里之外的歐洲戰場，且以軍方戰史規格所寫成。而後七十餘年來，無論是軍方或是民間、學術機關，竟然難望其項背。此書作者為何許人？有何教育、訓練、經歷得以書寫？如何寫成？對於中文二戰史而言有何先驅性？為何流傳不廣？對於日後二戰史研究有什麼樣的啟示？本文擬回答這些問題，並提出初步的探討成果。

圖1 《二次世界大戰歐洲戰史》第一卷封面
資料來源：國家圖書館臺灣華文電子書庫。

二、唐子長早年教育背景及軍事經歷

《二次世界大戰歐洲戰史》作者唐子長，根據他在檔案中的自述。[07]其祖先世居江蘇銅山，1906年生。祖父遷至阜東（阜寧）後家道中落，幼年又喪父，由母親扶養長大。鹽城高小、揚州八中畢業後，1920年進入北京師範大學

---

06 唐子長，《第二次世界大戰歐洲戰場》卷一至卷八（上海：永祥，1946-1947年）。
07 〈唐子長〉，《軍事委員會委員長侍從室》，國史館藏，數位典藏號：129-070000-0879。

就讀。[08] 唐子長與胡適相識，兩人在 1950 年曾有一次碰面，後者在日記中記述唐子長曾在北大退學，後來轉入師範。[09]

唐子長在學期間目睹學生運動，自稱：「當時北京學潮洶湧，學生運動再三挫折，為余所不能忍。」，畢業後遂投筆從戎，在同鄉鈕永建（1870-1965）介紹下進入馮玉祥（1882-1948）部西北軍炮機教導團。1925年1月加入國民黨，根據其《侍從室檔案》，入黨介紹人為鈕永建、李烈鈞（1882-1946）兩位國民黨元老。鈕永建當時受孫中山先生命令，前往北京負責聯絡馮玉祥，而李烈鈞則在黃郛的攝政內閣中擔任參謀總長，兩人都在北京發展。[10] 胡適在日記中則提到另一位國民黨元老、曾任北京政府司法部總長的徐謙（1871-1940）也參與過勸說學生前往國民軍受訓。[11]

圖 2 唐子長戎裝照

資料來源：〈唐子長〉，《軍事委員會委員長侍從室》，國史館藏，數位典藏號：129-070000-0879。

而後唐子長在短短兩年內歷任陸軍第七混成旅砲兵營中尉排長、上尉連長、陸軍第十一師炮兵團少校營長、國民軍第一師砲兵團上校團長。並在任職期間參與國奉戰爭天津北倉之役、南口戰役，並曾負傷；後隨馮玉祥部參加北伐，並歷經歸綏戰役、彰德戰役。[12]

1928 年冬唐子長暫離軍隊返鄉，正好避開其後的中原大戰。隔年赴英國留

---

08 原檔如此，其生年或入學經歷似有矛盾（14、5 歲入大學就讀）。

09 胡適，《胡適日記全集 8》（臺北：聯經，2004 年），1950 年 3 月 28 日，頁 482。

10 〈鈕永建〉，收入秦孝儀總編纂，《中國現代史辭典（人物部份）》（臺北：近代中國，1985 年），頁 445-446。〈李烈鈞〉，收入秦孝儀總編纂，《中國現代史辭典（人物部份）》，頁 134-135。

11 胡適，《胡適日記全集 8》，1950 年 3 月 28 日，頁 482。

12 〈唐子長〉，《軍事委員會委員長侍從室》，國史館藏，數位典藏號：129-070000-0879。

學，進入倫敦大學國王學院（King's College）就讀，1930 年轉入英國砲兵學校（School of Artillery）、英國皇家砲兵大學校（Artillery College R.A.），然後又至法國軍官實習學校（Ecole Millitaire d' Application）見習。但在三所學校時間都不長，是否如其自述畢業及以何種身份就讀仍待進一步考證。不過，胡適認為唐子長赴英留學的專門訓練不差，以胡適留美的閱歷來看，唐的此段經歷應較為可信。[13]

唐子長於 1931 年回國後，可能因鈕永建的關係，並沒有因西北軍出身的身份遭到排斥，直接進入中央軍體系任職，大多為教育、高參單位。起初陞任陸軍獨立第五旅少將旅長，1932 年 5 月調至參謀本部二廳四處任少將處長（1932 年 5 月至 1933 年 7 月）、航空署中校科長（1933 年 7 月至 1934 年 6 月）（《國民政府公報》僅載為參謀本部參謀，1932 年 9 月至 1934 年 2 月）。[14] 1934 年，唐子長擔任防空學校中將教育長，[15] 期間曾因捲入校長徐培根（1895-1991）案被羈押。[16] 對此階段的人生，他自評：「防校創立之初，學校行政與學科、術科幾全集於一身，未遑他顧，卒以人事之未能善處，中途去職。雖云個人失敗，差幸學校有成，此又一階段也。」[17]

1936 年，唐子長調任軍事委員會高級參謀兼陸軍大學聘任教官。2 月正式

---

13 胡適，《胡適日記全集 8》，1950 年 3 月 28 日，頁 482。

14 〈唐子長〉，《軍事委員會委員長侍從室》，國史館藏，數位典藏號：129-070000-0879。《國民政府公報》洛字第 21 號（1932 年 9 月 30 日），頁 62、《國民政府公報》第 1364 號（1934 年 2 月 16 日），頁 2。

15 人事檔案中原載為 1933 年 7 月至 1935 年 9 月，但防空學校為 1934 年成立，疑有誤。〈唐子長〉，《軍事委員會委員長侍從室》，國史館藏，數位典藏號：129-070000-0879。「徐培根電蔣中正以職署高射砲班與防空研究班相關請將兩班併設防空學校編制」（1933 年 12 月 24 日），〈一般資料——民國二十二年（七十）〉，《蔣中正總統文物》，國史館藏，數位典藏號：002-080200-00140-056。且教育長一職之官階，依編制表為少將，見〈防空學校組織法令案〉，《國民政府》，國史館藏，數位典藏號：001-012071-00349-001。

16 1934 年 7 月 9 號，航空委員會南昌站失火，盛傳為徐培根手下所為。後引出為徐培根有貪污嫌疑，唐子長受到牽連，亦遭羈押。見「鄧文儀電蔣中正報告航空委員會南昌站失火事所得內外人士各持成見殊礙偵察等各線索之文電日報表」（1934 年 7 月 12 日），〈一般資料——呈表彙集（九）〉，《蔣中正總統文物》，國史館藏，數位典藏號：002-080200-00436-127、「陳儀電蔣中正請准釋前防空學校教育長唐子長來閩籌辦防空學會」（1934 年 11 月 13 日），〈各方民國 23 年 8 月往來電文原案（二）〉，《閻錫山史料》，國史館藏，數位典藏號：116-010108-0847-017、〈一般資料——民國二十三年（四十九）〉，《蔣中正總統文物》，國史館藏，數位典藏號：002-080200-00191-068。

17 〈唐子長〉，《軍事委員會委員長侍從室》，國史館藏，數位典藏號：129-070000-0879

以陸軍少將銓敘。[18] 1937 年，擔任淞滬警備司令部參謀長，抗戰爆發後參與淞滬會戰。1938 年調至其江蘇同鄉顧祝同（1893-1987）任司令長官的第三戰區訓練團擔任中將教育長、第三戰區砲兵指揮部中將指揮官，在後者任內參加浙贛會戰中的衢縣戰役，報告指揮砲兵作戰經過，但內容對其個人經歷著墨不多。[19] 後於 1943 年 6 月擔任陸軍第四十九軍中將副軍長。1944 年調回後方擔任中央訓練團黨政班大隊附。其自傳考評上，中隊長王輔評價其為「能隨時以國家為念，置自身榮辱於度外，誠為每一男兒所宜秉持者」。[20]

任職期間，唐子長對於研究軍事學術頗有興趣，並認為是個人未來事業之計畫。除投稿《航空雜誌》數篇（詳附錄唐子長著作目錄）之外。1935 年在防空學校任內著有《防空射擊學》、1936 年陸大教官任內著有《歐洲戰史講話》、1937 年著有《國防戰略》（又名《抵抗之國防戰略》）、1940 年在第三戰區訓練團任內著有《抵抗的國防論》、1941 年編有《游擊戰之運用》、1942 年編《現代野戰火炮》、著《二次歐戰述評》、1943 年著有《歐洲軍事思想史》，著作頗豐。且可看出其對歐洲戰史之長期關注。[21] 現可覓得者有《抵抗的國防戰略》、《抵抗的國防論》、《游擊戰之運用》等書。[22]

《抵抗的國防戰略》一書成於 1936 年，可以說是一部抗戰方略之作。甚至早於蔣百里的名著《國防論》，後收入唐子長另一著作《抵抗的國防論》之中。它對於國際情勢判斷相當準，推測世界大戰會爆發於 1939 年，而且對其經過有些驚豔的預測，例如：「如果先由海洋戰發端，美英必先聯合，日本必取奇襲的攻勢」[23] 在其引用的作者中，可以看出唐子長的學術功底。除了最著名的克勞塞維茨（Carl von Clausewitz，1780-1831）、馬漢（Alfred Mahan，

---

18 《國民政府公報》第 2242 期（1936 年 12 月 31 日），頁 3。
19 〈唐子長報告所部砲兵參加金衢會戰經過密電〉，收於中國第二歷史檔案館編，《中華民國史檔案資料匯編》第 5 輯第 2 編軍事 3（南京：江蘇古籍出版社，2010 年），頁 559-562。
20 〈唐子長〉，《軍事委員會委員長侍從室》，國史館藏，數位典藏號：129-070000-0879。
21 〈唐子長〉，《軍事委員會委員長侍從室》，國史館藏，數位典藏號：129-070000-0879。
22 見「抗日戰爭與近代中日關係文獻數據平台」網址：https://www.modernhistory.org.cn/（2021 年 11 月 23 日點閱）。
23 唐子長，《抵抗的國防戰略》（南京：大陸印書館，1936 年），頁 2-5〔引論〕。

1840-1914）；唐子長還引用了現今少見的 Frederick Maurice（1871-1951）、Henri Bonnal（1844-1917）、Friedrich Von Bernhardi（1849-1930）等軍事家的名言與著作。[24]

《抵抗的國防論》共分為四卷，可說是唐子長軍事思想的大成之作。第一卷國防學理為海會寺時印發講稿（應指江西廬山海會寺，曾為廬山軍官訓練團場地[25]）；二、三卷國防戰略、國防制度（動員制度）為《抵抗的國防戰略》一書改編，第四卷國防政策為抗戰之前及抗戰期間所提出之建議。卷一先談近代戰爭的性質，與為何必須抵抗，「抵抗」有何意義，要如何進行國防的戰略、政策，及規劃制度。卷二則先闡述法、德、英、美、俄等國歷年濃縮而成的戰略原則，如英國的兵力集中、兵力經濟、機動、攻擊行動、協同、安全。而進一步提出自己的 8 條抵抗戰略原則：目的、先制、奇襲、攻擊、防禦、集結、經濟、忍耐。卷三則敘述執行戰爭必須動員，並指出重要性在於統制全國人力物資以用於戰爭。卷四則為實際執行的政策建議，如成立國防會（改組國防最高委員會）、制定國防法、加強軍訓、軍事分區等等。

《游擊戰之運用》一書，為唐子長在 1936 年在某游擊訓練班累積而成的結果。他認識到游擊戰的重要性，認為游擊戰在全面抗戰的意義上較正規戰還重要。因為其意義在於動員民眾。在這裡他舉了一個很生動的例子，蔣百里曾說中國軍械不如日本，人則我多七、八倍，但唐子長點出，蔣百里卻沒有說日本不如中國，是因為中國人數雖多，卻難以組訓動員，全國參加抗戰人員可能一千萬人上下，日本動員反而較多。[26] 書籍內容則為游擊戰之教科書，游擊隊如何產生、負擔何種任務，如何進行戰鬥、指揮聯絡、通信、偵查搜索等等

唐子長的早年軍事經歷，除其自傳、人事調查表之外並無太多資料。其經歷特殊之處，在於以行伍參軍後，再留洋深造。可看出他在馮玉祥部，可能是以理科大學生之資格快速升遷。然而在馮部捲入與中央軍全面衝突的內戰之

---

24 唐子長，《抵抗的國防論》卷二（上饒：戰地圖書出版社，1941 年），頁 2-19。

25 〈事略稿本——民國二十三年七月（一）〉，《蔣中正總統文物》，國史館藏，數位典藏號：002-060100-00083-009。

26 唐子長，《游擊戰之運用》（上饒：戰地圖書出版社，1941 年），未著頁數。

前，便脫離返鄉，對局勢有一定的判斷能力，且似乎對馮個人沒有太大的忠誠。在歐洲短暫留學回國後便進入中央軍事體系，大多擔任軍事教育職務。此等職位顯能使唐子長發揮所長，為其著作最多之數年。這段期間之累積，讓他具有一定的學術教育基礎來進行軍事理論、戰史的書寫。從這些著作，也可看出他確有獨特之見解。抗戰爆發後，唐子長外派至第三戰區，《二次世界大戰歐洲戰史》便在兵馬倥傯之際下成書。

三、《二次世界大戰歐洲戰史》成書經過

據《二次世界大戰歐洲戰史》書前序，本書原名《二次歐戰述評》，唐子長以筆名塞翁發表，於 1945 年 5 月在福建崇安初版。[27] 然而據其 1944 年所填的人事調查表，則在 1942 年已有《二次歐戰述評》之著作，可能當時僅是書稿，或僅討論 1939-1940 年之波蘭、北歐、法國等戰役。全書應寫於 1941-1945 年之間。而作者的著書目的，據其第一版弁言：[28]

> 此次大戰，本屬世界性；海以七大洋為戰場，六大洲為根據；陸以東半球前線，西半球為策源⋯且以此次歐戰經過之迅烈，國家淪亡之眾多，以及外交政略之詭譎，軍事技術之新奇，無有出其右者。作者並可置身局外，言所欲言，指出興亡勝敗關鍵，以資觀感，提出政略戰略問題，以供研究，此編輯之初衷也。

首以大氣之筆法，點出二戰的重要性與特殊性，並點出本書旨在提出政略、戰略問題，屬於研究性質。而本書之所以倉促出版，並未待官方檔案公佈及實地戰史考察，是因：「近來轉入敵圍，或虞流竄，稿件散失，不無可惜；乃未及剪裁，倉促付印。」據作者在初版之弁言，完稿後本欲交由中華書局印刷。但中華書局以印刷費太貴反悔，將原稿退還，但居然僅用舊報紙包裝。造成原稿被雨水打溼，「損失過半」，而永祥印書館版本則由作者依記憶所及增補殘

---

27 唐子長，〈第一版弁言〉，《第二次世界大戰歐洲戰場》卷一，頁4。〔該書各篇之頁數皆有重編，下同〕
28 唐子長，〈第二版附記〉，《第二次世界大戰歐洲戰場》卷一，頁3。

稿所成。[29] 可見此書之完成，在當時困難的環境下，實歷經艱辛方能問世。

本書序言分別由陸軍大學前後任教育長周普文（即周亞衛，1888-1976）與老長官徐培根兩人撰寫。周亞衛認為：「作者悉能將其變化之原委，成敗之關鍵，自國際關係，各國政情，兵要地理，作戰方式，經濟狀況，兵器技術，以至統帥性格，士兵心理，均能簡明扼要，振筆直書，首尾一貫，瞭如指掌。」徐培根評價本書：「以區域為經，時間為緯，每一戰場各為一卷，對於當地形勢政情經濟軍事民族特性，以及戰爭經過，靡不條分縷析敘述精詳，給與讀者以每一局部清晰之外貌，而全書脈絡一貫，評述允當，更與全戰爭以整個之輪廓」[30] 兩人評價皆高。

第二版再版附記中提及崔韋、盛敘功、江光宇、蔣文杰、范泉、沈延國等人協助編譯校對複印。除崔韋曾於前著《游擊戰之運用》提及為其訓練班學生，可能為軍人以外，[31] 其餘全為文人。盛敘功為地理學家，譯著頗豐。[32] 沈延國為章太炎之學生，編、著有《呂氏春秋彙校》、《記章太炎先生》等。[33] 范泉為大地通訊社記者，有《文學源流》、《創世紀》等著作。[34] 蔣文杰為新民報記者。[35] 江光宇則是唐子長的阜寧同鄉、美國依利諾大學碩士，曾著《領事裁判權》、《英國外交政策》等書。[36] 編校者都具有一定的文學根柢及學術水準。

本書資料上使用歐美書報，作者自稱「以最直接或最有關方面國家公佈者為準繩」[37]，如德波之戰則用德蘇而不用英美資料。此點可說在治學方法上是

---

29 唐子長，〈第二版附記〉，《第二次世界大戰歐洲戰場》卷一，頁3。
30 周亞衛〈陸軍大學前教育長周普文將軍序〉，收於唐子長，《第二次世界大戰歐洲戰場》，頁1。徐培根，〈陸軍大學教育長徐培根將軍序〉，收於唐子長，《第二次世界大戰歐洲戰場》，頁1。
31 〈附：第一版序〉，《游擊戰之運用》，未著頁數。
32 林呂建主編，《浙江民國人物大辭典》（杭州：浙江大學，2013年），頁570。。
33 王汎森，《中國近代思想史的轉型時代》（臺北：聯經，2007），頁416。沈延國等編，《呂氏春秋彙校》（上海：中華書局，1937年）、沈延國，《記章太炎先生》（臺北：文海，1975年）。
34 〈范泉〉，《軍事委員會委員長侍從室》，國史館藏，數位典藏號：129-140000-4386。
35 蔡曉濱，《中國報人》（臺北：秀威，2011年），頁329。
36 〈江光宇〉，《軍事委員會委員長侍從室》，國史館藏，數位典藏號：129-030000-3744。
37 唐子長，〈第二版附記〉，《第二次世界大戰歐洲戰場》卷一，頁4。

正確的。但本書與當時多數書籍一樣，並沒有特別註釋，因此難以考察其資料來源。

四、《二次世界大戰歐洲戰史》體例、特點

無可諱言，在第二次世界大戰以西方為中心的敘述裡，無疑歐洲戰場在各個戰場中佔有最重要的地位。歐美觀點的第二次世界大戰開始，多自 1939 年德國入侵波蘭起算。而美國加入戰局後也採取「先歐後亞」的戰略。因此絕大部分的二戰史著作，也必定在歐洲戰場上花費最大篇幅。

因此，唐子長僅以歐洲戰史為題，嚴格來說並非一本全面的二戰史。甚至可以說錯失了將中國戰場納入二戰史討論的機會。二戰歐洲戰場（東、西線、北非）的確是距離當時中國人最遙遠的戰爭情況。在本書中亦可看出作者有處理二戰其他戰場的意圖，因此仍應該將本書看做是一部綜論性二戰史。如第一卷卷首有〈二次世界大戰大事記〉，從 1931 年九一八事變開始，到 1945 年盟軍在東京灣受降結束。記載各國同盟、條約、會談、宣戰時間；要地得失、重要戰役等時間點。也包含太平洋戰場、中國戰場等二戰其他戰場之大事。[38] 最後的綜論亦為整個二戰的回顧與檢討（詳後述）。

《二次世界大戰歐洲戰史》全書結構共八卷，每卷分數篇，篇下再分章、節，每卷在兩百頁左右。版面為右起豎排，除標題行外，共 15 行，每行最多 43 個字（含標點符號）。則每卷大約十萬字，估計共約八十萬字上下。

這八卷分別是：歐戰引端、中歐戰場、北歐戰場、西歐戰場、南歐戰場、東歐戰場、歐洲堡壘、歐戰總評。除了按照戰場排序之外，各戰場的卷次，也是按照實際發生戰役的時間。如卷二「中歐戰場」是 1939 年德波戰爭、卷三「北歐戰場」是 1940 年德國入侵丹麥、挪威、卷七「歐洲堡壘」是 1944 年盟軍登

---

38 唐子長整理，〈二次世界大戰大事記〉，《第二次世界大戰歐洲戰場》卷一，頁 1-23。不過開篇即有錯誤：「日以中村事件突擊瀋陽相繼進據東三省」。中村事件發生於 1931 年 6 月，與九一八事變直接相關的應為柳條湖爆炸案。

陸法國及東西圍攻柏林。

本書章節的編排方式,是否平均敘述各場重要戰役?可以與李德哈特《第二次世界大戰史》做個比較。唐著共32篇,李著共40章(見下表1及附錄二),因此兩者關於歐洲戰場的篇、章數量大致相當。然而需注意一點,由於唐著有八卷之多,各篇幅度都較李著之章為大。

表1: 唐子長《第二次世界大戰歐洲戰史》(簡稱唐著)
與李德哈特《第二次世界大戰戰史》(簡稱李著)篇章比較

敘述戰役/事件	唐著之篇	李著之章
歐戰起因	1	1
1939年波蘭戰役	3	2
1940年蘇芬戰爭	4	1
1940年北歐戰役		1
1940年法國戰役、不列顛空戰、大西洋海戰	5-4	3
1940-1943年北非戰役	4	9
1941年巴爾幹戰役		1
1941-1945年俄國戰役	3	6
1941-1945年太平洋戰爭	-	6
1944-1945年西線戰役	4-5	8
總結	1	1
摘要	2	-
餘論	5	-

資料來源:作者自行整理(詳見附錄)

可以看出,唐著確實對各個戰場加以平均描述,都在3-4章左右。相對而言,李德哈特極度偏重在1940-1943年的北非戰役與1944年的西線戰役,並且對於1939年波蘭戰役、1940年法國戰役的書寫較為簡略。後者姑且不論,非洲戰役之部份的確可說是李德哈特過度放大。李德哈特編有《隆美爾戰時文件》(*The Rommel Papers*, 1953)一書,也被批評為「隆美爾神話」的締造

者之一。因此在他這本二戰史著作中,也給了北非戰役過高的重視。

　　另一方面,也可以發現唐著與一本廣受歡迎的綜論性二戰史的差別,僅在於 6 章的太平洋戰爭內容。然而這些章節在李德哈特的著作中並不連續,穿插其中各章之中,造成分裂無統一性,讀來有跳出之感。相對唐著的安排則很有功能性,各卷獨立,可分開閱讀而不致散亂。無太大興趣者,可閱讀第一卷即有完整戰爭經過之摘要。而後續若需增補太平洋戰場、中國戰場等內容,則另撰數卷即可,已成之全書不必加以更動。

　　每卷內有數篇,仿照軍方正式戰史體例,通常分為戰場形勢、戰役經過、戰役檢討。戰場形勢一般先介紹兵要地理、政情、作戰方略等。地理因素對於軍隊運動、軍事佈署等都相當重要。如果是一個歷史學者所寫的綜論性二戰史,可能地理因素不會獨立講述或佔有如此重要之地位。此點應可視為軍方戰史的特長。

　　而作者除記述戰爭情況以外,更在每卷卷末以重要問題發揮個人論述。如卷二〈論德國政略戰〉、〈論波蘭閃擊戰〉;卷三〈論曼納林防線〉、〈論海戰受空軍之影響〉;卷四〈論西歐政略與戰略〉、〈論西歐之閃擊戰〉、〈論德法軍事思想〉;卷五〈論北非之閃擊戰〉;卷六〈論東歐戰場之重要性〉、〈論東歐之閃擊戰〉、〈論全體性戰爭〉;卷七〈論獨立空軍〉、〈論無條件投降〉。可以說兼備了「述」與「論」的書寫。這些卷末之個人論述,充分體現了唐子長個人對於二戰歐洲戰場的觀察分析能力及個人軍事思想的體現。例如〈論東歐戰場之重要性〉一節,點出蘇俄在東線戰場的勝利,對於整個二次大戰具有決定性。這點相對於在冷戰局勢影

圖 3《二次世界大戰歐洲戰史》第八卷〈二次大戰兵器集影〉一部

資料來源:國家圖書館臺灣華文電子書庫。

響下的歐美觀點，有其長處及見地。唐子長指出：德國為大陸國家，即便英美擁有優勢的海空軍，還是必須在歐洲大陸決戰。而蘇聯的勝利，不僅為英美爭取時間、空間，對於最終擊敗德國的貢獻更是有高於英美的重要意義。

此外本書可說是圖文並茂。卷一有〈二次大戰名人集影〉，相片除各國領袖如羅斯福（Franklin D. Roosevelt，1882-1945）、史達林（Joseph Stalin，1878-1953）等人外，還有各國名將如德國隆美爾（Erwin Rommel，1891-1944）、法國戴高樂（Charles de Gaulle，1890-1970）；美國巴頓（George S. Patton，1885-1945）等96人的頭像。（如圖3）卷八末尾也有一篇〈二次大戰兵器集影〉，載有上百張各國陸海空不同武器照片。（如圖4）。而各卷中也多有戰爭經過以及雙方兵力對照之插圖（如圖5）。

如何能夠提昇一本二戰史的思想高度？唐子長在卷八第三十二篇〈戰爭與和平〉中，用對和平的展望很好的做到了這點。成功將這本戰史的目的，轉化成如何汲取戰爭的教訓，以達成將來的和平。他指出：

> 今日列強，雖倡言和平，但各個準備，仍步向戰爭。尤以主要之強國間，無不唯恐其資源之不豐、軍備之不強、外交之不橫、勢力範圍之不廣；個人方面，又唯恐其權位之不高、資產之不富、奴隸黨羽之不眾、損人利己之不深。凡

圖4 《二次世界大戰歐洲戰史》第八卷〈二次世界大戰人物集影〉一部
資料來源：國家圖書館臺灣華文電子書庫。

圖5 《二次世界大戰歐洲戰史》第二卷附圖第一〈德波集中與展開略圖〉一部
資料來源：國家圖書館臺灣華文電子書庫。

此，適與和平之道相背馳，此和平之所以終不可致；充其極亦不過恢復戰前之武裝和平，隨時可以發生戰爭。如欲消弭戰爭，必須正義和平，即消滅人類間一切不平之現象，達到全人類無分貧富強弱高下之境地。為欲達成此種理想，首先必須實行各國民族獨立，內外經濟平等與生活思想自由；為達成以上願望，更提出三大具體要求：即尊崇各個政制、放棄帝國主義與發揮聯合國機能是也。[39]

唐子長認為，各個國家的政治思想體制不同，很多是由於各自的生活方式差異。彼此應該互相尊重，不用以自己的政治體制來強加於他人之上。他舉自己接待杜立德空襲之美軍官兵為例，他們雖然感謝中國農民幫助，卻也認為中國人生活程度落後。但唐子長筆鋒一轉，認為中國農民根本不知紐約、好萊塢生活如何，每天日出而作，日入而息，不像工業都市人民亟亟為名孳孳為利，彼此競爭傾軋。唐子長引用馬太福音，認為即使得意者恐怕也是恍然若失：「人若賺得全世界，賠上自己的生命，有什麼益處呢？」。

政治制度不同僅是表面原因，唐子長指出了二次大戰原因的第二個層次，即經濟問題。他認為從帝國主義的角度來看，民主主義的英美與法西斯主義的德義也沒有什麼不同。內部有階級的不平以及剝削、外部對殖民地壓榨。唐子長提出應該使殖民地完全獨立，在國內實施社會政策調和階級。

第三，唐子長認為國際秩序維持的重要性，因此必須強化聯合國之組織功能。各國若有侵略行為必須加以制裁，由強於世界各國的聯合國軍執行。同時必須限制各國軍備自由競爭，因為如果任由發展軍事，則強國必然強過弱國、進而壓迫弱國。而應該由聯合國予以限制及制止。

卷末，唐子長寫下這段意義深長的文字，作為全書討論二次世界大戰之總結。較之其後冷戰甚至今日局勢，著實發人深省：「今日世界已為美俄兩大勢力角逐之場所⋯無論美勝俄勝，勝者均將以征服世界者之姿態，凌駕一切，而將全世界人類作為奴隸。但久而久之則必圖反抗，或勝利者之內部分裂，則終

---

39 唐子長，《第二次世界大戰歐洲戰場》卷八，頁411。

不能脫離分崩離析之歷史軌跡。須知古今中外，國無長治，政無長存，兵不能久強，而權更不能久在。因此強權政治絕對不能持久，『玩劍者則終不免與劍同亡。』」[40]

五、唐子長在戰後的發展

唐子長在抗戰勝利後，改任陸軍總部第六署署長，任職期間擔任對日和約審議委員會第一組（軍事）的第二召集人，並參與第二組（政治）、第三組（經濟）。[41] 但後因久未到公被停職。[42] 後到陸軍大學研究院任中將教官。

唐子長的軍事學術，也不僅僅體現在著書立著。1946 年 11 月 18 日，他上呈國防法制、首都動員建議兩案給蔣中正參考。內容脫自其《抵抗的國防論》一書。蔣中正批以：「交朱主任〔按：軍事委員會辦公廳主任朱紹良〕、軍事委員會審查核辦，並可令唐子長到會參加討論」。[43]

國共內戰愈演愈烈，情勢逐漸危急之際。1948 年 11 月 3 日，他再上呈蔣中正總統一份〈扭轉戰局緊急建議摘要表〉[44]。其中條列六項綱目，多能切中時弊。與戰後國軍編纂的《戡亂戰史》之檢討有許多暗合之處，可證明唐子長觀察時局之眼光確有獨到之處。

如「當前作戰方針及華東會戰指導」一項中指出：「徐州城區陣地不足兩師，外圍地勢高而工事不強，故宜以攻為守，而不利固守」、「如陳匪全力與華中匪會合，較我絕對優勢時，我宜避免決戰而退至江南憑長江天險固守」。

---

40 唐子長，《第二次世界大戰歐洲戰場》卷八，頁 437。

41 劉春明，〈對日和約審議委員會與國民政府處置琉球的政策〉，《邊界與海洋研究》第 2 卷第 1 期（2017 年 1 月），頁 114。

42 〈陸軍總司令時期一般文件〉，《國防部史政編譯局》，國家發展委員會檔案管理局藏，檔號：B5018230601/0035/130/7421。

43 〈各處陳戡亂挽救時局意見〉，《國民政府》，國史館藏，數位典藏號：001-016053-00001-001

44 「唐子長呈蔣中正扭轉戰局緊急建議摘要表」，〈一般資料 —— 呈表彙集 （一一八）〉，《蔣中正總統文物》，國史館藏，數位典藏號：002-080200-00545-119

較之其後徐蚌會戰實況（國軍困守徐州被殲、陳毅部與華中劉伯承部會合），不可不謂洞燭機先。且唐子長故鄉即在徐州鄰近之銅山，對於地理形勢更有鄉土的觀察。

「改革後勤制度調整人事與業務」一項中：「樹立軍法與戰術裁判委員會制度，即評判以武器得失多寡為賞罰主要標準⋯」，針對國軍在戰役中派系鬥爭之弊。「迅速實施總體戰」一項中「動員全部黨員及高中以上學生，下鄉組訓與匪爭民。」，在 1984 年國軍編纂《戡亂戰史》的總檢討中，的確也將雙方戰爭面的不同、共軍之實施總體戰列為敵我得失國軍缺點之一。[45]

「收拾民心士氣與爭取友邦同情」一項中：「即速發表文告，申說我戡亂並非內戰，以促起反共人士之同情，而爭友邦迅速有效之聲援。」又與其後控蘇案、《蘇俄在中國》等立論不謀而合。

唐子長能夠做出這樣的分析，當然與包含《二次世界大戰歐洲戰史》在內，長期的研究積累有關。尤其第二次世界大戰各國都進入總體戰體制，唐著也曾特別提及，可以說成功活用了歷史。

然而，這樣一份擲地有聲的建議，卻沒有受到當局的重視。參軍長薛岳僅擬辦：「分別交由行政院長翁文灝、國防部長何應欽、參謀總長顧祝同、中央黨部等人及機關參考、核議、核辦」；而蔣中正總統也僅批：「可」。此後便未見下文及具體實施情形。

據其姪唐明我回憶，唐子長於 1948 年入臺協助孫立人編練新軍，以時序來看當為該年年底，或許即為實現其「建立第二線兵團」之建議。[46] 1949 年 6 月再被派往巴西擔任武官。高雄市政府檔案中有其出發前向高雄市府租用公地，用以興建住宅，以供家屬及舊部二十餘人居住之公函。[47] 根據胡適日記

---

45 國防部史政編譯局，《戡亂戰史》（臺北：編者，1984 年），頁 57、65、76。
46 唐明我，〈懷念叔父唐子長將軍〉，《阜寧人》第 26 期（2008 年 1 月），頁 74。
47 「唐子長奉派駐南美巴西武官日內須起程所有家屬及舊部共二十餘人仍須居留高雄擬租用貴市公地三至四畝以便建造住宅用特電請查照惠予租用」，〈租借〉，《高雄市政府》，國家發展委員會檔案管理局藏，檔號：A383000000A/0038/267.5/1/017/012。

載，唐子長是自請出國、自請任閒職，與胡適的會面也是在美國。[48] 有一說他在巴西時風評不佳，被當地人稱為瘋漢，並與駐巴西公使郭德華衝突。[49] 其後唐子長歷任駐菲律賓、新加坡、加拿大等國武官（參贊），可說他的研究長才並沒有發揮。[50]

相較於他在抗戰軍興時的著書立言，駐外時期則未見出版或投稿文章。而巨著《二次世界大戰歐洲戰史》甚至在 1953 年因為內容描寫蘇俄，在臺灣遭到查禁。[51] 或許也因如此，本書未曾在臺灣翻印。不過《二次世界大戰歐洲戰史》直至 1985 年仍在三軍大學圖書館中典藏。[52]

1969 年，唐子長在美國加州出版三本經典翻譯，《老子重編》[53]、《孫子重編：中英對照本》（1971 年香港再版）[54]、《唐詩選譯》[55]，為其最後之著作，但已較過去原創性的軍事思想、軍事歷史著作相距甚遠。唐子長從事軍事學術研究的志願，終究在 1949 年的變局後無法實現。

---

48 胡適，《胡適日記全集 8》，1950 年 3 月 28 日，頁 483。

49 羅元旭，《東成西就：七個華人基督教家族與中西交流百年》（香港：三聯，2012 年），頁 58。

50 唐明我，〈懷念叔父唐子長將軍〉，《阜寧人》第 26 期（2008 年 1 月），頁 74。

51 蔡盛琦，〈1950 年代圖書查禁之研究〉，《國史館館刊》，第 26 期（2010 年 12 月），頁 98。「為二次世界大戰歐洲戰史一書應予查扣由」，〈取締反動及黃色書刊案〉，《文化部》，國家發展委員會檔案管理局藏，檔號：AA25000000E/0040/T1000.01/R00018/005/020。「為二次世界大戰歐洲戰史一書應予查扣。」，〈查禁圖書〉，《國立臺灣圖書館》，國家發展委員會檔案管理局藏，檔號：AA09120000E/0039/526/1/0001/127。

52 顧力仁等編，《三軍大學聯合圖書館軍事圖書目錄（第一輯）》（桃園：三軍大學聯合圖書館，1985 年），頁 307。

53 Tang Zi-Chang, *Wisdom of Dao* (San Rafael, Calif., T. C. Press,1969).

54 Tang Zi-Chang, *Principles of Conflict* (San Rafael, Calif., T. C. Press,1969). 唐子長編譯，《孫子重編：中英對照本》（香港：南天，1971 年）。

55 Tang Zi-Chang, *Poems of Tang* (San Rafael, Calif., T. C. Press,1969).

六、結語

　　綜觀唐子長之生平著作，實為一過去研究所忽略的軍事思想家及軍事史家。當然，作為軍事思想家，他的研究成果、條陳建議，並不受到當代掌權者之重視。因此除了思想史上的價值之外，很難討論曾發揮什麼現實上的作用。然而，作為一位軍事史家，他成為了中文世界研究二戰史的先驅。在後續二戰史研究缺乏的現今，實具有歷久彌新的長遠意義，其勇氣與精神頗值得後世有志於此之史家借鏡。他所提出的論點，應該且需要被後續討論二戰歷史者參考。

　　《二次世界大戰歐洲戰史》的意義，在於它是最早全面性敘述二戰歐洲戰場的中文書之一。而且或許直至今天，還沒有能在視角、論理、內容超越它的中文綜論性二戰史出現，可見其開創性。而且在戰後一年即出版。即便是從外文轉譯，也需要一定的時間。何況是在遠在東方的中國完成。應歸功於作者唐子長在戰爭中即有書寫、蒐集歷史資料習慣。而且本書在編排、圖文、論述上都有不少長處。書中對於消弭戰爭、達成和平的願望，更提升了本書的思想高度。

　　《二次世界大戰歐洲戰史》在戰後臺灣遭到查禁的命運，使其流傳不廣、鮮為人知。也可窺見在冷戰局勢下，二戰史研究在觀點上的影響與限制。而在後冷戰的今天，對於二戰史研究實有再加以商榷之必要。近年確實有不少翻案作品出現：如，西方學者方德萬（Hans van de Ven）所著的《戰火中國》（*China at War: Triumph and Tragedy in the Emergence of the New China*，2017）、米德（Rana Mitter）《被遺忘的盟友》（*Forgotten Ally: China's World War II, 1937-1945*，2013）對二戰中國戰場的重要性，皆重新加以重視。而過去在鐵幕內側的東線戰場，美軍退役軍官格蘭茲（David M. Glantz）、豪斯（Jonathan M. House）也重新根據蘇聯檔案，寫出《巨人的碰撞》（*When Titans Clashed: How the Red Army Stopped Hitler*，1995）一書，推翻了過去西方受到德國觀點影響，對於東線戰場的刻板印象。由此看來，《二次世界大戰歐洲戰史》或許可以成為日後全新中文二戰史研究的出發點。

附錄一：唐子長著作年表

1934 年

〈最近各國各種防空槍砲（附表、照片）〉，《航空雜誌》第 4 卷第 1 期防空專號上，頁 1-36。〔按：每篇頁次重新編號，下同〕

〈防空砲射擊操縱儀器述略（附表、照片）〉，《航空雜誌》第 4 卷第 1 期防空專號上，頁 1-24。

〈今後我國之野戰防空部隊〉，《航空雜誌》第 4 卷第 2 期防空專號下，頁 1-9。

〈防空部隊建設之商榷（附表）〉，《航空雜誌》第 4 卷第 2 期防空專號下，頁 1-15。

〈地上防空與空中防空：空防與防空之比較〉，《航空雜誌》第 4 卷第 2 期防空專號下，頁 1-18。

〈機關槍對空射擊法之採擇（附圖）〉，《航空雜誌》第 4 卷第 2 期防空專號下，頁 1-17。

1935 年

《防空射擊學》，杭州：防空學校（亡佚）

1936 年

《歐洲戰史講話》，南京：陸軍大學（亡佚）

《抵抗之國防戰略》，北京：首都大陸印書館。

1937 年

《國防戰略》（即《抵抗之國防戰略》），南京：京城印書館。

1938 年

〈反侵略的游擊戰〉，《反侵略》第 1 卷第 5 期，頁 67。

1940 年

《抵抗的國防論》，出版地不詳：中國印刷所（1941 年於上饒戰地圖書出版社再版）。

1941 年

《游擊戰之運用》，上饒：戰地圖書出版社。

〈從生物學上所見的國防與人生（原題為〈國防與人生〉）〉，《世界文化》，1941 年第 3 卷第 4 期，頁 67-70。

1942 年

《現代野戰火炮》（亡佚）

《二次歐戰述評》，出版地不詳：中國印刷所（亡佚）

1943 年

《歐洲軍事思想史》，出版地不詳：中國印刷所（亡佚）

〈我國國防建設〉，《革命青年（上饒）》，1943 年第 1 卷第 2/3 期，頁 14-20。

1945 年

《二次世界大戰歐洲戰史》（福建崇安：出版者不詳，亡佚）

1946 年

〈制憲莫忘國防〉，《國防部公報》，1946 年第 1 卷第 4 期，頁 49-54。

1946-1947 年

《二次世界大戰歐洲戰史》，上海：永祥印書館。

1969 年

《老子重編》（Wisdom of Dao, San Rafael, Calif., T. C. Press, 1969.）

《孫子重編》（Principles of Conflict, San Rafael, Calif., T. C. Press, 1969.）

《唐詩選譯》（Poems of Tang, San Rafael, Calif., T. C. Press, 1969.）

1971 年

《孫子重編：中英對照本》，香港：南天書局。

附錄二：唐子長《二次大戰歐洲戰史》與李德哈特《第二次世界大戰史》（採鈕先鍾版本之翻譯）章節架構比較

戰役／事件	唐著篇	李著章
歐戰起因	第一篇 二次歐戰原因	第一章 戰爭是如何引起的
1939年 波蘭戰役	第四篇 中歐戰場形勢 第五篇 波蘭戰役經過 第六篇 波戰後之歐局	第三章 波蘭的蹂躪 第四章 「假的戰爭」
1940年 蘇芬戰爭	第七篇 北歐戰場形勢 第八篇 芬蘭戰役經過	第五章 芬蘭戰爭
1940年 北歐戰役	第九篇 挪威戰役經過 第十篇 海上戰役述略	第六章 挪威的蹂躪
1940年 法國戰役、 不列顛空戰、 大西洋海戰	第十一篇 西歐戰場形勢 第十二篇 西歐陸戰經過 第十三篇 西歐陸戰檢討 第十四篇 西歐之海空戰 第十九篇 海上之游擊（再版時刪除）	第七章 西歐的蹂躪 第八章 不列顛之戰 第二十四章 大西洋之戰
1940-1943年 北非戰役	第十五篇 南歐戰場形勢 第十六篇 巴爾幹戰役 第十七篇 中東戰役（再版時改為近東之爭奪） 第十八篇 北非戰役	第九章 從埃及發起的反擊 第十章 義屬東非洲的征服 第十四章 隆美爾進入非洲 第十五章 「十字軍」作戰 第十九章 隆美爾的高潮 第二十章 在非洲的潮流轉向 第廿一章 「火炬」作戰 第廿二章 向突尼斯的賽跑 第廿五章 非洲的肅清
1941年 巴爾幹戰役		第十一章 巴爾幹和克里特島的蹂躪
1941-1945年 俄國戰役	第二十篇 東歐戰場形勢 第廿一篇 東歐戰役經過 第廿二篇 東歐戰役檢討	第十二章 希特勒轉向俄國 第十三章 俄國的侵入 第十八章 在俄國的潮流轉向 第廿八章 德國在俄國的退潮 第卅二章 俄國的解放 第卅六章 從維斯杜拉河到奧得河

1941-1945 年 太平洋戰爭	（唐著缺）	第十六章 遠東的漲潮 第十七章 日本的征服狂潮 第廿三章 在太平洋的潮流轉向 第廿九章 日本在太平洋的退潮 第卅四章 西南太平洋和緬甸的解放 第卅九章 日本的崩潰
1944-1945 年 西線戰役	第廿三篇 全歐戰場形勢 第廿四篇 外圍戰役經過 第廿五篇 核心戰役經過 （再版時分兩篇：內圍戰經過、歐洲堡壘之幻滅） 第廿六篇 歐洲之空中戰（再版時改為第廿九篇）	第廿六章 再度進入歐洲 第廿七章 義大利的侵入 第卅章 克服羅馬和在義大利第二次受阻 第卅一章 法國的解放 第卅三章 轟炸的逐漸增強 第卅五章 希特勒的阿登反攻 第卅七章 希特勒在義大利最後據點的崩潰 第卅八章 德國的崩潰
總結	第廿七篇 二次歐戰評價 （再版時改為意義與價值）	第四十章 結論
摘要	第二篇 二次歐戰經過 第三篇 二次歐戰結果	
餘論	第廿八篇 論政略與戰略 第廿九篇 論戰術與後勤 第卅篇 論兵器與技術 （再版時改為兵器與科學） 第卅一篇 論工業與資源（再版時改為經濟與國防） 第卅二篇 論戰爭與和平	

軍事動員

抗戰時期動員概念下的後方輸送動員

楊善堯
喆閎人文工作室創辦人暨執行長、國防醫學院通識教育中心兼任助理教授

一、前言

「動員」為本文撰寫之核心概念，旨在說明在一個爆發戰爭的國家之中，為了抵禦與求取戰爭勝利，必然希望能最大化的統制、管理與運用其國家內部的一切資源，而此項資源則包含了人力與物力兩種資源。

然而，現代戰爭之前、後方關係之密，殆不可分。前方軍隊的指揮作戰過程歷來是軍事史研究者的重點，而後方勤務之繁重亦與近代戰術同其演進，卻甚少研究後方勤務與動員對於戰爭的影響。故兵站之組織雖為往古所未有，而兵食之儲轉輸之具，固為歷代用兵莫能外稽之[01]。然有句軍事古語云：「三

---

01 「兵站沿革史」，《國防部史政局及戰史編纂委員會》，中國第二歷史檔案館藏，案卷號：166。

軍未動，糧草先行」，實際上是指糧草先行整備或先行集中物資[02]，亦指軍隊作戰在後勤部署上佔有決定性的關鍵地位。但由於後勤所涵蓋範圍廣泛，上至交通運補、醫療衛生、武器裝備等規畫施作，下至軍用衣服、棉被、紗布、藥品等微小之物，皆包含在所謂「後勤」的範圍內，可謂無所不包。又過往在研究軍事史，研究者多注意在戰爭序列與結果或戰時體制等較為明確的軍事主題上。因此，關於軍事後方的研究，就成為研究者所忽略注意的領域。

後方勤務，譯自英文的 Logistices，其原意本為「精於計算」[03]，為行政之一部門，包括補給、後送、醫療、運輸、以及勤務管理與準備，適時適地輸送人員及補給品之意，與蘇俄之後方 Rear 意義，及我國所通稱之「軍備」、「軍需」，解釋大同小異。意即指三軍需要而言，故除作戰行為外，凡衣、食、住、行、衛生、育樂之所需，海陸空戰爭工具之所用，幾無一而非後勤所屬[04]，這也是戰場後方的動員事務。

埃里希・魯登道夫（Erich Ludendorff）在其著作《總體戰》中提到：戰爭的準備工作不能局限於軍隊的各個方面，戰爭也與財政、經濟領域，乃至於人民的生活和供給息息相關，而且還要制定與維護民族的精神團結相關聯的方針政策，無論是在前線還是後方，無論是軍人還是百姓的物資力量和精神力量，來為戰爭服務[05]。此一想法取自於自身在第一次世界大戰中所經歷的國家動員概念，認為一場戰爭在發起之前，其準備工作不應只侷限在軍隊部分，一旦戰事將起，社會上民眾的各項生活領域都會變得跟戰爭有關。而這樣的觀念不論是發起戰爭的侵略方或者被迫抵抗的反侵略方皆然，尤其在進入二十世紀之後，戰爭的規模與發起一場戰爭所需代價越來越高昂，一場軍事戰爭反應的也是一個國家整體國力的整備呈現。

對日抗戰所反應的是中（清）、日兩國自 1985 年甲午戰爭以降，日本在二十世紀後發動對華侵略的軍事行動集成。而自 1936 年，日本軍部就有其整

---

02 國防部史政編譯局編印，《國軍後勤史》第一冊（臺北：國防部史政編譯局，1987 年），頁 67。
03 國防部史政編譯局編印，《國軍後勤史》第一冊，頁 59。
04 李先庚，《國防後勤論》（臺北：臺灣提拔書局，1958 年），頁 5。
05 魯登道夫著、魏止戈譯，《總體戰》（武漢：華中科技大學出版社，2016 年），頁 108-109。

備其舉國之力，制訂國家總動員計畫的企圖，然蔣中正在獲悉日本此一企圖心後，認為：「近代戰爭，內容複雜，凡物的與人的國防資源之消耗，為幾何級數的增加，倭寇小國，資源貧乏，雖竭蹶而馳，決不能免於失敗，嗚呼！我中國處此環境，非益自努力不可矣。」[06]

故本文將以 1930 年代起所推行的一系列與國家動員相關的精神活動，如新生活運動到戰時國民精神總動員，在從國民精神總動員到 1942 年國民政府正式將民眾總動員的規範從身體精神實踐的層面落實到制訂《國家總動員法》，正式成為國家軍事行動的後方支援，來看在這一系列從後方民眾的角度，能為在前線作戰的國家與軍事部隊上，有哪些與後方動員工作相關聯的事項，以作為另一種後方支援工作的觀察。

二、戰前新生活運動到戰時國民精神總動員

在往昔戰時隨國軍之動員、產業、交通、其他國家社會之諸設施，均宜應戰爭遂行之要求，雖常發見多少之變異，然影響及於戰爭者徵少，尚不致引起世人之注目，迄歐洲大戰，其規模廣大，且亙長年月反覆惡戰苦鬥。於是歷來之武力戰，漸次化而為國力戰，凡交戰各國，悉舉國一致，貢獻一切之資源與機能，若有裨戰爭之遂行，即一事一物之徵亦不苟且，更盡義般之努力。不足者且求之外國，務使軍之活動、國民之生存毫無遺憾，於是自國家總動員之新語發生以來，由戰爭指導上及於內政上之影響益形重大，換言之，即原來動員。

在抗戰爆發之前，蔣中正於 1934 年在南昌的一場演說中，以《新生活運動之主旨》為題，正式標誌著新生活運動的開始。在其演講的結論中提出了新生活運動中的核心三化原則，即：「生活藝術化、生活生產化、生活軍事化」[07]之中，其生活軍事化為當時蔣氏所提出此一運動的最核心之處，希望能藉此讓

06　秦孝儀總編纂，《總統蔣公大事長編初稿》卷 3（臺北：中國國民黨中央委員會黨史委員會，1978 年），頁 326。

07　蕭繼宗主編，《革命文獻》第六十八輯（臺北：中國國民黨中央委員會黨史委員會，1975 年），頁 13。

全國國民的基本生活與軍事徹底結合，積累生產與支援的動員能量，以為日後的戰爭作準備。而蔣中正在 1934 年 3 月 19 日南昌行營擴大紀念周，以「新生活的意義和目的」為題進行演講時，再次談論到新生活運動中有關民眾與軍事動員的部分，蔣認為：

> 新生活運動的最後目的，就是要使全國國民的生活行動都能夠整齊畫一，這四個字的內容是什麼呢？就是現在普通一般人所說的「軍事化」。……若用新的名詞更明顯的來講，新生活運動就是軍事化運動，軍事化運動就是要從日常生活做起，一步一步確實做到「全國總動員的程度」。……大家要曉得，軍事並不是專屬哪一個特殊階級的學業，在現代的國家說，全國各界民眾的一切事業的進行，可說都是為軍事，一切學術亦都要應用於軍事。[08]

蔣中正在新生活運動中所提出的相關概念，雖然是以公民教育為主，希望將所謂「進步與現代化」的身體精神作為，融入全體國民之中，然最主要之目的還是在於藉由這樣的精神教育的落實來達到全體國民力量的總動員，以作為軍事行動的後方支援後盾，亦即「總體國防」的概念。蔣認為：「民族戰爭，不僅是武力競勝，而是整個國立的鬥爭。不僅是戰士的作戰，也是全國國民的作戰。所以現在各國，一遇戰爭爆發，莫不立刻管制全國人民生活，以配合戰爭的使用，為國家效命。」這種涉及全國人力物力的總體戰爭與後勤，要深入到每一個國民的生活。如果沒有全國國民的支持，總體戰必不易成功[09]。此一概念，基本上可視為是抗戰爆發之前，在中國總動員體制概念的萌芽。

在抗戰爆發後，國民政府隨即於 1937 年 8 月 1 日，在軍事委員會下設立國家總動員設計委員會[10]，由時任軍政部長的何應欽出任主任委員；時任交通部長爾後出任後方勤務部部長的俞飛鵬、時任軍政部次長的曹浩森出任副主任

---

08 蕭繼宗主編，《革命文獻》第六十八輯，頁 33、38。

09 李啟明，《中國後勤體制》（臺北：中央文物供應社，1982 年），頁 300。

10 有關國家總動員設計委員會的相關討論，可參考段瑞聰，〈蔣介石與抗戰時期總動員體制之建構〉，《抗戰戰爭研究》，2014 年第 1 期，頁 34-53。

委員[11]。在成立的總綱中提到：「全民戰爭動員之要素有三：一曰武力、二曰物力、三曰精神，精神足以克服暴力，戰勝物資，國家興衰，戰爭勝敗，胥是精神之張弛為轉移，故精神動員維繫乎一切。[12]」

國家總動員設計委員會在成立之初，其內部組織的設定組成上，分為秘書組（處理一般會務）、糧食組（設計關於糧食統制事項）、資源組（設計關於資源統制事項）、交通組（設計關於交通統制事項）、民眾指導組（設計關於民眾組織訓練與服務事項）、衛生組（設計關於各地衛生機關及人員材料統制事項）、金融財政組（設計關於金融財政之統制籌劃事項）等七個單位[13]。而到了1939年11月時因應戰事需要而進行修正其組織大綱，修正後的組織大綱如下所示：

第1條　國防最高委員會為主持國家總動員業務之研究設計及指導、督促、考核各級動員委員會業務進行設置國家總動員設計委員會（以下簡稱本會）。

第2條　本會直隸於國防最高委員會。

第3條　本會設主任委員一人、副主任委員一人，依照國防最高會議第四十一次常務會議決議，以行政院院長、軍事委員會參謀總長分別擔任之，並以左列人員為委員。

一、中央黨部秘書長、社會部部長、訓練委員會主任委員。

二、行政院秘書長、政務處處長、內政部部長、財政部部長、軍政部部長、經濟部部長、交通部部長、教育部部長、振

---

[11]「國家總動員設計委員會」（1937年7月24日），《外交部》，國史館藏，數位典藏號：020-161702-0060。

[12]「邵力子呈擬國民精神總動員初步推行辦法，國民精神總動員實施方案草案暨總動員計畫大綱及各省市縣總動員委員會組織大綱」（1938年），〈戰時重要措施（一）〉，《蔣中正總統文物》，國史館藏，數位典藏號：002-080101-00014-002。

[13]「國家總動員設計委員會組織大綱、委員銜名及該會第一次會議紀錄等文書」（1937年7月），《內政部》，中國第二歷史檔案館藏，案卷號：2061。

濟委員會委員長。

三、軍事委員會副參謀總長辦公廳主任、政治部部長、戰地黨政委員會副主任委員。

第 4 條　本會為研究問題及審查計畫分設四組，其職掌如左：

第一組、主管兵役、慰勞、撫卹、傷兵、管理軍隊衛生等事項。

第二組、主管教育、宣傳及民眾組訓等事項。

第三組、主管地方行政、難民救濟、衛生等事項。

第四組、主管財政、金融、經濟、交通及國防工業等事項。

第 5 條　各組設組長一人由主任委員指派，組員五人至七人由主任委員派充分掌各組事項，並酌設辦事員及雇員。

第 6 條　本會為考核各級動員工作起見，設督導員四人至六人，由主任委員派充之。

第 7 條　本會秘書處分左列各股

第一組、總務股

第二組、文書股

第三組、編審股

第四組、統計股

第 8 條　秘書處設主任秘書一人，由主任委員指派，承主任委員、副主任委員之命受理本會事務。

第 9 條　秘書處設秘書四人、股長四人、股員十二人至十六人、辦事員十人至十四人，並酌用雇員。

第 10 條 本會審議各項總動員業務方略，應填具意見呈請國防最高委員會核實施行。

第 11 條 本會得隨時指定委員或督導員分赴各省市動員委員會指導、督察，並參加各省市動員委員會會議。

第 12 條 本會督導員及秘書處職員以專任為原則。

第 13 條 本會擬事細則易定之。

第 14 條 本大綱自核准之日施行。[14]

暫且不論關於國家總動員設計委員會這個組織在當時執行的業務成效為何，不過從他成立後所召開的第一次會議上，明定出當時最急迫要辦理有關全國動員事項中，即有六大項，分別為「糧食統制、資源統制、交通統制、民眾組織與訓練、衛生機關及人員材料之統制、金融財政之籌劃」等六個項目[15]，其中關於交通統制與衛生機關及人員材料之統制，這兩個動員事項即與軍事後方勤務的配合有關。

若從當時總動員計畫大綱中，來看當時國家總動員設計委員會要求全國總動員的項目中，有關軍事與交通部份，在軍事方面分為前方與後方兩個部份，需動員支援前方的項目有：「1.補充兵員、2.組織便衣隊、3.擔任諜報及鄉導、4.擔任工事構築、5.擔任傷兵救護、6.遷移並救濟婦孺」，而在支援後方的部份則有：「1.維持地方秩序並保護交通機關、2.擔任運輸與通訊、3.肅清漢奸、4.收容傷兵與難民」。在交通方面則分為海洋與大陸交通兩個部份，在支援海洋交通方面的項目有：「1.軍需品之盡量輸入、2.本國產品可以輸出者應盡量輸出而軍需品製造支援料與工具應盡量輸入」，在支援大陸交通方面的項目則有：「1.集中全力限期完成有國際運銷關係路線以及可與水路銜接之路線、2.限期大量增加機關車與列車、3.限期完成戰爭後方必要之汽車路、限期完成西南

---

[14] 〈國家總動員會議組織法令案（一）〉，《國民政府》，國史館藏，數位典藏號：001-012071-00304-001。

[15] 「國家總動員組織及計劃大綱」（1937年8月1日），《國防部史政編譯局》，檔案管理局藏，檔號：B5018230601/0026/380/6015。

西北可任國際運輸之汽車路、4. 限期大量訂購汽車使敷軍用及國際運輸之用、5. 大量購藏燃燒油及潤滑油使敷汽車之用。」[16]

　　此委員會的出現是針對國家總動員業務之研究、設計、指導與督促，是國民政府設置的第一個總動員綜理機構，以中央政治軍事機關首長及所屬動員相關業務單位負責人為委員，透過合議制決定各種暫時動員方案與規章，在抗戰初期起到了相當的作用。然而，此機關雖然當時是統籌總動員業務的機構，但始終沒有整合當時政府的其他動員設計機關，因此最終在中央推行行政三聯制的過程中被裁撤，職權歸併於中央設計局[17]。

圖1：對日抗戰期間國家總動員設計委員會召開全體人員合影 [18]

---

16 「國家總動員計劃執行案」（1937年8月1日），《國防部史政編譯局》，檔案管理局藏，檔號：B5018230601/0026/380/6015.3。

17 余以澄，〈抗戰時期國家總動員體制的建立與實踐〉（臺北：國立政治大學歷史學系碩士論文，2020年），頁114-115。

18 「對日抗戰期間國家總動員設計委員會召開全體人員合影」（1940年4月17日），〈陳誠副總統數位照片—綜合照、院長批示之簽呈照〉，《陳誠副總統文物》，國史館藏，數位典藏號：008-030800-00016-104。

1938年底，由於武漢、廣州等地戰事失利，政府總結抗戰爆發至今，應再更加增強國民精神意志的鍛鍊，遂利用1939年3月12日孫中山逝世十四週年之際，在重慶頒布《國民精神總動員綱領及其實施辦法》，其辦法中除明白揭示要徹底將個人積習改正與集中意志外，更重要的是將國家軍事至上等觀念更加地強化於人民之中，並藉由各種不同的活動，如徵募慰問品、徵募寒衣、獻金救國、慰問傷兵等來強化社會大眾對於支援政府軍隊前線作戰的貢獻意志。

三、總動員體制的支援到《國家總動員法》制定

　　在歷經抗戰初期的國家總動員設計委員會，將戰時國民精神總動員體制確立下來，其內容針對民眾動員與後方相關事務，如交通與衛生機關人員材料等部分，希望經由後方民眾組織與軍事行動的配合下，能逐漸建立起如總體戰概念的全國動員體制。從「新生活運動」到制訂《國家總動員法》，從道德規勸到強制動員的歷程上，政府或領導者是如何逐步將觀念融入整個中國社會之中，並且順利將兩者結合，以期望能在軍事上發揮到最大化的成效。

　　埃里希・魯登道夫認為，在陸上、空中和海上行動一旦開始，軍隊對生活必需品、飼料和燃料的需求就會沒有止境，這些物資可以從國內運往前線，也可以從佔領區獲取，這種情況會貫穿整場戰爭。首次會戰後，各種補充人員、彈藥、裝備，都會連續不斷地從國內運往前線，而傷員和被損壞的軍事裝備則被運到後方，軍隊的後方交通線上將呈現出一派緊張繁忙的景象。如果作戰區域在本國領土內，軍隊和後方、軍隊和人民的聯繫就會更加直接[19]。這個概念隨著抗戰時間與空間的擴大與延伸，在軍事行動上所需的各項資源亦日益增加，勢必在動員其各項力量的行動上，有其升高的必要性，以因應更加嚴峻的持久戰爭態勢。

　　1942年，國民政府於戰時為集中運用全國之人力與物力，加強國防力量，

---

19 魯登道夫著、魏止戈譯，《總體戰》，頁121-122。

貫徹抗戰目的，因而於 3 月 29 日正式頒布了《國家總動員法》三十二條[20]，明定其相關的規範，並明令於該年 5 月 5 日起正式施行[21]。

而在該法頒布時，蔣中正特別對全國民眾發表相關文告，其中提到：「我們這一次實施國家總動員法，論到立法的內容，和世界各國所頒行的沒有多大差異，但是我們有一個特點，我們總動員法的頒布和實施，不祇是國策的執行，而且是民意的實現。我們抗戰開始的第二年，就頒布了抗戰建國綱領，作為政府人民在戰時一切設施和行動的基準。這一次總動員法，就是根據抗戰建國綱領的要旨和精神而制定的。我們的國家總動員法，可以說是抗戰建國綱領的具體化，和進一步的法制化。從此以後，我們國民可以明白知道為執行國策，我們個人在積極方面應該有怎樣的努力，在消極方面應該受怎樣的限制。由此集中我們的意志，整齊我們的行動，來提高我們抗戰的力量。……我們的國家總動員法，雖是現在才頒布實施，其實在過去我們並不是沒有實行動員，實際上各部門都已開始實行了。例如統籌生產，管制消費，調節物資，管理物價，管理金融，乃至發動勞力，發動智力，發動技術，政府主管機關都在分頭的執行，一般人民和社會也都在自動的實行；不過以往這些辦法，還都是部分的、零星的、不相連貫的，而且做得不夠確實，不夠普遍。……國家總動員法明白規定了一般人民對於戰時國家應盡的義務是什麼；就要表示國家在積極方面所要求於每一個國民的是什麼，在消極方面所要限制或禁止的是什麼；國民能夠積極奉行法令，盡他應盡的義務，政府不只予以保障，也將予以鼓勵。[22]」

在《國家總動員法》施行後，包含全國物資與人力之管制及徵用，以及對於自由之限制等，皆由軍政相關單位統籌規劃。而此一總動員的概念，雖與軍政後勤的實際運作未有直接的關聯性，但卻是在戰爭爆發後，要動員軍、民兩方面人力與物資的一種行為規範與思想統制，以期能夠將其發揮在軍事方面，尤其是在戰時軍民兩方須密切合作的軍政後勤領域。

---

20 「國家總動員法(國民政府三十一年三月廿九日公布)』…等案」（1942 年 3 月），《國防部史政編譯局》，檔案管理局藏，檔號：B5018230601/0031/011.2/6015。

21 「國民政府明令公布國家總動員法施行日期訓令直轄各機關飭知」（1942 年 4 月 25 日），〈總動員法案〉，《國民政府》，國史館藏，數位典藏號：001-012341-00001-010。

22 秦孝儀主編，《先總統蔣公思想言論總集》卷三十一書告，頁 304-305。

根據《國家總動員法》所規定，國民政府於戰時為集中運用全國之人力物力，加強國防力量，貫徹抗戰目的，因而制定《國家總動員法》[23]。有別於先前在抗戰初期的國民精神總動員，《國家總動員法》的制定乃強化先前國民精神總動員期間的各項措施，且具有法律效應，如以該法中所規定可強制動員的物資與業務部分來看，其中也可窺知與軍事後方業務相關聯的部份，如在動員物資部份，包含了：

一、 兵器彈藥及其他軍用器材

二、 糧食飼料及被服用料

三、 藥品醫藥器材及其他衛生材料

四、 船舶軍馬及其他運輸器材

五、 土木建築器材

六、 電力與燃料

七、 通信器材

八、 前列各款器材之生產、修理、支配、供給及保存上所需之原料與機器。

在動員業務上，包含了：

一、 關於國家總動員物資生產之生產、修理、支配、供給、輸出、輸入、保管及必要之試驗研究業務。

二、 關於民生日用品之專賣業務

三、 關於金融業務

---

[23] 「立法院長孫科呈國民政府主席林森請公布國家總動員法」（1942年3月19日），〈總動員法案〉，《國民政府》，國史館藏，數位典藏號：001-012341-00001-003。

四、關於運輸通信業務

五、關於衛生及傷兵難民救護業務

六、關於情報業務

七、關於婦孺老弱及有必要者之遷移及救濟業務

八、關於工事構築業務

九、關於教育訓練與宣傳業務

十、關於徵購及搶先購運之業務

十一、關於維持後方秩序，並保護交通機關及防空業務

十二、其他經國民政府臨時指定之業務[24]

　　從以上《國家總動員法》所制定的相關動員物資與業務來看，更進一步的將國民精神總動員期間的項目具體而為，其中在軍事物資的徵用、糧食物資的徵用、醫療衛材的徵用、船舶軍馬的徵用以及相關業務，均與在軍事上的後方業務相關。其兩者之間究竟在法令規定上與實際應用結合的密切性，則另待進一步的研究來加以證明兩者之間的關係。

四、戰時的輸送動員模式：以衛生勤務為例

　　上述的十二項動員業務中，有關衛生及傷兵難民救護業務是其軍民動員設計的主要業務之一，本節就以戰時衛生勤務的輸送動員為例，來呈現出戰時後方是如何執行衛生勤務的輸送與動員。

　　在討論戰場傷兵的輸送問題之前，先來看一段當時傷兵的描述以及由時

---

[24] 「國家總動員法案」（1942年3月1日），《國防部史政編譯局》，檔案管理局藏，檔號：B5018230601/0031/011.2/6015。

任軍事委員會軍風紀巡查團第二團主任石敬亭，在巡視各戰區檢查部隊軍風紀時，所觀察到的傷兵情況：

> （一）我是一個傷兵，現代要代替過半數不及救治的負傷同志們，向這四萬萬五千萬的後方同胞們訴苦。現在一切的安全設備，多仿佛在離前線數百里之外，而軍隊本身的救護能力，只活動於火線十餘里範圍內，試問許多負重傷的同志，在交通阻斷的戰場裡，有什麼方法來渡過這長距離而到達安全地帶？負傷初期，因流血過多，常失運動能力，且在敵空軍活躍之下，因頓跋涉，多至一星期以上不得換藥。雖傷創極輕，也迫得走上死路。這裡我們負傷同志不得不提出抗議，只有當兵的在抗戰，只有當兵的該死？最後，我們期望後方所有的同胞切實注意，這富有作戰經驗的傷兵，是佔國軍的大部數量，是充分有轉移戰局能力的。[25]

> （二）查沿途傷兵絡繹不絕，大多忍痛徒步，極鮮擔架車馬，且有無力舉足，倒臥路側，無人過問，負傷戰士而待遇若此，亦使後方部隊見而寒心，除與第五戰區長官部，商酌組織擔架隊外，擬併飭令後方勤務部多備傷兵汽車運輸，或其他徒步工具，以資救濟。[26]

由上述這兩段的這段描述，大致可以看出以下幾個戰時的傷兵問題：

1. 保護或救治士兵的醫療場所距離戰場太遠

2. 受傷士兵因為交通運輸的關係無法遠離戰場至安全地區

---

25 張研、孫燕京主編，《民國史料叢刊》第 257 冊（政治・軍隊戰爭）（鄭州：大象出版社，2009 年），頁 219-220。

26 「石敬亭等呈蔣中正傷兵甚多請飭後方勤務部多備傷兵汽車或其他工具以資救濟等文電日報表等二則」（1938 年 9 月 20 日），〈一般資料－呈表彙集（七十五）〉，《蔣中正總統文物》，國史館藏，典藏號：002-080200-00502-137。

3. 軍醫的救治能力不良，有可能小傷變大傷甚至陣亡

前兩個問題，基本上就點出了戰場傷兵與交通輸送的關係。不論是野戰部隊內軍醫救治系統，或是後送的交通輸送系統，在這位傷兵的描述下，都是值得提出討論的關鍵。

而有關戰區的醫療衛勤與輸送，主要是以在最短的時間內，治癒最高數額的傷患，使其早日歸還建制，這些痊癒歸建人員，對於人員充實方面，具有最大價值。但某些傷患不能完全痊癒，需要較長時間療治，其進一步處理，是轉送較後的地區治療。衛生勤務由後方向前推動，在後方的衛生機關，向前接運前方衛生機關的傷病，俾得迅速減輕其負擔[27]。以上是戰時衛生勤務的核心重點概念，但這樣的概念要如何落實在實際的戰場之上？

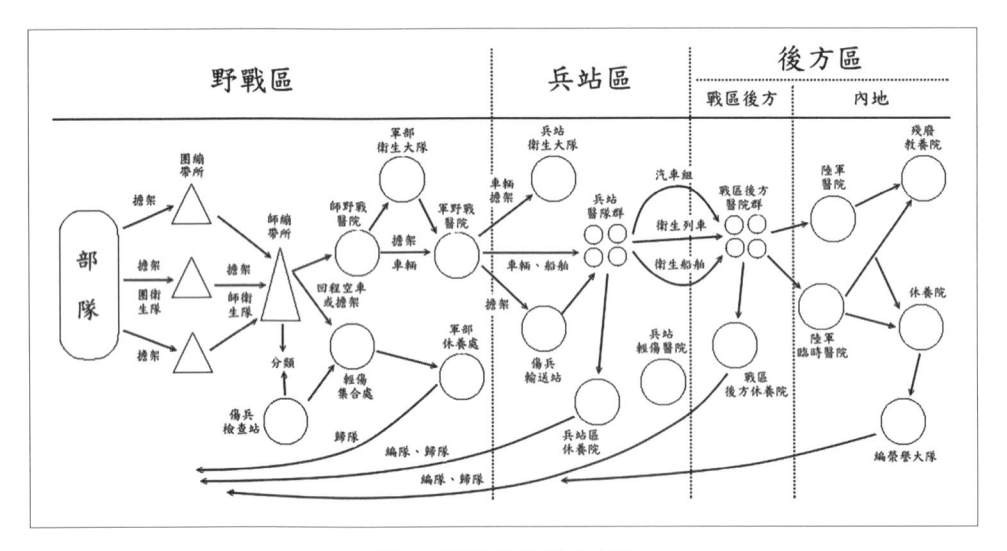

圖2：榮譽軍人後送系統圖

資料來源：根據「軍醫業務革新建議」，《一般檔案》，中國國民黨黨史館藏，典藏號：一般 539/25，繪製而成。

---

27 張載宇，《國防後勤概論》（臺北：國防研究院中華大典編印會，1969年），頁217。

圖2是軍隊所規劃的戰時傷兵後送流程，並且清楚的指出一位軍人因戰爭緣故成為傷兵後，是如何藉由這套後送流程來完成傷兵的醫療救治或是救治完成後的處置。在圖3中可以清楚的看到，設計者的概念將整個戰場分為三大區域，分別是野戰區、兵站區、後方區三個部分。

	軍事委員會		
軍政部	> 後方勤務部	>	軍令部
轄各軍需生產機構及後方勤務機構	兵站總監部	← >	戰區
	兵站分監部	← >	集團軍
	兵站支部	← >	軍、獨立軍
	兵站分部	← >	師、獨立師
	兵站派出所	← >	獨立旅

圖3：抗戰時期後勤支援體系關係圖

註：「>」為支援線，「←」為督導管制線。

首先，野戰區即為戰爭砲火最為猛烈的敵我熱戰區域，在野戰區受傷的士兵，部隊裡的軍醫或是醫療人員[28]第一部先進行受傷程度的判定，如圖 3 中所示，在各級部隊當中，原則上都設有醫療相關單位，如果經判定傷勢不重或是可在戰場醫療單位中即可處理完畢的傷患，就先依傷勢送往團、師、軍級的醫療所或野戰醫院進行處理。如果遭軍隊醫療人員判定傷勢過重，即進入後送的階段。

其次，進入後送階段後，傷兵會先被送往介於野戰區與後方區的兵站區，此處是屬於相對安全的地帶，是戰場前後方補給運輸的轉運站，因此能提供給傷兵較好的醫療品質。兵站區所屬的醫療院所等級亦較野戰區高，可處理相對嚴重的傷病情況。而進入到此兵站區的運輸，其運輸方式為因應戰場地形地貌的變化，因此有了相應的交通運輸設備，如擔架、衛生車輛、衛生船舶、衛生列車，甚至是飛機。原則上多數的傷兵，可以在兵站區內的醫院進行救治以及後續的休養。

最後，在整個後送流程中的後方區，即為已脫離戰爭地帶的安全區域，但又可分為兩個部分，一是各戰區的後方，二是遠離戰區的內地。後方區的位置，多為城市或軍政機關的所在地，因此擁有比前兩區更好的醫療品質與補給。故經由交通後送系統送往後方區的傷兵，大致上會有兩類，一類是前兩區皆無法救治的重大傷兵，另一類則是已造成永久性傷害且無法再返回戰場執行任務的殘廢傷兵。有關於此類殘廢傷兵，軍隊為安置此類傷兵，亦設有相關的生產事業或訓練班，如技術人員訓練班、生產業務實驗區、工廠及實驗農場、墾殖團

---

28 並非所有軍隊中擔任醫療任務的人都叫做軍醫，正式的軍醫必須是從軍醫學校或者戰時設置的衛勤訓練所畢業，或者是由一般醫學院畢業後因軍事徵招入伍的醫生，才能稱為軍醫，也就是這些人是受過正式醫學訓練的人，但以當時軍隊人員與軍醫的數量比而言，正式軍醫數量僅佔極少的比例，因此大概只有軍級或師級以上的部隊或是戰區軍事單位才有配置正式軍醫的可能。另在軍隊中從事醫療行為者，從較低層的連級部隊開始，多為未受過正式訓練的行伍人員充任，僅憑著從非正式醫學訓練得來的粗糙醫療技術來從事救治傷兵行為，這類型的醫療人員佔了絕大多數，也因此才有第一線或是前方部隊的軍人受傷後，寧願不進醫療單位，以免小傷變大傷，大傷變陣亡的情況出現。有關於此點，軍隊因戰事急遽的擴大，兵源數量激增，導致軍隊醫療人員比例不足的問題，亦在戰事全面爆發後有了相對的因應措施，即成立了快速的醫療教育速成單位，以調訓的方式，將軍隊現有未受過正規醫療教育的人，藉由短期（數週或數月）的訓練後，再返回原單位執行醫療任務，藉以提升軍隊醫療人員的素質。

圖4：衛勤人員以擔架搬運的方式，在戰場上穿越鐵絲網後送傷患

圖5：可放置四具擔架的戰地救護車

圖6：衛生列車

圖7：衛生列車內部設置情況

資料來源：「中國國防軍三十六年衛生業務概況攝影目錄冊」（1948年7月1日），《林可勝檔案》，中央研究院近代史研究所檔案館藏，檔號：9011001。

隊等，並由軍政部下轄的榮譽軍人生產事業管理局負責管理[29]，讓這些被稱為榮譽軍人的傷兵，雖然無法再重返戰場進行，但仍能以有限之軀為戰爭盡一份心力。至於在各區養復的士兵，經由各區醫院到休養處的傷癒過程後，亦同樣藉由兵站的交通運輸系統返回原部隊，若無法返回原部隊歸建者，則為重新編隊。

---

29 「軍政部榮譽軍人生產事業管理處組織規程暨編制表」，〈各管理處（局）組織法令案〉，《國民政府檔案》，國史館藏，典藏號：001-012071-0145。

然圖 2 的軍隊傷兵後送系統設計，也非是抗戰爆發後才出現的規劃，這套設計在戰前就已被相關人士提出，並有清楚的各級區域設計概念想法，如表 1 所示：

表 1：戰前各衛生勤務區域單位統轄表 [30]

區域	所屬統轄單位	該區最高衛生行政長官
野戰區	1. 團衛生隊 2. 師野戰醫院 3. 師軍醫處 4. 軍軍醫處 5. 野戰預備醫院	軍軍醫處長
兵站區	1. 兵站總監衛生處 2. 兵站監部衛生科 3. 各兵站醫院 4. 兵站總監部附設衛生材料庫 5. 兵站預備醫院	兵站總監部衛生處長
後方區	1. 總司令部軍醫處 2. 各後方醫院 3. 各陸軍醫院 4. 傷病員兵後方輸送站	總司令部軍醫處長

另在此處亦要提到關於傷兵經由後送後，在醫療院所內的情況。基本上，在一名正常健康的軍事人員成為傷病兵後，除了解除了戰場作戰的任務，成為另一種特殊身分的軍人外，並非就只有單純的養傷工作而已。當時的傷兵，不論是在那一級的醫療單位，對於傷兵醫院中之傷兵應施以特種教育，傷兵可依其傷勢之重輕，酌為分組編隊，而以院長或管理員為領隊，施以特種訓練，如此不僅使傷兵有所管束，且得利用病中之時間以充實傷兵之智識，且應於每三月考核一次，按其成績之優劣予以賞罰 [31]。

---

30 本表根據「史國藩編著《衛生勤務》一書」，〈衛生勤務〉，《國民政府檔案》，國史館藏，典藏號：001-075715-0001 內容彙整製表。

31 「蔣中正令軍政部後方勤務部傷兵醫院中之傷兵應施以特種教育」，〈交擬稿件－民國三十年十一月至民國三十年十二月〉，《蔣中正總統文物》，國史館藏，典藏號：002-070200-00012-043。

五、結論

　　本文從政府高層在戰時所推動的各項國家級動員計劃,並從民眾生活的層面切入,希望以總體戰的概念,配合戰時不同階段所推行的動員計畫乃至於最後明令《國家總動員法》的制定施行,來探討其中與戰場後方勤務或軍事運輸相關的動員要素為何,並待能更進一步的就兩者之間的關係與影響再進行更加深入的探討。看似雖與軍事後勤無直接關聯,但在總體戰的概念與落實下,兩者卻是習習相關。

　　而軍事後方動員事務所包含的內容十分廣泛,從衛生勤務、運補勤務、技訓勤務等,皆為軍事後勤所包含的事項,甚至從本文內提到的動員業務所表列的事項中,衛生勤務的動員僅只是其中一項而已。與直接探討軍事戰役相比,所要顧及的面向與要素是更加廣泛多元。因此,本文主要希望將討論的範圍,從廣義後勤所包含的三大面向中,縮限到僅就軍事後方勤務中的「衛勤運輸」部分來進行探討,以符合在整個抗戰的軍事層面上,對於運輸流動的討論呈現。

　　本文的內容主要皆在呈現軍事後方與動員的各種規劃因素之重要性,總體戰是一個涉及範圍相當廣泛的概念,每個元素看似小細節,但每個小細節組成起來卻可能是影響戰爭的主要因素。因此,希望藉由介紹與探討各項後方動員計畫與實際勤務後,尤其是在輸送部分的規劃要素,能在此運輸動員體系與網絡的討論議題上,除了過去既有的軍事戰史相關研究成果之外,能再豐富一項關於軍事後方勤務與戰時動員的成果。

軍事動員

大陳島撤退：
臺灣外島軍事防禦的危機

許峰源

檔案管理局應用服務組研究員、天主教輔仁大學歷史系兼任助理教授

一、前言

　　1949 年底，中華民國政府撤退臺灣後，仍有許多軍隊安置在東南沿海島嶼，準備伺機反攻大陸。1950 年初，中華人民共和國 (以下簡作中共) 擬定作戰計劃，欲一舉消滅東南沿海國軍後，全面解放臺灣。中共先於 4 月集結中共人民解放軍 (以下簡稱解放軍) 揮兵渡海南下，登陸海南島，擊潰島上駐防國軍，氣勢如虹；5 月，解放軍再執行登陸舟山群島作戰計畫，迫使島上國軍聞訊撤離，[01] 使得國軍駐防的外島僅剩金門、馬祖、大陳島。[02] 國軍氣勢低落，金門、

---

01 有關國軍從舟山撤退的考量及後續安排，請參見劉維開，〈防衛舟山與舟山撤退〉，收於沈志華、唐啟華編，《金門：內戰與冷戰：美、蘇、中檔案解密與研究》(北京：九州出版社，2010)，頁 18-34。
02 廣義的大陳島是指 1955 年 1 月中華民國政府在浙江外海尚能控制島嶼，有漁山列島、大陳列島 (又名台州列島)、披山島與南麂列島，分別隸屬臨海縣、溫嶺縣、玉環縣、平陽縣。狹義的大陳島是指大陳列島，主要為上大陳與下大陳兩島。本文所指的大陳島，以廣義的解釋為主。

馬祖、大陳島等外島面臨解放軍兵臨城下的危機，臺灣、澎湖群島更是岌岌可危，充斥解放軍隨時進犯氛圍，預示著兩岸戰爭將一觸擊發。

6月25日，韓戰爆發，國際情勢產生巨大變化，臺灣與外島駐軍陷入恐慌之中，不知道解放軍何時將趁虛而入。韓戰是國際大事，對撤退臺灣才半年的中華民國政府亦帶來重要影響。隨即，美國總統杜魯門 (Harry S. Truman, 1884-1972) 宣布介入韓戰，動員聯合國軍隊馳援南韓，避免兩岸觸及戰爭，導致亞洲戰局不可收拾，命令第七艦隊協防臺灣，以「臺海中立化」政策防止解放軍攻打臺灣，同時呼籲臺灣停止對中國大陸發動任何攻勢。美國的介入暫時解除中華民國政府燃眉之急，隨著韓戰戰火愈演愈烈，中共捲入其中，調派解放軍前往北韓助襄助一臂之力；美國更是全力圍堵解放軍、北韓軍隊南下，維繫南韓軍事安全，並在聯合國全力支持中華民國，且提供臺灣軍事、經濟援助，這不僅有助於穩固中華民國的國際地位，也讓臺灣獲得安全屏障，化解兩岸政治衝突與軍事危機。[03]

1951年2月9日，美國與中華民國簽訂《共同防禦互助協定》(Mutual Defense Assistance Agreement)，同意提供臺灣特定軍事物資，以防範解放軍軍事攻擊。5月，美國軍事援助技術團(簡稱美軍顧問團)在臺北成立，協助臺灣軍隊整編、訓練以及換裝作業，提升國軍整體的戰鬥力。美國促成「臺海中立化」，遏止中共武力犯臺，規範中華民國不能打著反攻大陸名義，擅自對中共發動攻勢。然而，美國為蒐集中國大陸各項情報，監控中共的一舉一動，以牽制解放軍的動態，決定扶助國軍在金門、馬祖與大陳島成立游擊隊基地，其間在馬祖設置閩南游擊總隊、閩北游擊總隊，金門設海南游擊總隊，之後經過整編為福建反共救國軍；大陳島設置大陳游擊指揮所，歷經編組成為江浙人民反共游擊總指揮部。這些游擊隊經常對中國大陸沿海發動小規模攻擊，加上國軍尚能掌握制空權，進出中國大陸上空偵察蒐集情報，掌握中共動態，儘管與解放軍常發生磨擦，尚未釀成劇烈的軍事衝突。

---

03 韓戰後美國對臺灣的態度轉變，可參見張淑雅，《韓戰救臺灣？解讀美國對臺政策》(臺北：衛城出版，2011)。又臺灣對韓戰的觀察與反應，請參見劉維開，〈蔣中正對韓戰的認知與因應〉，《輔仁歷史學報》，第21期 (2008.07)，頁253-282。

1953 年初，艾森豪 (Dwight D. Eisenhower, 1890-1960) 出任美國總統，宣布解除杜魯門政府「臺海中立化」政策。對此，中華民國總統蔣中正 (1887-1975) 宣示不放棄解救中國大陸同胞，必須強化國軍各項軍事訓練，準備反攻大陸事業。6 月，國軍游擊隊突擊浙江玉環三島，殲滅島上解放軍約 1,300 人，7 月再突擊東山島，最後以小勝利收場，與原本預期將發揮凌厲的攻勢有極大落差，顯示反攻大陸工作的難度。7 月中下旬，南北韓在板門店簽署《朝鮮停戰協定》，宣示南北韓戰爭將告一段落。中共立即將派駐北韓的解放軍調往東南沿海，加強軍事操練，反制東南沿海一帶騷擾的國軍，力圖一舉解放臺灣。隨即，兩岸在東南沿海的戰鬥接踵而起，至 1954 年底解放軍攻占鄰近浙江省沿海小島，使大陳島陷入危險情勢。[04]

　　至 1955 年 2 月，中華民國原本堅守大陳島的策略急轉直下，在美國第七艦隊護航下，將大陳島駐防國軍移往金門、馬祖，一萬多名民眾迅速撤往臺灣。總統蔣中正面對此變局，發表「大陳島撤退告海內外軍民同胞書」，強調政府為了因應中共侵略新形勢，將大陳島駐防的軍隊暫時調往金門、馬祖，集中兵力準備反攻大陸。[05] 實際上，中華民國早已沒有充足軍事實力反攻大陸，甚至防禦大陳島漸力不從心，顯露外島經營的危機。

　　筆者曾以〈遷臺初期臺灣對沿海島嶼的防禦策略調整 (1950-1955)〉一文，整理韓戰結束後，大陳島暴露於解放軍侵犯的危機，政府為了扭轉頹勢，爭取美國派遣第七艦隊協防大陳島，或是透過美援強化大陳島軍事守備，但成效有限。至 1955 年 1 月，解放軍奪下一江山島，大陳島失去前線保障，陷入空前危機，中華民國政府必須調整策略，最後在美國的協助之下，緊急完成大陳島軍民撤退。只是，大陳島尚未撤退前，島上軍事部署有哪些頹勢？大陳島軍事駐防是否浮現危機？中華民國政府如何力挽狂瀾？大陳島撤退是否化解一場國軍遭到解放軍重擊的危機？本文試圖以〈大陳島撤退：臺灣外島軍事防禦的危機〉為題，應用相關檔案與資料以釐清問題。

---

04 連正世、李靜宜、李俊融，〈狂濤怒浪──1950 年代臺美防衛合作與外交關係〉，《檔案季刊》，10 卷 1 期 (2011.03)，頁 41。

05 〈先總統蔣公為大陳撤退告海內外軍民同胞書〉，收於大陳紀念特刊編輯委員會編著，《大陳人在臺灣：大陳遷臺六十周年紀念特刊》(新北市：大陳遷臺紀念委員會，2015)，頁 14-15。

二、極力爭取美援穩固大陳島

　　民國時期，上下大陳島隸屬浙江省溫嶺縣鳳尾鄉，島上住民多從浙江省台州府臨海縣、溫嶺縣和黃岩縣等地遷入，以浙江台州話為主要語言，風俗習慣和福建、浙江沿海等地民眾大致相同。上下大陳島位在浙江省東部海域，距離中國大陸海岸約 20 浬，地理位置猶如躍登中國大陸的踏板，北方臨三門灣、漁山列島，西接台州灣，形成軍事前哨站，與青嶼、猪嶼、屏風山、竹嶼、上嶼與下嶼構成台州列島。

　　上大陳島距離下大陳島大約 2.8 浬，面積 7.6 平方公里，島上多山，高達 200 百公尺，排水良好，只有西南部有灘頭，小型船艇可以停泊。下大陳面積 7.4 平方公里，島上岩石嶙峋，山勢崎嶇，中部多為高山達 227 公尺。上下大陳兩島嶼的土地貧瘠，農產品生產匱乏，但北距舟山群島約 120 浬，南離臺灣基隆約 230 浬，西距中國大陸沿海約 14 浬，可以控制三門灣、台州灣、溫州灣等海域，扼守航道位置，顯現島嶼重要的地理形勢。[06]

　　大陳島戰略地位不亞於舟山群島，1950 年 5 月國軍從舟山群島撤退後，大陳島防衛位置變得更重要，成為中華民國最北端反共前哨站。解放軍若集結溫州灣，可以聯合福建兵力攻打臺灣，突襲基隆、淡水等地方，距離大概不到 200 浬。反之，大陳島可阻擊解放軍在臺灣北部海域大小行動，彌補臺灣海域防務空缺的弱點，可以切斷溫州、海門對外的交通，破壞浙江與福建兩地解放軍聯合攻打臺灣的計畫。另一方面，大陳島作為反共前哨基地，國軍可以先集結在大陳島，以該據點駐防軍隊，圖謀逼進甌江流域。[07]

　　1950 年 6 月 25 日，韓戰爆發，美國總統杜魯門宣布第七艦隊協防臺灣，透過「臺海中立化」框架，防止中共攻擊臺灣，同時呼籲臺灣停止對大陸採取軍事行動，避免臺海情勢升溫而引發危機。10 月，隨著韓戰發展劇烈化，中共調派解放軍前進北韓，力挺北韓襲擊南韓。對此，美國撻伐中共行徑，調整

---

[06] 資料來源：「空軍支援大陳作戰戰史初稿」(1963 年 3 月)，〈空軍支援大陳作戰戰史案（一）〉，《國防部檔案》，檔案管理局藏，檔號：AA05000000C/0051/1843/3010。

[07] 陳玲，《大陳記憶：兩岸新移民的悲歡》(臺北：時英出版社，2015)，頁 9-11。

兩岸策略，在聯合國協助中華民國穩固國際地位，且增援臺灣軍事防備、經濟發展。美國重視臺灣戰略價值，同時關注中共動態，希望利用中華民國在中國大陸沿海的游擊隊，發揮牽制解放軍作用，避免美軍投入韓戰又要兼顧中共對於臺灣的侵擾。美國在臺灣成立「西方公司 (WEI)」，隸屬於美國中央情報局 (CIA)，後來衡量臺海情勢後遷至上大陳島，提供軍事援助，利用大陳島游擊對東南沿海進行干擾。[08] 除了西方公司，為提升大陳島防衛能力，蔣中正先派國防部政治部主任蔣經國 (1910-1988) 等人前往考察，提出整頓反共救國軍的方案，後來以同為浙江人的胡宗南 (1896-1962) 接掌大陳島總指揮任務。1951 年初，胡宗南化名秦東昌，前往大陳島開始訓練游擊隊投入正規作戰，成立江浙反共救國軍指揮部，創設東南幹部學校，在最短的時間內將各地游擊隊武力整編為反共救國軍，組織 6 個大隊，將鄰近船隻編入江浙沿海游擊隊，加強與美軍各項軍事合作事宜。[09]

至 4 月，行政院院長陳誠 (1898-1965) 鑒於江浙游擊工作亟待展開，委由胡宗南出任江浙反共救國軍總指揮官，籌劃反攻大陸的工作，為讓軍政事務互相配合、方便作業，迅速建立敵前、敵後政權，決定浙江省政府主席由胡宗南接任。隨即，行政院秘密派遣胡宗南兼任浙江省政府委員、浙江省政府主席，掌理大陳島的政治與軍事事務。[10]

1952 年 12 月 1 日，江浙反共救國軍指揮部頒布大陳地區作戰計畫，明確指示為保衛大陳島，除現有陸軍、海軍主力守備上下大陳島，軍艦必須配合機帆船及艦艇，聯合野戰大隊執行突擊行動，達到牽制解放軍的效果。[11] 經過胡

---

08 翁台生，《CUA 在臺活動秘辛——西方公司的故事》(臺北：聯經出版社，1991)，頁 11。

09 胡為真，〈胡宗南上將與大陳反共救國軍〉，收於大陳遷台六十周年紀念活動委員會編，《大陳人在臺灣：大陳遷台六十周年紀念特刊》，頁 25。

10 「總統府收行政院長陳誠呈：為浙江省政府主席石覺應即停職及派胡宗南為江浙反共救國團指揮兼浙江省主席」(1951 年 4 月 5 日)，〈浙江福建兩省政府及督察專員公署裁併案〉，《總統府檔案》，檔案管理局藏，檔號：A200000000A/0039/3100201/0004/001。陳玲，《大陳記憶：兩岸新移民的悲歡》，頁 11-12。

11 除江浙總部大陳區作戰計畫外，該檔案有附件一：江浙總部支援大陳島外圍主島作戰計劃。附件二：上下大陳砲兵火力運用計劃。附件三：大陳區陸上防空計劃。附件四：大陳區艦艇防空計劃。附件五：大陳區海上戰鬥計劃。附件六：飛機與機帆船識別辦法。附件七：海上突擊共船計劃。「江浙總部大陳區作戰計畫」(1952 年 12 月 1 日)，〈大陳軍事洩密案〉，《國防部軍事情報局檔案》，檔案管理局藏，檔號：A305050000C/0043/1572.4/4003。

宗南因地制宜整頓及不斷調整，大陳島游擊隊的管理日漸步上軌道。韓戰爆發後，中共無暇整頓東南沿海島嶼，加上美國杜魯門總統推出「臺海中立化」政策，兩岸至 1952 年底在外島尚未有劇烈性戰鬥。隨著韓戰露出停戰的曙光，中共重新正視兩岸問題，大陳島安全性浮現隱憂。

　　1953 年 1 月，艾森豪出任美國總統，在國會報告時提及將解除「臺海中立化」。[12]「臺海中立化」是美國杜魯門總統在韓戰期間為防堵兩岸走火的權宜之策，明示臺灣停止對中國大陸發動攻勢。2 月初，當蔣中正接獲美國解除「臺海中立化」的消息，認為國軍反攻大陸將不再受到美國的限制，對於該項消息不僅秉持肯定態度，並強調不要求友邦援助作戰，避免美國再趁機干預臺灣的軍事行動。[13] 當韓戰露出停戰的曙光，中共再計劃解放臺灣，將駐防北韓的解放軍軍隊調往東南沿海，籌劃掃蕩駐防在福建、浙江沿海島嶼的國軍，伺機逼進臺灣、澎湖，完成統一中國作業。究竟先奪下浙江大陳島，還是福建金門、馬祖兩座島嶼？經過中共全盤分析，考量島嶼的地理位置與後援軍事補給情況，決定先攻奪大陳島以穩操勝券。

　　1953 年 5 月起，國軍與解放軍在甌江口大小鹿山、羊嶼、雞冠山展開島嶼爭奪戰，國軍終因寡不敵眾而被迫放棄島嶼。6 月，國軍游擊隊突擊浙江玉環三島，殲滅解放軍 1,300 人，稍微挽回頹勢。7 月，國軍接續突擊東山島，但是成績未如理想，顯示反攻大陸工作艱鉅。之後，國軍與解放軍屢屢在大陳島附近海域展開軍事戰鬥，雙方攻勢消長。[14] 早在 5 月大陳島軍事安全亮紅燈時，中華民國政府開始爭取美國援助。5 月 21 日，遞交美國的備忘錄附有「五年四軍援建議計畫案綱要」，建議注意大陳島軍事變化，強調浙江沿海小島先後淪陷，必須展現阻遏解放軍的野心行動。當時，美國關注韓戰停戰協議的簽署，為避免受到臺海衝突影響，未回應備忘錄的內容。7 月 18 日，蔣中正與美國駐

---

12 中國大陸研究指出艾森豪就任美國總統後，美國捲入兩岸事務，認為其對華政策為「放蔣出籠」，其解釋可參考戴超武，《敵對與危機的年代——1954～1958 的中美關係》（北京：社會科學文獻出版社，2003），頁 104-105。

13 蔣中正認為如果國軍反攻大陸戰事，若有美國加入，受到冷戰局勢影響，蘇聯也將加入戰爭而更為棘手。參見〈上月反省錄〉，呂芳上、源流成編，《蔣中正日記》，1953 年 2 月（臺北：民國文化學社，2023），頁 70。

14 連正世、李靜宜、李俊融，〈狂濤怒浪——1950 年代臺美防衛合作與外交關係〉，頁 41。

華大使藍欽 (Karl L. Rankin, 1898-1991) 會談，請他向美國政府轉達按照「五年四軍援建議計案綱要」，提供臺灣軍事援助，強調解放軍頻繁在大陳島周邊島嶼發動軍事攻擊，臺海局勢極不穩定，建議應將金門、馬祖、大陳島等島嶼，與臺灣、澎湖軍事防禦整併成為一個戰鬥組合，若不同意將臺灣軍事計畫擴展至金門、馬祖、大陳島等島嶼，或不願承擔防禦這些島嶼的責任，請美國退而求其次發表一項沿海島嶼對臺灣、澎湖防衛重要性的聲明，強調第七艦隊繼續加強巡視中國東南沿海，確保金門、馬祖、大陳島的安全。蔣中正希望美國提出聲明的目的，不在於讓美國增加防衛中國東南沿海島嶼的責任，而是讓解放軍心理有所忌憚，阻遏攻擊島嶼的軍事行動。[15] 20 日，中華民國政府再次致送美國備忘錄，重新聲明對於中共襲擊大陳島附近海軍艦艇，已經派遣部隊前往支援，與美軍顧問團商量因應的辦法，再度強調金門、馬祖、大陳島在戰略上的重要性，強調若有島嶼遭到解放軍吞併，勢必重挫國軍軍心士氣，因此命令國軍全力防衛東南沿海島嶼，不可以輕言撤退。在這項備忘錄裡，還提及國軍海軍船艦數量嚴重匱乏，希望美國儘快通過「五年四軍援建議計案綱要」，支援臺灣多艘潛水艦艇，以及提供 20 艘快速砲艇、2 艘修理艦、10 艘快速巡邏艇、100 艘人員登陸艇，全面提高海軍的作戰力，強化防禦金門、馬祖、大陳的軍事實力。[16] 美國無視備忘錄，未有任何實際動作和反應。中華民國政府只能命令臺北外交部、國防部設法透過其他管道，爭取美國對金門、馬祖、大陳島提供軍事性的支援。

在外交方面，8 月 12 日下午藍欽會晤外交部長葉公超 (1904-1981)，提及金門、馬祖、大陳島的防禦問題，說明美國亟盼中華民國守衛大陳島，關於蔣中正希望將這些島嶼併入臺灣與澎湖的防衛體系，美國正在研擬可行性的方案。當時，藍欽關切的問題是中華民國長期在中國大陸沿海執行「關閉政策」，扣押許多國家船隻而引起國際爭議。藍欽強調美國支持中華民國保衛中國東南沿海島嶼的任何行動，切不可宣傳為美國贊成中華民國在公海攔截各國船隻，

---

15 蔣中正在日記寫下要求美國第七艦隊協助大陳島防務，或是將大陳島劃入協防的範圍，因為大陳島距離臺北過遠，海空軍無法掩護，而中共海空軍基地都在大陳島附近，必須由美國艦艇負責掩護，參見呂芳上、源流成編，《蔣中正日記》，1953 年 7 月 18 日，頁 202。

16 「外交部致美國大使館備忘錄」(1953 年 7 月 20 日)，〈台澎外島防禦問題〉，《外交部檔案》，檔案管理局藏，檔號：A303000000B/0042/426.2/1。

以免引發國際爭端。[17] 緊接著，葉公超連忙解釋中華民國海軍一向採取審慎態度，經確認船隻是運載援助中共的軍事戰略物資，才會派軍隊前往攔截船隻、扣押船貨，再次請藍欽提供協助，希望能夠美國能夠同意先前備忘錄多項請求，提供金門、馬祖、大陳島軍事援助，將臺灣與這些沿海島嶼的軍事防務整合為一體。葉公超又提到第七艦隊防衛臺灣的任務，是根據美國總統的行政命令，強調行政命令尚無實質法律依據，也就是說該項命令可能隨時被撤銷，希望藍欽能助臺灣一臂之力，啟動中華民國與美國協商雙方共同防禦條約。藍欽對此表示將注意共同防禦條約的議題，待整體情勢明朗後，再與葉公超深入討論。[18] 葉公超極力爭取藍欽支援，希望能夠將金門、馬祖、大陳島等島嶼納入美國支援臺灣、澎湖的軍事防衛網絡，或是啟動共同防禦條約的討論，屆時再將金門、馬祖、大陳島的軍事防禦問題置入其中。

　　至於國防部，8月參謀總長周至柔 (1899-1986) 聯繫美軍軍事顧問團蔡斯將軍，強調中華民國的空軍力量已無法和解放軍抗衡，尤其臺灣空軍基地距離大陳島過遠，難以鞏固制空權，若海軍沒有辦法得到空軍的支援，遭到中共飛機重擊，將使駐防大陳島的陸軍陷入孤立無援的窘境。周至柔提出三項因應之道：首先，請蔡斯轉告美國國防部太平洋總部，具體提出中華民國空軍的弱勢，已經不能掌控制空權，連帶使得駐防大陳島的陸軍及附近海軍深陷危機。其次，希望第七艦隊協防範圍擴大到大陳島等海域，以此達到嚇阻解放軍的攻勢。最後，第七艦隊若是不願意協防金門、馬祖與大陳島，仍希望美國應該強化中華民國空軍戰鬥力，以維繫大陳島等沿海島嶼的制空權。整體來看，周至柔爭取蔡斯聯繫美國國防部太平洋總部直接提供臺灣軍事援助，提升空軍戰鬥力，或者是透過第七艦隊協防金門、馬祖與大陳島等島嶼，讓解放軍有所忌憚，避免大陳島陷入更危及的情勢。經蔡斯聯繫美軍太平洋部隊總司令雷德福 (Arthur

---

17 自1949年6月起，中華民國政府宣布關閉 (Close) 北起遼河口，南至閩江口的中國領海及口岸，所有外籍船舶及航空器不得進入上述區域。實際上，所謂的關閉就是對中共控制的區域施以武裝封鎖，這些口岸當時都已非國府控制之下，只能以武力使之無法運作，而這種行動之所以不稱為封鎖 (Blockade)，而以主權國家關閉中國口岸的名義實施，是為了規避國際法上關於封鎖的規範。有關是項研究，可參考林宏一，〈關閉政策：國民黨當局封鎖大陸沿海的行動：1949-1960年代〉，收於沈志華、唐啟華主編，《金門：內戰與冷戰：美、蘇、中檔案解密與研究》（北京：九州出版社，2010），頁35-60。

18 「外交部葉部長與美國藍欽大使談話記錄譯文」(1953年7月30日)，〈台澎外島防禦問題〉，《外交部檔案》，檔案管理局藏，檔號：A303000000B/0042/426.2/1。

Radford)，深諳解放軍已經掌握大陳島空中優勢，願意繼續協助中華民國政府訓練空軍，提昇空軍戰鬥力。但是，雷德福強調美國對華政策並未改變，允諾協防臺灣、澎湖，至於金門、馬祖與大陳島的軍事防禦仍必須由中華民國政府負責。[19]

美國派駐臺灣的西方公司曾在韓戰期間，將人員派駐至大陳島，至1953年6月解放軍攻佔大陳島南邊無人島──積穀山，毀壞島嶼工事與電訊設施，讓駐守大陳島西方公司人員認為解放軍步步逼近，淪陷謠言甚囂塵上，隨即撤離公司全部人員，嚴重影響國軍士氣。[20]當時，大陳島以及周邊島嶼成為解放軍攻擊首要目標，臺北總統府、外交部、國防部持續爭取美國將大陳島納入臺澎防衛體系，或者將援助臺灣軍事模式也套用於大陳島，也提出美國可以派遣第七艦隊赴東南沿海島嶼巡視。8月，蔣中正鑒於西方公司人員紛紛撤離，加上大陳島周邊戰事愈來愈劇烈，增調陸軍第四十六師前進大陳島，並調整大陳島軍事與政治組織，擴編為大陳防衛司令部，由劉廉一 (1912-1975) 擔任司令官，沈之岳 (1913-1994) 擔任政治部主任，胡炘 (1914-2002) 擔任參謀長，浙江省政府則撤回臺灣，在大陳島改設行政督察專員公署，沈之岳兼任行政督察專員。劉廉一赴大陳島後，立刻調整軍事防務，由正規軍第四十六師防守上下大陳，反共救國軍則駐防大陳島周邊的一江山、漁山島、南麂島。第四十六師是中華民國政府撤退臺灣後，第一個改制美式標準配備的重裝師，員額充足，訓練嚴格，武器精良，戰鬥力強，是一支精銳的陸軍部隊。[21]

由此觀察，蔣中正將第一個改制為美式裝備的正規師部隊，並配有多位美軍軍事顧問的第四十六師調往大陳島，顯示出1953年以降大陳島面臨解放軍威脅與日俱增外，也衡量一旦發生解放軍攻擊大陳島，美國絕對不可能袖手旁觀，逼迫美國提供軍事援助，或許也可以藉由解放軍攻擊大陳島，引發臺海軍事戰爭，在美國的援助下，成為反攻大陸的起點。總之，透過大陳島引發兩岸

---

19 「參謀總長周至柔致蔡斯將軍函稿」(1953年8月12日)、「照譯美軍援顧問團團長致國防部參謀總長函」(1953年8月27日)，〈台澎外島防禦問題〉，《外交部檔案》，檔案管理局藏，檔號：A303000000B/0042/426.2/1。

20 周秀慧，《旗津的大陳新村──歷史變遷與認同》(高雄：行政法人高雄次歷史博物館，2018)，頁58

21 陳玲，《大陳記憶：兩岸新移民的悲歡》，頁12。

戰爭，藉此讓美國介入戰局，這對反攻大陸事業絕對是利大於弊。

三、爭取美國協防大陳島未成

　　1954 年，解放軍已經進逼大陳島周邊島嶼，與國軍交戰頻繁，戰爭情勢日漸白熱化。3 月 18 日之前，解放軍在大陳島附近尚無空軍活動的紀錄，之後中共軍機經常在三門灣附近活動，掩護解放軍海軍部隊南下巡邏，準備透過海軍與空軍聯合攻勢，進占東南沿海國軍駐防的小島。隨著，國共雙方海軍與空軍優勢逆轉，大陳島防衛機制也受到嚴厲的挑戰。[22]

　　大陳島距離臺灣遙遠，中共不斷強化海軍與空軍防禦和攻擊實力，中華民國若想要守護大陳島，並強化大陳島駐防軍隊武力，必須借助美國援助。5 月 4 日，葉公超試圖讓美國瞭解中華民國經營中國東南沿海島嶼的困境，邀請藍欽一同前往金門、大陳島視察，透過 3 天實地觀察，希望能夠讓藍欽向美國成功爭取協防金門、馬祖與大陳島，提供實質性的軍事援助。葉公超與藍欽結束訪問後，大陳島又陷入軍事危急狀態。15 日，中共原本停留在上海、定海附近的 2 艘海軍驅逐艦，聯合許多艘艦艇前往舟山群島，接著南下三門灣，在 2 天內對國軍海軍部隊展開 6 波攻勢，海軍部隊立刻回擊，最後解放軍有 1 艘砲艇遭到砲擊而沉沒，至於國軍太康艦、太和艦遭到解放軍嚴厲砲擊，損壞情形嚴重。國軍與解放軍在海上引爆激烈戰火，引起全球關注，駐美大使顧維鈞 (1888-1985) 請臺北外交部長葉公超告知詳情，以便就近爭取美國援助。葉公超透露中共海軍密集在大陳島周邊海域活動，總計有 2 艘驅逐艦、3 艘海防巡邏艦、4 艘巡邏艦參與該次戰鬥，可能還有 1 艘巡洋艦、3 艘蘇聯籍驅逐艦也參與其中，強調中共海軍艦艇數量快速增加，解放軍海軍勢力逐漸茁壯，根據資料分析，一江山北面的海域已經完全被中共海軍控制，對大陳島已經產生嚴重性威脅，[23] 希望顧維鈞能夠爭取美國幫助，設法提升大陳島附近海軍的戰鬥力。

---

22 陳玲，《大陳記憶：兩岸新移民的悲歡》，頁 14。

23 「大陳當面情況摘要：(43) 電悉字第 209 號」，〈台澎外島防禦問題〉，《外交部檔案》，檔案管理局藏，檔號：A303000000B/0042/426.2/1。

除了國軍與解放軍海戰情勢分析，葉公超也向顧維鈞透露雙邊空軍戰鬥情形，提及 5 月 14 日開始浙江省沿海氣候惡劣，但上海、杭州、寧波等解放軍空軍基地卻有軍機頻繁起降，不斷前往外海探查，猶如進入備戰狀態。葉公超再根據國防部提供的數據資料，指出中共海軍在大陳島附近海域漸漸取得優勢，已經完全控制大陳島北方制海權，另外解放軍陸軍部隊陸續往沿海地區逼進，加上中共空軍不斷加強戰備，港口船隻紛紛集結，從這些跡象研判中共將在近期內直搗大陳島，推測可能先由解放軍發動海軍攻勢，搭配優勢空軍，在削弱國軍海軍勢力後，立刻由解放軍陸軍部隊登島作戰。除上述分析，葉公超進一步指出大陳島距離基隆大約 200 浬，臺灣空軍基地配置的螺旋槳軍機起飛前往大陳島，至少需要 1.5 小時，軍機配備與航行速度在面對中共新式的噴射機，實在難以匹敵。葉公超強調大陳島是蒐集中國大陸情報資料的重要據點，也是反攻大陸的前哨站，不僅對臺灣有軍事價值，對沖繩也具備戰略價值，請顧維鈞務必爭取美國共同防衛大陳島，或是派遣第七艦隊巡防中國東南沿海島嶼，護衛大陳島駐防國軍與當地民眾。[24]

5 月 20 日，蔣中正宣示就職中華民國第二任總統，會晤來訪的美國國防部長威爾遜 (Charles E. Wilson, 1890-1961)，主動提到 1953 年以降不斷提請美國聲明將金門、馬祖與大陳島等島嶼納入第七艦隊巡防的範圍，以壯大國軍軍心士氣，同時消弭解放軍覬覦東南沿海島嶼的野心，但美國無動於衷，未表示任何態度，使得解放軍不斷襲擊東南沿海島嶼，讓大陳島陷入苦境，希望威爾遜提供協助，喚起美國政府派遣第七艦隊協防金門、馬祖與大陳島，阻止解放軍勢力的逼進。至此時，美國已經意識國共海軍在大陳島周邊海域爆發軍事衝突，艾森豪總統避免兩岸在大陳島附近海域的軍事衝突不可收拾，隨即授意第七艦隊前往大陳島周邊海域巡視，藉此緩和臺海緊張的情勢。[25] 7 月 1 日，艾森豪特別向顧維鈞說明派遣第七艦隊前往大陳島海域巡邏的目的，在於避免國

---

24 「張群轉呈葉公超文：(四三)機密(乙)第 51-103 號」(1954 年 5 月 26 日)，〈中美協商大陳撤退、外島協防、防衛台澎問題〉，《總統府檔案》，檔案管理局藏，檔號：A200000000A/0042/31219/0001/001。

25 張淑雅，〈臺海危機前美國對外島的政策 (1953-1954)〉，《中央研究院中國近代史研究所集刊》第 23 期 (1994.06)，頁 306。

共衝突愈來愈激烈，往後將視情況決定是否派艦隊前往巡視。[26] 儘管第七艦隊協防大陳島，但仍未達到中華民國政府的訴求，美國始終未表示將金門、馬祖與大陳島軍事安全，納入臺灣、澎湖防衛體系的一環，以及未將援助臺灣的軍事模式，套用在金門、馬祖與大陳島等地。

8月19日，美國第七艦隊再次協防大陳島周邊海域，並派4艘驅逐艦登大陳島視察，結束後轉往臺北，展現美軍防衛實力，藉此鼓舞國軍士氣。[27]8月底，各國關注將在菲律賓馬尼拉召開的東南亞公約組織會議，美國國務卿杜勒斯將出席會議，中華民國政府則力爭杜勒斯順道訪問臺灣，希望爭取第七艦隊繼續協助防衛金門、馬祖與大陳島，以及強化大陳島等島嶼軍事防衛實力。東南亞公約組織會議開會期間，中共無預警砲擊金門，震撼全球，也暫時轉移中華民國政府與美國對於大陳島的注意力。

1954年9月3日凌晨，解放軍在廈門集結軍隊，開始砲擊大小金門與大膽島，在5個小時內金門落下6,000多發砲彈，隔日凌晨共軍才停止射擊。之後，中共陸續向金門發動砲擊攻勢，2位美軍顧問團成員不幸犧牲，引起美國高度警戒，命令太平洋艦隊立刻前往金門海域協助防禦。[28] 當解放軍砲擊金門後，中華民國政府徵求美國同意後，自9月7日凌晨起國軍海軍、空軍部隊接連好幾天對廈門中共砲兵基地、海軍集結區展開反擊。[29] 美國對解放軍砲擊金門所掀起的臺海危機高度警戒，相關部門召開會議商討應變方法，經過好幾個月的觀察，與臺灣多次斡旋後，最後雙方在年底簽署《中美共同防禦條約》，[30] 成為防衛臺灣的基本準則。

---

26 戴超武，《敵對與危機的年代—— 1954~1958的中美關係》，頁115。

27 張淑雅，〈臺海危機前美國對外島的政策(1953-1954)〉，頁306。

28 〈美注視匪砲擊金門，已注意美所負責任，太平洋艦隊一步現在公海上，已接到新命令和作某種調動〉，臺北《中央日報》，1954年9月6日，第1版。

29 張淑雅，〈臺海危機前美國對外島的政策(1953-1954)〉，頁311。

30 〈中美締約合力抵抗俄匪侵略共維西太平洋安全〉，臺北《中央日報》，1954年12月10日，第6版。〈中美軍事同盟揭開友好合作歷史的新頁，併肩為消滅共產極權而戰〉，《青年戰士報》，1954年12月11日，第4版。有關政府與美方對議案爭議，以及雙方討論成果，可參見王文隆，〈蔣中正與中美共同防禦條約〉，收入黃克武主編，《同舟共濟：蔣中正與一九五〇年代的臺灣》，(臺北：國立中正紀念堂管理處，2014)，頁456-461。

四、中共軍事武力重創大陳島

　　中華民國政府與美國商議《中美共同防禦條約》時，引起中共高度關注，為威脅美國不應插手金門事務，再對大陳島周邊島嶼發動攻勢。11 月 1 日，解放軍調派 11 架米格 15 戰鬥機 (MIG-15)，掩護 6 架輕型轟炸機 (TU-2) 以及 4 架戰鬥轟炸機 (LA-11)，對大陳島展開地面轟炸，儘管未傳出重大傷亡，但足以顯示其空軍實力不容小覷。11 月 14 日，解放軍發動海軍攻勢，出動多艘魚雷快艇艦，重擊國軍太平艦，致使太平艦沉沒而震驚臺灣。12 月 21 日，解放軍出動 2 架米格 15 戰鬥機、2 架輕型轟炸機、6 架戰鬥轟炸機，轟炸在大陳島周邊海域活動的國軍部隊，雖然沒有傳出傷亡消息，卻讓國軍蒙上軍事作戰的障礙。1955 年 1 月 1 日起，中共發動更密集性攻勢，空軍經常襲擊大陳島及周邊島嶼，以 1 月 10 日雙方引燃的戰火最激烈。當日，解放軍出動 9 架重型轟炸機 (TU-4)、20 架輕型轟炸機、61 架戰鬥轟炸機，大規模轟炸停泊於大陳島港灣的國軍軍艦，歷經國共雙方軍隊交戰，有 2 架解放軍軍機遭擊落，國軍方面，海軍中權號遭解放軍擊沉，太和號、中海號、橫山號也遭到飛彈嚴重射擊。隨後，中華民國政府透過各種管道聯繫美國，爭取提供大陳島軍事援助，始終未獲得正面的回應。[31]

　　1 月 18 日至 20 日，解放軍先對大陳島周邊海域發動空襲，隨即對一江山展開陸海空三軍聯合作戰，駐防島嶼國軍王生明司令與全體官兵計 720 人浴血奮戰，最後全部壯烈犧牲。一江山是大陳島外圍最重要的軍事據點，淪陷後將使大陳島完全曝露解放軍進逼的危機。一江山戰事引起中華民國政府與美國高度關注，讓大陳島軍事防衛再受到矚目。美國鑒於解放軍將直指大陳島，大小島嶼岌岌可危，建議中華民國政府儘快撤離軍隊和民眾，減緩和中共的正面衝突。但中華民國政府仍不放棄，持續爭取美國提供大陳島軍事援助以抵抗解放軍，並提議美國再派遣第七艦隊協防島嶼海域，希望能逆轉大陳島軍事頹勢。中華民國政府透過各種管道，爭取美國儘快提供軍事援助，提升大陳島防衛作戰能量，卻得不到美國的回應。隨後，中共以一江山為根據地，在島嶼架設砲

---

31 何政哲，〈大陳過臺灣 ── 1950 年代新移民的個案研究〉(臺北：淡江大學歷史學系碩士論文，2005)，頁 34。

臺，立即於 1 月 24 日、27 日直接對上下大陳島施射砲彈。1 月 31 日，解放軍出動戰鬥機、轟炸機，集中火力轟炸下大陳，造成民眾傷亡，有 21 人死亡，15 人重傷、17 人輕傷，凸顯大陳島已經完全暴露在解放軍隨時逼進的狀態。[32]

國軍早已在大陳島駐防海軍，並有臺灣空軍協防，何以接二連三遭到解放軍武力侵襲，卻沒有辦法回擊。最關鍵的，莫過於國軍喪失空中防禦優勢。當時，國軍空中戰鬥的主力是雷霆式戰鬥機 (F-47)，時速為每小時 230 英哩。但中共從 1954 年初開始獲得蘇聯軍事援助，其中包括性能優越米格 15 噴射式戰鬥機，成為解放軍空軍主力，時速達到每小時 590 英哩，性能強大。國軍僅有螺旋槳式的雷霆式戰鬥機，性能上明顯處於劣勢，加上大陳島沒有設置機場，空軍必須從臺灣支援。大陳島距離臺灣 220 浬，飛機從桃園空軍基地起飛，至少要 1 小時 20 分鐘抵達，飛行時間較久，油量損耗較大，只能停留在大陳島上空 20 分鐘，就必須折返臺灣補充油料。反觀，中共空軍擁有米格 15 噴射式戰鬥機，性能優越，在台州路橋機場 1954 年啟用後，距離大陳島只有 85 浬，米格 15 噴射式戰鬥機起飛後，只要 10 分鐘就抵達大陳島上空，速度與性能比國軍雷霆式戰鬥機優越，縱使國軍曾經對空軍防衛大陳島有多項規劃，始終無法抵禦解放軍的空中攻勢。[33] 當國軍空軍喪失優勢，海軍戰鬥力立刻受到限制，當解放軍空軍不斷攻擊海軍艦隊，在缺乏國軍空軍有力掩護下，國軍海軍只能處處挨打而無法招架。

另一方面，國軍在臺灣設置的雷達，有效管制距離約 120-140 浬，實際上無法偵測大陳島及附近部隊狀態，即時提供作戰情報資訊，使國軍作戰完全處於劣勢，無法掌控解放軍空襲行動而反擊。反觀，解放軍海軍部隊在空軍米格 15 噴射式戰鬥機的支援，魚雷快艇擴大海域攻擊行動，導致國軍海軍部隊面對解放軍海空軍聯合夾擊，很快陷入窘境。根據國軍後來作戰檢討報告，評估當時國共雙方作戰的優缺點，經整理資料，如表 1：國共空軍大陳島作戰優缺點一覽表。

---

32 何政哲，〈大陳過臺灣──1950 年代新移民的個案研究〉，頁 35。
33 何政哲，〈大陳過臺灣──1950 年代新移民的個案研究〉，頁 35。

表 1：國共空軍大陳島作戰優缺點一覽表

	解放軍	國軍
優點	1. 作戰地區對中共有利，海空軍攻擊行動航程短，作戰時間長，若是解放軍與國軍以同等兵力作戰，所得的戰果為中共多國軍少，兵力運用自如，可收以逸待勞之效。 2. 中共戰鬥機性能較國軍優異，米格 15 戰鬥機作戰高度可達 5,100 呎，巡航速度每小時 500 浬，升高速度每分鐘 1,900 呎，可有效攔截國軍飛機。 3. 中共作戰飛機數量遠較國軍多，以此次戰役中中共空軍直接支援一江山與大陳方面的兵力達 700 多架次，國軍出動 403 架次。 4. 選用不同機種作戰，以高低層配置，能夠密切協同海上攻擊與登陸部隊的需求，適時爭取空中優勢。 5. 空中戰鬥中共戰術運用適切，戰役中雙方飛機正面相迎，中共米格 15 戰鬥機能運用速度，以單機輪翻攻擊國軍飛機。 6. 陸空通信與管制良好，指揮靈活。 7. 中共空軍在參加韓戰後獲得寶貴經驗，攻打一江山時運用陸海空聯合作戰戰術，實施登陸作戰，有所成效。	1. 國軍作戰人員訓練精良，士氣高昂，能充分發揮戰力，作戰中能冒著惡劣天氣，迎著中共地面與空中火力，進行支援大陳島的任務。 2. 作戰人員運用低性能的戰鬥機性能與高速的米格戰鬥機戰鬥，雖未占優勢，但能利用戰術迴避，已發揮效果。 3. 能早期發現中解放軍機，完成防禦與迴避行動，不致被中共飛機所乘，並能等待時機奇襲中共飛機。 4. 國軍戰鬥機遭中共飛機攻擊，情況不利時，不主動求戰，但也不畏戰，待情況有利時再把握時機。 5. 國軍飛機能有效運用雲層與夜間奇襲。 6. 能適時掌握作戰情況，兵力運用正確，依大陳島的情勢發展，在沒有美軍協防下，不能讓空軍兵力在戰場上大量消耗，以免被中共殲滅而失利，以致打擊軍心士氣。 7. 國軍空軍依戰場需求，主動派飛機支援，以求有效防衛臺灣、澎湖及支援金門、馬祖、大陳島。
缺點	1. 中共米格 15 戰鬥機性能優越，但在空戰中仍未能充分發揮所長，以致曾遭國軍戰鬥機擊傷。 2. 米格 15 戰鬥機不適宜低空作戰，作戰中該飛機常被國軍誘導至低空戰鬥，形成不利態勢。 3. 中共飛行員訓練不足，缺乏夜間作戰經驗，中共對一江山發動攻擊後，作戰地區在白天中共飛機活動頻繁，國軍飛機支援作戰困難，但利用惡劣天氣與夜間行動，都能夠奏效。 4. 中共浪費兵力，攻擊一江山與大陳島使用各型飛機 700 餘架，形成混亂情況。	1. 作戰地區對國軍不利，支援作戰航程遠，作戰時間短，容易遭中共飛機攔截，作戰考慮因素多。 2. 國軍戰鬥機較中共米格戰鬥戰性能差，不能主動作戰，難以保持空中優勢，直接影響大陳島戰事。 3. 國軍飛機數量少，運用欠靈活，空軍任務除支援大陳島作戰，尚必須防衛臺澎及支授金門、馬祖作戰，兵力分割，難以達到支援的效果。 4. 缺乏攻擊性武器，國軍支援大陳島作戰以 F-47 轟炸機為主，夜間使用 P-4Y 巡邏機，受到兵力限制與彈藥量有限制，不容易發揮攻擊效果。 5. 戰管能力欠佳，雷達未完全涵蓋大陳地區，戰管部隊不能直接管制該地區，對中共飛機動態無從報導。 6. 各階層指揮作戰未能協調，作戰部隊與指揮機構未彼此明瞭信賴。

資料來源：「空軍支援大陳作戰戰史初稿」(1963 年 3 月)，〈空軍支援大陳作戰戰史案 (一)〉，《國防部檔案》，檔案管理局藏，檔號：AA05000000C/0051/1843/3010/0001。

如前所述，1955年1月18日，解放軍發動陸海空軍聯合作戰，猛烈攻擊一江山，導致駐防島嶼守軍王生明司令與全體官兵720人浴血奮戰，最後全部壯犧牲。一江山島淪陷後，大陳島失去屏障，情勢險峻，引起各方關注。美國認為解放軍下一步將直指大陳島，建議中華民國政府儘速將大陳島兵力撤離，減緩犧牲。一江山島淪陷後，國際情勢轉變，中華民國政府被迫改變防禦大陳島策略，決定與美軍攜手撤離大陳島軍民。

　　中華民國政府與美國商洽撤退大陳島軍民計畫，經密切協商及分配權責後，擬定「金剛計劃」。「金剛計劃」從1955年2月8日至13日上午順利完成，大陳島軍民撤退工作提早完成，前後共出動32艘次船艦，轉移軍隊及民眾16,487人。但大陳島最南端南麂島軍民並未撤離，儘管中華民國政府請美國支援卻不得其門而入，最後國防部擬定「飛龍計畫」，從2月23日獨力執行並完成撤離行動。「金剛計劃」與「飛龍計劃」成功施行，讓18,000多名大陳島民眾分批抵達臺灣，由大陳地區反共義胞來臺輔導委員會統籌接待與安置事宜。[34]

五、餘論

　　1949年底，中華民國撤退臺灣之際，在中國東南沿海尚能夠控制舟山群島、大陳島、馬祖、金門及海南島等島嶼。中共計劃解放臺灣，希望以最快速度奪取沿海島嶼，完成中國的統一。1950年4月至5月間，解放軍兵臨城下，駐防海南島、舟山群島等十餘萬軍隊緊急撤離，轉移到金門、馬祖、大陳島。6月底，韓戰爆發，美國第七艦隊協防臺灣，後來中共將東南沿海作戰軍隊調往北韓，參與韓戰，暫時緩和金門、馬祖、大陳島的緊張情勢。

　　金門、馬祖、大陳島扼守中國東南沿海重要戰略位置，最北端的大陳島，由上、下大陳島組成，同屬台州列島，鄰近三門灣、台州灣及溫州灣海域，是

---

[34]〈接運大陳軍民來臺，連續六天完成任務，義胞移來一六四八七人〉，臺北《中央日報》，1955年2月14日，第1版。何政哲，〈大陳過臺灣——1950年代新移民的個案研究〉，頁32-52。

仰望歷史：民國視野的新探索 | 257

圖1：大陳島軍民在中美聯合艦隊協助下移防撤退。

資料來源：〈1967 農復會照片、SP 農會照片〉，《行政院新聞局檔案》，檔案管理局藏，檔號：A325000000E/0041/0014、0021/1。

圖2：大陳島民眾在中美聯合艦隊協助下移防撤退

資料來源：〈1967 農復會照片、SP 農會照片〉，《行政院新聞局檔案》，檔案管理局藏，檔號：A325000000E/0041/0014、0021/1。

圖3：大陳島民眾扶老攜幼提著行李往碼頭移動

資料來源：〈1955 農復會照片〉，《行政院新聞局檔案》，檔案管理局藏，檔號：A325000000E/0042/0031/1。

圖4：大陳島撤退前婦女與小孩聚集坐在土堆上靜候安排

資料來源：〈1955 農復會照片〉，《行政院新聞局檔案》，檔案管理局藏，檔號：A325000000E/0042/0031/1。

當時臺灣最北端的屏障，也是扼守中國大陸江蘇、浙江、福建三省海上交通咽喉。兩岸對峙期間，大陳島因戰略地位重要，除美國西方公司進駐，1951年胡宗南奉令整頓指揮江浙沿海游擊部隊，展開游擊部隊整編、訓練與裝備更新，穩定大陳防務後，將游擊部隊改編為6個突擊隊及1個海上突擊總隊，以總指揮部為核心，設置漁山、披山、南麂、一江山四個基地，強化軍事防務，以及提升整體的戰鬥力。

1953年起，隨著南北停戰協議露出曙光，中共將目標鎖定東南外海的大陳島、金門、馬祖，計劃占領這些島嶼後解放臺灣，徹底擊潰國軍勢力。這些島嶼，中共將大陳島列為首要目標，解放軍持續發動攻勢，測試國軍武力裝置與實力，並觀察美國對於東南沿海島嶼協防態度。5月起，解放軍奪取大陳島外圍小島，限縮國軍勢力範圍。中華民國政府鑒於大陳島距離臺灣遙遠，民生物資補給困難，軍事布置不易，面對解放軍軍備實力不斷提升，國軍已失去海軍、空軍優勢，一旦雙方短兵相接，只有徒增犧牲。在此情勢下，政府爭取美國將金門、馬祖與大陳島等島嶼視為防衛臺灣、澎湖的一環，或者請美國給予這些島嶼如同臺灣般的軍事援助，或是由美國派遣第七艦隊協防島嶼周邊海域，嚇阻解放軍武力攻擊行動。美國軍方亟欲協助臺灣，但美國政府經過評估後，不願將外島提升至防衛臺灣、澎湖同等條件，未答應供應外島軍事援助，促使解放軍在沒有國軍、美軍強而有力的阻擋，接連發動海上戰爭，直至兩岸在大陳島海域情勢不斷升溫之後，美國終於派遣第七艦隊前往大陳島海域巡視，促使解放軍提高警戒，暫緩軍事行動。

1954年9月3日，中共發動九三砲戰砲擊金門，掀起第一次臺海危機，轉移兩岸在大陳島的注意力，也迫使美國對臺灣所屬的外島表態。第一次臺海危機成為國際關切焦點，中華民國政府亟欲美國介入戰事，或派遣第七艦隊協防，或支援駐防國軍提升軍備。美國則採取聯合國停火案解決問題，中華民國政府堅決反對，揚言動用否決權，阻擋議案通過，以避免造成兩個中國僵局。只是，中華民國若動用否決權，將與美國政策背道而馳，不僅無助於外島軍事防禦，反而會讓臺灣因缺乏美援而深陷安全危機。最後，中華民國政府被迫順應美國採取聯合國停火案，趁機與美國簽訂《中美共同防禦條約》，保護臺灣、澎湖免遭中共侵略。《中美共同防禦條約》限制中華民國政府反攻大陸的軍事行動，

但從 1950 年海南島與舟山群島撤退、1953 年以降大陳島陷入軍事危機，可窺探反攻大陸早已力不從心。

1954 年 11 月起，中共透過優越空軍轟炸大陳島周邊島嶼，逐漸掌握制空權。從雙方的戰役可歸納解放軍兵力多、飛機性能優越，可以隨時發動攻勢，尤其虹橋新機場鄰近大陳島，讓解放軍戰鬥機留滯空中作戰時間長，能夠利用飛機優越性能，採單機輪流攻擊戰法，牽制國軍戰機。另外，解放軍軍機施放的砲彈，有效射擊距離遠，地面雷達管制、通信系統，以及情報傳遞明顯優於國軍。反觀，國軍缺乏美國援助，飛機性能拙劣，助航設備不佳，尤其作戰距離長遠，兵力接濟不力，往往發現攻擊目標，卻苦無充裕支援而失去先機，加上大陳島與臺灣通信電子裝備性能無法結為一體，指揮無法協調一致，增加空中作戰任務困難度。除此之外，國軍雷達範圍不能遠及解放軍章橋、衢縣基地，但解放軍雷達卻涵蓋整個大陳島，可適時採取攻擊行動或是避戰，阻斷國軍任務的執行。大陳島並沒有一個可提供緊急著陸的機場，當國軍空軍在大陳島作戰時，若被解放軍擊傷，或遇有緊急故障，卻無法緊急迫降，更難以安全返回臺灣，嚴重影響作戰人員的心理狀態。[35] 由上可知，1954 年大陳島軍事防禦已暴露多項缺點，顯現中華民國難以顧及大陳島軍事安全。

1955 年 1 月 1 日至 17 日，中共出動大批飛機、艦艇攻擊大陳島附近島嶼，掃蕩國軍船艦。1 月 18 日，解放軍轟炸一江山，執行陸海空軍聯合作戰，20 日一舉攻佔一江山。一江山淪陷後，大陳島危在旦夕，尤其距離臺灣遙遠，後勤補給困難，一旦解放軍發動強大攻勢，大陳島將陷入孤立無援的狀態，最終猶如困獸之鬥。依據《中美共同防禦條約》的規定，在反共前提下，美國提供中華民國必要性的軍事援助，但僅限臺灣、澎湖群島，尚未包括金門、馬祖及大陳島。最後，中華民國政府接受美國建議，著手大陳島撤退工作，從 2 月 8 日至 13 日在國軍與美軍齊力合作下成功撤退大陳島軍隊和民眾。[36] 中華民國政

---

35 「空軍支援大陳及轉進作戰綜合檢討」，〈空軍支援大陳作戰戰史案（二）〉，《國防部檔案》，檔案管理局藏，檔號：AA05000000C/0051/1843/3010/0002。

36 「空軍支援大陳作戰戰史初稿」(1963 年 3 月)，〈空軍支援大陳作戰戰史案（一）〉，《國防部檔案》，檔案管理局藏，檔號：AA05000000C/0051/1843/3010/0001。

府失去大陳島後，對外宣告撤軍移防是為了確保臺灣、澎湖群島領土安全，[37]也表示今後所屬的外島僅剩金門、馬祖。

　　總之，1955 年 2 月中華民國政府決定撤退大陳島，實際上已經顯現臺灣在外島軍事防禦的危機。這可從外部與內部因素分析。外部方面，隨著中共解放軍空軍武力不斷強化，導致國軍失去大陳島制空權，也讓國軍海陸軍作戰相對失勢。另一方面，美國在韓戰結束後，不願意再捲入兩岸外島戰端，從《中美共同防禦條約》簽訂前後觀察，儘管大陳島危機四伏，美國始終未提供臺灣任何投注於大陳島的軍事援助。內部方面，臺灣與大陳島距離相對遠，在空軍與海軍戰備無法獲得美援，得以有效提升的情況下，防衛大陳島已經力不從心。中華民國面對大陳島軍事防禦的頹勢，採取美國建議，雙方聯合執行撤退大陳島軍民，避免一場國軍在大陳島遭遇解放軍重擊的危機。

37　〈為適應反共抗俄新形勢，我政府昨發表聲明，大陳駐軍轉移使用，凡對確保臺澎有關地區與領土，美國決定與中華民國共同防衛〉、〈美國國務院發表正式聲明，協助我軍撤離大陳平民，協防臺澎及各有關地區，下命第七艦隊及其他部隊執行〉，臺北《中央日報》，1955 年 2 月 7 日，第 1 版。

軍事動員

冷戰時期臺美空軍合作——以虎安計畫為中心

陳頌閔

國史館協修

一、前言

　　自第二次世界大戰以來，空中力量改變了戰爭的型態，制空權之控制已成為現代國防力量的首要任務。[01] 強大而獨立的制空權，不僅只是擁有性能優異的飛機，更涉及航空人才訓練、航空工業的生產能力、戰略空軍的組織規劃等國防航空事業的能量匯聚，方能致之。戰後，蔣中正希冀美方派遣空軍顧問團教導中國空軍駕駛美製飛機之飛行技術及使用美式武器。1946 年 3 月 9 日，魏德邁（Albert Coady Wedemeyer, 1897-1989）宣布美國駐華軍事顧問團（U. S. Military Assistance Advisory Group, MAAG，以下簡稱美軍顧問團）成

---

01 Giulio Douhet, trans. by Sheila Fischer, *The Command of the Air*（Washington, D.C.: Air Force History and Museums Program, 1998）, pp. 3-92.

立。美軍顧問團的工作，大多屬於指導中國空軍如何接收美國移交之器材。然而，旋即因國共內戰的混亂，美國參謀首長聯席會議（Joint Chiefs of Staff）要求美軍顧問團為預作撤離的準備。1949 年 8 月 5 日，美國國務院（United States Department of State）發布「中美關係白皮書」，將國共戰場失利的責任歸咎於中華民國政府內部之弊端，而非美援不足，使彼此之軍事合作幾至中斷，關係降至谷底。1950 年 6 月 25 日韓戰爆發，臺灣的險象出現轉機，美國衡量中共若侵占臺灣，會直接威脅西太平洋安全，美蘇之間的冷戰勢必失衡，遂重新恢復對中華民國政府的軍事與經濟援助。同年 6 月 27 日，美國政府派遣第七艦隊巡弋臺海，宣布臺海中立化，防止海峽兩岸的軍事衝突。[02] 1951 年 1 月 30 日，美國政府根據「中美共同互助協定草案」，決定派遣軍援顧問團來華協助訓練國軍，由美國駐華代辦藍欽（Karl Lott Rankin）向外交部提出軍援，並於 2 月 9 日正式換文，即「中美聯防互助協定」（Mutual Defense Assistance Agreement），同年 5 月 1 日成立「美國軍事援華顧問團」（Military Assistance Advisory Group, MAAG 以下簡稱美軍顧問團），由蔡斯（William C. Chase）將軍擔任首任團長。[03] 1954 年底，「中美共同防禦條約」簽署，雙方有了合法而穩定的基礎，開啟二十多年中美軍事同盟關係，使中美關係踏上新的階段。[04]

　　1951 年 5 月 1 日，美國在臺北成立美軍顧問團作為美在臺執行軍援的機構。美軍顧問團之來臺，係根據 1950 年遠東司令部福克斯（Alonzo P. Fox）將軍所率調查組報告書，以及駐華大使館及美援會之報告而決定。[05] 顧問團隸屬於

---

02 *Commander Seventh Fleet Plan for Conducting Operations to Prevent the Invasion of Taiwan and the Pescadores*, August 13, 1950, Files number: A16-1/000104, pp.1.

03 吳淑鳳、薛月順等編，《中華民國政府遷臺初期重要史料彙編：中美協防（一）》（臺北：國史館，2013 年），頁 4-6；國防部，《美軍援顧問團駐華十年簡史》（臺北：國防部 1961 年），頁 3-6；鄧克雄，《美軍顧問團在臺工作口述歷史》（臺北：國防部史政編譯室，2008 年），頁 9-10。

04 林孝庭，《臺海‧冷戰‧蔣介石：解密檔案中消失的臺灣史 1948-1988》（臺北：聯經，2015 年）；林孝庭，〈私人化的國家政策：蔣中正、查理柯克與 1949-1951 年間的臺美軍事與安全關係〉，收入《蔣中正研究學術論壇：遷臺初期的蔣中正（1949-1952）》（臺北：國立中正紀念堂管理處，2010 年），頁 418-419。

05 「摘錄本（五）月二日上午與蔡斯將軍談話」（民國 40 年 5 月 2 日），〈美國協防臺灣（二）〉，《蔣中正總統文物》，國史館藏，典藏號：002-080106-049-003；周琇環，〈美國的經援與軍援（1945-1965）〉，收入《戰後初期的臺灣》（臺北：國史館，2015 年），頁 298。

美軍太平洋總部，由團本部及其下轄陸軍組、海軍組、空軍組及聯勤組所組成，這一組織主要任務為提供諮詢、協助訓練軍隊及裝備軍援器材。[06] 至 1978 年卡特政府片面宣布與中華民國斷交後，該團於 1979 年 3 月 1 日撤銷，改稱為「美軍協防臺灣司令安全援助事項特別助理」繼續運作，直至 1979 年 4 月 26 日，湯普遜（Hadley N. Thompson）上校離華返美後，該團所有工作宣告結束，其業務由美國在臺協會技術組人員接替。[07]

韓戰帶來美臺軍事合作之急迫現實需求，而美國對蔣中正與國民黨的執政能力頗感質疑和反感，美國政府如何謹慎處理當時美臺的軍事合作？很顯然地，華府需要一個可以控制而且更有制度的合作機制。從 1951 年在臺成立致 1979 年中美斷交為止，前後計 29 年，歷任 14 位團長，駐臺人員曾達到 2,400 人之多。1970 年代，美國與中共逐漸靠攏，美國對臺灣的軍援會如何調整？此時，美國與臺灣開始進行合作生產飛行設備，讓臺灣的國防航空事業獲得標準化、規格化及共通性的後勤支援，雙方為此定名為虎安計畫。[08] 深究臺美雙方如何合作生產航空器材和提昇臺灣的航空技術，有助於理解戰後臺美軍事物資交涉之運作和國防航空事業的具體內容。

近年來冷戰時期美國對中華民國的軍事援助，主要討論美國對臺的政策轉

---

06 *Foreign Relations of the United States, 1952-1954. China and Japan*, pp. 66-70.Report Submitted by the Senior Defense Member of the NSC staff（NASH）to the Steering Committee on NSC 128.

07 國防部史政編譯局編，《美軍在華工作紀實（顧問團之部）》（臺北：國防部史政編譯局，1981 年），頁 1；陸軍總司令部編，《美軍在華工作紀實（陸軍顧問組）》（臺北：陸軍總司令部，1981 年），頁 469；周琇環，〈美國的經援與軍援（1945-1965）〉，頁 299。

08 虎安計畫（Peace Tiger），係指 1973 年起臺灣空軍與美國諾斯洛普公司（Northrop Corporation）合作生產 F-5E/F 虎 II 式（Tiger II）戰鬥機之計畫，前後歷經 6 次合作，分別稱為虎安一號至六號計畫，使臺灣戰機自製率由 9% 逐次提升至 47%，此臺美合作計畫是臺灣空軍自製戰機的關鍵作用，可謂為臺灣國機國造的前沿。請參見相關研究：陳世局，〈中華民國與美國生產軍機 UH-1H 與 F-5E ——以《賴名湯日計》為中心（1967-1973）〉，《中華軍史學會會刊》，第 28 期（2023 年 12 月），頁 87-120。陳彥璋主編，《虎衛長空：空軍 F-5E/F 任務人員訪問紀錄》（臺北：國防部政務辦公室，2022 年）。楊龍杰，《中華民國航空工業發展沿革》（新北：淡江大學出版中心，2021 年）。李適彰，《護衛天空的老虎 F-5E/F：合作生產「虎安計畫」的故事》（臺北：兵器戰術圖書公司，2020 年）。

變。[09] Nancy Bernkopf Tucker 著重討論 1945 年至 1992 年間美國與臺灣的外交、軍事、政治、社會與文化關係。作者指出臺北和華盛頓的軍事目標不同，蔣中正堅持要保持龐大的軍隊，並提供大量的武器裝備、訓練和補給，美國則力圖改組臺灣的軍隊，減少費用。未就國防航空、臺灣、美國三者的相互關係進一步分析，遺留以下本文可發揮的面向。Steven M. Goldstein 認為臺美之間的同盟屬於充滿猜忌與不信任的「蹩腳」同盟（allies of a kind）和典型極端的「約束性」同盟（restraining alliance）。[10] 林孝庭透過美國史丹佛大學胡佛研究所的「蔣經國日記」，強調蔣經國以務實精神來面對美國的挑戰，以「反攻」、「聯美」、「保臺」的三角戰略，渡過重重難關。[11] 此外，關於美軍顧問團相關研究，過去多討論該團對國軍重整、整編的影響，[12] 陳鴻獻指出美軍顧問團來臺協助國軍訓練工作，然而並未說明 1955 年以降的援助。[13] 林玉萍以臺灣航空發展為主體，其研究具開創性，然對於臺美關係的演進則較無討論。[14]

---

09 對於美國軍援臺灣的政策剖析，請參見 Neil H. Jacoby, *U.S. Aid to Taiwan: A Study of Foreign Aid, Self-Help, and Development*（New York: Frederick A. Praeger, 1966），pp.238-245. 美國對臺灣的軍事融資（United States Foreign Military Financing）及經濟援助：Wei Chen Lee, I Min Chang, "US Aid and Taiwan," *Asian Review of World Histories*, 2:1（January 2014），pp.47-80. 張淑雅，《韓戰救臺灣？解讀美國對臺政策》（臺北：衛城出版，2011 年）；張淑雅，〈The Limited War Controversy: U.S. Policy toward Communist China's Intervention in Korea, Summer 1950-Spring 1951〉，《近代史研究所集刊》，第 21 期（臺北：1992 年 6 月），頁 687-728；張淑雅，〈無礙反攻「中美共同防禦條約」簽訂後的說服與宣傳〉，《國史館館刊》，第 48 期（臺北：2016 年 6 月），頁 103-174；張淑雅，〈臺海危機與美國對「反攻大陸」政策的轉變〉，《近代史研究所集刊》，第 36 期（臺北：2001 年 12 月），頁 231-290；蕭道中，〈美國與臺灣地位未定論的起源－1950 年聯合國「臺灣問題案」研究〉，《臺大歷史學報》，第 69 期（臺北：2022 年 6 月），頁 111-165。

10 Steven M. Goldstein, *The United States and the Republic of China*, 1949-1978: Suspicious Allies, Shorenstein APARC, February 2000.

11 林孝庭，《蔣經國的臺灣時代：中華民國與冷戰下的臺灣》（新北：遠足文化，2021 年）；《臺海・冷戰・蔣介石：解密檔案中消失的臺灣史 1948-1988》（臺北：聯經出版公司，2015 年）；《意外的國度：蔣介石、美國、與近代臺灣的形塑》（黃中憲譯，新北：遠足文化，2017）。

12 戰後初期國軍整編的研究：楊維真，〈蔣中正復職前後對臺灣的軍事布置與重建（1949-1950）〉，《中華軍史學會會刊》，（2002 年 4 月），頁 351-380；鄭為元，〈組織改革的權力、實力與感情因素：撤臺前的陸軍整編（1945-1958）〉，《軍事史評論》，第 12 期（2005 年 6 月），頁 63-100。林桶法，〈重起爐灶的落實：1950 年代蔣中正在臺的軍事整頓〉，收於黃克武主編，《重起爐灶：蔣中正與 1950 年代的臺灣》（臺北：國立中正紀念堂管理處，2013 年），頁 74-88；林本原，〈戰後初期國軍整編（1949-1958）〉，收入《戰後初期的臺灣》（臺北：國史館，2015 年），頁 91-134。

13 陳鴻獻，〈美軍顧問團在臺灣（1951-1955）〉，《中華軍史學會會刊》，第 22 期（2017 年 12 月），頁 133-166。

14 林玉萍，《臺灣航空工業史：戰爭羽翼下的 1935 年-1979 年》（臺北：新銳文創，2011 年）。

上述學者的研究對軍援與空軍防衛上的論述不多，尤其對於美國一方面抑制臺灣，一方面卻協助臺灣，在此情況之下，臺灣的調整方式為何。釐清這些課題，有助於理解在冷戰時期臺美軍事援助的交涉與實際運作的過程。

二、美軍顧問團來臺與調查

（一）來臺情形

1951年2月9日，以蔡斯為首的美軍顧問團正式成立，蔡斯來臺的主要目的，是為協助加強臺灣防務，以抵抗中共的攻擊。蔣中正特別希望能增加空軍的名額，[15] 他對於美國派遣蔡斯來臺並無特別喜悅之意，或許這與他最初期盼由魏德邁來臺之希望落空有關。[16] 美軍顧問團原稱為「MAAG FORMOSA」在1955年11月1日更名為「MAAG TAIWAN」。此次更名是因應1955年3月中美兩國在臺北締訂共同防禦條約，更名旨在增加「TAIWAN」此字之有效運用，以代替「FORMOSA」，史邁斯（George W. Smythe）少將表示，「此次更名並不影響美軍顧問團之基本任務，其形態固無變更，亦非即將擴大，仍與過去一樣的執行協助顧問和訓練事宜。」[17] 美軍顧問團在臺的組織，設有團本部、陸軍組、海軍組、空軍組及聯勤組等。空軍組專責援助臺灣空軍的任務，成立之初，其內部組織設有人事行政、作戰訓練、補給修護及通信等四課，並於作戰訓練下設飛行小組。其後為了加強各部隊的聯繫，派遣顧問小組分駐於空軍防空司令部、供應司令部及各作戰大隊等單位。空軍顧問組的組長人選，歷年來皆由美國空軍第十三航空隊臨時特遣隊的上校隊長兼任。此隊隸屬美軍駐紮菲律賓呂宋島的第十三航空兵團，該兵團受美國國防部在太平洋總部的空

---

15 "Top Secret, 1950 420.8 Chinese Nationalist Airforce. 1950."MS The Chinese Civil War and U.S.-China Relations: Records of the U.S. State Department's Office of Chinese Affairs, 1945-1955, NARA.

16 「蔣中正致彭孟緝手諭」，（1951年2月10日），〈籌筆──戡亂時期（十六）〉，《蔣檔》，國史館藏，數位典藏號：002-010400-00016-041，頁1。

17 「美軍援顧問團來華經過紀要」（1950年12月27日），〈美國軍事援華顧問團來華經過案〉，《國防部》，檔號：AA05000000C/0039/062.32/8043-3。陳鴻獻，〈美軍顧問團在臺灣（1951-1955）〉，頁138。

軍司令部所管轄。空軍組除了提供空軍軍援及教育訓練之外，事實上還負有監督空軍在美援運用方面的任務。譬如美方擔心在金馬地區的空軍與中共發生摩擦，還特別要求空軍必須在中共有明確侵犯意圖及立即威脅者才能進行反擊之行動。美軍顧問團為了監督美援的運用並對國防部善盡顧問團之責，每半年都會對國防部、陸海空軍及聯勤總部等機關單位進行戰力評估，完成評估之後會函送一份報告書。蔣中正對此相當重視，以1951年上半年之報告為例，蔣中正指示周至柔關於蔡斯團長對國軍之批評及建議事項，要切實檢討，並洽詢美顧問團後，一併研討改進。雖然蔣中正重視美軍顧問團的建議，但也不是照單全收，尤其對於政工及軍隊整編等意見，他認為常有感被侮辱的情形。[18]

（二）軍援的調查與內容

關於軍援數量的評估，其實自韓戰爆發後，美國即已對臺灣的戰力進行全面的調查。並將此調查情形整理成「中華民國軍隊所需軍援調查報告」（又稱：Fox Report）。此份調查報告，便成為美援初期的軍援清單。這份清單日後也成為1951年美軍顧問團來臺之後執行軍援重要的參考依據。根據報告可知，來到臺灣的部隊，編裝不全、裝備零亂，使補給倍感困難，而且陸海空三軍情況皆不理想。此時臺灣空軍擁有833架飛機，其中包括：189架戰鬥機、115架轟炸機、265架運輸機、17架照相偵察機、240架教練機和7架聯絡機。這些飛機中，78%分配給了飛行單位，17%分配給了補給隊，5%則儲存起來。分配給飛行單位的飛機中，70-80%是隨時可用的。根據美國空軍武官的分析，預計在1950年，分配給飛行單位的飛機中有50-60%會保持運作狀態。[19] 性能亦多陳舊落伍，而且油料補給非常困難，導致飛行次數受到嚴重限縮。美軍顧問團建議臺灣空軍，最迫切需要的是補充新式飛機，逐漸換裝淘汰陳舊的飛機，並加強修護設備及供應油彈器材，以維持空中戰鬥能力。[20]

---

18 蔣中正，《蔣中正日記（1951）》（臺北：國史館，2023年），頁172-173。

19 "Top Secret, 1950 420.8 Chinese Nationalist Airforce," MS The Chinese Civil War and U.S.-China Relations: Records of the U.S. State Department's Office of Chinese Affairs, 1945-1955, NARA.

20 「反攻大陸計畫要點及我軍概況」（1950年），〈作戰計畫及設防（二）〉，《蔣中正總統文物》（以下簡稱《蔣檔》），國史館藏，數位典藏號：002-080102-00008-003。

經過美軍顧問團的調查評估之後，自 1951 年 5 月起美國開始軍援臺灣的空軍。[21] 軍援的方式，是透過贈予、軍售、信用貸款、易貨、外匯援助和價格分擔等。整體而言，在 1968 年之前臺灣空軍主要是接受美國的贈與。對美國來說，受贈國需要具備以下條件：一、受援國家本身資源雖無支援，但具有使用及維護能力者。二、援助範圍依照美國自身之安全目標及受援國家擔任之任務而定。三、受援國家亦應貢獻其資源用於防衛用途。四、受援國須能提供配合運用軍援所需要之人力、技術及經費。同時，臺灣空軍對於美方的軍援，亦有幾項原則：一、國軍對軍援之態度為爭取而不依賴。二、國軍對臺美間所訂有關援助之各項規定，忠實履行，認真從事。三、國軍對軍援運用之目標在於加強國軍戰備，提高戰力，促進國軍現代化。四、國軍對軍援之爭取，以裝備為主，補給品次之，消耗品儘量減少，以使軍援之運用經濟有效。五、國軍對軍援之運用，秉持自助人助之精神，盡其在我，以國家資源作為經濟有效之運用為主，以軍援適切配合之。[22]

　　空軍顧問組對於軍援數量的多寡，係依據該組評估臺灣空軍的「防衛準備」。從可使用飛機的數量、裝備與編制額比例、現有人員比例、空軍飛行員受訓情形、維護工作人員和行政人員數量等標準來評估。依照 1951 年空軍顧問組的評估報告可知，若此時面對中共空中武力的威脅，臺灣空軍的持續力無法超過七天。主要原因是缺乏零件與可使用飛機不足。尤其，為了維持空戰所需之耗損與維護，使得空軍戰力的持續程度嚴重低落。因此空軍顧問組建議優先補充臺灣空軍的飛行器材以及提升臺灣航空工業的技術。[23] 同時，為了能夠妥善運用美援裝備，必須在繁重且軍援逐步到位的情況下，思考如何一邊接受

---

21 "420.1 US Aid To Nationalist China (1952)," MS The Chinese Civil War and U.S.-China Relations: Records of the U.S. State Department's Office of Chinese Affairs, 1945-1955, NARA.1951 年，美國政府已提供 3,953,036 美元轉交給美國空軍部，用於從美國空軍庫存中釋放物資給臺灣空軍。截至 1951 年 11 月，該賬戶中仍然有 223,708.35 美元的結餘。臺灣空軍一直希望利用該賬戶中的結餘資金，從美國空軍處購買急需的物資，再向美國空軍部查詢後被告知，要如何使用這筆結餘資金來採購物資的程序問題，最終決策需要由美國國務院來確定。

22 國防部史政編譯局編，《美軍在華工作紀實（顧問團之部）》（臺北：國防部史政編譯局，1981 年），頁 103。

23 "Top Secret, 1951 420.8 Chinese Nationalist Airforce. 1951." MS The Chinese Civil War and U.S.-China Relations: Records of the U.S. State Department's Office of Chinese Affairs, 1945-1955, NARA.

美援裝備與技術，一邊進行部隊的訓練等任務。因此，在部隊訓練程序方面亦採取階段教育，實施基地輪流集訓辦法。在訓練內容方面，一概採用美軍典範與教學方法，使空軍各部隊，均循一定程序，由兵種基本技術及戰術訓練，進而為兵種協同，與軍種聯合訓練並為適應反攻大陸作戰要求，實施特種專長訓練，熟悉各種特殊地區之基本戰鬥技術與作戰原則。總而言之，美軍顧問團來到臺灣之後，首先展開對臺灣空軍進行一系列的調查。美國指出臺灣空軍的缺點，美國希望臺灣空軍加強飛機「修護技術」之外，更希望培養足夠的「自我防衛能力」。

三、臺美對航空設備援助的交涉

隨著臺灣空軍的舊型戰鬥機過時，臺灣多次向美國表達需要加速空軍部隊的現代化，希望美國提供性能優異的 F-4 戰鬥機，卻始終不獲美國首肯。[24] 在面臨中共武力不斷提升的情況下，臺灣軍方便考慮能與美國合作生產 F-5E 戰機。1968 年 2 月，賴名湯[25] 赴美訪問並向美國提出合作生產 UH-1H 直升機以及 F-5A 戰鬥機之要求。[26] 美國國務院駐臺北辦公室在評估臺灣政情後，向美國國防部表示支持向臺灣提供 90 架 F-5E 和 10 架 F-5B 的提案。此一提案卻引起美國國防部和國務院的關注，他們一致認為提供 100 架 F-5 系列飛機是必要的，然而透過何種途徑（approach），卻有不同的意見。從國際視角來看，面臨美中關係逐漸改善，駐臺美軍的軍事部署及援助該如何調整，臺灣又如何因應，以下加以論述。

---

24 "Lot File 76D151, DEF 15 F-4's (US), 1973." MS Subject Files of US State Department's Office of the Republic of China Affairs, NARA.

25 賴名湯（1911-1984），字曉庵，江西石城人，畢業於中央航空學校第二期、美國空軍參謀大學；歷任空軍驅逐隊第一隊、駐英國武宮、空軍總部第二署署長、國防部第二廳廳長、參謀次長、聯勤總司令、空軍總司令、參謀總長等職。〈賴名湯〉，《軍事委員會委員長侍從室》，國史館藏，典藏號：129-220000-2780。

26 陳世局，〈中華民國與美國生產軍機 UH-1H 與 F-5E ──以《賴名湯日記》為中心（1967-1973）〉，頁 88。

（一）美國的考量

1. 外交因素

　　隨著1971年季辛吉[27]訪問中共，尼克森[28]於1972年2月前往上海並簽訂《上海公報》（Shanghai Communique）。美國承諾最終撤回所有美國軍隊和軍事設施，並承諾「隨著地區緊張局勢的趨緩，逐漸撤出臺灣的軍隊和設施」。在尼克森這次訪中行程之後，中共與美國之間的關係產生了改變的跡象。[29]

　　隨著美國與中共的來往日深，美國表面上逐漸撤出在臺灣的軍事援助，實際上卻開始討論是否能進行有別以往的「技術轉移」，以實質提升臺灣的防衛能力。1972年，美國國務院認為「臺灣想要透過F-5E戰鬥機來提升自製戰機的能力，並期待從中獲得更長期的美國保障」。國務院認為無論是售予臺灣或是合作生產，都會造成「影響與中共關係的正常化並造成傷害」。會被解讀為「美國在為臺灣建立戰鬥機產業，並給予長期承諾」進而使北京對美國在臺灣的軍事援助意圖產生疑慮。假若F-5E戰鬥機通過直接採購成品來獲得，前述的風險將大幅降低。[30]相較於美國國務院的立場，美國國防部從戰略的角度切入，主張「引入新型戰鬥機以取代老舊機型，以F-5E取代F-100A，將會增加美國在太平洋的影響力」。國防部認為若要維持地區的制空權，就必需提供臺灣F-5E戰鬥機，並且支持美國在臺灣建立戰鬥機產業的項目。[31]

27　季辛吉（Henry Kissinger，1923-2023），又譯季新吉、基辛結，美國哈佛大學哲學博士，曾任美國紐約州州長洛克菲勒顧問、共和黨總統候選人尼克森顧問。1969年1月至1975年11月任美國國家安全顧問。

28　尼克森（Richard Milhous Nixon，1913-1994），美國杜克大學畢業。曾任加州聯邦眾議員、聯邦參議員。1953-1961年任第36任美國副總統。1969-1974年擔任第37任美國總統。1974年8月因水門案遭到國會彈劾而辭職。

29　Steven M. Goldstein, *The United States and the Republic of China, 1949-1978: Suspicious Allies*, pp. 21-22.

30　"Lot File 75D61, DEF 19-8 F-5's (Fighter Aircraft), 1972" MS Subject Files of US State Department's Office of the Republic of China Affairs, NARA. 美國國務院認為「此時美國對臺灣任何形式的飛機共同生產計劃的支持，將會對中共發出政治信號。在此時，給外界一種美國正在幫助臺灣建立戰鬥機產業並且做出長期承諾的印象，是否符合我們的利益？」。

31　"Lot File 76D151, DEF 19-8 Foreign Military Sales (FMS), 1973." MS Subject Files of US State Department's Office of the Republic of China Affairs, NARA.

2. 國防因素

　　無論是美國國務院或是國防部，一致認同穩定太平洋地區制空權的重要性。美國第 327 空軍師指揮官羅斯少將（Don Ross）認為：「臺灣空軍的現代化，將有助於穩定區域的和平。」他主張應該逐步汰換臺灣的 F-104。因為 F-104 已達服役年限多年，其性能明顯下降。他提到臺灣空軍使用的主力戰機 F-104，已經過多年反覆不斷的維修，嚴重降低飛機的使用效率，並增加可能引發失事的風險。自 1970 年至 1972 年，此為臺灣空軍遭遇多起事故的原因之一。他特別指出，F-100 和 F-104，即便是全新的，也已經不符合當前的國防需求。美國國防部認為若阻止臺灣的空軍現代化進程，將會給美國造成巨大的風險。與此同時，美國國防部提出一份有關「提升臺灣空軍戰鬥機部隊現代化」報告，其中詳盡分析若臺灣成功換裝 F-5E 戰機，將會對地區穩定帶來極大的助益。這份報告主要從作戰因素和飛機支援能力兩方面進行評估。指出「以 F-5E 取代任何型號飛機的決策，將會是對美國在國防因素上最有利的選擇」。報告分析的主題包括：一、性能優勢。F-5E 配備了執行全天候攔截任務所需的航電設備，但其武器系統（如 20 毫米機炮）相比現有機型並未提升。在面臨晴天的空戰時，性能有顯著的改進，同時新增的雷達與自動瞄準器成為不可或缺的輔助設備。F-5E 戰鬥機是一種非常簡單且輕量化的戰鬥機，具有相對較低的成本以及卓越的機動性和穩定性。二、維護性。F-5E 戰鬥機相對較新，是一種易於維護和支援的飛機，可確保相關零件的替換。從這個角度來看，F-5E 是臺灣空軍的最佳選擇。從這份報告的結論，可以發現美國國防部對於提供或是與臺灣共同生產 F-5E，均認為是最佳的策略。[32]

---

[32] "Lot File 76D151, DEF 19-8 F-5E's, 1973." MS Subject Files of US State Department's Office of the Republic of China Affairs, NARA.

3. 技術與經濟因素

　　從技術轉移的因素來看。美國國務院委請諾斯洛普公司（Northrop）針對合作生產的可行性，進行詳盡的調查。[33] 諾斯洛普的調查團隊來到臺灣，訪問了 14 個單位，涵蓋 50 至 70 個地點，藉以評估臺灣空軍現有能力。然後將這些調查結果將用於 F-5E 合作案的分析。Northrop 公司指出臺灣的地理位置、符合美國規定的生產流程，建議進行合作生產。[34] 根據美國的情報指出臺灣持續在與諾斯洛普公司（Northrop）討論各種共同生產的可能性。[35] 臺灣最感興趣的「合作生產」，主要係指在生產的最終安裝階段（final installation），而對於更複雜的製造階段（fabrication）和子零件組裝（subassembly）則僅涉及最小的參與。諾斯洛普公司向美國國務院官員的報告中明確表示：「合作生產是邁向自行生產的第一步，透過這種途徑，將使其中的關鍵技術轉移給臺灣空軍」。美國在臺灣的情報也證實，臺灣的以朝向「自行生產飛機」為目標，最終建立一個軍用飛機產業。[36] 從美國的經濟因素來看，讓臺灣直接採購 F-5E 是最佳的選擇。透過採購的方式，可以讓美國國內帶來更多的就業機會。事實上，對於臺灣而言，直接購買 F-5E 的金額會遠低於合作生產的金額。根據諾斯洛普公司的估算，合作生產 100 架 F-5E 和 45 架 F-5B，成本約為 2.81 億美元和 2.77 億美元。美國認為儘管臺灣目前的經濟狀況樂觀，但避免不必要地花費。對於臺灣而言可能是較佳的選擇。從經濟的層面分析，美國政府認為合作生產提案並無經濟利益，反而存在若干經濟風險。

---

33 "Lot File 75D61, DEF 1-4 Air Defense, 1972." MS Subject Files of US State Department's Office of the Republic of China Affairs, NARA.

34 "Lot File 77D26, DEF 19-9 MAAG (Military Assistance Advisory Group),1974" MS Subject Files of US State Department's Office of the Republic of China Affairs, NARA.

35 「沈劍虹電外交部與美國國防部部長賴德洽談有關軍援事項」（1971 年 6 月 18 日），〈外交──駐外單位之外交部收電（十五）〉，《蔣經國總統文物》（以下簡稱《經國檔》），國史館藏，典藏號：005-10205-00160-054。

36 "Lot File 76D151, DEF 19-8 F-5E's, 1973." MS Subject Files of US State Department's Office of the Republic of China Affairs, NARA.

（二）國際局勢的改變

　　隨著 1972 年 4 月北越發動「復活節攻勢」，導致美軍損失慘重，急需增加 F-5A 戰機投入南越戰場，於是美國轉變前開態度，要求臺灣支援 F-5A 戰機。[37] 1972 年 6 月，駐美大使沈劍虹[38]向美國國務院表示希望能在臺灣共同生產 F-5E 戰機。沈劍虹認為如果能有足夠的 F-5E 銷售量，將能夠維持生產計劃運作相當長的時間。此時伊朗已經向美國提出了大筆訂單，荷蘭和沙烏地阿拉伯也對 F-5E 飛機感興趣。沈劍虹詢問 F-5E 是否可以完全無償提供給臺灣。美國國務院秘書回答說：「提供 F-5E 給臺灣是我們的目標，可以部分提供，然而目前美國可用的資金不足，如果要大量地交付 F-5E，這件事必須以 FMS（Foreign Military Sales，外國軍事銷售）的案例來採購」。沈表示「由於中共生產大量新型飛機，臺灣空軍的對抗能力不足，若要協助越戰，需要美國的援助」。[39] 可知，無論是何種方式，此時的美國已希望臺灣能擁有 F-5E。

　　10 月 21 日，蔣經國召見賴名湯和空軍總司令陳衣凡[40]表示「尼克森總統向我們要 F-5A，去支援越南部隊」賴名湯認為「最多只能抽一個中隊，平均每中隊三、四架」。蔣經國說：「美方允許空防問題由美方進駐 F-4 來代替，同時應允潛艇兩艘無問題，這問題我們應該詳加研究」。[41] 同月 23 日，蔣經國再次約見賴名湯商談支援越南 F-5A 機之事。賴認為「原則上可以支援一部分，但細節應商討，並且一定要有若干的條件，而且應有書面的文件，不是一句話」。[42] 10 月 27 日早上十一時，蔣經國約見賴名湯說：「美方又要我們供

---

37 陳世局，〈中華民國與美國生產軍機 UH-1H 與 F-5E ──以《賴名湯日記》為中心（1967-1973）〉，頁 110-111。

38 沈劍虹（1908-2007），江蘇寶山人，畢業於北平燕京大學、美國密蘇里大學碩士，歷任總統府秘書、新聞局局長、駐美大使等職。

39 "Lot File 75D76, POL 17 (c) Ambassador Shen's Calls on White House & State Officials, 1971-1972.1971-1972." MS Subject Files of US State Department's Office of the Republic of China Affairs, NARA.

40 陳衣凡（1914-2008），遼寧海城人，畢業於中央航校第五期、空軍指揮參謀學校，歷任空總作戰署副署長、空軍作戰司令、空軍總司令、駐約旦大使等職。〈陳衣凡〉，《軍事委員會委員長侍從室》，國史館藏，典藏號：129-220000-0458。

41 賴名湯，《賴名湯日記第 III 冊民國六十一～六十五年》（臺北：國史館，2016 年），頁 111。

42 賴名湯，《賴名湯日記第 III 冊民國六十一～六十五年》，頁 112。

給他 F-5A 機」。蔣經國與賴談話十分鐘後，美國大使馬康衛就來找蔣經國商量。[43] 對於美方不斷向蔣經國提出借讓 F-5A 戰機的要求，蔣認為必須要「慎作考慮」。[44]

10 月 30 日，蔣經國約了美國大使馬康衛、協防司令貝善誼（Philip A. Beshany）和美國駐華使館副館長來天惠（Willian H. Gleysteen, Jr.）以及賴名湯等，商談我國提供美國 48 架 F-5A 的問題。賴認為「我國要求一定要以一架 F-5A 換一架 F-5E，但美國大使馬康衛不同意，幾乎造成了會談破裂。後來我設法轉彎，同意一方面撥出 20 架 F-5A，同時美國一定要同意我撥出多少，美國歸還多少的 F-5A，這樣才將問題解決」。當日下午 1 時，協防司令貝善誼和總司令陳衣凡在賴名湯辦公室繼續商談細節的問題。[45] 關於此事賴名湯認為「完全他（美國）是主動，我們是被動，其實，我們應該利用此機會，爭取更多的利益」。[46] 最後，由於國際局勢的改變，美國國務院開始重新思考前述的分析，加之越戰戰事告急、國防部亦支持與臺灣合作生產 F-5E，最終決定了此項合作案。

四、「虎安計畫」的簽約與執行

（一）臺美簽訂合作備忘錄

臺美雙方確定進行合作生產後，開始著手進行簽署合作備忘錄，然而此時對於經費支付卻尚未定論。1973 年 1 月 5 日賴名湯約見美軍顧問團團長巴恩

---

43 賴名湯，《賴名湯日記第 III 冊民國六十一～六十五年》，頁 113。
44 蔣經國，《蔣經國日記（1972）》（臺北：國史館，2023 年），頁 260。此處需要注意的是，依蔣經國 10 月 30 日所記「次晨（廿八日）父親問及彥棻以及日記之保管等事，兒向父拜別後到行政院辦公，美方又提出要求借讓 F5A 一案……」，從字面來看美方 10 月 28 日訪蔣。然若對照《賴名湯日記》，美方是 10 月 27 來訪蔣經國，10 月 30 日二訪蔣商量，當日交涉未果，賴遂而提出「一架換一架」之說法。蔣 10 月 28 日所稱「慎做考慮」之事，應是指 10 月 30 日補記當日之事。
45 賴名湯，《賴名湯日記第 III 冊民國六十一～六十五年》，頁 113。
46 賴名湯，《賴名湯日記第 III 冊民國六十一～六十五年》，頁 115-116。

斯[47]，並告訴他關於 F-5E 合作生產，臺灣的初步意見。[48] 1 月 8 日賴名湯接見巴恩斯和貝善誼，賴名湯向巴恩斯提出實施此案的經費，100 架飛機，需要美金 2 億 3 千萬元。並且希望此經費是由雙方共同分攤，或是由美國給予長期無息的貸款。賴希望巴恩斯能轉報華盛頓，巴恩斯同意賴名湯的要求向華府轉達。由於貝善誼即將回美國述職，賴託他回國後先向相關的人員說明臺灣的要求。如同前文所述，美國此時戰事告急，加上國際局勢的轉變，已經向沈劍虹表態無法墊付合作生產案款項，賴自己心裡也清楚「結果如何？很難預料，然而盡力而為之，總是必要的」。[49] 1 月 26 日，美國國務院回覆需由臺灣負擔經費。[50] 1 月 29 日，臺美雙方正式商談 F-5E 合作生產的各項細節問題，由雷炎均[51] 代表臺灣向美方提出討論。最後，美國回覆此案以 FMS 方式進行，所需經費由臺灣支付，並請臺灣配合諾斯洛普公司的期程。對於美國的答覆，使賴等人感到失望，臺灣所提出的各項要求，美國幾乎沒有答允。[52] 為了此事賴名湯於 2 月 6 日向蔣經國報告，並指出由於季辛吉即將於 2 月 15 日訪問中共，所以雖然美方所提出合作生產案經費需由臺灣自籌。[53] 但為了政治目的，只好勉強的接受，蔣經國也同意這樣的作法。[54] 於是，經過與美方多次接洽協商，最終取得共識合作生產 F-5E 戰鬥機 115 架。1973 年 2 月 9 日，由賴名湯代表臺

---

47 巴恩斯（John W. Barnes），1921 年 3 月 6 日生於美國德州，畢業於美國陸軍官校，獲加州理工學院航空工程碩士學位，曾任美國陸軍研究發展室發展處、計畫處處長等職。「賴名湯呈宋美齡請賜予延見美軍臺灣協防司令部司令貝善誼暨夫人及美國援華顧問團團長巴恩斯少將暨夫人檢附簡歷各一份」（1972 年 10 月 18 日），〈軍事建設 —— 軍事類（五十二）〉，《經國檔》，國史館藏，典藏號：005-010202-00071-012。

48 賴名湯，《賴名湯日記第 III 冊民國六十一～六十五年》，頁 143。

49 賴名湯，《賴名湯日記第 III 冊民國六十一～六十五年》，頁 144。

50 "Lot File 76D151, DEF 19-8 Foreign Military Sales (FMS), 1973." MS Subject Files of US State Department's Office of the Republic of China Affairs, NARA.

51 雷炎均（1914-1999），廣東臺山人，畢業於中央航空學校第三期、美國參謀大學，歷任空軍第 28 隊隊長、空軍作戰司令、空軍副總司令、副參謀總長等職。〈雷炎均〉，《軍事委員會委員長侍從室》，國史館藏，典藏號：129-220000-0445。

52 賴名湯，《賴名湯日記第 III 冊民國六十一～六十五年》，頁 152。

53 賴名湯，《賴名湯日記第 III 冊民國六十一～六十五年》，頁 156。F-5E 合作生產飛機 112 架的合約，需經費達三億餘美金，折合臺幣達一百二十億元。賴名湯自道：「我自問我這樣做，將來究竟是國家的功臣？還是國家的罪人呢？只好讓後來歷史去評斷了！」。

54 蔣經國，《蔣經國日記（1973）》，頁 37。

灣與美軍顧問團團長巴恩斯少將，簽訂合作生產 F-5E 型戰鬥機之協議備忘錄（Memorandum of Understanding，MOU），開始在臺灣生產 F-5E 戰鬥機。

（二）虎安計畫執行情形

　　雙方簽訂合作生產備忘錄後，由臺灣空軍航空工業發展中心（以下簡稱航發中心）與諾斯洛普公司簽訂「虎安計畫」之許可協議書、技術協助協議書及生產合約等文件。同時選派人員赴諾斯洛普公司實習，該公司負責協訓臺灣人員並派技術顧問來臺進駐航發中心。1974 年 5 月，合作生產之首架 F-5E 型機各套件運抵航發中心，經點驗後開始上架裝配，於同年 10 月 30 日舉辦首架 F-5E 戰機出廠典禮，由賴名湯主持，並將型機命名為「中正號」。

　　虎安計畫是為臺灣國機國造的重要起點。執行虎安計畫初期，臺灣空軍的戰機自製率僅有 9%。航發中心為了提升製造戰鬥機的能力，規劃七個階段以提升製造能量，第二階段自製率提升至 14%，後來逐步提升為 22%、30%、33%、44%，至最終達成 47%。[55] 更重要的是，透過執行虎安計畫，達到技術轉移的作用，奠定日後臺灣空軍自行研發製作 AT-3 自強號教練機、XA-3 雷鳴號攻擊機及設計製造 F-CK-1A/B 經國號戰機的基礎。合作生產計畫開始執行後，1974 年 9 月，諾斯洛普公司首架雙座之 F-5F 型機於美國出廠並試飛成功。所以從「虎安三號」計畫開始納入 F-5F 型機之生產。1986 年 12 月 9 日，最後一架 F-5E 型戰鬥機（5342 號機）竣工完成，虎安計畫畫下句點。經統計，虎安計畫生產了 F-5E 型機 242 架、F-5F 型機 66 架，共計 308 架（參閱表 1）。[56]

55　李適彰，《護衛天空的老虎 F-5E/F：合作生產「虎安計畫」的故事》（臺北：兵器戰術圖書公司，2020 年）。

56　「中美檢討會議記錄由」（1981 年），〈虎安五號中美檢討會議案（二）〉，《漢翔航空工業股份有限公司》，檔號：A313440000K/0070/0861.7/5854(5)；「生產飛機出廠統計」（1974 年），〈虎安計畫製造令〉，《漢翔航空工業股份有限公司》，檔號：A313440000K/0063/0861/F5E-5290。

表 1、「虎安計畫」生產批次表

代號	機型	機號	數量
虎安一號	F-5E	5101-5200	100
虎安二號	F-5E	5201-5220	20
虎安三號	F-5E	5221-5262	42
	F-5F	5351-5368	18
虎安四號	F-5E	5263-5273	11
	F-5F	5369-5377	9
虎安五號	F-5E	5274-5312	39
	F-5F	5378-5386	9
虎安六號	F-5E	5313-5342	30
	F-5F	5387-5416	30

資料來源：作者整理自「年度生產統計」（1974年），〈虎安計劃合作生產飛機出廠案〉，《漢翔航空工業股份有限公司》，國家發展委員會檔案管理局藏，檔號：A313440000K/0063/0861/F5E-4；李適彰，《護衛天空的老虎 F-5E/F：合作生產「虎安計畫」的故事》，頁 23。

　　1974年，臺灣空軍為了換裝 F-5E 戰鬥機，派遣空軍人員赴美受訓。F-5E 戰鬥機出廠後，空軍以「嵩山計畫」為代號，由駐地臺南的空軍第一戰術戰鬥機聯隊執行換裝任務，該聯隊於 1974 年 12 月 1 日成立「F-5E 換裝訓練組」（亦稱嵩山換裝訓練組，簡稱嵩訓組），執行此一重大之換裝任務。[57] 先後派遣三批種子教官赴美受訓，完訓後調任航發中心擔任試飛官。第一批為甯德輝中校與王文周少校；第二批為梁龍上校與駱嘉渭上尉；最後一批是許家寅中校、林子文少校、王廷正上尉與彭勝竹中尉，第三批完訓時已是 1975 年 2 月，返國加入嵩訓組，開始執行換裝任務。[58] 這些赴美受訓人員會先到德州拉克蘭空軍基地（Lackland AFB）國防語文中心（Defense Language Institute）接受語

---

57 「嵩山計畫紀要」（1977年），〈虎安計劃綜合項目〉，《漢翔航空工業股份有限公司》，檔號：A313440000K/0066/0861/2121-2。

58 「陳報中美共同生產「虎安計畫」出國名單」（1974年），〈虎安計劃人員訓練〉，《漢翔航空工業股份有限公司》，檔號：A313440000K/0063/0861/2121-1。

文訓練,及格後再到亞利桑納州威廉姆斯基地接受 F-5E/F 戰鬥機換裝訓練。[59]「威廉姆斯基地是個訓練基地,與我國空軍的淵源深厚,早在抗戰時期,我國飛行員就已經開始在該基地受訓,但由於美國的整體基地配置考量,現在已經拆除廢棄了。我們 4 個人在民國 63 年 10 月到美國威廉姆斯基地的第 425 中隊受訓,4 個月的訓期雖短,但承擔的壓力很大」。[60]

同時,臺灣空軍為了增進人員空戰及對地炸射技能,亦甄選人員派赴美國訓練。1976 年 10 月,空軍人員前往亞利桑納州威廉姆斯基地(Williams Air Force Base)第 425 中隊,接受 F-5E 的空戰教官班(Air Warfare Instructor Course,AWIC)訓練。1977 年 2 月完成訓練返臺,同時美國指派美籍飛行教官來臺灣協助訓練。這些赴美受訓人員以及美籍教官於嵩訓組內成立炸射班與戰術中心。同時,由空軍的戰管部隊甄選人員,並由美軍攔管官來臺灣負責訓練,提升臺灣空軍戰管人員的能力。

臺美雙方持續增進臺灣飛行員的作戰能力。美國提供臺灣空戰演練儀(Air Combat Maneuvering Instrumentation,ACMI)系統,並全面加載於 F-5E 戰鬥機上。ACMI 是指利用飛機上掛載的莢艙(pod)發送訊號,由地面測站接收後,再傳送至系統主機內,可完整重現飛行員於空中飛行之動作、軌跡等數據。1988 年 7 月 1 日,臺灣空軍第七三七聯隊成立「空軍戰術訓練中心」,下轄空戰演練儀組及第 46 中隊。之後,ACMI 擴增不投彈計分系統(No Drop Bomb Scoring System,NDBS)提升為數位化介面、設置遠端歸詢系統,並增設地面觀測站以擴大訓練的空域。此系統使臺灣空軍飛行員能於東部空域執行多機空中對抗訓練、多種類武器對地投擲訓練。並且能於每次訓練返航後,透過 ACMI 的回放功能,由教官針對飛行員戰術動作缺點進行講評與改進。F-5E 對臺灣空軍飛行員的訓練有相當大的助益。[61]1996 年,李登輝總統任內爆發「臺灣海峽飛彈危機(Third Taiwan Strait Crisis)」,此時 F-5E 發揮了關鍵的穩

---

59 「在美受訓報告」(1979 年),〈專案訪問〉,《漢翔航空工業股份有限公司》,檔號:A313440000K/0068/0861/5300。
60 陳彥璋主編,〈訪談王廷正將軍〉,《虎衛長空:空軍 F-5E/F 任務人員訪問紀錄》,頁 48-51。
61 陳彥璋主編,〈訪談戚佩選先生〉,《虎衛長空:空軍 F-5E/F 任務人員訪問紀錄》,頁 113-120。

定作用。由於當時正值 F-104 服役生涯末期，妥善率已不若往昔，而戰力最完整者為 F-5E/F 戰機的作戰部隊。因此由 F-5E 擔任第一線的警戒任務，隨時待命立即起飛與中共拚搏。在此種一觸即發之態勢下，最終美國派遣航艦戰鬥群進入臺海，由於臺美雙方空軍有著共同受訓與操演模式，使得在戰場上能迅速配合且得宜。臺灣海峽的緊張局勢遂逐漸轉為穩定。

五、結論

　　本文討論臺灣國防航空之於臺美關係的歷史意義。首先，剖析美國在 1950 年至 1970 年代，對臺灣空軍軍事援助之討論及其角色。臺美雙方對空軍的規劃各有不同的目的，臺灣是為了爭取美國援助加強制空實力，以壓制中共。美國的目的，是欲利用美國模式來改造臺灣空軍，並使空軍現代化，以鞏固美國在臺灣海峽的影響力。其次，以美軍顧問團來臺灣之後，對於臺灣空軍後勤體制的擘建與評估，以及對臺灣航空工業發展的態度與限制。

　　由於國際局勢丕變，美國與中共逐漸靠攏，加上臺美共同生產 F-5E 隱含著攻擊技術的移轉，美國的考量及臺灣的立場實值得推敲。可以說，臺美之間的同盟屬於充滿猜忌與不信任的「蹩腳」同盟，和典型的「約束性」同盟。美國只是擔心其對臺灣的過分限制，可能造成後者政治崩潰。同時，如果美國對同盟困境的關係處置不當，或導致災難性結果，促使美國開始節制其對臺灣的約束性策略。透過前文的爬梳，可知在美國與中華民國的聯盟中，華盛頓必須在限制臺北的行動，使其不至於「背叛」（defect）和實現反攻大陸的決心，讓美國捲入不希望的衝突之間。從武器的提供與生產，可以明確的看出這種微妙的平衡關係。此外，臺美雙方經過長期以來的合作，臺灣已具備標準化、規格化或共通性的航空物資、制度與訓練。臺灣透過合作生產的方式，建立與美國相同的國防航空水準。1970 年代美軍顧問團與臺灣簽定備忘錄，從臺美雙方簽約交涉之經過，可知美國的態度皆是為了穩固自身在臺灣海峽的控制力。

04
史料分析

美術館中的民國影像展——從臺北市立美術館「布列松在中國：1948-1949｜1958」
看展覽策劃下的檔案徵集、組織與脈絡重構

史料分析

美術館中的民國影像展──
從臺北市立美術館
「布列松在中國：1948-1949 ｜ 1958」
看展覽策劃下的檔案徵集、
組織與脈絡重構

吳宇凡
淡江大學資訊與圖書館學系助理教授

一、前言

　　2020 年 6 月，臺北市立美術館（以下簡稱北美館）邀請米榭勒・費佐（Michel Frizot）與蘇盈龍，以法國知名攝影師亨利・卡蒂埃 - 布列松（Henri Cartier-Bresson）為核心，共同策劃「布列松在中國：1948-1949 ｜ 1958」展（以下簡稱《布列松展》，展覽主視覺詳圖 1）；此次展示不僅展出布列松於中國期間之攝影作品，更藉由布列松拍攝過程及其後產生的各項檔案，呈現了費佐與蘇盈龍對於布列松及其攝影特色與風格之研究成果，令人印象深刻。

　　檔案（archives），因其中文意涵的影響，一直以來被視作是官方文書之指稱，這樣的思維在過去「檔案轉向」（archival turn）的藝術創作中不難發

圖 1：2020 年北美館《布列松展》主視覺牆
資料來源：2020 年北美館《布列松展》（本文拍攝）

現，用以作為政府框架之反動。然而，在西方檔案學（archival science）的論述之下，檔案並非專為行政紀錄之意涵，更係強調於特定來源下物件與物件之間的關係，而這樣的關係又稱之為脈絡（context）；[01] 德希達（Jacques Derrida, 1996）將那物件彼此間看不見的訊息隱含稱之為「幽靈般的存在」（the structure of the archive is spectral; Derrida J., 1996），而探掘這些訊息，則將有助於人們進一步重構作品產生時之背景、思維與社會互動情形。

過去的藝術策展中，作品一直以來都是展覽的核心，對於那些無法觸及之作者創作背景、思維的瞭解，仰賴觀者藉由文字、作品自身或非展覽本身的他者訊息補充；然而，在當代策展思維及國內藝術史重構的影響之下，策展人被

---

01 根據我國《檔案法》第 2 條第 2 款所稱，檔案係指各機關依照管理程式，而歸檔管理之文字或非文字資料及其附件，將檔案視作官方文書之指稱；然根據美國檔案人學會針對「archives」的解釋，就非典藏庫房或組織而言，則係指由個人、家庭或組織所產生、接收，彼此相互關連且具有持續性價值之各類型文書，從這裡可以看出中、英文意涵的落差（資料來源：Society of American Archivist. (2022, August 25). Archives. Glossary of Archival and Records Terminology. Retrieved from https://dictionary.archivists.org/entry/archives.html.）。

期待對作者及其創作歷程進行研究與呈現，而在這樣的背景之下，《布列松展》給予了一個提示，藉由布列松檔案的徵集、組織與脈絡的呈現，將作品視作檔案建構歷程的終端（end），從而重現作者創作歷程與背景，令觀展者進一步瞭解作品背後的概念與想法。

為進一步探討藝術策展過程中，以檔案作為基礎呈現作者創作思維與想法的方式，本文除藉由文獻分析，深入近代檔案定義及其脈絡屬性，並以荷蘭檔案學界於1898所出版《檔案編排與描述手冊》（Manual for the Arrangement and Description of Archives，以下簡稱《荷蘭手冊》）所延伸、隱含之理論與原則為取徑，[02] 針對北美館《布列松展》的內容與策展方式進行檢視，探討在檔案學的視角下，策展人如何藉由檔案的徵集、組織與脈絡重構，還原布列松在中國的情形及其觀點，從而使觀展者得以進一步認識作者及其作品背後的真實世界。

二、什麼是檔案？檔案的定義及其脈絡屬性

2016 年，北美館邀請策展人狄瑟涵（Corinne Diserens）以「當下檔案・未來系譜」（Gestures and Archives of the Present, Genealogies of the Future）為題，藉而探掘藝術者自身及其所在脈絡文獻紀錄、記憶模式、解讀與使用、潛在挪用和再現間的關係，從而思辨檔案的構成，並進一步對歷史、記憶進行詮釋，成為了該年度臺北雙年展的核心（臺北市立美術館，2022 年 8 月 10 日）。以檔案或其概念作為藝術創作的一部分，在當代藝術並不罕見；然而，國內、外因文化與理論發展的差異，導致對於檔案的認知存在著普遍性的落差。

---

02 1898 年，由 Muller S.、Feith J. A.、Fruin R. 等荷蘭檔案學者共同撰述出版之《檔案編排與描述手冊》（Manual for the Arrangement and Description of Archives，又稱之為《荷蘭手冊》（Dutch Manual）），總結了歐洲百年來檔案管理實務經驗與理論，使其不僅係檔案實務工作之參考手冊，其各項要求背後隱含的目的性與影響，更構建了近代檔案學、檔案管理之理論基礎。資料來源：Muller S., Feith J. A., Fruin R. (2003). *Manual for the Arrangement and Description of Archives*, Chicago: Society of American Archivists.

過去針對檔案學、社會記憶理論及歷史研究，無論係作為特定記憶之喚起或檢視，抑或過去歷史事實之稽憑與探究，在相關論述中皆可見檔案一詞的出現，近年來更廣泛於藝術領域中穿梭，用以指稱因特定原因而予以保存之物件集合。到底什麼是檔案？檔案一詞的中文意涵，在華語的世界中受到了辭源、[03] 官方文書、法規及對映英文單字多元（如：archives、documents、file、folder、portfolio、records……）的影響，也因此認知或偏向政府機關業務執行過程中所產生的資料累積，或在蘭克學派的影響之下，對於檔案的認知從官方文書，逐漸延伸至各類型史料，諸如私人文書、手稿、日記、書信、批簽…等，抑或與電腦資訊所產生資料進行連結，泛指各項電腦數據與物件集合；「在當代日常中文裡，檔案所指涉的已是更寬鬆的意思，從官方的治理檔案、民間書寫的文史資料、人民記憶、口述歷史、野史、傳說等等，我們都常會以檔案簡稱」（陳界仁、龔卓軍、林怡秀，2012）。

　　摒除電腦資訊領域對於檔案一詞的挪用，我國現行《檔案法》（2008）稱檔案係「各機關依照管理程序，而歸檔管理之文字或非文字資料及其附件」，以政府機關為出發，不限制檔案載體形式，然卻強調依管理程序歸檔管理者方為檔案，在業務執行上以是否具備「檔號」成為辨別檔案的核心。《檔案法》的觀點符合自清代以來中文語系對於檔案的辭源與認知，從行政管理的角度侷限了檔案為政府機關所產生的思維，然這樣的作法卻有別於西方社會基於檔案管理實務與學理的發展與認識。美國檔案人學會（Society of American Archivists, SAA）稱「archives」為個人、家庭或團體所產生、接收之各項文書或非文書資料（records and nonrecord material），這些物件因其持續性的價值而予以保存（Society of American Archivists, 2022, July 20）；美國紐約現代美術館文獻中心主任艾利卡特（Michelle Elligott），則稱「archives」係指稱個人或機構在事務進展的過程中，所創造或接收之資料，由於具備長遠的

03　1707（康熙 46 年）楊賓所編寫《柳邊紀略》為廣泛認知「檔案」一詞最早出現之紀錄，文中稱「邊外文字，多書於木，往來傳遞者曰牌子，以削木片若粉故也。存貯年久者曰檔案、曰檔子，以積累多貫皮條掛壁若檔故也。然今文字之書於紙者亦呼為牌子、檔子，猶之中土文字」，說明檔案記錄歸檔的特性，雖未強調檔案與官方的關聯性，然邊外文字多係官方佈防所產生，加上其後《大清律例》廣泛的使用，也因此加深了檔案作為官方文書的指稱。資料來源：楊賓（1997）。柳邊紀略，於《續修四庫全書》，上海：上海古籍出版社。

價值，因而受到累積與保存（米雪兒・艾利卡特，2012）。

美國檔案人學會與艾利卡特的定義，著眼於來源、價值與典藏行為，來源不限制為官方或私人，惟不可係非人為創造，以確認為智能目的（intellectual purpose）所產生，並強調檔案係具備價值判斷而形成，從而進一步進行典藏與維護。重視檔案來源的概念，為近代檔案學理論發展基礎。1898 年，荷蘭檔案學者穆勒（Samuel Muller）、斐斯（Johan Feith）、福羅英（Robert Fruin），在荷蘭檔案工作者協會（The Association of. Archivists in the Netherlands）的邀請之下，總結了法國大革命以來歐洲檔案整理之經驗、理論與方法（尤其是德國、法國），共同撰述檔案編排與描述工作得以依循之操作手冊《荷蘭手冊》（Muller S., Feith J. A., Fruin R.，2003）。《荷蘭手冊》通編共計 6 章、100 條，內容包括檔案來源與組成、案件整理、案件標題描述、檔案目錄編製、檔案標題描述、某些術語和符號的習慣用法等，值得注意的是，《荷蘭手冊》不僅止於工作手冊，以實務經驗為導向的理論建立，諸如第一章〈檔案來源與組成〉部分，明確指出維持全宗（fonds）完整性的概念，認為特定來源檔案必須視為一個不可分割之整體，第二章〈案件整理〉部分，則與普魯士國家檔案館原始順序原則相同（Fox M. J.，1990），強調檔案原始結構維持的概念，檔案整理編排應以檔案產生時原來的結構為基礎，不應恣意打散，這些原則性的論述，更形塑了近代檔案管理與理論基礎，確定了來源的重要性，對內維持原始順序，對外則維持全宗的完整性，從而保存檔案產生時的樣態（Cook，1997）。

以來源為依歸，並進一步維持相同來源資料的完整性，以及資料產生時之原始結構，其目的都在於保存檔案的脈絡（context）訊息。所謂脈絡，根據香港特別行政區《政府檔案管理守則》（2001）所解釋，係指「檔案開立或使用的環境和關係網」，其並進一步解釋在同一組檔案中，檔案與檔案之間關係建立的原因即係所謂脈絡；美國檔案人學會稱脈絡係「與資料產生、接收、儲存或使用相關之組織、功能與操作情境，以及它與其他材料彼此間的關係」，其並進一步解釋，脈絡具體而言係「使用者對於文件理解的情境，而該情境影響使用者對於文件的理解」，與內容、結構形成檔案的三大要素之一（Society of American Archivists，2023）；吳宇凡、蔡孟軒（2015）則稱脈絡係「非從

物件本身直接得到，然卻可透過其更深入瞭解物件之資訊，而其描述標的並非需為實體物件，甚而一個集合、一個概念、一個文化習慣、一種語言等，皆可作為脈絡描述的對象」，並進一步說明「脈絡在文化典藏單位係為更深入瞭解物件之人、事、時、地、物等非物件內外在特徵所直接表現之產生背景資訊的集合，如作者資訊（生卒年表、機關組織架構、族譜）、文化資訊（政治、社會、經濟、宗教等事件或運動）、時間資訊（年代對照）、環境資訊（地名沿革、水文遷移、氣候變化、天文異象），甚而物件載具、出土遺址等相關訊息，皆可作為脈絡描述標的」。換言之，脈絡係檔案本身以外的訊息，這樣的訊息構建了檔案產生時的情境線索，其目的在加深使用者對於檔案的理解，即便與內容、結構形成檔案的三大要素，結構所體現檔案彼此間的關係亦為脈絡訊息的範疇。

以脈絡作為檔案概念的建立，不僅符合檔案學理論長久以來發展的方向，亦解決了檔案來源內容與類型多元性的問題。舉例而言，以脈絡為核心進行檔案之定義，解釋了學校校史館（school archives）學校過往設施、物件、獎盃、藝術品等多元典藏情形，使得檔案的解釋得以更加全面，也讓檔案學的發展更具延展性；換言之，特定來源因其生活實踐所產生、購買、收集、交換、徵集、受贈而形成之物件集合，具有長期保存價值者而予以典藏與管理，則形成檔案。

這樣的定義也說明了檔案的特質。根據薛理桂所稱，檔案的構成包括了來源及價值判斷，並因檔案的產生係日常生活實踐過程中，非刻意的狀況下所形成，從脈絡的角度來看，檔案具備唯一性、自然性、關聯性、公平性，以及內容真實等五種特性，也因此成為事實稽憑、歷史建構的第一手資料（薛理桂，1998，31-33）。在後現代主義觀點的影響之下，檔案所隱含的來源權威性被特別強調；傅柯（Michel Foucaul）認為「檔案是規定能說什麼的法則，是控制作為事件出現的言說的系統」（米歇爾·福柯，1998，186-188），藉由檔案中所固著的權力，延伸了其對於記憶與文化的操控。傅柯的觀點同樣著眼於檔案間那看似不存在的脈絡訊息，提供人們對於檔案與權力的思考路徑，卻也點明檔案對於產生者觀點與想法的內化，而這樣的引申則提升了特定個人（如藝術家）所產生檔案的價值與重要性，得以還原來源之思維、想法與觀點。

三、從研究到展覽——關於北美館《布列松展》

　　北美館《布列松展》是一場高度回響的展覽，展期自 2020 年 6 月 20 日至 11 月 1 日，假北美館 3 樓 3A 展覽廳展出。此次展覽源自於費佐與蘇盈龍，針對布列松先後兩次前往中國時之作品、背景、檔案及相關出版品之研究，並在法國巴黎布列松基金會（Fondation Henri Cartier-Bresson）的支持之下，將其研究成果以展覽的形式呈現。展覽首次於 2019 年 10 月 15 日至 2020 年 2 月 9 日於法國巴黎展出，深獲各界好評，原規劃 2020 年 4 月 11 日至 7 月 19 日於移展北美館，然因疫情影響而後移至下半年展出（Fondation Henri Cartier-Bresson, 2022, August 20）。

　　費佐與蘇盈龍針對布列松中國時期進行研究，係起因於對布列松 1952 年所出版《決定性瞬間》（*The Decisive Moment*）及 1954 年所出版《從一個中國到另一個》（原文：*D'une Chine a l'autre*，英譯：*From One China to the Other*）這兩本書的觀察與討論；縱然這兩本出版品皆受到後世高度關注，然而，「**這批照片在 48-49 年或一直到 1954 年結集成書之後，幾乎就未曾被認真討論過，而之後他的各個回顧展裡也往往只展出零星幾張**」（米榭勒・費佐、蘇盈龍，2020 年 8 月 4 日），也因而促使了費佐與蘇盈龍的好奇與關注（李怡芸，2020 年 6 月 19 日）。在這樣的背景之下，費佐與蘇盈龍獲得了布列松基金會主任 Agnes Sire 的同意，重新審視布列松於中國時期的影像、檔案，針對布列松先後兩次於中國進行之報導攝影進行梳理與呈現，從而還原、重現布列松的方法、意圖與想法（Frizot M., Su YL., 2019, 6-7）。

　　為了具體呈現當下中國局勢及布列松成為紀實攝影者之過度，此次展覽的內容以「紀實」（documentary）為取徑（Frizot M., Su YL., 2019, 6-7）；根據美國紐約現代美術館針對「紀實攝影」（Documentary photography）之定義，「一種旨在客觀記錄特定主題或事件之攝影形式」，也因此可以知道，「紀實」隱含著凸顯客觀、強調真實的作為與方式（Frizot M., Su YL., 2019, 6-7）。藉由「紀實」作為展覽規劃的切入角度，則在於客觀、真實地呈現布列松於中國時期之情形，也因此在這樣的觀點之下，展覽依據布列松滯留中國期程，分作「1948-1949」及「1958」兩大區塊。其中，「1948-1949」

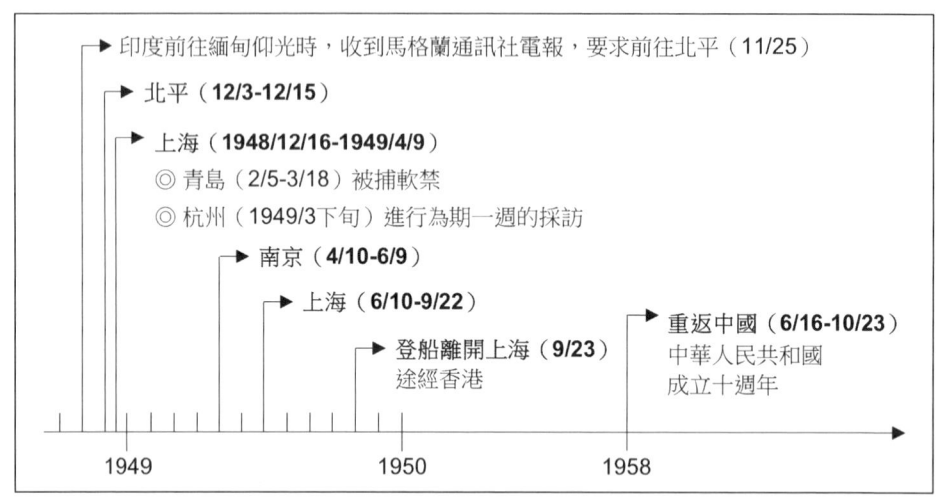

```
▶ 印度前往緬甸仰光時，收到馬格蘭通訊社電報，要求前往北平（11/25）
  ▶ 北平（12/3-12/15）
    ▶ 上海（1948/12/16-1949/4/9）
      ◎ 青島（2/5-3/18）被捕軟禁
      ◎ 杭州（1949/3下旬）進行為期一週的採訪
        ▶ 南京（4/10-6/9）
          ▶ 上海（6/10-9/22）
            ▶ 登船離開上海（9/23）          ▶ 重返中國（6/16-10/23）
              途經香港                        中華人民共和國
                                              成立十週年

1949              1950              1958
```

圖 2：布列松中國時期時序表
資料來源：本文繪製

以布列松進入中國後，所涉及地點／時序並配合事由（時序詳圖 2），細分為北平（Peking）、上海金圓券風暴（Gold Rush in Shanghai）、上海日常（Life in Shanghai）、杭州（Hangzhou）、南京（Nanking）、上海遊行（Shanghai Parade）、上海光景（Shanghai Scenes）、上海之夏（Shanghai Summer）、香港客途（Towards Hong Kong）等 9 個主題，共計 114 張照片；後者則針對布列松為中華人民共和國成立十週年，重返中國所進行的觀察與採訪，展出 40 張照片（Frizot M., Su YL., 2019, 6-7；Fondation Henri Cartier-Bresson, 2022）。[04] 與巴黎展不同的是，北美館展新增約 40 件的原版相片，「首度展出電報、印樣、原版雜誌等檔案文件」，「此一歷史檔案在北美館展出，在數量及規模上均最為完整，並成為全球巡迴首站，後續將巡迴北京、米蘭等地」（臺北市立美術館，2020 年 6 月 22 日），進一步說明了此次展出的特殊性。

在明確的時序安排下，展場依序、單向的方式進行規劃，配合著布列松進

---

04 關於《布列松展》展出照片數量，根據展覽專刊所稱，「1948-1949」展出 112 張、「1958」展出 39 張照片，此部分應係巴黎展出時之數字；布列松基金會官方網頁上稱北美館《布列松展》中，「1948-1949」展出 114 張、「1958」展出 40 張照片，此部分與費佐及蘇盈龍講座時所稱數字相同。

入中國的時間，由「1948-1949」區塊開始，由展場右側進入北平、上海、南京（杭州）、上海、香港，其次進入「1958」區塊，藉由布列松的視角，從一個中國到另一個中國（展場平面圖詳圖3），並於展場左側離開。展覽區間並配合相關檔案、出版品（雜誌）及影片的展示，以及提供研究成果《亨利・卡蒂耶-布列松：1948-1949、1958年在中國》（Henri Cartier-Bresson: China 1948-1949, 1958）予以翻閱，讓觀閱者得以更客觀、全面地深入布列松及其視角下的中國（圖4）。

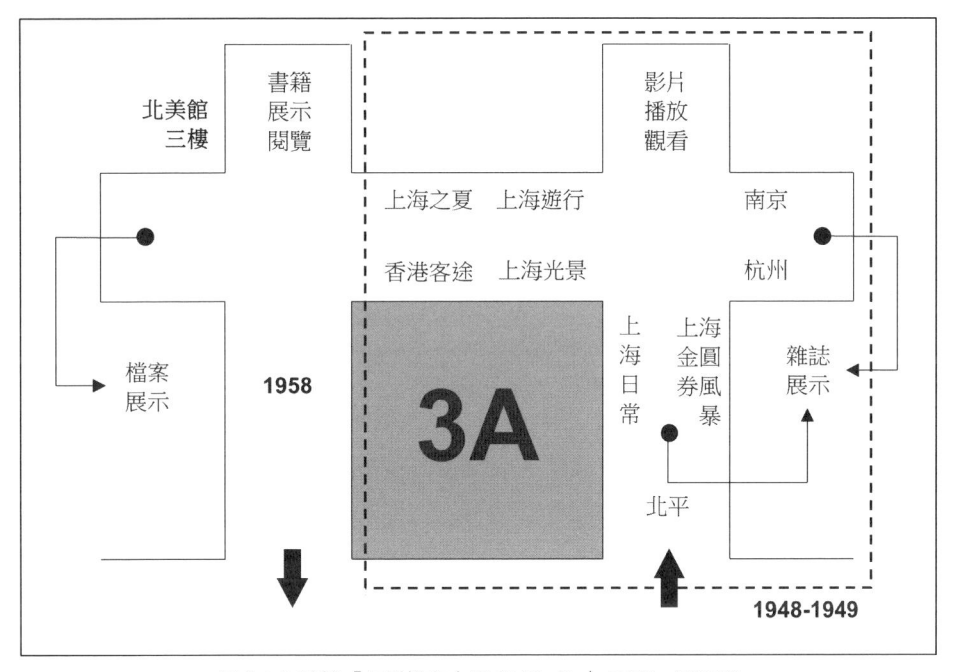

圖3：北美館「布列松在中國 1948-49 | 1958」平面圖
資料來源：本文繪製

針對布列松中國時期進行研究的意義，不僅止於對於當下國際局勢（冷戰）、去殖民化，以及共產主義在中歐和亞洲崛起進行探究與呈現，更關乎一個影響世界的紀實攝影者及其理念，逐漸成形的過程。從相關文獻可以知道，布列松在前往中國前後，雖業已獲得藝術領域的承認，然而對於紀實攝影者而

圖4：《布列松展》南京、杭州時期及相關雜誌展示
資料來源：2020年北美館《布列松展》（本文拍攝）

言，則仍缺乏普遍性的認同；然而，布列松受到《生活》（LIFE）委託下所拍攝之作品與成果，卻讓世界注意到了其作為紀實攝影者的特色與風格，更成為新聞攝影及整個攝影復興的標竿（Fondation Henri Cartier-Bresson, 2022, August 22）。換言之，整體展覽在特色上，除布列松於中國時期的之作品及其所涉及議題，得以呈現一個時代之轉折及真實外，布列松基金會所藏影像、檔案原件首次公開，所展出照片之於布列松的代表性，促使二十世紀著名紀實攝影家之形成，以及以檔案研究作為藝術策展的一種方法，皆呈現了此次展覽難得之處，足為各界研究與學習。

四、《布列松展》中的檔案來源、類型與價值

北美館《布列松展》就展出的內容與展覽形式而言，根據費佐與蘇盈龍所陳述，此次展覽不僅止於攝影原作的首次展出，以及相關內容對於布列松的代表性，更括及長年收藏於布列松基金會的檔案，在此次的展覽中，得以藉由策展人的整理與研究，讓人們進一步認識布列松的觀點與思維（米榭勒・費佐、蘇盈龍，2020 年 8 月 4 日）。從檔案學的視角來看，攝影作品的產生為整體檔案形成的終端（end），過去都將其獨立於檔案之外，而忽視了攝影者於產生攝影作品的過程中，作品之外相關物件之產生與留存，因而失去了藉由物件及其與其他物件之間的關係，進一步認識產生者的機會。

《布列松展》影像與檔案的來源，主要係源自於布列松基金會。布列松基金會係由布列松及其夫人馬蒂娜・法蘭克（Martine Franck）、女兒梅拉妮（Melanie Cartier-Bresson）共同創建，除保存大量且相對完整的布列松及其夫人之作品、物件與檔案，以供研究與展示所需外（根據創始人意願，基金會僅保留布列松及其夫人作品、物件與檔案，然並未為其設置永久性展示空間），並設立布列松獎、辦理藝術展示及研討會，以鼓勵攝影創作、促進攝影工作與研究發展（Fondation Henri Cartier-Bresson, 2022, July 20）。

布列松基金會所收藏布列松及其夫人之作品與檔案，包括印刷品、接觸片、圖畫、出版物、信件、稀有書籍、相冊、電影、錄影、海報、邀請函等，並由專業的檔案管理人員進行整理與維護，相關資料至今仍持續地清點中。馬格蘭攝影通訊社（Magnum Photos）負責基金會所收藏的圖像與檔案的應用與流通，社會大眾若具有研究需求，可藉由向基金會檔案專責單位預約，從而進行檔案的查閱與應用（Fondation Henri Cartier-Bresson, 2022, July 20）。

此次展覽所涉及影像與檔案，主要係由布列松基金會所提供，也因此就資料括及的範疇而言，可謂相當全面且完整。此次《布列松展》藉由布列松基金會所留存之影像與檔案，雖稱係藉由策展人的視角，讓觀者得以進一步認識布列松兩次前往中國所拍攝之作品背景、方法、思維與想法，然實際上則係還原檔案產生當下之情境，讓檔案以更客觀的方式帶領觀展者認識中國時期的布列

圖 5：布列松測試輸出照片及其上所標示之格放標記
資料來源：2020 年北美館《布列松展》（本文拍攝）

松。根據費佐與蘇盈龍的描述，「基金會所藏布列松中國時期相關照片與檔甚具規模，這些照片與檔讓我們得以進一步瞭解一個對於攝影界至關重要核心人物之方法、意圖與觀點」（Frizot M., Su YL., 2019, 6-7）。

事實上，布列松先後兩次在中國其間所產生的影像與檔案，包括在中國拍攝的 162 卷膠卷、5800 幅底片，布列松於當下製作並寄給馬格蘭的照片內容筆記、印樣、樣張（圖 5），以及布列松發送或收到的所有信件、報導攝影的原始副本、刊物，難得之處即在於其完整性，並隱含了相關脈絡訊息於其中；如「根據現場情形使用英文撰述的每張底片的注釋，應被視為布列松作為攝影記者的報告和工作的重要組成部分」，「在中國的攝影工作所製作之詳細筆記，揭示並證實布列松照片的紀實性，⋯，這些筆記可以作為社會學和歷史研究之

材料」（Frizot, Su, 2019, p.156-157），對於歷史研究或還原布列松之想法與思維而言，深具潛力。《布列松展》所涉及檔案皆係第一手資料，也因此無論在複雜程度或整理、解讀所需要耗費的時間與成本，都遠高於攝影作品；這些檔案中所提及背景、人員、事件、地區等，對於當下社會、歷史及特定人員思維，極具價值。此外，這批影像的檢索，可以藉由布列松所描述的資訊進行查找，這些描述內容精準地與當時的政治、軍事和經濟發展相關事件相互連結，對於物件的整理而言則甚有助益。

五、德希達幽靈的捕捉——布列松檔案的徵集、整理與脈絡重構

過去對於藝術家風格的掌握，多係藉由作品來呈現，然而，為了能進一步瞭解創作者的想法，並能有所依憑，策展人費佐與蘇盈龍藉由布列松基金會所典藏之影像與檔案進行探掘與連結，從而呈現布列松身為紀實攝影者的風格、形成與特色。檔案中所隱含的訊息，並不僅止於檔案的內容，更多時候存在於檔案中物件與物件之間的關係。德希達（Jacques Derrida）將那物件彼此間看不見的訊息隱含稱之為「幽靈般的存在」（the structure of the archive is spectral），其並進一步解釋「檔案的結構是幽靈式的，具有幽靈式的優先邏輯，並非肉身式的存在或消失、可見或不可見，而是蹤跡般存在，就像是哈姆雷特父親的幽靈，透過面具的保護，我們永遠無法注視他的雙眼」（Derrida J., 1996）；狄瑟涵則稱「檔案體現了歷史時間，然而，所謂檔案可以是不可見的、可見的、或部分可見的」（高森信男，2016 年 10 月 26 日），亦說明瞭檔案中存在著看不到、但實際存在的訊息。

德希達所稱幽靈，即係檔案管理實務與學術發展過程中，所關注那些不屬於檔案本身、以及隱含在檔案與檔案間的隱性訊息，這樣的訊息即係前述所稱脈絡；《荷蘭手冊》的價值與特色，即係藉由經驗與理論的推導，確定檔案的留存、編排、描述與管理，以來源為核心，並維持全宗及原始順序完整性的觀點，形塑檔案依據來源（principle of provenance）、尊重全宗（respect des fonds）與原始順序（respect original order）的基礎，從而妥善保存檔案產生當下的脈絡訊息，藉此捕捉那「不可見的、可見的、或部分可見的」的幽靈存在（Cook，1997；Ketelaar，1996）。《荷蘭手冊》所衍伸相關原理原則，不僅係作為檔案管理實務工作之依循，其著眼於檔案來源脈絡之留存，更係日後還原、探掘檔案來源之職能、思維與觀念之方式，成為後續應用與研究重要資源。以下即藉由《荷蘭手冊》所延伸之概念作為取徑，深入《布列松展》在檔案徵集、組織與脈絡掌握背後之理論貼合情形，從而瞭解展覽如何引領觀展者深入布列松在中國的歷程及其思維與想法，俾利後續相關實務與研究之參酌。

（一）以來源為核心的脈絡資訊蒐集與整理

以來源為核心的概念，為近代檔案實務與學術的基礎。藉由來源的觀點整理檔案，目的在典藏檔案的同時，保存檔案脈絡訊息，同樣在檔案展示與應用上，來源則為許多策展主題所依循，藉由檔案的爬梳從而呈現特定來源於當下之情境、思維與樣態（Gordon，1994）。布列松基金會完善保存了布列松相關影像與檔案，維持了全宗的完整性，然而過去各界對於紀實攝影的觀點而言，認為所產生的照片即係作為事實稽憑之用，並未進一步深入探索產生者的想法，也因此忽略了這批檔案的梳理與挖掘。根據費佐與蘇盈龍的陳述，布列松基金會檔案的保存與管理，對於各階層檔案資訊，並未有詳細、完整的編排與描述，換言之，在布列松基金會的收存之下，相關檔案雖然維持了全宗的完整性，然而，缺乏描述訊息、原始架構混亂，則有賴進一步的檢視與整理，從而還原原始架構，以探掘其脈絡訊息。

在這樣的背景之下，為了能夠進一步將布列松於中國時期的方法、意圖與想法，從檔案中進行探掘，費佐與蘇盈龍在接觸布列松基金會檔案時，採取了一系列的活動。根據前述，脈絡係檔案本身以外的訊息，這樣的訊息構建了檔案產生時的情境線索，其目的在加深使用者對於檔案的理解，也因此為還原布列松於中國時期的情境及其思維，必須先針對布列松及其前往中國之背景、原因、人員、時間、地點、相關訊息進行蒐集與整理。根據費佐所稱，「自己從事攝影研究四十年來，每次介入一個主題，都必須先瀏覽過所有研究資料。尤

其籌備攝影展覽，大家通常以為就是選照片，但費佐指出文獻有其重要性，所以與照片相關的紀錄，都必須先整理與解釋」（米榭勒・費佐、蘇盈龍，2020年8月4日）。這樣的工作除了文獻的蒐集外，尚包括了涉及事件、地點、人員的清單與背景，大事年表的編製，以及其他相關事項的整理，「讓人更清楚知道布列松當時可能看見或親臨的事件現場」（米榭勒・費佐、蘇盈龍，2020年8月4日）。

其次，針對布列松基金會所藏有影像、檔案進行初閱，以確認影像、檔案之狀況、內容、性質與規模。根據費佐與蘇盈龍初次看到這批影像與檔案的陳述，可以瞭解相關資料含括原版照片、聯繫表、筆記、書信，以及相關文章、出版品，162卷膠捲、超過5800張的底片，規模超出了他們既定的想像：「桌上擺著十大盒原件照片，兩大疊雜誌，兩本厚厚的印樣與五本活頁檔案。總計共有162卷膠卷，每卷36張計算，即超過5800張的底片」（米榭勒・費佐、蘇盈龍，2020年8月4日）。初閱的過程中，不僅係瞭解檔案的內容、目標涉及範圍與保存情形，更多時候亦係作為日後展覽或其他利用方式規劃之參酌。布列松基金會所存有檔案，呈現了，有別於國內對於檔案的認知

在進行初步瞭解後，開始整理影像與檔案，並著手閱讀與分析。值得注意的是，布列松基金會所存檔案並未若我國檔案管理之作法，在編排與描述上括及各項層級，而僅止於系列（series level），在未進行整理之下，前揭影像與檔案並無法進行利用，也因此為了進一步利用與整理如此龐大的資料，費佐與蘇盈隆開始著手相關資料的建檔、編號與數位化；首先先將500多張照片建檔、編號，並初步從中選取約150張影像進行數位元化以用於展覽（Frizot M., Su YL., 2019, 7），最終再藉由檔案相關線索重組照片的原始脈絡，包括了各種類型的檔案與出版品，而這樣的方式蘇盈龍稱之為「組鏡」，用以解釋策展人於過程中所從事的脈絡重構工作（米榭勒・費佐、蘇盈龍，2020年8月4日）。

換言之，《布列松展》規劃之基礎，源自於對於檔案脈絡訊息的掌握與還原，包括檔案背景資訊的蒐集，並藉由進一步建檔、編號與整理，還原業已凌亂的原始架構與順序，從而以「紀實」呈現布列松於中國時期之背景、經歷及其觀點（詳圖8）。

以來源為核心	脈絡資訊蒐集	針對布列松及其前往中國之背景、原因、人員、時間、地點、相關訊息進行整理
確認檔案規模與現況	初閱檔案	確認照片、檔案之狀況、內容、性質與規模，作為日後展覽規劃、策略擬定之參考
整理檔案	建檔、編號與數位化	將相關影像、檔案進行建檔、編號與數位化
原始順序的再建構	脈絡還原	仔細閱讀檔案內容，並依各類檔案還原影像拍攝時的原始脈絡，瞭解影像形成的背景與原因

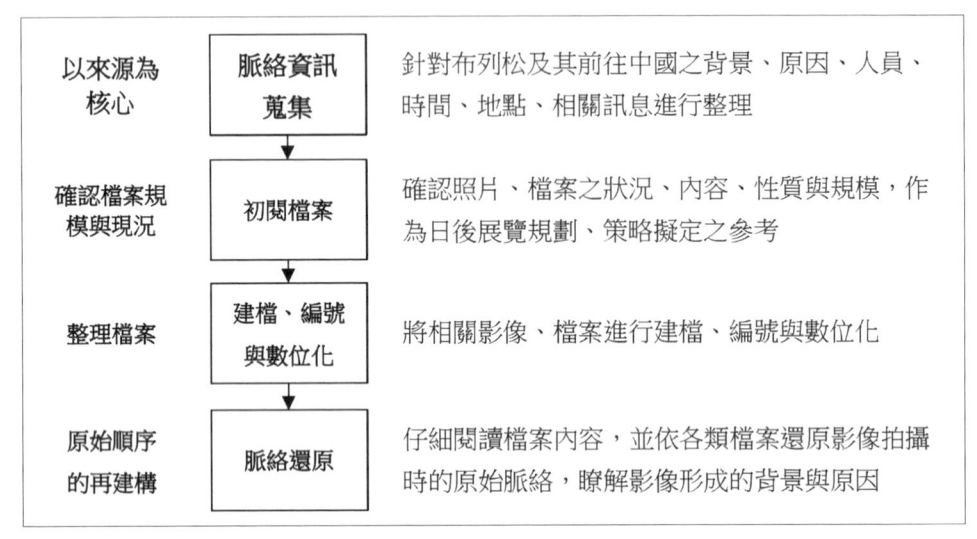

圖 8：北美館《布列松展》影像與檔案整理流程
資料來源：本文整理

（二）原始順序的探尋與還原——從序列（sequences）的建立到組鏡

　　檔案的價值不僅止於檔案內容的陳述，更多時候，檔案所隱含的脈絡訊息，對於認識特定來源的思維、想法及檔案產生背景而言，有著更大的作用與意義。根據《荷蘭手冊》第二章對於案件整理的要求，在檔案整理時必須恪遵資料架構不打散之原則，從而維持檔案產生當下之情形（陳憶華，2006）。布列松基金會所存檔案雖維持了全宗的完整，然在原始順序與架構上，則因一開始保存時並未有系統性的保存，也因此有待進一步的整理與爬梳。

　　在進行檔案脈絡資訊的蒐集，並對檔案現況有初步的瞭解後，策展人費佐、蘇盈龍藉由檔案的梳理與分析，重新呈現影像拍攝當下的情形，以及布列松所關注的重點，從而進一步說明布列松紀實攝影的反紀實特色。這樣的過程與工作，即係藉由各項資料的爬梳，將凌亂的檔案重新建構其原始順序，從而探掘檔案產生當下的情境；蘇盈龍將相關工作稱之為「組鏡」，「是把相關事件的畫面放在一起，對照布列松留下的記事內容，使其產生連續性」，其功能在於可將影像當下所要表述的事件組構，從而進一步理解布列松的拍攝歷程，瞭解

某張重要照片的前後脈絡。值得注意的是，根據策展人所稱，組鏡的過程中可以產生類聚的效果，使得過去未曾看過或注意到的影像，得以在脈絡建構的過程中得以呈現（米榭勒‧費佐、蘇盈龍，2020 年 8 月 4 日）。「布列松基金會不希望呈現檔案裡面、布列松本人當初所沒有選擇出來的照片。但對研究者而言，這正是瞭解布列松攝影意義的重要訊息」（米榭勒‧費佐、蘇盈龍，2020 年 8 月 4 日）。

　　組鏡的進行，主要係藉由布列松於相關筆記、樣張、印樣等檔案中所留下之「序列」（sequences）資訊，這些序列資訊可能持續幾分鐘到幾個小時的時間點，涉及檔案上的各項註記與紀錄，以及過去對於影像的說明（圖9）；「因為它們證明瞭鏡頭的連續性，描述了布列松所見及拍攝之內容」（Frizot M., Su YL., 2019, 156-157），藉由逐漸地比對與製表，從而得以還原照片與照片之間的關係、照片拍攝當下的情形、布列松拍攝照片的思維想法，以及照片拍攝內容之連續進程。而這樣的組鏡結果，於展覽的過程中，於照片展示時盡可能地附上原始檔案內容，形成了作品的註腳，讓觀閱者得以更深入瞭解作品及其拍攝時之情形。

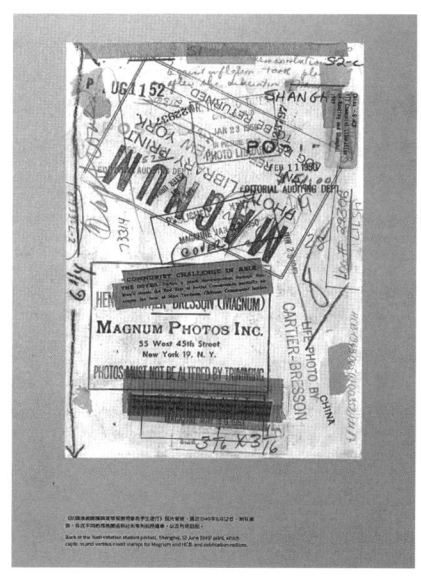

圖 9：照片背面（左）及印樣（右）上有著各式不同註記
資料來源：2020 年北美館布列松展（本文拍攝）

事實上，布列松在中國時期所拍攝之作品，將以不同的目的、陳述刊載於雜誌及其他用途上，在這樣的過程中，布列松並無法控制其作品被使用的方式與描述的內容，也因此，當人們藉由所刊出之出版品來認識布列松及其作品，將受到媒體觀點與意圖的影響，而無法真正認識布列松的想法。在這樣的情形下，組鏡解決了過去無法掌控的圖像使用問題，以及在管理上所發生的缺誤；根據費佐與蘇盈隆所稱，「進行組鏡工作並非要把所有影像放在展覽裡，而是在拼排印樣與檔案之後，幫助我們理解更多布列松的拍攝歷程，瞭解某張重要照片的前後脈絡」，「讓人更清楚知道布列松當時可能看見或親臨的事件現場」（圖10），並「將許多後來被添加的想像性圖說與可能有疑慮的圖說，還原到比較中性的標題」（米榭勒・費佐、蘇盈龍，2020年8月4日）。

圖10：將檔案配合作品一併展出能更深入拍攝的情形
資料來源：2020年北美館《布列松展》（本文拍攝）

綜上所述，可以知道組鏡工作的進行，係針對檔案所隱含的脈絡訊息進行探掘，從而重建檔案與檔案之間彼此關係的一種方式，以還原影像拍攝當下及其前後的情境，並可進一步認識布列松在進形事件紀錄時之風格、特色與思維。

（三）脈絡的重構與原始情境再現──中國歷程與布列松反紀實特色呈現

近代檔案學藉由脈絡的保存，從而進行德希達幽靈的捕捉，其中尤以來源作為核心，對外維持全宗的完整，對內則保留檔案的原始架構。費佐、蘇盈龍針對布列松基金會所藏檔案的爬梳與整理，不僅完善了布列松於中國時期的脈絡資訊，更藉由序列的線索，從而還原檔案原始順序與架構；這樣的作為對於人們瞭解事件與布列松的思維與想法而言，到底有著什麼樣的影響與作用？呈現了什麼有別以往從攝影作品觀看到的布列松？此亦為此次《布列松展》人們所期待的問題與答案。

根據展覽的內容與策展論述，整個《布列松展》呈現了兩個重要的成果，而這兩個成果可歸因為前述二項作業的成果；其一，《布列松展》以時間序列闡述了布列松中國歷程的背景、過程與觀點，藉由脈絡資料的蒐集與整理，依時間為軸，讓觀展者得以循序以布列松的視角進入中國，進一步瞭解布列松前往中國的背景、原因及歷程；其次，費佐、蘇盈龍藉由檔案原始架構與順序的探尋與還原，以組鏡方式深入檔案與檔案間的關係，進一步探掘出布列松「反紀實風格」及其拍攝思維與方法，而這個部分則係此次研究與展覽最為重要的部分。

布列松為紀實攝影的代表者，卻具備「反紀實風格」，這樣反差性的描述，著實令人好奇。根據策展人費佐於講座上的回應，「布列松與一般紀實攝影者不同的地方在於，其採取了旁觀者的視角，把自己置身在事件以外；在拍照的時候，布列松不追求事件本身，也不會追求事件的序列，他比較在乎的反而是追求如何進入人與人之間的關係裡面」（米榭勒・費佐、蘇盈龍，2022 年 8 月 9 日）。費佐的回應中，「旁觀者」的翻譯令人產生疑惑；根據費佐內容所陳述，其所指稱應係布列松於事件發生的當下，其在乎的是探討人與人之間的互動，

而非事件本身,換言之,費佐稱布列松對於事件是採取「旁觀」的方式,更精確一點來說,係從不同的面向來認識事件,與一般紀實攝影的方式不同,也因此稱之為「反紀實風格」。

事實上,與「反紀實」相關的論述中,列維(Julien Levy)於 1933 年亦曾提出「反圖像攝影」(Anti-Graphic Photography)的概念,用以描述布列松的風格。1933 年 9 月,朱利安・列維(Julien Levy)以布列松為核心,辦理《亨利・卡蒂埃——布列松攝影作品和反圖像攝影展》(Photographs by Henri Cartier-Bresson and an Exhibition of Anti-Graphic Photography)的展覽。在這個展覽中,列維提出了「反圖像攝影」(Anti-Graphic Photography)的概念,用以指稱其對於超現實主義的想法與觀點(Levy J., 1977, 49)。列維所稱「反圖像攝影」,可藉由藝術經銷商彼得・埃勞德(Peter Lloyd)回復列維的信件內容循得端倪(Davis H. R., 2005, 121-172):

> 你為什麼不在一個房間裡展示卡蒂埃-布列松的照片,而在另一個房間裡展示其大量的(innumerable)、不可思議的(incredible)、不可信的(discreditable)、褻瀆性的(profane)照片,這些照片形塑了其理念架構。相對於日益流行的陳腐攝影而言(septic photography),這些照片是反陳腐攝影(antiseptic photography)?這個展覽隱含了非道德(amoral)、模糊(equivocal)、矛盾(ambivalent)、不具有延展與彈性(anti-plastic)與偶然(accidental)。於是我稱它是「反圖形攝影」(anti-graphic photography)。

這封信實際上係列維自己所寫,其說明所謂「反圖像攝影」,係與紀實攝影截然不同的超現實主義風格作品(Davis H. R., 2005, 121-172);其後,列維於 1935 年再次辦理「布列松、沃克・埃文斯及阿爾瓦雷斯・布拉沃的紀實與反圖像攝影」(Documentary and Anti-Graphic Photographs by Cartier Bresson, Walker Evans, and Alvarez Bravo),展覽主題中仍舊出現「反圖像」一詞,並與紀實攝影共同陳列,凸顯了彼此相互關聯的特性。根據列維的觀點來說,「紀實」(documentary)是對「反圖像」(anti-graphic)的補充,

而不是它的反面,其將這兩個詞並列,即係強調布列松等人的作品,藉由消除真實和表現之間的界限,從而顛覆各界所制定的類別方式(Davis H. R., 2005, 121-172)。換言之,在列維的觀點中,布列松的作品具備了紀實攝影的特徵,但卻又隱含了「反圖像」超現實主義的方法與觀念,而所謂的「反紀實風格」,顯然係「紀實」與「反圖像」的雜揉,既非與紀實對立,卻又隱含了超現實的觀點;作品中保留了時間中的某一時刻,然卻也挑戰了其可被客觀或不加批判地接受的概念,隱含了超現實主義的特色,使得紀實的結果產生了不穩定性,凸顯了日常的陌生。

北美館《布列松展》中,除了作品本身的構圖、內容及主題的捕捉外,策展人費佐、蘇盈龍藉由檔案的爬梳,布列松作品的「反紀實風格」則體現在其相互獨立的照片上,而這樣成果的出現,則係構建於前述「組鏡」工作的成果。在紀實攝影(抑或報導攝影)形式之下,作品係以事件為核心,並體現於拍攝的過程受到事件發展的強制性,照片與照片之間存在著彼此高度黏著的關聯性;然而,根據布列松於中國時期相關底片、印樣顯示,許多時候布列松的拍攝,呈現了自由、鬆散、隨意、不受邏輯支配,甚至可能是意外的特徵,照片與照

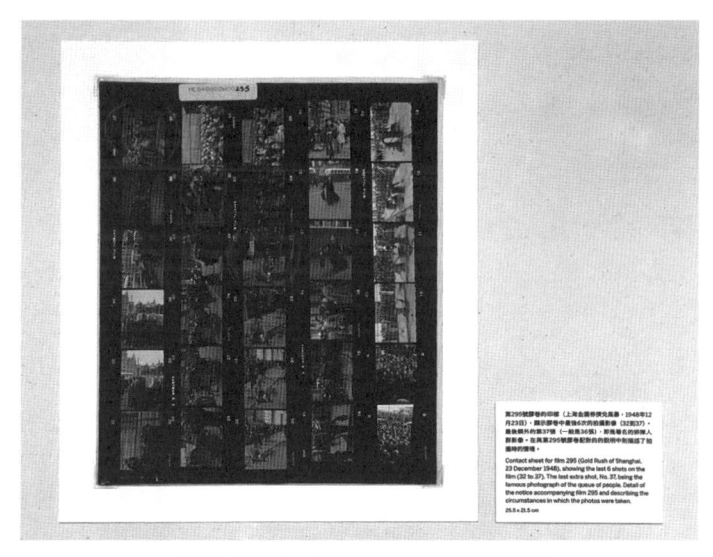

圖11:照片印樣上呈現內容主題的跳躍
資料來源:2020年北美館《布列松展》(本文拍攝)

片之間並不一定存在相互連貫的情形（圖 11）。

這種照片相互獨立式的拍攝風格，布列松稱之為「孤立的圖像」（images isolées），用以區別紀實攝影的風格，藉由獨立且不在乎圖像彼此關係的情形下，戮力於捕捉獨特、完整的畫面，間接地說明瞭（Frizot, Su, 2019, 156-157）。這樣的情形在布列松中國時期系列報導，「呈現了一種新的、不以事件為基礎的、更加詩意和超然的風格，既關注人物也關注構圖的平衡」（Fondation Henri Cartier-Bresson, 2022, August 22）。根據費佐與蘇盈龍的研究所稱，《布列松展》「是一系列或協調、或即興的故事，或多或少地採用了新聞攝影的形式，同時也反映了布列松對攝影表達準則的個人追求，將專業標準扭轉過來，並將其帶回正式的慣例」（Frizot, Su, 2019, 9）。在主題內容、構圖、符號的應用、方法甚至心境，構建了布列松反紀實風格的特色建立，而這樣的特徵則在相關的檔案中得以循見。

六、結語——事實並不有趣，對事實的觀點才重要

展覽的最後，策展人在離開展場的牆面上，留下了布列松於 1973 年所說的一句話，「事實並不有趣，對事實的觀點才重要」（facts are not interesting – it's the point of view on facts which is important）（圖 12）；布列松的論述或許係為說明攝影的本質，這樣的觀點也點明此次展覽的核心：照片所呈現的只是表像，那些關於照片中所涉及的歷史事件固然重要，然藉由檔案的爬梳與脈絡的還原，更可令人們深入布列松進入中國的背景、原因與歷程，並貼近布列松拍攝當下時的情境與思維。

在國內藝術史重構的浪潮之下，學界、藝術領域無不戮力於藝術史料的爬梳與建構，期使藉由藝術檔案的保存及管理的完善，從而藉以探掘那些存在或已不復在的藝術家、作品及背景脈絡，從而深入藝術家的思維、想法與技術。檔案作為記憶、文化保存的媒介，常見於藝術作品的挪用與替代，然而如同《布列松展》以檔案研究為基礎，在呈現上著重於隱藏策展人的角色，以客觀的方式呈現作品產生者創作時之脈絡與思維，並發展成藝術展覽形式的案例並不多

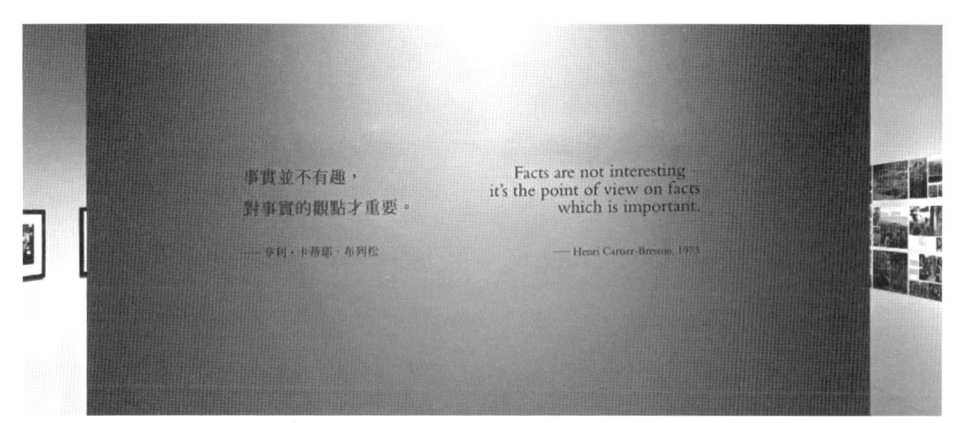

圖 12：事實並不有趣，對事實的觀點才重要
資料來源：2020 年北美館《布列松展》（本文拍攝）

見，也因此吸引著藝術領域、學界的關注與好奇。《布列松展》展覽與其說是攝影展，更應稱係策展人費佐、蘇盈龍，藉由布列松基金會所藏檔案，從而還原布列松先後兩次於中國所進行拍攝情形與思維之研究成果。

根據費佐與蘇盈龍所稱，「我們從照片的拍攝到最後的出版進行追尋，藉由布列松的筆記及書信中所表達的想法進一步連結，從而造就布列松成為一個各界認可的記錄者（chronicler）」（Frizot M., Su YL., 2019, 6-7），以這樣的方式作為藝術展覽的呈現，在過去國內藝術策展並不多見；《布列松展》雖與其他藝術家之展覽相同，以該藝術家為名，然其本質卻係屬藝術史之範疇。作為一個以藝術史為核心的展覽，《布列松展》提供了一個藝術史研究策展的範例，而其中最為關鍵的地方，則在於紮根檔案的典藏、探究、歸納與詮釋，而這也是過去國內藝術領域所陌生的地方，亦係檔案學研究得以進一步發展的方向。

此次研究得以瞭解近代檔案在定義上與屬性上之差異，並藉由《荷蘭手冊》所延伸理論與原則作為觀察北美館《布列松展》之取徑，瞭解脈絡資訊的建立與重構為《布列松展》之關鍵與核心，而這樣的作法得以更客觀還原布列松在中國的情形及其思維與觀點，體現於依時序呈現布列松進入中國的背景、原因與歷程，以及布列松「反紀實風格」的呈現與論證。本研究結論茲分述如下，

俾利後續研究與實務得以參酌：

（一）檔案不僅止於書信、手稿等第一手資料，應以脈絡為依歸，含括當下事務實踐過程所需之物件集合，並具長期保存價值而予以保存

　　隨著近代檔案實務與學術發展，檔案的定義有別於過去中文意涵的侷限，在來源部分不再限制為官方或私人，並強調涉及來源之脈絡概念，所謂檔案，不僅止於書信、手稿等第一手資料，亦非如過去以出版或未出版的概念進行排除，而係以脈絡為依歸，特定來源因日常生活實踐、業務執行過程中，藉由產生、收集、交換、徵集、購買…等方式所形成物件及其集合，具備長期保存而予以保存者，方得稱之為檔案。換言之，檔案的來源與形式更加多元且豐富，這樣的定義取項使得過去如校史館檔案來源內容與類型多元性的問題得以解釋，並說明了檔案的唯一、自然、關聯、公平與真實等特性，並非係以檔案自身為體現，而係指稱檔案脈絡的唯一、自然、關聯、公平與真實。從脈絡的角度檢視檔案、檔案管理與檔案學，將更貼合近代檔案學理之發展，並拓展檔案研究發展方向。

（二）脈絡係檔案本身以外的訊息，含括檔案產生、接收、儲存或使用之各項訊息，這些訊息構建了檔案產生時的情境線索，得以加深使用者對於檔案、檔案來源的理解

　　檔案的脈絡資訊一直以來都是檔案管理、詮釋資料描述之重點。所謂脈絡，係指檔案本身以外之訊息，這些訊息的累積將構建檔案產生時的情境線索，更可令使用者得以對檔案、檔案來源的理解愈加深入。檔案脈絡資訊體現於檔案於產生、接收、儲存或使用之各項相關訊息，諸如來源之沿革、組織、職能、環境等，所涉及者非侷限於實體，甚至文化、概念、語言習慣等，具體體現如生卒年表、年代對照、族譜、組織架構、政治、社會、經濟、宗教等事件或運動、地名、水文、氣候變化、天文異象等，甚而物件載具、出土或移轉等訊息，並含括檔案產生時彼此間的關聯與架構。

　　近年隨著數位人文研究取徑的掘起與擴展，脈絡的探掘及再建構成為各領

域文本研究的核心，其中隱性訊息的挖掘往往成為研究中極具特色與價值的部分。換言之，脈絡資訊因非檔案本身內容訊息，在過去往往為研究或應用所忽略，在相關理論與技術的支持與輔助之下，若能著重檔案間隱含訊息的探掘、詮釋與轉化，則勢必能補足對於過往資訊闕如之憾，而此亦為《布列松展》的價值與核心。

（三）《布列松展》立基於基金會所存有布列松於中國時期完整之檔案，藉由布列松於中國時期之相關資訊的建立，以及檔案與檔案之間關係與結構的還原與重構，從而建立脈絡訊息，以「紀實」呈現布列松之所以成為布列松，以及進入中國之背景、原因與經歷

藝術史範疇的展覽，展覽內容的脈絡建構以策展人的觀點為主，所展出的藝術家、藝術形式，係策展人視角下的藝術家、藝術形式，若未能取得完整的訊息之下，展覽容易產生客觀與真實性的質疑。《布列松展》在策展人費佐、蘇盈龍的規劃之下，藉由布列松基金會所保存布列松中國時期完整檔案為基礎，以來源為核心蒐集檔案產生當下之脈絡資訊，更透過檔案與檔案間結構與關係的還原，探掘布列松的風格與拍攝思維，不僅兼顧內容的藝術性、學術性、歷史性及社會性，在內容的呈現上，更因以檔案為基礎，使得展覽與論述得以中立且客觀地呈現布列松先後兩次進入中國拍攝的情形。對於《布列松展》而言，一幅幅的攝影作品似乎是展覽的主角，然實際上，構建這些攝影作品間彼此關聯的檔案才是展覽最為特色之主軸，那無形如幽靈般的存在，引導著人們得以釐清整體來龍去脈，並深入布列松的風格特色與思維，從更客觀的視角認識布列松。

最後，就呈現布列松的思維而言，《布列松展》並未過度強調策展人的角色，而係藉由檔案憑據讓脈絡還原，讓觀覽者在觀看的過程中得以清楚瞭解事件緣由、作者思維，足以稱之為典範。《布列松展》的成功具備著幾項條件，並於文末提出以作為日後相關單位之參酌。其一，以檔案進行藝術史研究、分析與展示，立基於檔案脈絡的完整性與保存。《布列松展》立基於布列松基金會完整影像與照片的保存，使得策展人得以藉由內容的挖掘與連結，從而構建

出有別以往的藝術展覽形式。其次，策展人對於檔案的概念與想法，以脈絡為依歸，不受限於特定範圍與形式。過去藝術創作與策展涉及檔案內容者，最容易為人所詬病的地方，即在於對於檔案認知的缺陷，致使呈現出來的作品／展覽所形構檔案，在來源、格式、內容及形制上受到限制，並缺乏價值判斷的概念，甚為可惜。其三，檔案的應用需先行整理，並有完善的結構與檢索工具，若能有資料庫及數位化，則更嘉惠檔案的利用。

參考資料

米雪兒‧艾利卡特（2012）。記錄現代：紐約現代美術館文獻中心的建置與優化。載於米雪兒‧艾莉卡特等，美術館的文獻保存與再利用（頁 9-55）。臺北：臺北市立美術館。

米歇爾‧福柯（1998）。知識考古學。北京：生活‧讀書‧新知三聯書店。

米榭勒‧費佐、蘇盈龍（2020 年 8 月 4 日）。從檔案到展覽的旅程 —— 側寫「國際工作坊：我們如何策劃『布列松在中國』」。取自 https://web.ncku.edu.tw/p/406-1000-210306,r2743.php?Lang=zh-tw。

米榭勒‧費佐、蘇盈龍（2022 年 8 月 9 日）。研究、編輯與策展：以布列松在中國：1948-49 為例。國立臺北市立美術館講座。

吳宇凡、蔡孟軒（2015）。混亂的價值：私人藏書的脈絡體現。大學圖書館，19(2)，108-128。

李怡芸（2020 年 6 月 19 日）。撿到的變動時代情境瞬間 布列松意外記錄中國。工商時報。取自 https://ctee.com.tw/livenews/ch/chinatimes/20200619004665-260405。

高森信男（2016 年 10 月 26 日）。專訪臺北雙年展策展人狄瑟涵。取自 https://artouch.com/artouch2/content.aspx?aid=2016102615498&catid=02。

陳界仁、龔卓軍、林怡秀（2012）。作為歷史進行式的檔案、創作與知識生產（上）。現代美術，163-53。

陳憶華（2006）。荷蘭手冊之源起發展及其對檔案編排描述之影響。檔案季刊，5（3），65-80。

楊賓（1997）。柳邊紀略，於續修四庫全書，上海：上海古籍出版社。

臺北市立美術館（2020 年 6 月 22 日）。半世紀老照片跨海抵臺，北美館再現歷史畫面——「布列松在中國 1948-1949｜1958」正式開展。取自 https://www.tfam.museum/News/News_page.aspx?id=1409&ddlLang=zh-tw。

臺北市立美術館（2022 年 8 月 10 日）。2016 臺北雙年展宣佈主題策展人柯琳‧狄瑟涵 —— 檔案演繹進行式 雙年展新語彙。取自 https://www.tfam.museum/News/News_page.aspx?id=881&ddlLang=zh-tw。

檔案法（2008 年 7 月 2 日）。

薛理桂（1998）。檔案學導論。臺北：漢美圖書。

Cook T.（1997）。1898 年荷蘭手冊出版以來檔案理論與實踐的相互影響。於第十三屆國際檔案大會文件報告集，北京：中國檔案出版社，143-176。

Davis H. R. (2005). *The Making of James Agee*. (PhD diss., University of Tennessee).

Derrida J. (1996). Archive Fever: A Freudian Impression. *Diacritics*, 25(2), 9-63.

Fondation Henri Cartier-Bresson. (2022, August 20). "HENRI CARTIER-BRESSON - CHINA, 1948-49 | 1958" TRAVELS TO ASIA. Retrieved from https://www.henricartierbresson.org/en/actualites/china-1948-49-1958-presented-in-asia/..

Fondation Henri Cartier-Bresson. (2022, August 22). HENRI CARTIER-BRESSON, CHINE, 1948-1949 | 1958, OCTOBER 15, 2019 - FEBRUARY 9, 2020. Retrieved from https://www.henricartierbresson.org/en/expositions/henri-cartier-bresson-chine-1948-1949-1958/.

Fondation Henri Cartier-Bresson. (2022, July 20). THE FOUNDATION. Retrieved from https://www.henricartierbresson.org/en/fondation/.

Fox M. J. (1990). Descriptive Cataloging for Archival Materials. in *Describing Archival Materials: the use of the MARC AMC Format*, New York: Haworth Press, pp. 17-34.

Frizot M., Su YL. (2019). *Henri Cartier-Bresson China 1948-1949, 1958*. London: Thames & Hudson.

Gordon H. M. (1994). *Archival Exhibitions: Purposes and Principles*. Columbia: Heather Marie Gordon.

Ketelaar E. (1996). Archival Theory and the Dutch Manual. *Archivaria*, 41, 31-40.

Levy J. (1977). *Memoir of an Art Gallery*. New York: Putnam.

Muller S., Feith J. A., Fruin R. (2003). *Manual for the Arrangement and Description of Archives*, Chicago: Society of American Archivists.

Society of American Archivists. (2022, July 20). Archives. *Glossary of Archival and Records Terminology*. Retrieved from https://dictionary.archivists.org/entry/archives.html.

Society of American Archivists. (2023, April 20). Context. *Glossary of Archival and Records Terminology*. Retrieved from https://dictionary.archivists.org/entry/context.html

史料分析

口述歷史的整稿技巧：
以臺灣經驗為主的思考

曾冠傑
國史館助修

一、前言

　　從事口述歷史工作，除了「訪談」以外，「整稿」是另一個重要的步驟。許多人以為整稿不難，只是花時間把訪談錄音聽打成文字而已，實際上，口述歷史如果只是把錄音聽打為逐字稿，對社會大眾往往不易閱讀，需要整理為易於閱讀的出版稿。臺灣口述歷史學界對整稿技巧的探討不多，首先，唐諾・里齊（Donald A. Ritchie）的《大家來做口述歷史》（*Doing Oral History*），將美國為主的西方實務經驗引進臺灣，是一本在臺灣學界具影響力的代表作。然而，該書探討的整稿技巧以逐字稿為主，並未深入討論如何進一步整理成易於閱讀的出版稿。[01] 其次，《臺灣口述歷史的理論實務與案例》為臺灣口述歷

---

[01] 唐諾・里齊（Donald A. Ritchie）著，王芝芝譯，《大家來做口述歷史》（臺北：遠流出版事業公司，2002 年），頁 103-119。

史經驗的集大成，作者群都是具代表性的專家學者。該書收入沈懷玉〈口述訪談後的整稿問題〉一文，[02] 作者是資深的實務工作者，搭配沈懷玉本身的訪問紀錄參看，更可瞭解整稿實務上的挑戰與困難。[03] 在該文的基礎之上，本文擴大吸收相關領域的方法論思考，包括新聞採訪、社會科學的訪談研究法、人類學的田野工作等，並轉化為適用於口述歷史的方法。本文強調，口述歷史從逐字稿到出版稿的整稿技巧，要在「保存訪談內容的完整性（integrity）」、「提高研究價值的真實性（reality）」與「讀者易於理解的可讀性（readability）」三大基準之間取得平衡。

本文是筆者「口述歷史方法三部曲」的第三篇論文，前兩篇分別是〈什麼是口述歷史？與相關文類及訪問方法的比較〉、[04]〈口述歷史的準備工作與訪談技巧：以臺灣經驗為主的思考〉。[05] 筆者嘗試提出常見的實務問題，但無意提出單一的標準答案，而是以臺灣經驗為主，從多元角度思考這些問題。本文揭示的看法都歡迎被質疑及修改，希望引起學界對這些基礎工作的興趣，帶來更多的重視與討論，進而提升口述歷史的專業水準。

二、訪談現場的記錄技巧

口述歷史在訪談受訪者的過程，同時必須記錄，以利後續的整稿。現場記錄的工作，主要包括錄音與筆記。關於錄音的部分，近年流行的語音辨識軟體，可將人聲說話即時轉換為文字，越來越多人用於製作逐字稿。不過，筆者實測的結果是，語音辨識軟體遇到華語夾雜其他語言、罕見的專有名詞等情

---

02 沈懷玉，〈口述訪談後的整稿問題〉，收入許雪姬主編，《臺灣口述歷史的理論實務與案例》（臺北：臺灣口述歷史學會，2014 年），頁 181-197。
03 陳儀深訪問，林東璟記錄，〈沈懷玉女士訪問紀錄〉，《臺灣口述歷史學會會刊》，期 7（2016 年 12 月），頁 165-221。
04 曾冠傑，〈什麼是口述歷史？與相關文類及訪問方法的比較〉，《臺灣口述歷史學會會刊》，期 9（2018 年 12 月），頁 289-313。
05 曾冠傑，〈口述歷史的準備工作與訪談技巧：以臺灣經驗為主的思考〉，《臺灣口述歷史學會會刊》，期 11（2020 年 12 月），頁 153-191。

況容易出錯，仍需要人工檢查，因此尚未完全取代真人聽打。但隨著人工智慧（Artificial Intelligence, AI）的快速發展，預期在不久的將來，語音辨識軟體將可減輕製作逐字稿的負擔。

由於如今錄影器材的普及，甚至人手一支的智慧型手機就能錄影，也有人會問：在訪談過程是否能以錄影取代錄音？這沒有標準答案。錄影的優點是：只有錄音無法記錄受訪者的表情與肢體語言，或是一連串的複雜動作，如示範手工藝或機器操作，而錄影能捕捉這些文字無法呈現的動態細節。但錄影也有缺點：有些受訪者不習慣面對鏡頭，可能降低訪談效果，甚至婉拒；以及影像的敘事邏輯不同於文字，影像的剪接與應用是另一項專業。[06] 所以是否錄影要依據實際情況綜合判斷；新北市政府文化局為保存無形文化資產「金山磺火捕魚──蹦火仔」，便有口述歷史專書與影像紀錄專輯（光碟）。[07]

在訪談現場只有錄音是不夠的，也要動手做筆記，記錄受訪者所說的重點，以利日後整稿。如果打字速度夠快，也可帶筆記型電腦或手機等器材在現場打字，不過仍建議攜帶紙筆，因為若聽不懂受訪者說的人名、地名或專有名詞，可在當場確認其寫法。受訪者可能知道有些母語（如臺灣台語、臺灣客語、原住民族語言、四川話等）或外語的發音，卻不知道文字怎麼寫，先以羅馬拼音、注音符號等方式註記，留待事後查證。帶紙筆還有一個好處，便於受訪者在現場描繪地圖等用途，輔助文字紀錄之不足。此外，在現場拍攝受訪者個人照或與主訪者的合照，以及訪談過程的紀錄照，都是口述歷史常見的影像紀錄。

---

06 影像敘事的入門書，參見陳芝安，《一雙紀錄片的眼睛：影像敘事時代，人人都需要的拍片力，紀錄片導演教給你的6堂必修課》（臺北：遠流出版事業公司，2019年）。本書介紹的專訪技巧、故事結構等主題，對於口述歷史的訪談與整稿有啟發。影像敘事與剪接手法的進一步介紹，參見程予誠，《電影敘事影像美學：剪接理論與實證》（臺北：五南圖書出版公司，2008年）。

07 「蹦火仔」是新北市金山區一種瀕臨消失的傳統捕魚技術，參見張華承撰文，《金山磺火捕魚：蹦火仔口述歷史專書》（新北：新北市政府文化局，2018年）。傅季中導演，《金火瞬間：金山磺火捕魚－蹦火仔口述歷史影像紀錄專輯》（新北：新北市政府文化局，2017年）。

三、整稿技巧的三大基準

（一）口述歷史的完整性

口述歷史的整稿，首先重視保存訪談內容的「完整性」，所以要做盡量完整的逐字稿。因為研究者常希望看到原始的逐字稿。傅大為指出，坊間的口述歷史出版品多以自傳形式呈現，無法得知主訪者問了什麼問題，也難以分辨究竟是主訪者沒有發問，或是受訪者沒有回答。[08] 逐字稿有比出版稿更高的原始價值，不過直接公開逐字稿的情況不多見。這也提醒我們，若沒有先做逐字稿，後續做的出版稿可能被讀者質疑內容不完整。

在社會科學的訪談研究法，除了訪談內容本身之外，研究者還對受訪者的語氣、情緒等方面有興趣，因為透露出更多的暗示，可能成為研究線索。所以對逐字稿有更細緻的要求，如講話停頓、笑聲或咳嗽、主訪者與受訪者重疊的發言、發音含糊不清、強調的字句，以及提高、降低或拖長聲調等，都會以特定的標記說明。[09] 黃克武指出，口述歷史把受訪者的話語轉化為文字紀錄，如果只依賴錄音，是對複雜的訪談情境簡單化。[10] 因為口述歷史的文字紀錄，通常看不到訪談研究法的逐字稿會注意到語氣、情緒等細節。另外，口述歷史的出版稿多以受訪者第一人稱方式呈現，而非保存原始的問答形式，實際上後者才能保存訪談脈絡。如許雪姬等人訪問彭孟緝，由於受訪者在二二八事件時任高雄要塞司令，為了追問他的看法，便有意地保存問答形式。[11] 侯坤宏認為，即使是受訪者第一人稱為主的出版稿，在某些問題或段落保留問答形式，能讓

---

08 傅大為主講，涂豐恩、陳怡文記錄，〈口述史、史料建構、與研究案例的選擇：從性別史的角度來看近代婦產科的興起與產婆的故事〉，《婦研縱橫》，期 76（2005 年 10 月），頁 7。

09 Tim Rapley 著，張可婷譯，《對話、論述研究法與文件分析》（臺北：韋伯文化國際出版公司，2010 年），頁 79-83。

10 黃克武，〈記憶、認同與口述歷史〉，《反思現代：近代中國歷史書寫的重構》（成都：四川人民出版社，2021 年），頁 287-288。

11 賴澤涵、許雪姬訪問，蔡說麗紀錄，〈彭孟緝先生訪問紀錄〉，《口述歷史》，期 5（1994 年 6 月），頁 323-357；許雪姬，〈解嚴後臺灣口述歷史的發展及其檢討，1987–2014〉，《臺灣口述歷史學會會刊》，期 5（2014 年 8 月），頁 14-15。

讀者有臨場的親切感。[12]

　　逐字稿的整稿耗時，許多人視為畏途。沈懷玉表示，一小時的錄音可能要花六小時整稿，難解的口音或母語，可能要花兩倍以上的時間。[13] 林德政的經驗是一小時的錄音，熟手至少要花三至四小時才能聽打出來，若受訪者的鄉音腔調較重，就更辛苦了。[14] 人類學者呂欣怡的訪談經驗，一小時的錄音大約要四到六小時的謄寫時間。[15] 口述歷史的錄音不一定全部與訪談主題相關，包括開場的寒暄，以及訪談過程的離題內容，如受訪者的家務事、私人恩怨、空泛的心靈、養生或宗教感懷，還有訪談結束後的閒聊等。這些內容不一定要製作逐字稿，但建議留下摘要，以備日後查考。

（二）口述歷史的真實性

　　口述歷史與坊間的通俗出版品有一個不同之處，就是預設的讀者不只是現在的人們，更包括未來的人們；換言之，口述歷史有為後代子孫留下史料的企圖心。然而受訪者永遠只想講自己想說的話，[16] 口述歷史具有明顯的「主觀真實」（subjective reality）性質，[17] 原因包括記憶因時間久遠而模糊（或稱為「非刻意遺忘」）、個人的選擇性記憶與失憶（或稱為「刻意遺忘」）等，[18]

---

12 侯坤宏，〈口述歷史的理論與實務〉，《佛教圖書館館刊》，期 59（2015 年 6 月），頁 24。

13 沈懷玉，〈口述訪談後的整稿問題〉，收入許雪姬主編，《臺灣口述歷史的理論實務與案例》，頁 182。

14 林德政，《口述歷史採訪的理論與實踐：新舊臺灣人的滄桑史（修訂版）》（臺北：五南圖書出版公司，2020 年），頁 13。

15 洪伯邑主編，《田野敲敲門：現地研究基本功》（臺北：國立臺灣大學出版中心，2022 年），頁 154-156。

16 康文炳，《編輯七力》（臺北：允晨文化實業公司，2019 年），頁 144。本書從雜誌總編輯的角度，探討編輯應具備的七種能力，分別是定位力、選題力、結構力、採訪力、寫作力、視覺力、標題力，對於口述歷史的訪談與整稿有啟發。

17 主觀真實，指當事人主觀認為的事實。

18 林桶法，〈口述歷史的特性與功用〉，收入許雪姬主編，《臺灣口述歷史的理論實務與案例》，頁 23-26。

關於後者的影響因素更為複雜。[19] 因此，口述歷史常被外界質疑其真實性，不過口述歷史的重要價值，是提供認識過去的線索，補充現有史料之不足。主觀真實的訪談內容經過抽絲剝繭，依然有我們確信是「客觀真實」（objective reality）的成分。[20] 所以出版稿必須查證其內容，[21] 尤其涉及人名、地名、時間、行政區劃等史實，以減少錯誤。[22]

筆者的經驗是，我們容易注意到受訪者誇張或不合邏輯的描述，但看似合理的陳述不一定真實，往往我們查證越多，發現的錯誤越多。所以或許要有一個極端的預設：懷疑受訪者每一句話的真實性，在不疑處有疑，於有限的時間內盡可能查證。如果對訪談內容有疑問，但從相關史料難以證實，而且整稿工作行有餘力的話，可考慮新聞採訪與報導文學的方法，向相關人士求證，也就是尋找其他獨立的消息來源，並以註釋說明作為旁證。如藍博洲長期關注1950年代白色恐怖案件，除了訪談當事人，還採訪多位相關的當事人親友，為其作品特色。[23] 我們也要小心受訪者是否有身世、學經歷等內容造假的可能。[24]

訪談內容經查證後以註釋說明，有助於讀者的理解。在實務上對於加註有兩種看法，各有現實的考慮，並無優劣之分：第一，受訪者提到的人名、地名、專有名詞等都要盡量加註。這種作法向讀者展現口述歷史的真實性，但查證耗

---

19 如林傳凱指出，1950年代白色恐怖的口述歷史，常出現同一受訪者在不同時間的敘事，有情節不一、甚至是矛盾的現象，背後有多層次因素的影響，包括廣遠的文化層次（受訪時的政治社會環境）、制度化的層次（官方對白色恐怖的平反與補償）、私人網絡與親密關係的層次（家人對受訪者遭遇的理解）、個人心理與認同層次（受訪者人生觀與政治認同的轉變），參見林傳凱，〈「大眾傷痕」的「實」與「幻」──探索「1950年代白色恐怖『見證』」的版本歧異〉，《歷史臺灣：國立臺灣歷史博物館館刊》，期8（2014年11月），頁35-81。

20 客觀真實，指客觀存在的事實。

21 陳進金提出，考訂口述歷史的注意事項包括：一、避免年代、人名、地名的誤植；二、虛構、誇大的內容要慎重查證；三、地名、學校名等應注意時空環境的改變；四、善用工具書等；參見陳進金，〈口述歷史的考訂與運用〉，收入許雪姬主編，《臺灣口述歷史的理論實務與案例》，頁201-205。

22 許雪姬，〈近年來臺灣口述史的評估與反省〉，《近代中國》，期149（2002年6月），頁40-41。

23 林傳凱，〈第八章‧白色恐怖口述史的檢討〉，收入臺灣民間真相與和解促進會，《記憶與遺忘的鬥爭：臺灣轉型正義階段報告（卷二‧記憶歷史傷痕）》（新北：衛城出版，2015年），頁84-85。

24 以田中實加（陳宣儒）的《灣生回家》（臺北：遠流出版事業公司，2015年）為例，作者原本自稱為「灣生」（日治時期在臺灣出生的日本人）後裔，經媒體揭露才承認並非如此，引發輿論譁然，參見〈「灣生回家」作者 偽造身世履歷 道歉認錯〉，《聯合報》，2017年1月2日，第A3版。

時，還可能增加註釋出錯的風險。第二，只在關鍵處加註，也就是僅保留最低限度的註釋，若上網容易查到的資料無須加註，讀者若有疑問應自行查證。這種作法大幅減少加註所需時間，但可能被讀者質疑口述歷史的真實性。舉例來說，中央研究院臺灣史研究所的口述歷史出版品通常屬於前者，近代史研究所的出版品多屬於後者。

口述歷史的文字紀錄，搭配老照片、地圖、族譜、檔案等影像資料，也能佐證訪談內容的真實性。[25] 值得注意的是，照片圖說容易出錯，包括拍攝的日期、地點，以及照片中人物的姓名、位置或排序等。因為我們整稿時專注於正文，往往忽略照片圖說的錯誤。但我們要有心理準備，口述歷史很難完全不出錯，只能盡量減至最少，尤其不該犯明顯的低級錯誤，如把人名、年代或專有名詞寫錯，甚至讓內行的讀者一眼發現。雖然在整稿時盡力查證，但在發表後才發現錯誤，可說是從事這一行難以避免的憾事，正如吃燒餅哪有不掉芝麻的道理，無須氣餒，資深的口述歷史工作者難免有這樣的遺憾。

（三）口述歷史的可讀性

口述歷史出版稿的整稿，如果只考慮「完整性」與「真實性」是不夠的，還要思考讓讀者容易理解的「可讀性」，而後者立基於前兩者之上。可讀性是指閱讀材料能夠被讀者理解的程度，受到讀者和文章兩個因素的影響：前者無法被作者控制，包括讀者的閱讀動機、先備知識、推論技巧等；後者由作者掌控，包括用字的難易、句子的長短、文章結構是否清楚、內容的深淺等。[26] 如何顧及可讀性，也是口述歷史專業的一環。沈懷玉指出，整稿要考量可讀性，

---

25 如施懿琳編撰，《詩人的側影：臺灣古典詩人相關口述史 II（上、下）》（臺南：國立臺灣文學館，2024 年），書中搭配大量老照片、地圖、檔案、文物等影像資料。
26 宋曜廷等，〈中文文本可讀性探討：指標選取、模型建立與效度驗證〉，《中華心理學刊》，卷 55 期 1（2013 年），頁 75-106。陳茹玲等，〈文本適讀性分級架構之建立研究〉，《教育科學研究期刊》，卷 60 期 1（2015 年），頁 1-32。

以不改變受訪者的原意為原則。[27] 口述歷史可讀性的目標，是讓沒有專業背景的普羅大眾都能輕鬆理解，達到雅俗共賞的水準。如醫療史的口述歷史不應充斥沒有解釋的專有名詞，只有少數專家讀得懂，游鑑明主持訪問計畫的一系列醫院口述歷史可為範例。[28]

1. 寫作力

出版稿的整稿技巧以寫作力為基礎，小至用字的精準、句子的流暢，大至段落的分明、與篇章的結構等各層次，常見的注意事項包括：

一、在用字的層次，全文的文字、數字用法都應該精準與一致；如正體字「臺」與簡體字「台」、名詞「紀錄」與動詞「記錄」、阿拉伯數字或國字數字的區別。另外，正確使用標點符號是寫作的基本功，少數人從小誤用標點符號而不自知，資深編輯康文炳《一次搞懂標點符號》值得一讀。[29]

二、在句子的層次，為了便於讀者理解每個句子，每句話的字數不宜過多，一般而言，超過 25 字可能就顯得太多，過長的句子可拆解為短句；減少被動句、倒裝句、省略句等特殊句型；句子之間要有明確的邏輯關係，如並列、因果、轉折等。[30]

三、在段落的層次，段落分明有助於閱讀，以「一事一段落」為原則。若為篇幅短小之事，則將同類之事放在同一段落。若同一段落的篇幅太長可再分

---

27 沈懷玉，〈口述訪談後的整稿問題〉，收入許雪姬主編，《臺灣口述歷史的理論實務與案例》，頁 183。

28 如游鑑明等訪問，周維朋等記錄，《台北榮民總醫院半世紀——口述歷史回顧（上篇：歷任院長、副院長）》（臺北：中央研究院近代史研究所，2011 年）。黃克武在序言表示，本書不只有受訪者的經歷，還有實用的醫學常識，比以制度為主的史書更具可讀性。

29 康文炳編著，《一次搞懂標點符號》（臺北：允晨文化實業公司，2018 年）。

30 蔡柏盈，《從字句到結構：學術論文寫作指引》（臺北：國立臺灣大學出版中心，2014 年），頁 128-131。本書第五章探討字句、段落、篇章等各層次的注意事項，第六章是常見的寫作問題，如詞語使用錯誤或位置不當、話題跳躍與主語不當置換、斷頭句與句子殘缺、連接轉折標記使用不當、歐化語法的負面影響等，對於口述史的整稿有啟發。

段，避免各段落的字數差異過大。

對口述歷史來說，寫作力的關鍵不是文學修飾技巧。因為我們不可能超越受訪者說出的原話，創造高深的新修辭；而是以逐字稿為素材，建立用字、句子、段落、篇章各層次之間緊密的邏輯關係，將出版稿成為一個讓讀者容易閱讀、甚至具吸引力的故事。

2. 敘事線

出版稿需要建立清楚架構，無論是數千字或上萬字的單篇訪問紀錄，以及篇幅更長的專書，都要思考如何將發散而零亂的訪談內容，組織為連貫又有結構的長文。戲劇、電影或深度報導寫作常見的「敘事線」（narrative thread）概念，可作為口述歷史整稿的一大利器。敘事線是線性的敘事結構，一條清楚的敘事線能避免讀者在閱讀中迷失方向。[31]

口述歷史最普遍的敘事線，是依照時間由前往後排序的「順敘法」，這種作法的難度最低，也讓讀者容易理解。如曾品滄主訪《蓬萊百味臺灣菜：黃德興師傅的料理人生》，黃德興自述從十二歲進入大稻埕的知名酒樓「蓬萊閣」當學徒，一路成長為五星級飯店臺菜主廚的過程。[32] 此外，整稿要留心「有頭有尾」。由於在訪談過程，不一定從受訪者的家世背景開始問起，整稿時要把這部分放在全文的第一段，而全文的最後一段要留意結尾的內容，通常是受訪者對前半生的總結、未來展望等，避免欲言又止，讓讀者覺得口氣未完。進一步而言，「起承轉合」是常見的作文結構，亦可轉化用於口述歷史，使全文有醞釀與高潮的情節，不至於平淡。舉例而言，「起」是受訪者的家世背景與童年，「承」是成長及求學過程，「轉」是訪談主題，通常為其事業成就，「合」是對前半生的總結。

---

31 康文炳稱為「敘述線」（narrative line），參見康文炳，《深度報導寫作》（臺北：允晨文化實業公司，2018 年），頁 136-160。

32 黃德興口述，曾品滄主訪，陳瑤珍、陳彥仲整理，《蓬萊百味臺灣菜：黃德興師傅的料理人生》（臺北：玉山社出版事業公司，2019 年）。

在主要的敘事線之間插入其他內容的「插敘法」，或在全文結尾補充相關內容的「補敘法」，適合將某些零散卻有價值的訪談內容加進來，讓口述歷史更為完整豐富。沈懷玉等訪問《曾祥和女士訪問紀錄》全書章節架構就頗具巧思，由於沈剛伯是曾祥和就讀重慶中央大學時期的師長，元配過世後與曾祥和再婚；所以第四章回顧大學時期，憶及沈剛伯的部分以「曾祥和的老師」身分為主，第九章再描述作為「曾祥和夫婿」的沈剛伯，避免兩種身分重疊的尷尬。[33] 至於先寫結果再寫原因的「倒敘法」，雖然容易勾起讀者的好奇心，但在口述歷史的作品較罕見，畢竟口述歷史不追求複雜的文學技巧，而是以流暢的敘事說出受訪者心聲。

3. 題目與標題

口述歷史的題目與正文的各層級標題，不只讓讀者對訪談內容一目了然，也是口述歷史工作者發揮創意之處。中央研究院近代史研究所 2016 年 10 月出版《口述歷史》第 14 期，每篇訪問紀錄都搭配一個呈現訪談特色的題目，發揮畫龍點睛的效果，如「胡適墓園設計者：高而潘先生訪問紀錄」、「見證嘉義二二八：潘英仁先生訪問紀錄」、「梁國樹與金融改革：陳木在先生訪問紀錄」等。若為收入多篇訪問紀錄的專題式口述歷史，需考慮各篇排序的關聯性，讓讀者一目瞭然。陳儀深主持訪問計畫的《九二一震災口述訪問紀錄》，上篇「政府部門」分為中央政府、縣市政府、鄉鎮市層級，下篇「民間部門」分成宗教團體、醫療機構、公益服務社團、建築專業團隊、社區文化工作者，[34] 有系統地從不同面向鋪陳各篇訪問紀錄。

在訪問紀錄的正文，每個大段落要擬定標題，以便讀者迅速掌握重點。若篇幅較長或複雜，還可擬定第二層、第三層的小標，以簡單平實為常見風格。如《曾祥和女士訪問紀錄》的前六章標題分別為「家世背景」、「童年教育與

---

33 沈懷玉、游鑑明訪問，周維朋記錄，《曾祥和女士訪問紀錄》（臺北：中央研究院近代史研究所，2018 年）。

34 陳儀深主持計畫，《九二一震災口述訪問紀錄》（臺北：中央研究院近代史研究所，2001 年）。

記趣」、「中學歲月」、「中央大學求學時期」、「初執教鞭與任職國立編譯館」、「臺灣師大任教一甲子」，大致可見受訪者的前半生背景。不過，也有較為活潑、引人注意的風格，或者類似新聞標題的寫法，如范姜提昂採訪撰文《從中國革命少年到台灣建國老兵：張志群先生口述歷史》的各章標題：第四章「上海租界一九三八，十三歲，坐馬桶偷看報紙的西藥房練習生。」、第五章「響應新四軍號召，我投向共產黨！」、第六章「潛伏汪精衛政治保衛局，我成了漢奸！」、第七章「抗戰勝利，漢奸政府垮了，我也失業了。」[35] 這樣的標題在口述歷史比較罕見，但能讓讀者立刻理解受訪者在大時代下的身分變化。

再舉一例，陳永發等人訪問羅銅壁的口述歷史，受訪者是學術地位崇高的中央研究院院士，正文的最後一節小標是「好玩，一起玩」，看起來不太正經卻頗有深意。因為受訪者喜歡各類運動，無論是游泳、網球或高爾夫球，也喜歡下場和學校夥伴們一起玩，還在國立臺灣大學組織了一支教職員網球隊，退休後仍擔任名譽領隊。[36] 據筆者所知，這個小標獲得受訪者的認同，也反映受訪者在研究生涯以外，樂於與人群互動的一面。

4. 受訪者簡歷

無論是單篇訪問紀錄或口述歷史專書，通常在明顯處附上受訪者簡歷，透過約兩、三百字簡介受訪者生平，以及訪談內容的歷史意義，這是讀者接觸的第一印象，類似學術論文的摘要。如何突出這部口述歷史的特色，考驗主訪者或紀錄者的功力。初學者常犯的毛病是，如果受訪者為名人，往往詳列退休前的每個職位，密密麻麻的頭銜讓讀者有見樹不見林之感。一個值得參考的範例是劉素芬訪問《李國鼎先生訪問紀錄——臺灣科技政策發展》，[37] 由於李國鼎

---

35 張志群口述，范姜提昂採訪撰文，《從中國革命少年到台灣建國老兵：張志群先生口述歷史》（臺北：玉山社出版事業公司，2011 年）。

36 陳永發等訪問，陳逸達等記錄，《臺灣蛋白質化學研究的先行者——羅銅壁院士一生回顧》（臺北：中央研究院近代史研究所，2016 年），頁 225-239。

37 劉素芬訪問，陳怡如等記錄，《李國鼎先生訪問紀錄——臺灣科技政策發展》（臺北：中央研究院近代史研究所，2020 年）。

的生平廣為人知，而且這部口述歷史以科技政策為主題，因此本書摘要並未簡介受訪者生平，而是直接點出受訪者對臺灣科技發展的貢獻，最後舉出讀者耳熟能詳的公司作為代表來結尾，增加全書亮點：

> 1978年年底適逢臺美斷交，李國鼎先生協助孫運璿院長擬定〈科學技術發展方案〉，成立科技顧問組並擔任召集人，推動八項重點科技，包括能源、材料、資訊、自動化、光電、生物、肝炎防治、食品；具體措施包括成立資訊工業策進會和新竹科學工業園區。李國鼎先生是臺灣產業轉型最重要的推手，從農業到工業、從勞力密集到技術密集產業，特別重視人才培育和扶植高科技產業。他利用開發基金進行創業投資，取代過去以國營事業發展工業的策略，半導體產業的台積電公司就是最成功的案例。

四、出版稿用字的常見原則

為了因應出版稿的特性，並結合口述歷史「完整性」、「真實性」及「可讀性」三大基準的思考，以下列舉一些用字的常見原則，希望對初學者有幫助：

（一）口語與書面語之間取得平衡

雖然整稿要保存口語風格，但是口述歷史最終以文字呈現，若完全是口語化的內容，恐怕失去文字魅力。因此要考慮受訪者的教育程度、社經地位等狀況，在整稿時將一些口語的字眼改為書面語，並在兩者之間取得平衡，以利讀者閱讀。在實務上，口語比例可以多一些，書面語比例少一些。如「爸爸」、「媽媽」可改為「父親」、「母親」；「他『當』過董事長」可改為「他『擔任』過董事長」；但是「張先生的兒子」通常不建議改為「張先生之子」或「張先生的公子」，因為太過於書面語，除非受訪者的說話風格就是如此。一般而言，整稿如果經過多次修改，會越來越接近書面語，離受訪者原本的口語越遠。

（二）兼顧全稱與簡稱

　　一般人講話時習慣以簡稱指涉人事物等對象，但為了讓不同時空背景的讀者都能理解，所以整稿時在該對象第一次出現要寫全稱，而且是當時的正式名稱，再以括弧標示現在的全稱與簡稱，之後再次出現可用簡稱，如「臺北帝國大學」（今國立臺灣大學，簡稱臺大）。尤其有些創立年代久遠的機關、學校，經歷多次改名或改組，容易讓讀者混淆，更需要標明古今名稱之別。再舉一例，若受訪者提到一間大學，口語稱為「中大」，如果不寫全名，讀者會感到疑惑，究竟是「中央大學」、「中興大學」、「中正大學」或「中山大學」等校的哪一間？

　　外文的專有名詞，第一次出現時要有全名與臺灣通用的中文譯名，避免通俗說法或臺灣以外地區的中文譯名，歷史人物還要附上生卒年；如英國前首相「柴契爾」夫人（Margaret Thatcher，1925-2013），而非「撒切爾」或「戴卓爾」；美國「聯邦調查局」（Federal Bureau of Investigation, FBI），而非僅稱「FBI」；韓國首都「首爾」（Seoul），而非舊稱「漢城」；「穆斯林」（Muslim），而非俗稱的「回教徒」。

（三）用字精準

　　受訪者提到的專有名詞，要查清楚當時正確的名稱。如日治時期的初等教育，臺灣人讀「公學校」，日本人讀「小學校」，1941 年均改為「國民學校」，[38] 1968 年實施九年國民義務教育後，才改稱為「國民小學」；需要寫明是何種學校，而非含糊稱為「小學」。還有一個常見的錯誤，是受訪者回憶日治時期的往事，卻以民國紀年表示。另外，整稿要留意用字的精準，以呈現受訪者的微言大義，如「六四天安門事件」或「1989 年春夏之交的政治風波」、「暴動」或「起義」、「黑道背景」或「出身草莽」、「無為而治」或「不管事」、「結婚」或「嫁娶」、「教師」或「教書匠」，這些詞彙各有微妙的差異。

---

38 游鑑明，〈口述歷史面面觀：以女性口述歷史為例〉，《她們的聲音：從近代中國女性的歷史記憶談起》（成都：四川人民出版社，2020 年），頁 14-15。該書多次修訂再版，本文引用最新版。

受訪者使用什麼樣的詞彙來描述，背後可能隱藏特定的價值立場，或者暗示某些訊息；雖然受訪者不一定有此自覺，而是早已習以為常的稱呼。一個常見的情況是，受訪者無意識沿用針對特定群體的舊稱，其中可能隱含歧視意涵，現在有更中性的稱呼，如現稱「身心障礙者」而非「殘廢」或「智障」、「唐氏症」而非「蒙古症」、「跨性別者」而非「人妖」、「移工」而非「外勞」、「性工作者」而非「妓女」。若能取得受訪者的同意，建議改為避免歧視的稱呼，或者保留舊稱，但以括弧說明現稱。這是顧及口述歷史對於社會大眾的教育意義，不希望繼續傳播帶有歧視的舊稱。

（四）用字完整

一般人講話有省略某些字詞的現象，成為省略句，往往不影響現場聽者的理解，因為可從前後文的脈絡判斷。但是整稿時要把省略的字詞補上，使得每一句話都是完整的句子，讓不在場的讀者也能明白。如受訪者談到自己的興趣時說：「我喜歡籃球。」完整的說法是：「我喜歡『打』籃球。」表示對方喜歡「打籃球」這項運動，而非「籃球」這個物品。另一種情況是受訪者講話跳躍，把不同的事情或指涉對象混雜在一起，如果又省略某些字詞，更讓人難以理解。比如受訪者介紹自己的兄長時說：「我的哥哥是工程師，還有個哥哥是老師，哥哥的數學很好。」令人不解是哪個哥哥的數學很好，完整的說法是：「我的大哥數學很好，是工程師，二哥則是老師。」

（五）用字精簡

在深度報導寫作，有人主張引文內的用字應該絲毫不差，但康文炳認為有困難，因為受訪者講話有時夾雜贅字累詞，難以原文照用。[39] 資深獨立記者朱淑娟也認為，受訪者有時夾雜很多口頭語，不宜整段照錄，整稿時應「保留原

---

[39] 康文炳，《深度報導寫作》，頁 207。

意的適當刪改」，既有受訪者說話的語氣，又成為一段緊湊的詞句。[40] 口述歷史的逐字稿更是充滿贅字，出版稿要隨時留心刪除哪些字不影響原意，這些字通常可刪除，如「他正在做一個打球的動作」，刪除「做一個……的動作」；「他以開車的方式進入臺北」，刪除「以……的方式」；「他是那個時代的大師之一」，刪除「之一」。但也有例外，如果為了突顯受訪者口語風格等特殊原因，則可考慮保留。每次改稿時若能注意贅字，多改幾次稿子，文字會越來越精簡。[41]

（六）用字不重複

受訪者有時出現用字重複的現象，若整稿時都保存下來，容易讓讀者有言語疲乏的感受。如「這段經歷實在太痛苦！太痛苦！太痛苦了！」原則上可簡化為「這段經歷實在太痛苦了！」除非想強調受訪者的口氣，才保留重複的字句。另一個常見情況是在一個段落之中，主要的主詞或動詞多次重複。如果是主詞的重複，首次出現寫明全稱，再次出現可用代名詞替代。如果是動詞的重複，再次出現可用同義詞取代。如「去年『招收』了一批會員，今年也『招收』了一批會員。」可改為「去年『招收』了一批會員，今年也『招募』了一批會員。」但以簡單的同義詞為佳，不要選用複雜的同義詞，避免超過受訪者學識範圍的用字，也不建議刻意改為高深的成語。還有一個常見情況，是受訪者重複提及同一件事，整稿時要把相關敘述整合在一起，放在適合的段落，避免讀者在該文再次看到類似描述，形成累贅。因此逐字稿整理為出版稿後，字數通常會稍微減少。

---

40 朱淑娟，《做為獨立記者：寫好新聞的十個心法》（高雄：巨流圖書公司，2022 年），頁 203。
41 張大春對於口語贅詞的批評，寫得趣味橫生，參見張大春，〈口頭禪四訓〉，《文章自在》（臺北：新經典圖文傳播公司，2016 年），頁 254-266。

（七）避免過多的最高級形容詞

受訪者有時為強調所說的內容，重複使用過多的最高級形容詞，甚至顯得有些誇大，造成語言貶值的現象，建議可斟酌前後文，適量改為比較級形容詞。如「這批員工的受訓期『非常短』，卻是公司成立以來表現『最好』的，出了『極多』優秀人才。」可改為「這批員工的受訓期『很短』，卻是公司成立以來表現『最好』的，出了『許多』優秀人才。」另外，若全文出現太多的驚嘆號、問號，雖然口氣較生動，但也容易造成讀者在閱讀時的疲乏感、甚至是壓迫感。

五、呈現受訪者的心聲

前述對於口述歷史「完整性」、「真實性」及「可讀性」三大基準的探討，有助於我們以具體標準提高口述歷史的整稿品質。進一步來說，口述歷史的文字紀錄，重點在於完整呈現受訪者的心聲。不同於學術論文的中立客觀語氣，口述歷史更強調口語的活潑性，譬如偶爾可以出現驚嘆號，也期望透過文字展現受訪者的個性與背景，無論是外向或內向、樂觀或悲觀、開朗或內斂。

（一）展現受訪者的性格

口述歷史的整稿，不只是簡單地聽錄音打字，更要把握所有與受訪者互動的機會，包括訪談之前的通信、電話聯絡，以及訪談之後的聯繫等，不同角度仔細觀察受訪者在現場的情緒、肢體語言與反應，甚至是平時的生活習慣、家庭生活、社經地位等面向，在整稿時融入文字，以展現受訪者的性格。游鑑明表示，訪問紀錄雖然不是原音重現，但盡量保留受訪者的習慣用語，例如遇到個性直率、教育程度不高的受訪者，可能出現一些粗俗的話語。[42] 又如訪問上層菁英，除了展現受訪者在事業上的成就，不妨保留一些人生的遺憾與失敗經

---

42 游鑑明，〈改寫人生之外：從 3 位女性口述戰爭經驗說起〉，收入周平、楊弘任編，《質性研究方法的眾聲喧嘩》（嘉義：南華大學教育社會學研究所，2007 年），頁 111-112。

驗，或是與家人親友的互動情況，畢竟口述歷史不是要塑造樣板人物，而是描寫出一個有血有肉的人。如果能讓讀者有如聞其聲、如見其人的感受，那就成功了。以曾任職振興醫院護理之家的劉賢淑為例，從訪問紀錄可見她的幽默性格：

> 我本來叫劉賢佩，在長沙讀小學一、二年級時，以此名在班上稱王。轉學到鳳山示範國小之後，[43] 副官帶我到戶政機關報戶口，戶政人員發現我外公名叫楊賢佩，說這樣不行，犯上！我父親那時候是鳳山通信大隊大隊長，就是現在鳳山的步校。副官打電話請示大隊長，說二小姐名字犯上，要改個名。父親正有要事，也不多言語：「好，你看著辦！」電話就掛了。這個臭副官就說：「女孩子就改成『淑』吧！」於是我就從「劉賢佩」變成了「劉賢淑」。我後來開玩笑說，這一來就把我給「淑」住了。[44]

不過，並非每位受訪者都能侃侃而談。曾任蔣經國總統寓所廚師的楊煥金，只在家鄉江蘇無錫的小學讀過兩年書，因此受訪時用字簡單，不算能言善道，訪問紀錄的篇幅也不長，受訪者說：「在長安東路時期，經國先生會找我聊天，垂詢我家裡情況，久了以後，什麼話題都聊，我曾聽過他對某些政府官員和立法委員的觀感，但這些事情我不方便透露。」[45] 從這段話可見受訪者口風甚緊，展現其內斂的個性。值得留意的是，出版稿頂多以文字修飾受訪者講的話，保留生動的口吻，使得讀者容易理解，但不能自創受訪者沒說過的內容。

（二）保留受訪者的特殊用語

受訪者的特殊用語，表現出本身的說話風格，也是研究者解讀口述歷史的

---

43 當時校名應為鳳山示範國民學校，1968 年實施九年國民義務教育才改名為國小，現稱鳳山國小。

44 羅久蓉訪問，李品寬等記錄，〈劉賢淑女士訪問紀錄〉，收入游鑑明等訪問，林東璟等記錄，《振興醫院五十週年——口述歷史回顧（下篇）：各部科主任、醫師、技術人員》（臺北：中央研究院近代史研究所，2018 年），頁 285-286。

45 游鑑明訪問，林東璟記錄，〈楊煥金先生訪問紀錄〉，收入黃克武等訪問，周維朋等記錄，《蔣經國先生侍從與僚屬訪問紀錄（下篇）》（臺北：中央研究院近代史研究所，2016 年），頁 625、632。

線索，整稿時需要保留，避免刪改。這在修辭法上稱為「存真」，即保留說話者的語氣，使得被描繪者的特色躍然紙上。[46] 常見的情況之一，是受訪者稱呼他人的方式，有時隱含對這位人物的親疏關係或評價，無論是尊敬、親近或貶抑之意。如受訪者稱「蔣公」、「蔣中正」、「蔣介石」、「蔣校長」、「委員長」或「委座」、「總裁」、「蔣先生」、「老蔣」、「蔣光頭」等，雖然都是指涉同一位歷史人物，卻有不同的意涵；早年黃埔軍校學生多尊稱為「蔣校長」，就有自許為「天子門生」的光榮感。又如 1990 年代初期的立法院要角吳梓，稱呼李登輝總統為「頭家」（thâu-ke，老闆），[47] 而非「李總統」或「李主席」，[48] 有強調私人情誼的意味。

有的受訪者會有口頭禪，往往成為個人特色。以施振榮的口述歷史為例，充滿自創的商業詞彙，如「微笑曲線」、「王道思維」等，[49] 蘊藏受訪者對於企業經營的獨特理念。另外，受訪者說的趣事、雙關語、專業術語、充滿「火花」的發言，都值得記錄下來。譬如在中央研究院旁邊經營「易風格」影印店的夫婦受訪，妻子黃雪華憶及年輕時在臺北市南陽街頂下一間影印店，丈夫當時還是考生，趁機接近她，進而與她交往、結婚，女方的說法是：「我剛好缺員工，又沒錢請人，所以就找一個免錢的一起做，過了幾個月就跟他結婚。」[50] 雖然口頭宣稱的理由，不一定是真正的內心動機，但這段文字顯示在夫妻關係之中，老闆娘較強勢，順便「虧」了一下老闆，與一般人刻板印象的「夫唱婦隨」剛好相反。

受訪者說的母語詞彙，要思考什麼方式最能完整表達其發音與意涵，舉例

---

46 黃永武，《字句鍛鍊法》（臺北：臺灣商務印書館，2011 年），頁 12-14。
47 本文臺灣台語詞彙的音讀，依據《教育部臺灣台語常用詞辭典》網站：https://sutian.moe.edu.tw/und-hani/（2025/3/14 點閱）。
48 陳儀深、歐素瑛訪問，羅國儲記錄整理，〈吳梓先生訪問紀錄〉，收入陳儀深等訪問，林秋敏等記錄整理，《李登輝總統僚屬故舊訪談錄 II》（臺北：國史館，2023 年），頁 314。
49 呂妙芬等訪問，曾冠傑等記錄，《宏碁經驗與台灣電子業——施振榮先生訪問紀錄》（臺北：中央研究院近代史研究所，2018 年）。
50 陳儀深訪問，曾冠傑記錄，〈易風格數位快印有限公司：鄭旭凱、黃雪華夫婦訪問紀錄〉，收入陳儀深訪問，曾冠傑等記錄，《中研院在南港——口述歷史訪談錄》（臺北：中央研究院近代史研究所，2019 年），頁 394-395。

來說：

　　一、以適合的中文字表示，加上釋義或羅馬拼音。比如筆者訪問前金甌女中校長羅亨湖，由於他是湖北人，在回憶童年生活時就用了一些當地詞彙，如「炸場」（流氓打架）、「刺攀」（茂密的森林）。[51]

　　二、以羅馬拼音為主，輔以中文釋義。如太魯閣族（Truku）耆老說的gaya（生活規範）、powda（獻祭祈福）。[52] 謝仕淵從事日治時期臺灣棒球的訪談，受訪者常以台語夾雜日語回答，而棒球術語多為日語式的英語。[53] 另外，臺灣人說的台語吸收了一些日語詞彙，如「病院」（pēnn-īnn/pīnn-īnn，醫院）、「便當」（piān-tong，飯盒），以及許多人講華語時也會融入台語詞彙，如「阿公」（a-kong，祖父）、「頭家娘」（thâu-ke-niû，老闆娘），這些具有口語特色的字彙都值得保存。

　　有的受訪者發言夾帶髒話，到了出版稿通常可刪除，但也有例外。朱淑娟有一次採訪環境新聞，受訪者表示：「從我出生開始，眼睛一張開就看見煙囪，慢慢長大後才知道，幹！原來這根叫做煙囪。」她認為「幹！」這個字充滿受訪者對家鄉有許多煙囪的不滿情緒，隱約還有在成長過程中受騙的感受。如果拿掉這個字，這句話的力道就被削弱了，變成只是平鋪直敘。經受訪者與編輯同意，她保留這個字。[54]

（三）注意敏感內容的處理

　　雖然我們希望呈現受訪者的心聲，但對方提到的敏感內容若處理不慎，在訪問紀錄公開發表後，可能引起當事人的困擾或不滿，事後需要以溝通和解、

---

51 羅亨湖口述，曾冠傑訪問記錄，〈從古寧頭機槍手到金甌女中校長：羅亨湖先生口述歷史〉，《傳記文學》，卷117期4（2020年10月），頁54-55。
52 胡孝民主編，《太魯閣族耆老生命史》（花蓮：花蓮縣秀林鄉公所，2019年），頁112。
53 謝仕淵編著，《日治時期臺灣棒球口述訪談》（臺南：國立臺灣歷史博物館，2012年），頁21。
54 朱淑娟，《做為獨立記者：寫好新聞的十個心法》，頁202-203。

發表聲明啟事、甚至法律訴訟等方式解決問題,耗費彼此的時間心力,所以在整稿時盡量事前預防。

　　常見的敏感內容往往涉及個人隱私,[55] 包括出生年月日、婚姻、病歷、性生活、犯罪前科、聯絡方式、財務情況等個人資料,都在《個人資料保護法》保護範圍內。雖然經當事人同意可公開,但是我們有法律以外的顧慮,如詳細住址、龐大家產等狀況皆不適合揭露,以免引起有心人的覬覦。有的受訪者因為早年的出生登記不確實,自白身分證上的生日有誤,真正的生日值得記錄下來,只要受訪者同意公開即可。有的受訪者暢談自己的感情生活,甚至是更為隱私的性生活,比如史明回憶在日本留學時買春,以及為中共從事情報工作時,與女同志阿雲發生性關係、決定結紮等內容,這些私密經驗以及在訪談中的自省,如今看來具有性別史的意義。[56] 一般而言,這些個人隱私公開之前,需要取得配偶的同意或諒解,也要避免具名傷害到其他當事人。

　　至於受訪者自曝某些爭議行為,比如走後門關說、冒名頂替、人事糾紛等,若涉及違法要確認已逾法律追訴期,避免捲入訴訟之虞。2000 年陳水扁總統在臺北大學畢業典禮致詞時表示,總統夫人吳淑珍的畢業論文是他捉刀的,[57] 引起輿論譁然。另外,雖然許多讀者對政府秘辛感興趣,但要注意《國家機密保護法》等法律規範。曾任中山科學研究院院長的海軍中將龔家政,在他的訪問紀錄透露中科院研發射程超過一千公里的雲峰飛彈等細節,[58] 在媒體上引發軒然大波,中科院甚至發出新聞稿聲明表示:「若有洩漏職務上所知悉之機密事

55　口述歷史涉及的隱私權問題,參見馮震宇,〈口述歷史應注意的法律問題〉,收入許雪姬主編,《臺灣口述歷史的理論實務與案例》,頁 87-97。

56　史明口述史訪談小組,《史明口述史一:穿越紅潮》(臺北:行人文化實驗室,2013 年),頁 81-85、113-117。

57　〈台北大學畢業典禮 總統暢談戀愛史／前身中興法商 總統夫人母校 阿扁以前常來 阿珍論文他捉刀〉,《聯合報》,2000 年 6 月 11 日,第 8 版。

58　張力、周素鳳訪問記錄,《龔家政先生訪問紀錄》(臺北:中央研究院近代史研究所,2022 年),頁 151-154。

項，將依法嚴正處理。」[59]

另一個保險的作法是不要指名道姓，讓當事人身分去識別化。如 2014 年三一八運動（俗稱太陽花學運，雖然有些當事人不喜歡這個稱呼）涉及攻佔行政院等法律爭議，有些著作描述這場社會運動的敏感細節，不會曝光主要行動者的姓名，以保護當事人。[60] 至於受訪者可否匿名，學界目前仍無共識。宋怡明（Michael Szonyi）《前線島嶼：冷戰下的金門》，書中有的受訪者提及敏感內容，甚至揭露一些非法行為，因此使用假名。[61] 許雪姬則認為，以「匿名原則」保障當事人的個人隱私有其道理，但為了佐證歷史研究，不匿名才能讓受訪者不輕易做不符合事實的報導。[62]

更容易引發紛爭的是，受訪者對他人的主觀評價，甚至涉及私人恩怨等事。我們整稿時可淡化處理，或加註補充查證資料，必要時亦可刪除，避免觸犯公然侮辱或誹謗等法律。口述歷史公布後若引發他人不滿，常見的處理方式是讓不滿的當事人發表聲明。如羅銅壁是李遠哲就讀臺大時的師長，他的口述歷史多處提及李遠哲，但是內容與李遠哲的認知有所出入；由於羅銅壁邀請李遠哲在口述歷史寫序，李遠哲於是逐一說明與受訪者的不同看法之處，又在序言的開頭與結尾正面肯定羅銅壁。[63] 據筆者所知，羅銅壁尊重李遠哲在自己口述歷史序言表達的不同意見。

如果嘗試其他方式都無法解決，最後一步就是法律訴訟。如溫哈熊因口述歷史涉及他人的爭議內容，被控加重誹謗罪，從事訪談與出版的中央研究院近

---

59 〈近日有關媒體報導，中研院近代史研究所出版《龔家政先生訪問紀錄》，書中首度曝光中科院多種飛彈研發過程等議題，本院說明新聞稿〉（2022 年 12 月 14 日），收錄於「國家中山科學研究院」網站：https://www.ncsist.org.tw/csistdup/news/NewsPublishDetail.aspx?PostNo=16576（2025/3/31 點閱）。

60 如晏山農等，《這不是太陽花學運：318 運動全記錄》（臺北：允晨文化實業公司，2015 年）。

61 宋怡明（Michael Szonyi）著，黃煜文、陳湘陽譯，《前線島嶼：冷戰下的金門》（臺北：國立臺灣大學出版中心，2016 年），頁 xviii。

62 許雪姬，〈解嚴後臺灣口述歷史的發展及其檢討，1987–2014〉，《臺灣口述歷史學會會刊》，期 5（2014 年 8 月），頁 10。

63 李遠哲，〈李序：亦師亦友一甲子〉，收入陳永發等訪問，陳逸達等記錄，《臺灣蛋白質化學研究的先行者——羅銅壁院士一生回顧》，頁 v-xiv。

代史研究所也一併被告,所幸一審判決無罪,原告放棄上訴。[64] 這可說是教科書等級的案例,臺灣學界相當重視這個教訓。誹謗是口述歷史在這方面最常涉及的法律問題,要注意公開的內容是否為可受公評之事,以及是否有合理查證。法律學者林鈺雄提醒,若受訪者的事實陳述涉及毀損他人(尤其是特定或可得特定之人)名譽時,所講之事可能被反證為偽,而且不是公眾人物或公共事務,建議進行最高度的查證工作義務,甚至附上異議者的書面意見一起出版。[65]

　　本文認為,口述歷史涉及的人事物年代久遠且相當廣泛,以及整稿能投入的時間心力有限,在實務上難以逐一查證所有細節。另一方面,歷史是現在與過去永無止盡的對話,口述歷史具有主觀真實的性質,亦非歷史的最後定論。所以更重要的是,建立不同意見者的發言機制。例如在《傳記文學》雜誌,常見回應作者的讀者或當事人來函,使得雙方有對話交流的機會。除了投稿報章雜誌以外,其他方式包括在出版單位的網站刊登聲明、再版時加註不同意見、邀請不滿的當事人受訪表達意見等,讓歷史真相越辯越明。

六、主訪者與受訪者改稿

　　口述歷史的主訪者與記錄者組成,有兩種常見情況:一、這兩個角色由不同人擔任,如老師帶學生或助理(記錄者可能不只一人)從事訪談,先由記錄者整稿,再由老師改稿。因為多了一道改稿程序,口述歷史的品質可能更好,但也可能記錄者的整稿品質太差,主訪者回天乏術。因此要慎選記錄者,或者負起培訓新人的責任。這個作法的優點是有人分攤記錄工作,主訪者同一段時間可做多位受訪者的訪談。二、主訪者同時是記錄者,優點是沒有雙方磨合的問題,缺點是受限於一人之力,很難從事大規模的訪談計畫。

　　主訪者有時會透過前言或後記,說明與受訪者的互動過程,以及本身的觀

---

[64] 〈俞揚和夫婦自訴溫哈熊加重誹謗 溫哈熊獲判無罪 俞揚和將上訴〉,《聯合報》,2002年4月13日,第5版。〈控告溫哈熊案 蔣孝章放棄上訴〉,《聯合報》,2002年5月1日,第8版。

[65] 〈林鈺雄教授:口述歷史與誹謗刑責——演講與座談紀錄〉,《口述歷史》,期12(2004年4月),頁416-417、423。

察或心得，這些幕後花絮往往透露一些有價值的訊息，對於讀者理解這部口述歷史有所助益。以《柯台山先生訪問紀錄》為例，主訪者許雪姬在序文直言，受訪者的儀表出眾，應是女性傾慕的對象，但是他遲至三十八歲才結婚，在訪談時卻不願吐露自己的感情世界，主訪者表示是這部口述歷史一點小小的缺憾。[66]

主訪者改稿後的稿件，需要送給受訪者確認內容並改稿，這個過程可能有多次的稿件來回與溝通互動，直到雙方都可接受為止。受訪者對稿件有改稿的權利，這是口述歷史與新聞採訪的主要差異之一，口述歷史是主訪者、記錄者與受訪者深度協作（collaborate）的產物。如果稿件激發受訪者更多回憶，我們鼓勵對方加以補充，讓內容更加豐富。如果受訪者的記憶有明顯錯誤或爭議，可檢附查證資料並建議修改；如果對方堅持保留，可用註釋向讀者說明。

主訪者與受訪者的權力關係，與雙方的性別、年齡、學識、職業、社經地位等因素有關；[67] 受訪者相對於主訪者，有可能是強者，也可能是弱者。英國史家艾瑞克・霍布斯邦（Eric J. Hobsbawm）把傳統上被認為「尋常人物」（common people）的一群人，稱作「非凡小人物」（Uncommon People），[68] 口述歷史有為這些人、甚至是弱勢族群發聲的理想。[69] 不過隨著當代社會的進步，口述歷史不再壟斷代替受訪者發言的位置，頂多扮演中介者

---

66 許雪姬訪問，曾金蘭紀錄，《柯台山先生訪問紀錄》（臺北：中央研究院近代史研究所，1997 年），頁 xi。

67 以性別因素為例，女性主訪者在訪談過程可能遇到因為女性身分被貶抑，甚至是調情或性騷擾等困境，參見畢恆達、謝慧娟，〈女性研究者在田野中的性別處境與政治〉，《女學學誌：婦女與性別研究》，期 20（2005 年 12 月），頁 100-113。

68 艾瑞克・霍布斯邦（Eric J. Hobsbawm）著，蔡宜剛譯，《非凡小人物：反對、造反及爵士樂（上）》（臺北：麥田出版社，2013 年），頁 x。

69 臺灣學界除了涉及戰爭記憶與政治事件的口述歷史以外，對於「非凡小人物」的口述歷史，還有很多的開展空間，近年值得關注的作品包括：顧雅文主編，《田庄人的故事（三）：臺灣農村社會文化調查計畫口述歷史專輯》（臺北：中央研究院臺灣史研究所，2021 年）；許雪姬訪問，林建廷等記錄，《查某官个代誌：耄耋女性的人生》（臺北：中央研究院臺灣史研究所，2024 年）；國家鐵道博物館籌備處策劃，鄭萬經等口述，《他們的鐵道時代：七位鐵道職人的生命故事》（臺北：前衛出版社，2024 年）。

或協助者的角色。[70] 雙方處於康文炳所稱「對等抗衡」的關係，[71] 可能是最好的情況；更仔細地說，是「互為主體」（intersubjectivity）的狀態。透過雙方辯證式的問答，主訪者從自己的問題意識出發，獲知受訪者的記憶，從而增加或改變自己對過去這段歷史的認知；另一方面，受訪者將本身隨時間流逝而成碎片的記憶，透過主訪者的引導發問，逐漸重建成一個完整的生命故事。換言之，雙方都是有主體性的人，皆從訪談獲得有助於自己的認識，而非一種上對下或單向主導的權力關係。雙方深度協作共同完成訪問紀錄，缺一不可。[72]

主訪者邀請受訪者改稿的過程，也是雙方權力關係的展現。受訪者如果是上層菁英，如政府官員或學者教授，對方可能字斟句酌，甚至大幅改稿，希望向讀者呈現自己欲塑造的正面形象，或者夾帶某些訴求。受訪者如果是基層平民，通常不會有上述的考慮，也比較尊重主訪者，對改稿不太要求。不過，以上分類並非絕對，也有尊重主訪者而不太改稿的高層人物，或者堅持己見而大幅改稿的基層人物。

面對受訪者改稿有兩種思考：首先，主訪者尊重受訪者的改稿，不過若是大幅改稿，口述歷史應避免成為美化受訪者說法的傳聲筒。在不激怒受訪者的前提之下，我們持續與對方溝通，盡力保留有價值的被刪改內容，這是表現口述歷史作為一個專業的時刻。其次，另一種較少被注意的觀點是，受訪者若為弱勢族群，口述歷史也是一種培力（empower）受訪者的手段。我們希望對方勇於說出自己的心聲，建立自信心，而非順從主流社會的價值觀，甚至打破外界的刻板印象，讓讀者產生同理心。[73] 所以如果受訪者無意改稿，我們也要鼓勵對方參與改稿的過程。

---

70 此處受到人類學對田野工作反思的啟發，參見林開世，〈什麼是「人類學的田野工作」？知識情境與倫理立場的反省〉，《考古人類學刊》，期84（2016年6月），頁100。

71 原指記者與受訪者的關係，參見康文炳，《編輯七力》，頁144。

72 此處受到人類學與心理學對於「互為主體」探討的啟發，參見劉斐玟、朱瑞玲主編，《同理心、情感與互為主體：人類學與心理學的對話》（臺北：中央研究院民族學研究所，2020年）。

73 這個觀點受惠於新移民女性的影像培力工作坊，也就是培訓新移民女性拿起攝影機，以自己的視角再現本身社群的生命故事，參見王君琦，〈再思自我再現做為培力的方法：以花蓮新移民女性紀錄影像工作坊為例〉，《女學學誌：婦女與性別研究》，期42（2018年6月），頁1-37。

七、結語

　　口述歷史的整稿工作，從逐字稿到出版稿，並非許多人以為的雕蟲小技。就流程而言，整稿之前，在訪談現場要有記錄，包括錄音、拍照、筆記等事項。整稿之後，需要主訪者與受訪者的改稿，涉及雙方權力關係的互動。這些步驟互相配合，方能完成。

　　整稿須綜合考慮口述歷史的「完整性」、「真實性」與「可讀性」三大基準。如果要釐清三者的思考優先順序，首先為「完整性」，這是基於研究者對逐字稿的原始需求。但我們要意識到，即使是口述歷史的逐字稿，也無法完整記錄訪談過程的所有細節，因為錄音不像錄影，能記錄受訪者的表情與肢體語言，也不如有的社會科學訪談研究法的逐字稿，會記錄受訪者的語氣及情緒。從某個角度而言，口述歷史的整稿，是將複雜的訪談情境簡單化。儘管如此，「完整性」依然是整稿的首要考慮，在此基礎之上，再思考如何提升整稿效率。

　　其次是「真實性」，以提高研究者將口述歷史作為史料的研究價值。口述歷史具有主觀真實的性質，我們希望盡量逼近客觀真實。因此應用史學方法的查證工作，是口述歷史的基本功。值得注意的是，受訪者符合前後文脈絡、邏輯合理性的陳述，不一定皆為真實，我們仍要懷疑受訪者講的每一句話，在有限的時間內盡量查證。不過多方求證有其限度，總會遇到窮盡一切手段卻無法確認是否真實的時刻，也可用註釋補充不同觀點。

　　最後是「可讀性」，過去在臺灣學界的討論較少。因為如果僅在意「完整性」與「真實性」，那只是對研究者有用的逐字稿，但對社會大眾不易閱讀。優秀的口述歷史作品應該要能展現文字魅力，引起一般讀者的興趣，擴大影響力。易言之，我們認為口述歷史的讀者不只是學院內的研究者，也向社會大眾開放，所以強調「可讀性」的重要。無須把「可讀性」想得太難，因為口述歷史不追求華麗的文學修辭，而是流暢完整的敘事，以及呈現受訪者的心聲。若能隨文章搭配影像資料，在視覺表現上有加分效果。

　　然而，這三大基準之間看似有互相衝突之處；以出版稿用字的常見原則來說，要在口語與書面語之間取得平衡、兼顧全稱與簡稱、用字要完整又要精簡，

考驗口述歷史工作者的文字能力。因為我們不希望單一的基準獨大,那反而讓整稿技巧過於僵化,應該視訪談目的、受訪者個性、前後文脈絡等實際狀況,把三大基準納入綜合判斷,並且靈活思考。因此允許例外狀況的出現,關鍵是想清楚這樣做的理由。如首次出現的專有名詞用全稱,之後再出現皆用簡稱,但在強調的時候可再用全稱。

總之,本文提出口述歷史的「完整性」、「真實性」與「可讀性」三大基準,並非要制定整稿應該遵循的硬性規則,而是希望在整稿時有多元角度的思考,擴大彈性運用的範圍,以提升口述歷史的專業水準。

05

指導學生
給恩師的祝賀詞

謹賀維開老師七十大壽，獻上最誠摯之祝福。

　　老師對於中國近現代史的熟稔，為吾等後輩之楷模。無論是史事細節、人物經歷亦或檔案史料，老師都有深入的研究與接觸，為學界開創重要的視角與格局。在老師豐富的論述成果中，針對蔣介石及民國政治制度的研究特別令我受益，使我體會到制度與人事運作在國家發展中所佔據的關鍵地位。

　　碩班時經常選修老師的課程、參與老師主持的研究計畫，並且有幸進入師門，在老師的指導下完成碩士論文。這段經歷相當寶貴，奠定了我對民國史研究的眼界。而進入博士班之初，仍有機會繼續聆聽老師講課，亦為幸事。老師也不厭其煩的為學生解惑，深摯謝忱。

　　老師退休後，仍持續授課、演講與研究，這五年來似乎比以往來得忙碌。儘管人們常言「能者多勞」，各界重視老師的學識與成就是件大好事，不過也希望老師能減少操勞，以常保健康。作為後生晚輩，我也期許自己持續努力，傳承老師的研究精神，延續近現代史領域的研究能量。

余以澄
國立政治大學歷史學系博士生

檔案學與歷史學非常的近，就像百年樓與季陶樓一樣，也就走幾步路就到的地方而已！

　　2008年，我退伍後前往國立政治大學圖書資訊與檔案學研究所（以下簡稱圖檔所）報到，那時候的政大圖檔所分為圖資與檔案學兩組，而我所就讀的組別是當時全國唯一進行系統性檔案學教育的檔案學組，由薛理桂教授引領。在薛理桂教授的規劃之下，檔案學組的學生不僅從事檔案學理論的研讀，在實務層面上，則以時代作為劃分，由不同領域老師帶著我們接觸檔案、學習檔案。

　　明清檔案部份由國立故宮博物院（以下簡稱故宮）周功鑫、馮明珠、莊吉發等幾位老師教授，課程中帶領著我們學習明清時期檔案的內容、形制與特徵；因為老師們的資源與學術專長，我們常在故宮上課，也因此得以見識到難得的檔案原件、庫房，有相關主題展覽時，還可以直接進到展場上課，或者學習滿文、瞭解過去檔案所涉及的各項議題。當代檔案管理部份，由時任檔案管理局局長的陳士伯老師進行授課，帶領著我們從認識檔案行政、實務，並前往當時的檔案庫房柯達大樓學習與觀摩。印象最為深刻的部份，則是跟著修復師傅進行檔案修復托裱的練習，以及現在已經不存在的微縮片的拍攝。

　　在民國時期檔案部份，主要分由劉維開老師以及由前國史館副館長朱崇聖老師開設學術與實務課程，帶領著我們學習民國檔案相關議題、資源與實務。朱副館長的課程上課地點在新店北宜公路山區的國史館館舍中，明清檔案在外雙溪（故宮）上課，當代檔案管理課程則是伊通街（檔案局）、士林（柯達大樓），那時候修課最辛苦的不是讀書，而是為了上課，必須努力驅車在政大與上述地點間遊走，也因此在這樣的革命情感的加持下，那時候同學間感情總是特別的好。

民國時期檔案的學習中，另外一個重要的部份，則是修劉維開老師的課程。我在就讀碩士班的期間，將自己完全浸入在檔案的世界中，那時候許多人都說學習檔案，無論內容、管理或沿革，一定要請教劉維開老師，坊間甚至對劉維開老師有「民國史的 GOOGLE」的別稱，不僅凸顯老師在民國史研究的深入，更說明其對於相關史料如數家珍的熟悉程度（想瞭解「民國史的 GOOGLE」所代表的意義，可以試想在書店、五金百貨買東西卻不知道東西在哪裡時，店員頭也不抬的直接跟你說，你要的物品在某排某櫃某層上，那種瞬間將困惱你許久的問題準確地告訴你的震撼，這就是這個別稱的意義）。

　　那時候的我就讀碩士班，劉維開老師的民國檔案相關課程，有時開在圖檔所，有時則開在歷史學系，我則是兩邊的課程都有去修習。聽著老師如數家珍地說著一個一個的典藏機構及其館藏、彙編、資料庫，並闡述其形制、特色與隱藏的訊息，總讓我嚮往。國民黨黨史會目錄櫃中消失的汪兆銘卡片、電報中以韻目代日、地支代月、國軍檔案中的命令分作戰命令與日日命令兩種、二檔館過去對於民國檔案的重視與不重視……，開啟了我對於民國時期檔案制度研究的興趣。

　　2011 年我就讀博士班，因為是政大圖檔所第一屆博士生，也因此論文的撰寫方向與題目顯得格外重要。那時候我跟著劉維開老師進行「個別研究」，這是圖檔所頗為特別的課程設計，由老師與學生一對一進行討論的課程，這樣課程的好處就是，你可以把研究中的疑惑、發現與想法跟老師討論，老師則可以把他知道的事情、經驗透過這門課程告訴你。在課程中，我焦注於民國時期的檔案制度，開始瘋狂的爬梳史料，發現了許多過往沒注意到的訊息，也挖掘出過去隱藏在不同領域的民國檔案大家，諸如周連寬、何魯成、陳國琛……。我也透過各種管道找到了他們的資訊與後人，並開始發現了過往未曾深入過的新大陸。

那時候我跟劉維開老師討論的內容越來越深入，有一次也提到有關畢業論文的事情。因為對於博士論文要寫什麼題目讓我覺得困擾，畢竟時代在變，數位化、電子文件、數位人文、人工智慧等在當時都是相當引人注目的課題，未來亦深具發展性；然而，我國對於過去檔案制度的發展可以說是「不知有漢，無論魏晉」，致使在檔案事業發展上的深入與探討遠遠不如中國大陸檔案學領域，致使在實務發展上常見無法解釋的制度與緣由（過去沒有人針對此進行研究）。到底要利用新方法嘗試新議題研究？還是要針對過往的歷史制度進行整理與爬梳？這讓我感到疑惑。記得那時候劉老師跟我說，「圖檔所第一屆博士生，你的題目必須與檔案直接相關，讓別人一看就知道是這個系所的學生所寫，不會產生任何誤會！」這句話讓我豁然開朗，新議題又如何？既然是第一屆的博士生，那我應該先在別人擅長的地方贏過對方，之後再從事新議題研究時，就不會沒有基礎。也就因為這樣的一番話，我開始捲起袖子，以民國以來檔案管理制度為依歸，開始了我的博士論文的撰寫。

　　時光荏苒，老師於課程間的一席話一晃眼已過十餘年，由當年博士論文所改寫之《從存史到資政：民國以來檔案管理政策與制度變革（1912-1987）》，並於2019年10月獲國史館獎勵正式出版，成為我國首冊探討民國爾至解嚴前檔案管理制度之專著。這本專著的出現，雖並未能讓之後的政大圖檔所確立其發展方向，但卻讓我國檔案學研究在面對過去事業發展與沿革議題時，得以補足立論與認知之不足，而不致在論述上彷若失根之浮萍，空泛而不知所以然。每當翻閱這本書籍時，總是感念劉維開老師當年的指導，可以說沒有老師就沒有這本著作（這也是我在致贈書籍給老師時，在書上所寫），也因此在老師七十大壽之際，特別撰文以茲感念。

《民國史大師——壽慶劉維開師古稀誕辰一首》

胸懷民國文山中，筆翰如流鎮海東；

陽明山澗道南地，國史文傳興未終。

桃李成蹊聲四海，百年季陶譜新功；

歷史長河波未息，書卷照日共長風。

詩文題解

　　《民國史大師——壽慶劉維開師古稀誕辰一首》，平起東韻之七言律詩，係為劉維開老師七十歲大壽祝壽所寫。詩名《民國史大師》，主要係以喆閱人文工作室自 2023 年以來所辦理「民國史大師系列講座」為發想，用以凸顯劉維開老師在民國史研究上之地位與成就，並連結老師過去在教學中所述及之內涵與核心。本詩首聯「胸懷民國文山中，筆翰如流鎮海東」，「文山」係指國立政治大學（以下簡稱政大）所在之文山區，「海東」則係指海峽東岸或亞東地區，整聯則指稱老師在民國史領域之專擅，並長期在政大進行相關主題之研究與教學，而其著作等身，研究成果在我國／亞東地區極具知名度與代表性，可謂一代民國史之大師級人物。

　　本詩頷聯「陽明山澗道南地，國史文傳興未終」，用「陽明山澗」、「道南地」、「國史」、「文傳」等字詞，用以指涉劉維開老師過去研究、工作之地及所涉研究範圍（地點無法盡全，僅陳列具代表性之陽明山與政大）；「陽明山澗」指草山行館，用以影射過去老

師使用與後續管理所藏之檔案,「道南地」指政大(政大位於指南路、道南橋畔,故用道南指稱政大),「文傳」則係指國民黨文傳會(黨史會／黨史館隸屬於文傳會下),用以指稱黨史,整聯則係指劉維開老師從陽明山到政大,在國史與黨史上的努力與傳承。

頸聯「桃李成蹊聲四海,百年季陶譜新功」,文中「百年」、「季陶」係指政大圖檔所所在之百年樓,以及政大歷史學系所在之季陶樓,整聯則指劉維開老師在政大指導學生之成就,現如今桃李滿門、遍布各地,可謂研究以外之「新功」。詩中尾聯「歷史長河波未息,書卷照日共長風」,因係最後一聯,故以「轉、合」的角度書寫,用以說明如今我國民國史研究處境維艱,惟劉維開老師及其學生仍戮力前行,希冀學門相關之研究成果、史料能得以留存,以求永傳後世。

吳宇凡

淡江大學資訊與圖書館學系助理教授

　　我與劉維開老師相識甚久,很榮幸有機會在劉老師七十大壽之際獻上自己的祝福。記得在讀博期間,在善堯的邀請下,參與劉老師主持的讀書會「近代中國與東亞」研究群。期間我獲得許多啟發,也在劉老師的教導下提升自己的專業素養。這幾年裡一直很感謝劉老師的提攜與照顧,在特殊且重要的日子裡祝福維開老師:「一生耕耘傳道業,今朝華誕慶遐齡。願先生福壽雙全,學術之樹常青!」

林威杰

2025 年 4 月 7 日,於上海大學文學院 429 辦公室
上海大學歷史學系講師

敬祝劉維開老師七十華誕誌慶！

感謝老師在我研究歷程中的指導與鼓勵，讓我得以在中國現代史的領域持續扎根與成長。老師學養深厚，教學認真，至今仍活躍於學界，令人敬佩。謹致上最誠摯的祝福，願老師健康順心，學術之樹常青！

范育誠
國立政治大學歷史學系博士生

歷史學研究基本功夫之一，便是上窮碧落下黃泉，動手動腳找檔案資料。在國立政治大學歷史學系博士班期間，修讀維開老師開授的中國現代史專題、民國檔案與史料專題，見識老師對各種檔案史料猶如信手拈來，成為學生輩學習的目標。

欣聞維開老師已達「從心所欲不踰矩」之境界，祝福「七十春秋，福壽雙全；喜樂康泰，福祿綿延。」

許峰源
檔案管理局應用服務組研究員／
輔仁大學歷史學系兼任助理教授

謝謝維開老師的教導，老師對學生們的關愛、對教學的熱忱以及對知識追求的執著堅定，學養、處事各方面都是我努力學習的模範。撰寫論文時，每當我遇到瓶頸，老師總能即時給予醍醐灌頂，使我茅塞頓開。老師時時敦促我完成學業的鼓勵及包容，點點滴滴學生皆銘念於心。

祝老師身體康泰、平安順心。

陳頌閱
國史館協修

2025 年是老師 70 歲，回想起我正式接受老師指導，是 2015 年 7 月碩士論文口試，邀請老師擔任口試委員，距今正好十年。十年間老師的學養與身教，有許多事情令我難忘。我想分享兩則小故事。

　　每年教師節、研究群尾牙或是學術會議後的聚餐，和老師同桌吃飯的機會不少，一般都是吃桌菜。如果師母有出席，我注意到老師夾菜都是先夾給師母，再夾給自己。年輕人可能覺得老師很浪漫貼心，我看起來更像是不經意的舉動，日復一日、年復一年，都未曾改變。對師母的尊重，或許是老師和師母兩人感情這樣好的原因。

　　中研院近史所自 2021 年舉辦「蔣中正日記讀書會」，長期邀請老師演講導讀。老師總是能提綱挈領將日記內容加以分類，提示重點，適時補充其他史料。對於聽眾來說，就像是上了一堂以蔣中正為中心的民國史課程。有一次老師分享過去編輯《總統蔣公大事長編初稿》，密集調閱大溪檔案，「一卷一卷的看」。這句話說起來輕鬆，等到我撰寫博士論文，大量閱讀各類檔案，才真正能體會這句話的份量。我尊敬的幾位老師，包括老師在內，長年埋首故紙堆，從浩瀚史料中梳理出歷史發展的軌跡，同時保有自己的判斷，不為世局紛擾所惑。

　　在這十年裡，老師真的老了。記得老師生病接受治療之後，第一次看到老師是在視訊會議上，隔著螢幕消瘦憔悴，幾乎變了一個人。去年研究群聚餐，散會後老師和師母搭捷運回家，等紅綠燈的時候，我站在老師後面，前方背影終究透露出歲月的痕跡。對面行人遠遠看見老師和師母，可能會想這是一對恩愛的老夫妻吧。有師母陪伴，老師並不孤單。

我很幸運，到現在讀書、做研究遇到問題，仍不時向老師請益；看到老師持續出席學術會議，不免擔心老師退而不休的生活，對身體造成太大負擔。這篇文字讓我拾起記憶中的零碎片段，像是有一個模糊的身影，遠遠地走在前面，提醒我想要成為一位怎樣的學者。

謹祝老師生日快樂，身體健康。

袁經緯
中央研究院近代史研究所博士後研究

今年適逢老師七十壽辰，回想起 2011 年重回政大讀歷史所碩士班開始聽劉老師的課，不知不覺亦過了十四年。因為身在國史館服務之故，不論是館刊編輯委員會議、或是老師到館內修纂處討論會擔任與談人、或是到館內采集處的專題演講，總是會有遇到老師的場合，每次聽講與請益總是有所收獲，亦解決不少疑惑，由衷佩服老師對民國史事與人物的熟稔。

今年老師七十壽辰與五年前老師榮退一樣，與幾位同門的學長姐、學弟妹，再次蒐集幾篇論文合集成冊向老師祝壽，這次我本想續前次榮退論文集的研究範疇，接續有關抗戰時期社會部勞動局的論文，無奈工作緣故，暫無法回師抗戰史領域，故將最近撰成的一篇有關北伐史事的論文提交給本書編輯人員，謹以此文祝賀：「老師七十歲生日快樂！」

陳世局
國史館協修

我第一次接觸維開老師是在報考博士班面試時，之後則是在博士班的課堂、讀書會與論文指導。在課堂中，我深深欽佩維開老師對史實的博學強識。隨著參與讀書會及其他研討會等活動，我愈加敬仰老師的為人行止敦善謙讓。

　　能夠在求學過程中，得到維開老師和張力老師兩位的春風化雨般的指導，實在是莫大的榮幸與感恩。如今，我可以回應先前在論文集中的感言：學生不負師恩，終於順利完成博士學位。

許惠文
國立政治大學歷史學系博士

　　七十載春秋，歲月如歌。執教杏壇，誨人不倦。桃李不言，下自成蹊。文山春曉，承蒙師教。恩澤如海，潤物無聲。

　　今逢古稀之喜，謹祝老師福壽綿長，如松柏之茂；精神矍鑠，似日月之輝。願老師於此佳辰，闔家平安，安康常伴。喜樂常隨，桃李再添芬芳。

黃宇暘
檔案管理局應用服務組約用研究員

　　恭賀維開老師七十大壽，感謝您過去的教導與提點。

　　祝老師福如東海、壽比南山。

羅國儲
國史館協修

回想 2017 年，我在碩士畢業投筆從戎近十年後，鼓起勇氣重拾書本，重新回到政大歷史系攻讀博士學位。懷抱著天真的想法，期許自己能在工作與課業之間找到平衡，順利完成學業。當初我懷著忐忑的心情回到課堂，維開老師熟悉的講課聲仍在耳邊縈繞，娓娓道來民國政治制度的流變，細數民國檔案特性及各類史料的解讀巧門，著實引導學生迅速重回中國現代史的深邃世界，找到那些既熟悉又陌生的人物與事件，並勾連起學生幾年來對軍事與情報歷史的粗淺涉獵，深刻體會到自己仍有極大的學習與進步空間。在修課期間，承蒙老師不棄，於退休前仍願意收下我這個尚在學術路上蹣跚前行的學生。

　　時間匆匆，見同屆學友一個個自師門畢業，而我仍在工作與課業之間徘徊掙扎，甚至幾度與學術脫節，內心愈發焦慮。在這段時間裡，老師每在師門聚會中諄諄提點，勸我莫要輕言放棄，那份深切的關懷支撐著我堅持下來。落筆至此，憶及張力老師在《薪傳》序文中，記述維開老師在博士班期間，於工作與論文間竭力取得學位的艱辛過程，令人感佩，亦使學生回首現況，愈感汗顏。

　　值此老師七秩華誕，學生謹以重修之拙作獻呈，亦盼能借此博班入學研究計畫的片段，銘刻昔日求索之軌跡，將目光專注於遠方論文的終點線。前路仍有諸多挑戰等著學生去突破，唯盼能加倍努力，方能不負師恩。

　　敬祝老師，身健心安，薪傳不輟。

彭思齊

國立政治大學歷史學系博士生

這些年因為在歷史領域的圈子工作，讓我有機會與劉老師保持接觸。國史館 2024 年出版《為國存史：國史館在臺灣訪談錄》，我因為參與編輯業務，有幸搶先拜讀劉老師的訪問紀錄，讓我對劉老師的前半生有進一步的認識。1987 年，劉老師在中正紀念堂管理處任職展覽組主任時，考上政大歷史所第一屆博士班，後來回到國民黨黨史會擔任編審、代理總幹事等職，期間一邊工作一邊進修，1993 年順利取得博士學位。雖然老師說那幾年忙得不可開交，不過事業與學業兼顧的上進精神，讓我們這些學生心有所感，也非常佩服。

　　值得一提的是，近幾年的教師節，劉老師與我們這些學生的師門聚餐，讓人回味不已。例如 2023 年在寧波東街的真北平餐廳、2024 年在南京東路四段的祥福餐廳，還吃到紅葉蛋糕。雖然自己從小在臺北長大，但因為這幾次師門聚餐，才首次品嘗到這些知名的老臺北經典美食，現在回想起來還是口水直流。

　　作為劉老師的學生，衷心祝福老師在退休後的日子裡，無論是徜徉在書海中，還是與家人共度美好時光，每一天都健康快樂。七十歲是人生的新起點，期待老師開啟更精彩的篇章。

曾冠傑
國史館助修

2010 年進入國立政治大學歷史學系，初見劉師風采是大二上學期必修課「中國通史（五）」。老師嫻熟於民國掌故與檔案史料，信手拈來、侃侃而談，令我對近代中國史產生濃厚興趣，也在日後繼續修習老師的一系列的民國史專題課程。老師教學時既嚴謹又親切，尤重學生理解與接受的角度，讓我領悟讀書不僅需虛懷若谷，更需關照受眾。

　　報考碩士班時，蒙師不棄，讓我得以繼續在政大歷史系學習。並且得以授業門下，開啟我深入研習民國史的道路。2015 年至 2019 年間，我於政大歷史碩士班就讀，碩士論文由劉維開老師與游鑑明老師共同指導。在學術訓練上，劉老師循循善誘，帶領我細讀史料、建構論證。老師所強調的廣讀與深究，使我養成以史料為基礎、以問題為導向的研究態度，亦奠定我日後研究婦女史與飲食史的能力基礎。

　　2020 年，我繼續於政大歷史攻讀博士班，雖然指導老師已非劉師，但昔日所受之訓練與啟迪，至今仍有諸多助益。老師關注政治史、制度史，我則立足於飲食與性別，但皆仰賴對史料的深度耕耘與廣度理解而立足其上。

　　師恩浩蕩，無以為報，謹以此文致上最誠摯的謝意，感念老師多年來的教導、啟發與扶持。

黃健傑
國立政治大學歷史學系博士生

身為本書的主編，在這本書所扮演的角色也是要有始有終的。從一開始的主編序言闡明了這本書的成書過程與意義，到書間自己的一篇研究文章，現在終於寫到了最後的祝賀詞了，這本書籍這樣的設計也是希望能將維開師教導我們的治史所學，繼續的傳承下去。

　　「傳承」這件事情，是我近幾年來一直在思考與付諸實行的問題。從踏入政大歷史所就讀的開始，遇到的第一位民國史老師就是維開老師，遙想當年想考進政大歷史所，就是因為這裡曾經是全世界民國史研究的重鎮之一，從大學以來一直在閱讀的就是蔣永敬師公那代或維開師這代學者有關民國史的各本經典著作。也因此，後來考進政大歷史研究所修習的第一門課就是「中國現代史史料分析」，授課教師就是維開師，課中維開師所講述各項與檔案史料相關的知識與經驗，我相信不用多說，這點已經是聲名在外。而我經過碩、博士階段數十年的沉浸，「檔案史料」的各種親身實務與經驗，也變成我研究與工作上最重要的利器，也是我在推廣應用史學時常跟我的學生說：「好好學檔案，這門知識技能是可以讓你變現的（意即可以利用所學檔案知識來工作謀生）」而這一切都要歸功於維開師的啟發與傳承。即使到如今，我仍然三不五時的經常與維開師在微信上，兩人相互分享與討論新發現的檔案史料，對我而言，這是一種十分愉悅的研究樂趣。但是這樣的研究樂趣與方法，是否能有機會達到「史學的傳承」，不負老師教導的努力，我也只能說，希望未來有機會能盡點己力，把所學傳承給下一代的學生！

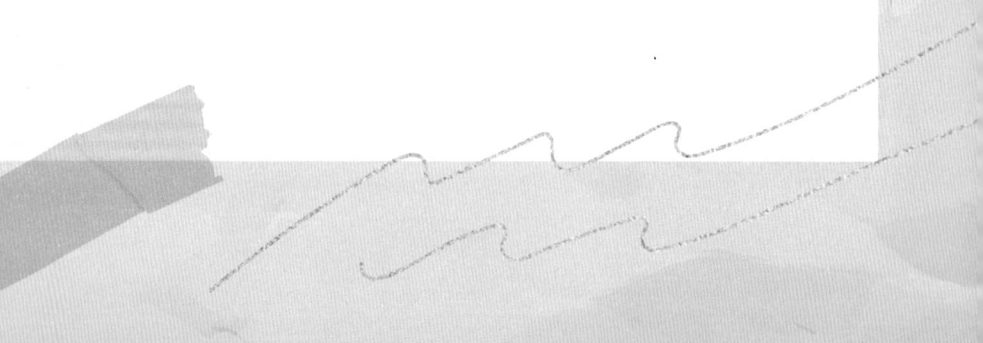

拿到博士學位後，我選擇的工作之路或許與其他的歷史學博士有點不同，在這條嶄新的未知道路上，我仍然從事的各項史學學術研究工作，甚至希望開拓更多的可能性，讓更多跟我一樣對歷史有高度興趣的下一代學生，可以降低外界對於歷史人文的評價，勇敢大方的選擇就讀歷史這個領域，運用自己所學專業，為自己的工作或這個社會盡點心力。而這一切的觀念，也源自維開師多年來的鼓勵與支持，也當會牢記老師曾對我言：「有能力，要多做點學術公益的事情。」

　　逢維開師今年七秩華誕，謹藉此文，祝福老師生辰快樂，繼續引領著我們邁步前進！！！

楊善堯
喆閎人文工作室創辦人暨執行長／
國防醫學院通識教育中心兼任助理教授

　　金牛座的人，具有耐心的態度與堅實的性格，擁有強烈責任感與包容心，敬愛的維開師就是如此一位值得信賴與尊崇的老師。他的熱情表現於歷史學術的專注；他的溫暖傳達於學生的內心。

　　今日歡慶維開師「七十載春秋，盡顯人生智慧」，祝福維開師盡享歲月平靜優雅，年年與學生們共祝教師節慶與壽誕！

蕭李居
國史館簡任協修

國家圖書館出版品預行編目 (CIP) 資料

仰望歷史：民國視野的新探索 = Gazing up at history : new perspectives on studies of Republican era/ 余以澄, 吳宇凡, 林威杰, 范育誠, 許峰源, 陳世局, 陳頌閔, 彭思齊, 曾冠傑, 楊善堯, 蕭李居, 羅國儲作；楊善堯主編. -- 初版. -- 新北市：喆閎人文工作室, 2025.05
面； 公分. -- (時代人物；7)
ISBN 978-626-99335-4-9 (精裝)

1.CST: 民國史 2.CST: 文集

628.307　　　　　　　　　　　　　　　114005640

時代人物 7

仰望歷史：民國視野的新探索
Gazing Up at History: New Perspectives on Studies of Republican Era

喆閎人文

創 辦 人	楊善堯
學術顧問	皮國立、林孝庭、劉士永

主　　編	楊善堯
作　　者	余以澄、吳宇凡、林威杰、范育誠、許峰源、陳世局、陳頌閔、彭思齊、曾冠傑、楊善堯、蕭李居、羅國儲（依姓氏筆畫排列）
責任編輯	楊善堯
封面設計	泰有藝術有限公司 曾泰翔
內文編排	吳姿穎

策劃出版	喆閎人文工作室
地　　址	242011 新北市新莊區中華路一段 100 號 10 樓
電　　話	+886-2-2277-0675
信　　箱	zhehong100101@gmail.com
網　　站	http://zhehong.tw/
Facebook	https://www.facebook.com/zhehong10010

初版一刷	2025 年 5 月
精裝定價	新臺幣 NT$ 500 元
ＩＳＢＮ	978-626-99335-4-9
印　　刷	秀威資訊科技股份有限公司

版權所有 · 翻印必究 All rights reserved. Reproduction will not be tolerated.
如有破損、缺頁或裝訂錯誤，請寄回喆閎人文工作室更換
If there are any damages, missing pages or binding errors,
please send them back to ZHEHONG HUMANITIES STUDIO for replacement.